权威·前沿·原创

皮书系列为
"十二五""十三五"国家重点图书出版规划项目

法治蓝皮书
BLUE BOOK OF
RULE OF LAW

四川依法治省年度报告 *No.4*
（2018）

ANNUAL REPORT ON RULE OF LAW IN SICHUAN
No.4 (2018)

主　编／李　林　杨天宗　田　禾
执行主编／吕艳滨
副 主 编／徐　斌

社会科学文献出版社
SOCIAL SCIENCES ACADEMIC PRESS（CHINA）

图书在版编目（CIP）数据

四川依法治省年度报告.No.4，2018／李林，杨天宗，田禾主编.--北京：社会科学文献出版社，2018.3
（法治蓝皮书）
ISBN 978 - 7 - 5201 - 2212 - 2

Ⅰ.①四… Ⅱ.①李… ②杨… ③田… Ⅲ.①社会主义法制 - 研究报告 - 四川 - 2018 Ⅳ.①D927.71

中国版本图书馆 CIP 数据核字（2018）第 029286 号

法治蓝皮书
四川依法治省年度报告 No.4（2018）

主　　编／李　林　杨天宗　田　禾
执行主编／吕艳滨
副 主 编／徐　斌

出 版 人／谢寿光
项目统筹／曹长香
责任编辑／曹长香

出　　版／社会科学文献出版社·社会政法分社（010）59367156
　　　　　　地址：北京市北三环中路甲29号院华龙大厦　邮编：100029
　　　　　　网址：www.ssap.com.cn
发　　行／市场营销中心（010）59367081　59367018
印　　装／北京季蜂印刷有限公司

规　　格／开　本：787mm×1092mm　1/16
　　　　　　印　张：24.75　字　数：375千字
版　　次／2018年3月第1版　2018年3月第1次印刷
书　　号／ISBN 978 - 7 - 5201 - 2212 - 2
定　　价／118.00元

皮书序列号／PSN B - 2015 - 447 - 2/3

蒋兴清　谢　娅　谢永崇　雷　勤　谭　勇
谭红杰　熊　英　戴斯林　魏　东

策　　　划　法治蓝皮书工作室

工作室主任　吕艳滨

工作室成员　（按照姓氏汉字笔画排列）
王　衍　王小梅　王祎茗　刘雁鹏　李大芳
胡昌明　栗燕杰　徐　斌

学 术 助 理　（按照姓氏汉字笔画排列）
马小芳　王　洋　王昱翰　田纯才　冯迎迎
刘　迪　宋君杰　赵千羚　葛　冰

官方微博　@法治蓝皮书（新浪）
官方微信

法治蓝皮书　　　　　　　法治指数

主要编撰者简介

主编：李　林

中国社会科学院学部委员，法学研究所研究员。

主要研究领域：法理学、宪法学、立法学、法治与人权理论。

主编：杨天宗

中共四川省委副秘书长、四川省依法治省领导小组办公室主任。

主编：田　禾

中国社会科学院国家法治指数研究中心主任，法学研究所研究员。

主要研究领域：刑法学、司法制度、实证法学。

执行主编：吕艳滨

中国社会科学院法学研究所研究员、法治国情调研室主任。

主要研究领域：行政法、信息法、实证法学。

副主编：徐　斌

中国社会科学院法学研究所助理研究员。

主要研究领域：法理学、宪法学、港澳基本法。

摘　要

中国社会科学院法学研究所连续多年跟踪四川省的依法治省实践与创新。《四川依法治省年度报告 No. 4（2018）》重点总结了四川省在 2017 年所进行的富有意义的法治实践与改革，分析了四川省依法治省过程中存在的问题，并提出改进建议。四川作为较早设立依法治省专门机构的省份，其法治道路对全国的法治发展具有借鉴意义。

总报告总结了四川省 2017 年贯彻中央依法治国重大决策部署，坚定用习近平新时代中国特色社会主义思想统揽依法治省各项工作，扎实推进依法治省"七个巩固提升"，深刻认识四川"人口多、底子薄、不平衡、欠发达"省情实际，把依法治省作为一项战略任务和关键性工程来抓，做到中央决策部署、省委强力推动、基层落地落实三个统一，加快构建办事依法、遇事找法、解决问题用法、化解矛盾靠法的法治良序，着力把治蜀兴川的各项事业全面纳入法治化轨道。

本卷蓝皮书推出系列调研报告，深入分析四川法治建设过程中的问题，包括绿色立法、纪委治理"微腐败"、社会稳定风险评估、民主监督、依法管网、法治校园建设等。政府法治、司法改革、基层治理、民族法治专题延续了以往的设置理念，长期跟踪四川省在这些方面的法治实践，介绍四川的制度创新。本年度新增市场法治专题，介绍了法院服务和保障老工业城市转型升级的经验，法治引领和保障创新驱动军民融合、河道警长制、旅游矛盾纠纷化解等实践。

目　录

Ⅲ 政府法治

Ⅳ 司法改革

V 基层治理

VI 市场法治

VII 民族法治

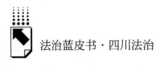

总 报 告

General Report

B.1
四川省2017年法治发展现状与前瞻

四川省依法治省领导小组办公室课题组*

摘　要： 党的十九大从政治和全局的高度对深化全面依法治国实践作出重大决策部署。四川省委坚定用习近平新时代中国特色社会主义思想统揽依法治省各项工作，坚持"治蜀兴川重在厉行法治"，一以贯之，统筹推进依法执政、科学立法、严格执法、公正司法、全民守法、社会治理，持续强力推进"七个巩固提升"，扎实推动中央全面依法治国基本方略在四川落地生根。

关键词： 依法治国　依法治省　新时代　依法执政

* 课题组负责人：杨天宗，中共四川省委副秘书长、四川省依法治省领导小组办公室主任。课题组成员：李大芳、何平、帅理、赵斐斐、南近辉、王衍、李磊、王雯。执笔人：帅理，中共四川省委办公厅法治综合处副处长。

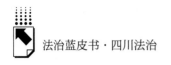

一 高位谋篇布局

习近平总书记强调，全面依法治国是中国特色社会主义的本质要求和重要保障，必须把党的领导贯彻落实到依法治国全过程和各方面。这既是建设法治中国的基本要求，也是实现法治中国的基本标准，更是推进法治四川建设的根本遵循。

四川省委全面贯彻习近平总书记重要指示，深刻认识四川"人口多、底子薄、不平衡、欠发达"省情实际，把依法治省作为一项战略任务和关键性工程来抓，做到中央决策部署、省委强力推动、基层落地落实三个统一，加快构建办事依法、遇事找法、解决问题用法、化解矛盾靠法的法治良序，着力把治蜀兴川各项事业纳入法治化轨道。

（一）省领导带头推动

四川省委主要领导带头示范表率，身体力行推进，既挂帅领导顶层设计，又出征推动具体工作落地落实；牵头构建法治体系，形成依法治省推进格局，对组织保障作出硬性规定；每年进行分析评估、作出安排部署、提出目标要求，强调法治职责必须履行、法治任务必须完成、法治考核必须碰硬；深入政法系统、内地市县和民族自治地区督导推进。四川省领导牢固树立一盘棋思想，把中心工作、法治工作和本职工作有机统一，推动依法治省工作在结合中推进、在创新中发展。

（二）构建"四梁八柱"

落实中央发挥四梁八柱支撑作用的重点要求，把规划引领作为头等大事，推动依法治省始终在正确的方向和轨道上不断深入推进。2013 年 5 月，四川省委全面贯彻党的十八大精神，作出依法治省决定，成立 8 个课题组，历经 8 个多月深入调查研究，10 多次专题论证，四下四上征求意见，三次常委会集中讨论，形成《四川省依法治省纲要》，从依法执政、地方立法、依法行政、公正司法、社会法治等七个方面对法治四川建设作出总体规划。2014年，四川省委贯彻党的十八届四中全会精神，召开全会作出依法治省决定，坚持共同推进、一体建设，从科学立法、严格执法、公正司法、全民守法等8个方面对法治建设作出全面部署。2015年，四川省委贯彻习近平总书记抓紧设计法治建设实绩考核制度指示精神，组织起草依法治省指标体系、评价标准、评估办法，召开依法治省领导小组会审议通过，成为检验依法治省落地落实情况的"度量衡"。2016年，四川深入贯彻中央全面深化改革决策部署，出台司法和社会体制改革、社会信用体系建设、矛盾多元纠纷化解等系列改革方案，探索用法治引领保障推进"五位一体"总体布局的方法路径，推动依法治省提挡升级。2017年，四川省委贯彻党的十九大精神特别是深化依法治国实践重大决策部署，在前几年探索实践的基础上，对"关键少数"履行法治建设第一责任人职责作出具体规定，将实践中形成的好经验好做法上升为制度设计、政策安排，统筹开展需要攻坚克难重大难题的探索创新，坚定不移把全面依法治省引向深入。

（三）完善依法治省推进格局

党的十九大提出，成立中央全面依法治国领导小组，加强对法治中国建设的统一领导。四川省委把法治放在"四个全面"战略布局中来把握，认真落实中央要求，每次重大会议重要部署必强调依法治省，重点调研重要安排必包含依法治省，党政年度目标考核必突出依法治省。四川省成立省委书记任组长、专职副书记任常务副组长的依法治省领导小组，在省委办公厅设立省委副秘书长任专职主任的领导小组办公室。四川省委、省人大常委会、省政府、省政协"四套班子"办公厅和纪检、组织、宣传、统战、政法五部门建立"4+5"推进机制，统筹抓好本序列省级部门、指导市（州）对口部门法治建设。21个市（州）党委书记切实履行法治建设第一责任人职责，把法治摆上重要日程来安排、作为重要工作来推动、列入重要目标来考核，用落地生根的实际效果展示领导力和执行力。

（四）强力推进落地落实

四川省委认真贯彻落实习近平总书记"关键在于落实"指示精神，把依法治省作为动态过程、系统工程来谋划和掌握，每年对依法治省推进落实情况作出评估，对法治四川建设面临的新情况新问题作出深入分析、提出明确要求、推动落地落实。2014 年，四川省深入分析开局之年面临的现实难题，明确提出坚持问题导向、树立法治权威、打开工作局面，强力推进落地见效，先后召开川东北、"三州"、川南和环成都四大片区推进会，统筹推进县乡村、机关、学校等九大示范创建，组织开展市（州）循环检查、省级部门专项检查、6 次全域全覆盖督促检查，强力推动依法治省各项工作落地见效。2015 年，四川省委认真思考在全国各地都在推进依法治理的背景下，四川如何在已有工作基础上确定新的目标、达到更高要求，鲜明提出"开展新的探索、努力走在前列"，统筹各地各部门实施 95 个法治创新项目，召开四大片区现场推进会和全省统筹示范创建推进会，探索法治档案、年度述法制度，通过法治清单反馈、全省通报排序、末位约谈问责等碰硬开展年度考核。2016 年，四川省委全面把握法治四川建设阶段性特征，强调"集中精力抓落实，抓巩固，抓深化提升"，将单靠一个职能部门难以解决的生效判决执行、行政应诉、两法衔接、刑事庭审实质化、社会诚信体系建设五大难题提到省委层面统筹破解；突出执法、司法、社会法治等五个重点推动深入落实；扭住示范创建、特色创新、法治暗访、年度考核、第三方评估五个抓手推进提挡升级；着力彰显法治权威、维护社会稳定等五个实效，推动依法治省实现新的突破。2017 年，四川省委贯彻党的十九大精神，开展用习近平新时代中国特色社会主义思想统揽四川依法治省新征程暨"12·4"宪法日活动，召开加强依法治省维护社会和谐稳定推进会、全省依法治省电视电话会，制订贯彻落实省第十一次党代会依法治省实施方案，提出"坚定不移把全面依法治省引向深入"，统筹六大板块，坚持"五个结合"，着力"四个聚焦"，坚持用依法治省统领社会和谐稳定各项工作，强力推动法治四川建设"七个巩固提升"。

泸州市构建基层依法治理"1+6"标准化体系。绵阳市建立完善"2+5+7"工作机制，推行"清单制+责任制+督考制"，构建市委书记、市长任"双组长"，专职副书记任常务副组长，有关班子同志任副组长的领导体系。遂宁市构建"1+9+N"工作体系，压紧压实法治工作职责。内江市开展实施法治内江建设十大行动方案。乐山市建立市县两级"4+5"部门定期向市县依法治理领导小组汇报工作情况制度。巴中市实施法治基础、示范、提升、监督、脱贫"五大工程"，进一步深化法治实践。

二　大力推进依法执政

依法执政是党领导人民长期探索治国之道的历史经验，是党对执政规律认识的科学总结，是加强和改进党对政权机关领导的有效途径。四川省委贯彻习近平总书记全面依法治国必须抓住领导干部这个"关键少数"的重要指示，着眼"长期执政、长治久安"两个历史性课题，推动依法治省与制度治党、依规治党统筹推进、一体建设。

（一）坚持依宪执政依法执政

四川省按照中央"三统一、四善于"系统部署，对党委领导和支持人大、政府、政协和法院、检察院依法依章程履职尽责作出规范。出台《关于加强党领导立法工作的实施意见》《四川省法治政府建设实施方案（2016~2020年）》《四川省领导干部干预司法活动、插手具体案件处理的记录、通报和责任追究实施办法》，对党领导立法、保证执法、支持司法、带头守法作出制度安排。四川省委办公厅围绕加强对依法治省工作的统一领导、统一部署、统筹协调，深化领导体系和推进机制建设，制定《四川省法律顾问团管理办法（试行）》，构建与经济社会发展和法律服务需求相适应的法律顾问制度体系；完善省委科学民主依法决策机制，健全省委内部重大决策合法性审查制度，建立完善党委牵头揽总、部门各司其职、条块紧密结合、纵横联动推进的工作格局。四川省人大常委会办公厅围绕全面深化改革重点领域强化地方性法规立改废释，建立完善立法起草、论证、审议、协调机制，建立健全项目征集、评估听证、表决审议、群众参与制度，着力提升地方立法质效。四川省政府办公厅紧紧围绕法治政府建设，集中精力抓好政府立法、科学民主依法决策、执法体制改革、行政权力制约监督等工作，推动依法行政工作不断深入。四川省政协办公厅着力通过立法协商、界别协商、对口协商等方式，创建推动政协委员按章依法履职尽责法治平台，依法依章程开展政治协商、民主监督、参政议政。四川省纪委机关坚持将依法治国、依规治党精神贯彻落实到实际工作中，形成合力，切实用法治思维和法治方式反腐败，把党风廉政建设全面纳入法治化轨道。四川省委组织部坚持突出法治导向抓干部管理，贯彻"三个区分开来"要求，探索用法治保护和调动干部积极性、推动干部干事创业的办法措施。

（二）抓好领导干部"关键少数"

四川省委贯彻党的十九大"各级党组织和全体党员要带头尊法学法守法用法"重要部署，制定《关于抓住领导干部"关键少数"全面深入推进依法治省工作落实的意见》，出台《四川省党政主要负责人履行推进法治建设第一责任人职责规定实施办法》，围绕中心大局推动法治创新创造，对接上级要求、联系实际推动落地落实，突出为民取向、推动增强群众法治获得感，推进各级党政主要负责人对法治建设重要工作亲自部署、重大问题亲自过问、重点环节亲自协调、重要任务亲自督办，将法治建设与经济社会发展同部署、同推进、同督促、同考核、同奖惩。以衔接配套、备案审查、实施后评估制度构建党内法规体系，用省委工作规则规范党代会、全委会、常委会议事决策，进一步增强省委常委会及其成员法治观念，对深化法治实践提出明确要求。明确用人导向，把遵纪守法的定力、依法办事的能力作为考察使用干部的重要依据，注重在领导班子中配备具有法学专业背景或法治工作经历的成员；把法治建设成效作为领导班子、领导干部政绩考核的重要指标，建立法治建设绩效考评制度；把领导干部推进法治建设和尊法学法守法用法等情况作为干部人事管理的重要内容，记入法治档案，作为提拔任用的重要依据；把履行法定职责情况作为年终述职的重要内容，建立健全领导班子及其成员年度述法制度。

四川省环境保护厅构建领导干部生态环境责任体系，以《关于在干部选拔任用工作中进一步体现和落实环境保护、安全生产相关要求暂行规定》明确用人导向，以《四川省党政领导干部生态环境损害责任追究实施细则（试行）》《四川省领导干部自然资源资产离任审计试点实施方案》强化追责问责。泸州市制定《将依法治理纳入干部管理任用工作的八项制度》及其实施意见。遂宁市制发《遂宁市党政主要负责人履行推进法治建设第一责任人职责八项措施》，实施领导干部法治责任清单和权力清单制度。宜宾市深化拓展《党政"一把手"依法行权绩效评估办法》《县（区）党政领导班子和领导干部绩效考核评价实施办法（试行）》等制度。

（三）加强党内法规建设

四川省委办公厅坚决贯彻习近平总书记制度治党、依规治党重要指示，认真落实中央和省委党内法规制度建设部署要求，通过创新理念思路、方式方法、体制机制推动党内法规建设。摸底梳理现行有效的省委党内法规制度106件，编制《2017年省委党内法规和规范性文件制定计划》，2017年计划完成率达80%。研究拟制《省委党内法规实施评估办法（试行）》，建立健全长效机制。坚持及时报备、规范报备，2017年向中共中央办公厅上报备案省委党内法规和规范性文件75件，选择8个县继续开展直报工作试点，审查各地、各部门报备的党内规范性文件1302件，其中纠正19件、书面提醒17件、电话提示33件（见图1）。强化党内法规制度建设统筹协同，建立省委党内法规工作联席会议制度，协调设立党内法规研究智库，推动在省委党校设立党内法规研究中心，在马克思主义理论研究和建设工程中增加党内法规研究项目，协同开展党内法规实践和理论问题研究。制定《四川省法律顾问团管理办法（试行）》，有效整合资源、借助专业力量为省委决策提供法律支持。

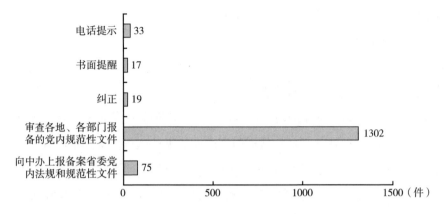

图1　四川省党内法规审查备案情况

数据来源：四川省依法治省办各成员单位 2017 年度整理汇编，下同。

（四）净化政治生态

四川落实习近平总书记"全面净化党内政治生态"重要指示，出台《四川省贯彻〈中国共产党问责条例〉实施办法》，细化党内问责落实措施。四川省纪委出台《关于加强纪检监察法规制度建设的实施意见》，制定《四川省行政权力依法依规范公开运行执纪监督工作办法（试行）》《关于纪律审查中提出组织处理建议的工作办法（试行）》，实施《关于加强和改进高等学校纪检组织建设的意见》《四川省高等学校纪委工作规定》，紧紧扭住脱贫攻坚、生态文明建设、全面从严治党等重大决策部署，实施精准监督检查，查处扶贫领域突出问题1428件，给予党纪政纪处分1916人，对中央环境保护督查组移交问题线索规范处置问责1293人，给予党纪政纪处分341人。严肃换届纪律，围绕选举党的十九大、省第十一次党代会代表严把政治关、廉洁关，四川省纪委对初步人选出具党风廉政意见733人次，"叫停"4人；积极做好省第十一次党代会会风会纪监督，向27个代表团和5个列席组派驻风气监督员，对860名党代表和10名特邀代表全覆盖谈心谈话，确保党代会风清气正。持之以恒正风肃纪，查处违反中央八项规定和省委、省政府十项规定精神问题1261件，给予党纪政纪处分1345人。重拳整治基层"微腐败",出台《关于整治群众身边的不正之风和腐败问题若干措施的通知》,集中力量开展3个月专项整治,查处群众身边的不正之风和腐败问题5488件,给予党纪政纪处分6809人(见图2)。积极用好"四种形态",全省运用"四种形态"处理42970人,"四种形态"占比分别为54.2%、36.6%、4.9%、4.3%,全省谈话函询25321件次。

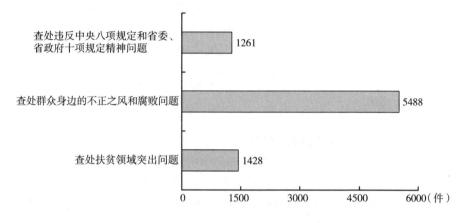

图2 四川省纪委违纪问题查处情况

泸州市出台《泸州市整治群众身边"微腐败"十六条措施》,集中整治群众身边不正之风和腐败问题。乐山市开展监察体制改革试点。宜宾市制定《宜宾市加强党内监督十项措施》,分层分类细化制定党委主体责任、书记第一责任、班子成员分管责任、纪委专责监督责任等8类责任清单。南充市建立廉政风险防控"三三三"工作机制,开办《阳光问政》节目,加强廉政监督执纪问责,集中开展年度机关干部法纪知识考试,全市1039个考场、31400人参考,实现市、县、乡三级全覆盖,并将成绩纳入干部法纪档案和年度考核。

三 切实加强科学立法

习近平总书记强调,人民群众对立法的期盼,已经不是有没有,而是好不好、管用不管用、能不能解决实际问题。四川贯彻习近平总书记"以良法促进发展、保障善治"指示精神，紧扣"四个全面"战略布局和五大发展理念，加强地方立法，紧扣省委、省政府重大发展战略，加强重点领域地方立法，紧扣经济社会发展需要，加强地方性法规规章立改废释，构建党委领导、人大主导、政府依托、各方参与的科学立法格局，健全立法起草、立法论证、立法协调、立法审议"四位一体"立法机制，开展与国家法律法规相配套的实施性立法，推进体现地方特色的创制性立法，增强法规规章的及时性、系统性、针对性和有效性，推进地方立法从侧重经济立法向经济和社会立法并重转变，从管理型立法向服务型立法转变，从侧重实体立法向实体、程序立法并重转变，努力使每一项立法都符合宪法精神、反映人民意志、得到人民拥护。

（一）构建地方立法体制机制

四川省人大常委会全面贯彻落实《立法法》精神，扎实做好赋予设区的市地方立法权行使工作。督促市（州）建立健全立法专门机构、充实立法队伍，各市（州）均按规定成立了人大法制委员会和人大常委会法制工作委员会，新增编制76名，法制工作机构设置和人员配备实现历史性突破。指导市（州）梳理立法需求，科学编制5年立法规划和年度立法计划。坚持"市（州）人大申请、法工委审核、主任会议审定、常委会表决"四个程序，守住立法权限、符合实际、批准实行、备案审查四道防线，合理配置立法资源。加强立法业务培训，组织市（州）人大立法干部100余人参加全国人大常委会举办的立法工作培训会，组织市（州）立法骨干150余人开展专题培训，分2批抽调8个市（州）立法干部到省人大常委会法工委跟班学习。严格依法审查，规范市（州）人大常委会报请批准地方性法规的工作流程，加强法规起草过程沟通协调，严格审查批准程序，坚决维护法制统一。2017年，四川21个市（州）围绕城乡建设与管理、环境保护、历史文化保护制定实体性法规35件。四川省政府牵头省政府法制办公室严格落实《四川省人民政府拟定地方性法规草案和制定规章程序规定》，建立完善政府法制机构主导、相关部门负责、社会公众参与的政府立法工作机制，健全政府规章制定程序，建立政府立法征求意见机制和咨询论证机制，保证群众意见得到表达、权益得到体现。

（二）加强重点领域立法

四川紧扣中央和省委重大决策部署，突出抓好脱贫攻坚、多点多极支撑、城乡统筹、转型发展、绿色发展、社会治理等重点领域立法，加强农业农村、国资国企、投融资体制等全面深化改革重点领域法规规章立改废释工作，围绕创新驱动发展、科教兴国、人才强国、区域协调发展等重大战略，加强实施性、创制性立法。2017年四川省人大常委会共审议通过地方性法规14件，其中新制定6件、修改7件、废止1件（见图3）。四川省人大常委会科学编制2017年立法计划，贯彻中央关于国家监察体制改革的决策部署，作出《关于四川省监察委员会副主任、委员任免及主任、副主任、委员宪法宣誓有关事项的决定》；贯彻中央和省委关于脱贫攻坚的决策部署，制定修改《四川省农村公路条例》《四川省农村能源条例》《四川省农作物种子管理条例》等地方性法规；修改《四川省人民代表大会常务委员会讨论决定重大事项的规定》，探索建立健全政府重大决策出台前向本级人大报告的制度；修改《四川省人民代表大会常务委员会关于政府规章设定罚款限额的规定》《四川省政府投资建设项目审计条例》，厘清公权力的边界，促进政府依法行政；贯彻创新驱动发展战略，制定修改《四川省就业创业促进条例》《四川省促进科技成果转化条例》；修改《四川省环境保护条例》，作出《四川省人民代表大会常务委员会关于大气污染和水污染环境保护税适用税额的决定》；制定《四川省非物质文化遗产条例》，着力提升四川文化软实力和竞争力；制定修改《四川省散装水泥管理条例》《四川省水利工程管理条例》《四川省计量监督管理条例》，起草《四川省航道管理条例》《四川省教育督导条例》，促进民生保障和改善。根据全面深化改革和简政放权的形势要求，废止《四川省专业技术人员继续教育条例》。

四川省政府公开征集立法建议、开展公众投票、召开立法项目论证会，编制《四川省人民政府2017年立法计划》，按照深入调研、专家论证、公

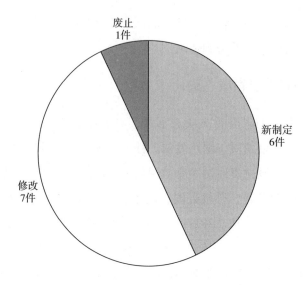

图3 四川省人大立法情况

众听证、风险评估、省政府常务会议集体审议等程序深入推进政府立法。主动适应全面创新改革和经济发展新常态的要求，起草《关于加快建设成都国家自主创新示范区的实施意见》《中国（四川）自由贸易试验区管理办法》，修订《四川省民用机场净空及电磁环境保护条例》，制定《四川省民用无人驾驶航空器安全管理暂行规定》。2017年，完成10件地方性法规草案、15件政府规章的政府立法工作，修改、废止不适应改革和经济社会发展要求的政府规章19件、规范性文件2970件（见图4）。

（三）推进科学民主立法

四川省人大常委会积极围绕立法重点领域开展调研，充分发挥法治工作联系点、立法咨询专家库、立法评估协作基地的作用，提高立法运行质效。邀请相关立法评估协作基地成员单位，对全省市（州）制定的实体性法规进行评估；探索多元化法规草案起草机制，邀请立法咨询专家、评估协作成员单位参与《四川省环境保护条例》《四川省电信设施建设和保护条例》等地方性法规起草。2017年，四川省人大常委会共邀请各类专家200余人次

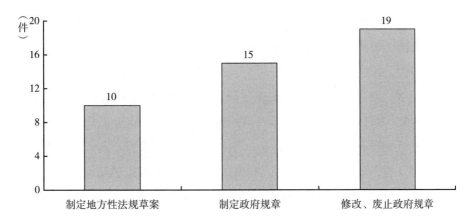

图4　四川省政府立法情况

参加法规起草、调研、论证工作。充分发挥人大代表在立法中的重要作用，邀请各级人大代表参与立法调研、立法座谈，列席人大常委会会议并审议法规草案，听取意见建议。2017年，四川省人大常委会共邀请人大代表参加立法调研和座谈200余次，列席人大常委会会议90余次。四川省人大常委会坚持立法走群众路线和开门立法、为民立法，积极面向社会公开征集立法选题和工作建议，法规草案全部向社会公布，征集公众意见建议，仅《四川省环境保护条例（修订草案）》就收到全社会意见建议400余条。2017年，四川省人大常委会共邀请44名公民代表旁听常委会会议，听取其对审议的法规草案的意见建议；组织召开90余场次座谈会、论证会、征求意见会，听取社会各界特别是利益相关方的意见，解决立法重点难点问题，凝聚社会共识。充分发挥政协委员、民主党派、工商联、无党派人士、人民团体、社会组织在立法协商中的作用，对《四川省环境保护条例》等法规规章开展立法协商。

四　全面推进依法行政

党的十九大强调，"建设法治政府，推进依法行政，严格规范公正文明执法"。四川紧扣法治政府、创新政府、廉洁政府、服务型政府建设目标，将依法行政作为政府行政权运行的基本原则，将行政机关作为实施法律法规的重要主体，将执法作为履行政府职能、管理经济社会事务的主要方式，坚持法定职责必须为、法无授权不可为，突出"简政放权、放管结合、优化服务"主线，推进政企分开、政资分开、政事分开、政社分开，综合运用"权力清单、责任清单、负面清单"划定政府与市场、企业、社会的权责边界，统筹抓好履职尽责、依法决策、严格执法、政务公开、行政监督五件大事，构建系统完备、科学规范、运行有效的依法行政制度体系，加快建设职能科学、权责法定、执法严明、公开公正、廉洁高效、守法诚信的法治政府。

（一）依法全面履行政府职能

四川省政府认真贯彻中央和省委法治建设决策部署，制定《四川省人民政府2017年度法治政府建设工作安排》，分解明确各级各部门职责任务，召开全省法治政府建设工作电视电话会议。建立健全法治政府建设年度考核通报等工作机制，修订完善法治政府建设考核办法和考核指标，增强考核结果的科学性、引导性和有效性，充分发挥考核促落实作用。以国务院"放管服"改革专项督查为契机，对全省各地区、各部门推进行政权力依法规范公开运行工作开展3次专项督查，指导相关地区、部门及时整改存在问题。持续深化行政审批制度改革，取消调整和下放省级行政审批事项41项，向中国（四川）自由贸易试验区下放或委托实施33项省级管理事项，制定《政府核准的投资项目目录（四川省2017年本）》，省级层面及以上核准事项比2014年底减少70%，投资企业投资项目核准前置要件精简为2项；全面推进"多证合一""一照一码"改革，2017年9月启动实施"二十证合一"，全省新登记各类市场主体同比增长40%以上。动态调整收费目录清单，省级层面取消或停征4项政府性基金和31项行政事业性收费，降低2项政府性基金和9项行政事业性收费征收标准，每年可减少企业和社会负担约23.3亿元，省定涉企行政事业性收费实现"零收费"。推动电子政务大厅与实体政务中心同步运行，促进互联网、大数据、人工智能、电子政务大厅和政务服务实体大厅深度融合，省、市、县三级公共资源交易和公共服务事项全部纳入全省一体化政务服务平台上线运行。深入开展"减证便民"行动，省级部门首批取消证明事项38项，市（州）政府清理规范行政机关要求村（社区）开具的证明事项平均取消212项，精简比例达93%，政务服务水平进一步提升。扎实推进政务服务实体大厅办事环境持续优化，统筹考虑、科学分类配置办事窗口、自助服务区、综合服务及政策咨询窗口，简明标示标牌，修订部门窗口考核管理办法，建立窗口考核评价机制和三级纵横联动审批制度，形成了科学合理的管理机制，努力为群众提供更加便捷的公共服务，切实建设人民满意的服务型政府。全面摸底政府部门信息化建设情况，在全省开展政务信息系统普查，着力整合信息化力量，推动大数据特别是依法行政方面数据应用。利用省级政务云引入知名互联网企业作为运维力量的契机，积极与运营商等沟通协商，协调开放企业数据，强化实名认证等治理领域运用。充分利用归集的政务信息，发挥"网格＋探头"作用，推动由事中处置向事前预测转变，不断转型升级管理方式，实现"一张图"管控。

严格落实法治政府建设第一责任人职责，省政府主要负责人率先垂范，制定《四川省人民政府主要负责人2017年履行推进法治建设第一责任人职责的工作安排》。严格落实法治政府建设报告制度，四川省政府于3月向国务院和四川省委、省人大常委会书面报告上年度法治政府建设情况，并在省政府网站向社会公开。严格落实宪法宣誓制度，制定下发《四川省人民政府及其各部门任命的国家工作人员宪法宣誓实施方案》，积极推动落地实施，激励和教育政府工作人员忠于宪法、遵守宪法、维护宪法，依法履职尽责。严格落实"关键少数"学法制度，深入开展政府常务会议学法，把加强法律知识学习作为培养法治思维、提高行政能力的基础。2017年，四川省政府开展15次常务会议学法活动，全省各级政府和部门开展学法活动已蔚然成风。

四川省质量技术监督局全面落实六大刚性制度，推行依法行政账图模式，破解"两张皮"、促进两融合。成都市探索推进登记制度改革"三十二证合一"，公布村（社区）证明事项保留清单。泸州市建立川南临港片区行政审批"九证合一"工作新模式。德阳市在全省率先实现县级行政审批局全域覆盖。眉山市推行"易税东坡"服务，开创"非接触式办税"模式。资阳市推行"一窗进出"受审分离审批模式和"容缺后补"审批机制。

（二）坚持依法科学民主决策

四川省政府严格落实《四川省重大行政决策程序规定》《四川省行政决策合法性审查规定》，推动重大行政决策公众参与、专家论证、风险评估、合法性审查、集体讨论决定等程序性规定落地落实，组织开展政府法律顾问法律咨询服务，着力把行政决策权力关进制度笼子，确保政府决策依法科学民主。2017年，四川省政府共对298件省政府系统政策文件、行政决策和涉法事务进行了合法性审查，下发《四川省人民政府办公厅关于开展政府文件清理工作的通知》，明确省政府文件清理工作的范围、原则、重点、清理方法和步骤、清理结果处理等工作要求，共计清理符合要求文件2574件，涉及87个部门（单位）。经认定，继续有效文件731件、拟修改文件131件、废止文件446件、失效文件1266件（见图5）。四川省决策咨询委员会根据担任行政决策咨询论证任务专家情况，综合考虑年龄、专业、职称、职务等因素，从现有省决策咨询委员和专家库中挑选出专家338位，建立行政决策咨询专家基础库；同时积极从省级有关部门、省直企事业单位、在川高校、科研院所、国有大型企业等单位，征集咨询论证专家，不断充实现有专家库。积极探索建立咨询论证专家库动态调整机制，研究起草咨询论证专家信息和咨询论证意见公开办法，探索开展重大行政决策后评估方法。四川省发展和改革委员会、财政厅、交通运输厅等相继出台重大行政决策合法性审查和程序规定，对重大行政决策后评估决策程序进行规范，特别是细化明确决策内容、决策执行情况、评估方式和评估成果的运用。积极引进高校和科研院所等第三方评估机构参与重大行政决策后评估工作，省内相关高校和科研院所先后承担了四川省政府"四川省稳增长、调结构系列政策措施实施情况"第三方评估和四川"精准扶贫"项目第三方评估工作，有效推动省委省政府重大决策部署更加科学、更趋完善。

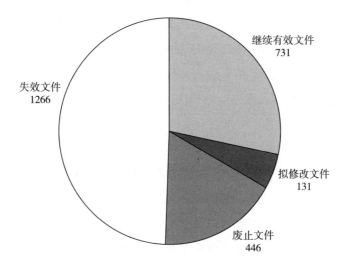

图5　四川省政府文件清理情况

（三）坚持严格规范公正文明执法

　　四川立足转变职能、理顺关系、优化结构、提高效能，着力构建权责一致、执行顺畅、监督有力的行政执法管理体制。省政府办公厅制定《关于深化相对集中行政许可权改革试点工作的通知》，在国家试点的基础上，将改革试点扩大到成都市、德阳市、绵阳市所辖全部县（市、区）和其他市（州）所辖1~2个县（市、区），试点地区许可权集中度平均达到80%以上，为全国改革提供可借鉴、可复制的"四川经验"。持续推进成都市、攀枝花市、泸州市、德阳市、绵阳市、乐山市、宜宾市和凉山彝族自治州开展综合行政执法改革试点，按照减少层次、整合队伍、提高效率的原则，统筹使用执法力量；严格明确执法责任，有效整合执法职能和机构，厘清各有关部门与综合执法机构的职责关系，创新执法方式和监督管理机制，试点工作初显成效。省政府安全生产委员会办公室、省人民检察院、司法厅、环境保护厅、省食品药品监督管理局、省政府法制办公室等不断加大重点领域执法力度，联合出台《关于深入推进安全生产领域依法治理工作的通知》，制定《四川省"打击破坏环境资源违法犯罪专项活动"和"打击危害食品药品安全违法犯罪专项活动"实施方案》《关于开展环境行政执法监督检查的通知》,开展联合执法专项监察,切实加大对食品药品安全、生态系统保护等重点领域保护力度。2017 年省级机关报送重大行政处罚决定 62 件,行政执法投诉举报 16 件。深入推进行政执法"三项制度"改革试点,按照国务院和四川省政府安排部署,泸州市、成都市金牛区稳步推进各项试点工作,取得了阶段性成果。出台《四川省行政执法公示规定》《四川省行政执法全过程记录规定》《四川省重大行政执法决定法制审核办法》,进一步规范执法监督方式、执法过程,确定成都市、德阳市、广元市、眉山市、财政厅、省地方税务局、省工商行政管理局、省安全生产监督管理局等 21 个市、省直部门开展省级试点,推动行政执法工作提挡升级。全面推行"双随机、一公开",40 个省级部门(单位)、所有市县全部建立"一单两库一细则",将 488 万市场主体纳入随机检查企业库、15 万名执法人员纳入随机检查人员库,基本实现全域全覆盖。

四川省人力资源和社会保障厅探索建立企业劳动保障守法诚信档案、诚信典型"红名单"和严重失信"黑名单"。四川省卫生和计划生育委员会排查化解医疗纠纷等五方面隐患,妥善处理失独家庭特殊人群上访问题。四川省工商行政管理局持续开展"红盾春雷行动"。四川省食品药品监督管理局在全国率先开展保健品非法会议营销、虚假宣传专项治理。

(四)深化政务公开

四川省政府坚持公开为常态、不公开为例外,以群众需求为导向、以创新改革为动力、以规范监管为保障,认真贯彻落实国务院办公厅《2017 年政务公开工作要点》,制定《四川省 2017 年政务公开工作要点》,提出更细更高工作要求,全面推进决策、执行、管理、服务、结果"五公开",确保各项任务落地见效。扎实推进国务院办公厅选取的 8 个县(市、区)基层政务公开标准化规范化试点,建立基层政务公开标准化规范化试点工作联席会议制度,印发试点工作实施方案,强化需求导向、重点突破、标准引领,不断提高基层政务公开的针对性、时效性,进一步提升基层政务公开服务水平。坚持在重要文件出台、重大活动开展时积极做好政策解读，主动回应社会公众关切；重点加大对省政府常务会议政策文件解读力度，推行政策解读关口前移。按照"谁起草、谁解读、谁负责"的原则，凡提交省政府常务会议审议的重要政策文件，承办部门必须将解读方案和解读材料同步报审。2017年1～10月，四川省政府网站以省政府常务会议、省政府、省政府办公厅出台的重要文件为重点，精心策划制作16次省政府常务会议图解；对省政府、省政府办公厅印发的涉及经济发展和社会公共利益的290个重要文件，组织省内主流媒体等发布政策解读信息390条，制作图解101个。初步建立起由省政府新闻办公室牵头、相关职能部门配合的政务舆情收集、研判、处置和回应常态化工作机制，在省政府门户网站建设"回应关切"专栏，及时发布权威信息，积极主动回应群众关注的热点问题。紧紧抓住涉及权力运用的关键部门、关键环节，突出群众关心、社会关注、与群众利益关系最为密切的重要事项，把政务公开的重点放在行政权力运行、财政资金使用、公共资源配置、公共服务管理、重大项目审批等关键部位，及时通过省政府网站"2017年信息公开重点工作"专题分类公开。2017年1～10月，专题公开重点领域信息达8762条。大力推进政府信息主动公开基本目录建设，进一步明确发展和改革、财政、教育、住房和城乡建设、交通运输、安全生产等重点领域（行业）的公开主体、范围、内容、方式和时限，并适时调整更新。率先在省政府网站推出信息公开重点工作专题，并首个实现省、市"三公"经费同步全面公开，受到国务院办公厅的充分肯定。建立完善政务公开监督评议员制度，聘请政务公开社会监督评议员，邀请人大代表、政协委员等各界代表对政务公开工作进行监督评议，有关评估结果作为政府绩效评估的重要参考。积极主动接受人大及其常委会依法监督和政协民主监督，不断推进建议、提案办理结果公开。在省政府网站建设《人大代表建议》栏目，对涉及公共利益、公众权益、社会关切及需要社会广泛知晓的建议和提案，按照规定将省直机关办理复文予以公开，并定期发布办理建议和提案总体情况、人大代表和政协委员意见建议吸收采纳情况、有关工作动态等内容。2017年栏目公开省人大代表建议和答复273件，省政协提案和答复271件。

（五）强化行政权力监督

四川省政府会同省纪委对四川省出台的规范行政权力运行的"五个规定""五个意见"执行情况开展"回头看"，针对土地出让、政府采购、工程建设、财政资金管理等领域的新情况，研究明确整改措施，要求省直相关部门进一步落实责任、完善制度、加强监管，行政权力规范化运行水平整体提升。针对四川省工程建设项目招标投标活动中的违法违规行为，由省发展和改革委员会等相关部门，聚焦全面落实招标人主体责任、强化招投标信息公开、开展中标候选人评定机制创新试点、加快推进诚信体系建设、严格招标投标执法监督五个方面，出台《关于进一步完善国家投资工程建设项目招投标机制　加强招标投标监管工作的规定》。针对财政资金管理领域的突出问题，四川省财政厅牵头相关部门研究制定并报省政府印发了《进一步加强财政资金管理的补充规定》，对规范财政专项资金抽查、加强案件信息通报和移送、规范公务卡使用管理等方面提出了具体操作性措施，进一步细化职责权限，强化监管过程，确保制度落实到位。

四川以贯彻实施新《行政诉讼法》为契机，加强行政应诉能力建设，注重与人民法院的衔接沟通，提高行政诉讼案件办理水平。着力加强和改进行政应诉工作制度，制定《四川省加强和改进行政应诉工作实施办法》，积极推动行政机关负责人出庭应诉，要求对涉及重大项目审批、城市规划、抢险救灾、行政收费等重大公共利益，食品药品安全、环境资源保护等社会关注度高，或土地房屋征收、移民安置等可能引发群体性事件的案件，以及法院书面建议行政机关负责人出庭的行政诉讼案件，行政机关负责人必须出庭应诉，并在规定时限内提交答辩状和证据材料，主动履行人民法院的判决和裁定。2017 年，四川全省行政机关负责人出庭应诉率从五年前不到 5% 上升到 65.80%。

四川省严格按照《四川省法治政府建设实施方案》，认真落实行政复议委员会制度和重大复杂案件交由行政复议委员会审议制度，积极推动县级政府普遍建立行政复议委员会。至 2017 年 10 月，全省 177 个县级人民政府建立了行政复议委员会，重大案件按照相关规定提交行政复议委员会审议，增强了行政复议的权威性和公信力，提升了化解行政争议的能力。2017年，四川省政府共依法办理行政复议案件693件，纠正17件。

四川将权责清单全部纳入行政权力依法规范公开运行平台，制定《关于规范电子政务大厅行政权力事项信息公开和在线咨询工作的通知》，督促省级相关部门对照权力清单，进一步规范电子政务大厅行政权力事项公开信息，确保电子政务大厅行政权力事项全公开、在线咨询工作全上线。进一步加强对行政权力运行的日常监督，加大运行情况通报力度，调查处理市（州）政务服务中心行政审批超时件9件、不满意件12件。强化审计监督，全省审计机关共审计（调查）8171个单位，审计后促进增收节支123.6亿元，挽回或避免损失118.3亿元。

攀枝花市每月通报全市行政机关负责人出庭情况，开展"每季度一案例"行政审判观摩活动。自贡市推动行政机关负责人出庭应诉，出庭率达87.25%。泸州市创新行政执法法制审核"七个一"工作法。各市（州）以建立行政职权目录、电子政务大厅、行政权力运行检查平台等运行系统为重点，推动行政权力依法规范公开运行。

五　着力保证公正司法

司法公正对社会公正具有重要引领作用，司法不公对社会公正具有致命破坏作用。四川把改革作为破解司法深层次问题的根本动力，以建设忠诚可靠、执法为民、务实进取、公正廉洁的政法队伍为基本前提，以破解生效判决执行难、行政执法与刑事司法衔接难、庭审实质化改革难等实际难题为重要抓手，以提升执法司法公信力为最终目标，坚持惩治犯罪与保障人权、司法文明进步与维护社会大局稳定并重，从公正权威高效上完善司法制度，从实体、程序、质效上保证公正司法，全面推进严格执法、规范司法、阳光司法和廉洁司法，用信息化促进执法规范化、引领司法现代化，推动实现政治效果、社会效果、法律效果有机统一，努力让经济确有困难的群众打得起官司，让有理有据的当事人赢得了官司，让打赢官司且具备条件执行的当事人及时实现胜诉权益，让当事人感受到法律的尊严和公正，让人民群众在每一个司法案件中感受到公平正义。

（一）深化司法责任制改革

四川紧紧抓住具有牵引性和标志性的改革项目精准破题、强力攻坚，多项改革举措后发先至，走到全国前列。目前，司法责任制改革4项基本任务已基本完成。四川牢牢牵住司法责任制的"牛鼻子"，挖掘法院、检察院内生潜力，切实提高办案质效。四川省完善落实司法责任制的制度体系，科学合理组建专业化办案团队，明确法官检察官办案权限，严格执行入额院领导办案数量要求，创新方式、加强监督，完善绩效考核机制，有效激励司法责任制落实。全省法院检察院85%以上的司法人力资源配置到办案一线，司法办案力量得到大大增强，优秀人才向办案一线流动趋势明显，全省法院办案质效稳步提升。2017年共受理案件111.71万件（见图6），审执结104.28万件，比2012年分别上升56.46%、52.17%，法官人均办案164件，比2012年上升76.34%，生效案件服判息诉率98.96%，审判质效保持在全国法院前列，司法公信力进一步提升。深入推进司法人员职业保障制度改革，建立科学合理、简便易行的绩效考核办法，坚持以办案数量质量为核心进行绩效考核，实现了司法办案人员权责利相统一。在组织、财政、人社等部门的协同配合下，四川省在2017年初兑现了全省法院、检察院改革基本工资的承诺，2017年6月底全面完成司法人员工资改革任务，成为全国率先完成工资改革任务的省份之一。积极稳妥推进省以下地方法院检察院人财物统管，积极协调相关部门推进干部、编制和财物统管工作。四川省委政法委会同省委机构编制委员会办公室等部门联合制定《关于省以下地方法院检察院机构编制统一管理有关事项的意见》，对试点单位的机构编制省级统管进行了安排部署，协调省委组织部开展全省法院、检察院干部统管。

四川省委政法委绩效考评机制、成都市中级人民法院静默化监管、乐山市中级人民法院绩效考核、德阳市旌阳区人民法院破解送达难等改革经验受

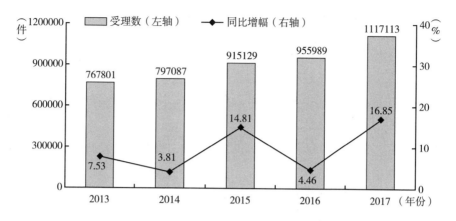

图6 2013~2017年四川全省法院受理案件走势

到中央政法委充分肯定，并在全国司法体制改革推进会上作交流发言。四川省高级人民法院会同省委机构编制委员会办公室制定下发《关于省以下法院政法专项编制统一管理试点意见》，确定成都市中级人民法院和成都市武侯区、泸州市江阳区等5地基层法院开展内设机构改革试点。德阳市构建"12233"民商事案件繁简分流快审模式，旌阳区人民法院被最高人民法院确定为改革示范法院。

（二）建设公正权威高效司法

四川省委政法委牵头省法院、省检察院、公安厅、司法厅等保障司法公正，构建权责统一、权责明晰、权力制约的司法权运行机制；推动司法高效，推行繁简分流、轻刑快处、认罪认罚从宽制度，依法惩治滥用诉权行为，努力实现有诉必理、有诉快理；维护司法权威，落实领导干部干预司法案件记录、通报和责任追究制度，健全行政机关负责人依法出庭应诉、支持法院受理行政案件、尊重并执行法院生效裁判的制度，完善司法人员履行法定职责保护机制，确保司法机关依法独立公正行使审判权、检察权。通过立案登记、网上诉讼、失信惩戒、投诉监督、办案质量终身负责等解决"六难三案"问题。通过司法人员分类管理、职业保障等解决"正规化、职业化、专业化"问题。通过解决社会高度关注的突出问题让群众直接感受司法的公平正义。运用巡回审判、司法救助等强化司法为民。坚持罪刑法定、疑罪从无、非法证据排除等加强人权司法保障。

四川省高级人民法院推动轻刑快处工作机制，构建"简案快办、难案精审"工作格局，强化信息化支撑，推动专业化审判、集约化管理、规范化运行。四川省人民检察院突出抓好检察改革、检察监督、智慧检务建设等工作，完成339个点位远程视频提讯系统建设，稳步推进轻刑快办、出庭指挥、大数据辅助办案等智能化运用，提高诉讼监督、执行监督实效。四川省公安厅构建公安机关侦查打击合成作战工作机制，加大盗抢汽车犯罪、盗窃摩托车电瓶车犯罪打击力度。四川省司法厅开展社区矫正"规范化建设提升年"活动，围绕"五化"目标，全面推进社区矫正深入发展。2017年1～10月，四川全省各地累计接收社区服刑人员175040人，累计解除矫正138242人，社区服刑人员矫正期间重新犯罪率一直处在0.2%的较低水平。

（三）破解执法司法实际难题

四川省依法治省领导小组严格落实《关于"两年内基本解决执行难"的工作意见》要求，建立"党委领导、政府支持、政法协调、法院主办、部门配合、社会参与"的解决执行难工作格局。出台《关于加快推进失信被执行人信用监督、警示和惩戒机制建设的实施意见》，四川省高级人民法院与公安厅、省工商行政管理局、省质量技术监督局、省地方税务局、省级住房公积金管理中心等会签执行协作文件，形成综合治理执行难工作态势。四川省高级人民法院以有财产可供执行案件"司法大拜年""失信大曝光""执行大会战""拒执大打击"四个专项行动为抓手，有效遏制逃避执行、抗拒执行、干预执行现象。5年来，全省对失信被执行人依法纳入失信名单36.33万人，司法拘留9515人，判处刑罚184人，近10%的失信被执行人主动履行债务30.73亿元。2017年四川全省法院有财产可供执行案件13.32万件，执结率为93.43%，执行到位45.53亿元，得到最高人民法院的肯定。近十年来全省法院执行案件情况见图7。

四川省人民检察院联合省卫生和计划生育委员会、中国人民银行成都分

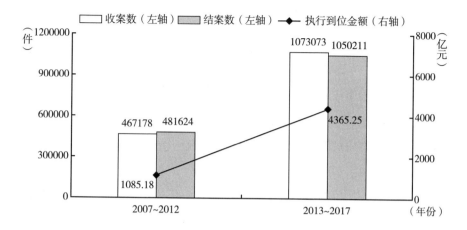

图7　全省法院执行案件态势示意

行等重点领域的行政执法机关制定《关于印发四川省卫生计生行政执法涉嫌犯罪案件移送标准的通知》《关于加强四川省惩处洗钱犯罪工作的指导意见》等"两法衔接"文件，提高了涉嫌犯罪案件移送效率和案件质量。加强"两法衔接"信息共享平台应用，2017年1~11月，四川省共接收行政处罚案件信息864116条，行政执法部门录入涉嫌犯罪案件5643件，公安机关录入刑事立案2092件，检察机关录入批准逮捕案件240件、提起公诉案件393件，法院录入判决信息260条，对有案不移、有案不立形成了有力监督。2017年1~11月，四川全省检察机关共查处徇私舞弊不移交刑事案件、放纵制售伪劣商品犯罪行为、帮助犯罪分子逃避处罚、环境监管失职、食品监管渎职犯罪38件48人，有效解决有案不移、以罚代刑问题。

四川积极推进以审判为中心的诉讼制度改革，在全国率先开展刑事庭审实质化改革试点，推动公安机关依法全面客观收集证据、确保侦查案件事实证据经得起检验，检察机关依法严格审查证据、防止案件"带病"进入起诉审判程序，审判机关在庭审上认证诉讼证据、查明案件事实、形成裁判理由，构建了侦查取证规范严谨、公诉举证真实有效、刑事辩护充分到位、庭审现场驾驭有度的工作格局。

四川省人大常委会将"破解四川执行难研究"确定为2017年度重点调

研课题，形成专题报告提交省委。省人民检察院和成都市、德阳市等地 38 个检察院成立了专门的生态检察机构，促进执法办案的专业化。泸州市纳溪区人民检察院在泸州市最大的备用饮用水源地凤凰湖景区建立全市首个"生态环境保护检察工作站"，通过执法司法机关的力量整合，进一步强化了打击违法犯罪的合力。资阳市人民检察院在资阳市环境保护局设立环境保护检察联络室；甘孜藏族自治州人大常委会将"两法衔接"地方立法纳入州人大常委会五年（2017～2021）立法计划。成都市新津县、南充市南部县人大常委会出台了"两法衔接"工作决定，广元市青川县人大常委会出台了《关于加强人民检察院对行政执法活动法律监督工作的决定》，进一步明确检察机关对行政执法机关行使职权监督的范围、内容和方式，推动"两法衔接"制度化规范化。

（四）强化司法公开

四川省委政法委牵头推进审判公开、检务公开、警务公开、狱务公开，探索构建开放、动态、透明、便民的阳光司法机制。全省法院依托信息化平台，推进裁判文书、审判流程、执行信息全面上网公开，2014 年以来全省法院在中国裁判文书网累计公开 218.80 万余篇，当事人可以通过各地法院的审判流程公开平台查询案件审理进展信息，并通过执行信息、司法评估拍卖公开平台查阅执行和拍卖信息。2016 年以来，四川全省法院网上公开拍卖 4523 次，成交金额 87.81 亿元，成交率达 85.03%，为当事人节约资金 9766.40 万元。全省法院在全部实现庭审全程同步录音录像的同时，进一步推行庭审视频同步直播，2016 年以来全省法院在中国庭审公开网直播庭审 10103 件次，观看量 1740 余万人次；审判公开已成为全省法院接受监督、改进工作、促进公正的重要途径。四川省人民检察院坚持"依法、全面、及时、规范、便民"的原则，在全国率先开通人民检察院案件信息公开网，5 年来累计点击量 520 余万次，发布案件程序性信息 30 余万件，公开法律文书 12.6 万余件，案件信息公开各项指标居全国检察机关前列；全面实现案件材料查阅、信息主动推送等一站式服务，已有

6129 名办理刑事案件的律师通过案件信息公开网或微信平台完成信息注册和申请事项办理。

（五）加强司法活动监督

四川省委政法委将司法监督、社会监督、舆论监督有机结合，建立完善公安机关、检察机关、审判机关、司法行政机关各司其职、相互配合、相互制约的体制机制，完善内部监督制约和过问案件记录追责制度，从程序上、制度上堵塞漏洞，让审判权、检察权在阳光之下、法治之上运行，着力实现干警清正、队伍清廉、司法清明。四川省人民检察院坚持不枉不纵、不错不漏，制定实施《关于妥善处理涉及刑事立案及侦查活动控告申诉的意见》，加强刑事诉讼监督、刑事执行监督和民事行政诉讼监督。5 年来监督侦查机关立案 4134 件，同比下降 12.1%；监督撤案 2344 件，纠正侦查活动违法 7786 件，同比上升 23.4% 和 86.9%；对刑事判决提出抗诉 1785 件；对不需要继续羁押的 8384 名在押人员建议变更强制措施；监督减刑、假释、暂予监外执行不当 4491 件。5 年来四川全省检察机关共提请、提出抗诉 465 件，提出再审检察建议 2355 件。针对法院民事行政审判活动违法情况提出检察建议 307 件，针对当事人利用法院判决谋取不正当利益的虚假诉讼行为，提出检察建议 563 件。出台《关于深入推进公益诉讼工作的实施意见》，围绕生态环境资源保护、食品药品安全、国有财产安全、国有土地使用权出让 4 个领域，立案 304 件，发出诉前检察建议 225 件，提起公益诉讼 4 件。

六　深入推进社会依法治理

法治是社会稳定的压舱石。四川省委贯彻中央关于推进依法治国的基础在基层、重点在基层指示精神，针对新形势下公民权利意识觉醒与维权理性不足、对国家权力机关诉求日益增多与配合支持不够、政府简政放权与社会组织发育不成熟、违法成本低与守法成本高四对矛盾，把夯实基层打牢基础作为依法治省的重中之重，把依法化解矛盾纠纷、解决群众利益诉求作为引导全民守法最直接的抓手，坚持联动融合、开放共治，坚持民主法治、科技创新，统筹推进专项治理、源头治理、系统治理、综合治理、依法治理，探索基层治理体系和治理能力现代化建设方法路径，推动社会在深刻变革中既生机勃勃又井然有序。

（一）用厉行法治树立法律权威

贯彻习近平总书记坚决维护宪法法律权威的指示精神，四川省委政法委牵头省公安厅等部门，坚持围绕中心、服务大局，党政主导、群众主体，打防结合、标本兼治，疏堵结合、宽严相济，统筹考虑活力与秩序、程序与实体、维稳与维权的关系，全面建设社会治安防控、矛盾纠纷多元化解、网格化服务管理体系，建成规范化的乡镇（街道）综治中心 1104 个、村（社区）综治中心 7610 个；建立流动人口、特殊人群等"9＋X"基础信息库。各地将各类基础信息及时录入信息系统，通过网格掌握出租房屋、流动人口及特殊人群相关信息；将各级网格化监管平台与综治中心、"雪亮工程"平台整合使用，拓展了网格信息来源；2017 年全省网格化服务管理信息平台累计办理各类事务 946.3 万余件。推动寄递物流安全监管常态化，召开全省总结推进会部署建立健全依法监管长效机制，深化危爆物品专项整治，构建源头控制、过程跟踪、全程管控治理体系，强化有效溯源和责任倒查。大力推进农村"雪亮工程"建设，全省累计完成 9677 个村的建设任务。用法治方式强力推进藏区反分维稳、彝区禁毒防艾、特大中心城市和区域中心城市反恐防暴，守住社会稳定底线，2017 年全省刑事犯罪数量同比下降 21.5%，人民群众安全感达到 94%。

四川省纪委、省委组织部、省社会治安综合治理委员会办公室、人力资源和社会保障厅建立联席会议制度，压实基层治理责任。四川省社会治安综合治理委员会办公室会同公安厅、省卫生和计划生育委员会探索严重精神障碍患者服务管理，全面强化筛查、治疗、管理、救助措施，推动落实"以奖代补"引导监护人承担监护责任。四川省禁毒委员会、省社会治安综合治理委员会联合出台《在全省开展吸毒人员网格化服务管理工作的实施意见》，四川省社会治安综合治理委员会办公室、公安厅联合出台《关于组织网格员开展消防工作的通知》，将吸毒人员、消防安全监管纳入网格化管理。凉山彝族自治州持续开展毒品堵源截流、破案攻坚、重点整治和专项打击行动，加快戒毒康复基地"绿色家园"建设，推进艾滋病防治"七大工程、一批中心"建设。

（二）以法治创新推动法治提升

四川省坚持"落实到基层、落实靠基层"，以统筹开展九大示范创建为载体探索基层治理体系和治理能力现代化建设的方法路径，统筹推进县（市、区）、乡镇（街道）、村（社区）以及机关、企事业单位、寺庙、学校等九大板块法治建设示范创建，共有1.4万多个单位参与创建，首批命名表扬检查验收合格单位823个。以制定实施村（居）规民约为重点建立法治、德治、自治相结合治理体制，以基层党组织为核心构建"一核多元、合作共治"共建共享治理体系，通过加快天府新区、中国（绵阳）科技城、国家自主创新示范区等五大法治示范区建设，使法治成为培育四川新兴增长极的软实力。成都等3个市和射洪等11个县（市、区）分别荣获"全国社会治安综合治理优秀市""全国平安建设先进县（市、区）"，成都市、遂宁市、射洪县、乐至县因连续三届获奖夺得全国社会治安综合治理最高奖"长安杯"。

四川省依法治省领导小组办公室精选并统筹推动特色创新工作74项，构建了自主申报、上下联动、集中推广、考核认定、延续升华法治创新链条。四川省委组织部开展软弱涣散党组织集中整顿和"村霸"集中整治。四川省教育厅开设中小学法治教育课，推动"教材、课程、师资、经费、考试"五落实。四川省司法厅对基层法治示范创建实施动态管理，指标设置被全国考核指导标准充分吸收。成都市在临空经济示范区街道试点建立法治建设委员会，推动街道依法治理专业化、制度化。攀枝花市制定《关于深入推进农村基层治理法治化的工作方案》等制度文件，构建"四位一体""三委一站"治理体系。南充市依托驻外办事处在全国建立十个法治服务点，为外出务工人员提供维权服务。眉山市数字城市管理指挥中心与公安天网监控平台、市政部门应汛平台等实现共建共治共享。宜宾市对法治责任作出量化要求。达州市开展依法治村"543"基层治理，建立了"五步议事"工作法，完善"四会管村"制度，健全了"三项监督"运行机制。

（三）以务实举措破解落实难题

四川省每年召开法治专题培训会，重点讲清年度基层法治抓什么、谁来抓、怎么抓、如何评价、结果怎么运用等基本问题，破解法治方法难题。2014年，四川省着力推进基层党建、社区治理、法治宣传、村（社区）公共服务等工作，着力打牢基层治理思想、组织、社会基础，破解基层基础难题，全省城市社区服务设施覆盖率达到90%以上，7998个村实现"1+6"公共服务设施全配套。2015年，四川省建立"四议两公开"、社区听证、民情恳谈、民主评议、民主监督等制度，抓好群众自治、社区协商、"三社联动"、村务公开等工作，破解基层民主法治难题。2016年，四川省统筹开展换届选举、社区减负、农村社区改革、社区标准化建设等重点工作，通过"五不两直"法治暗访、年度法治考核和县（市、区）委书记履行法治职责督导汇报会，破解法治工作落地难题。2017年，四川省建立以群众为主体，以民主法治为支撑的治理机制，完善与现行政权结构、社会结构、经济结构和组织体系相适应的治理结构，推动基层治理体系和治理能力现代化。

四川省依法治省领导小组办公室、四川省委机构编制委员会办公室共同印发《关于加强市县乡依法治理机构建设和工作力量的通知》，强力推动基层依法治理机构编制人员落实。四川省委组织部将法律法规和党内法规纳入"两学一做"学习教育活动、优秀干部人才递进培养计划及各级党委（党组）中心组和领导干部会前学法内容。内江市开展动态考核、督查调研、"回头看"、第三方暗访测评等"督导问效"，推动依法治市工作实现重结果向重问题、重问责向重问效的两个转变。南充市持续深化"法治南充大讲堂"，不定期邀请全国知名专家、学者对全市正科级以上领导干部开展法治专题讲座。宜宾市制定并严格落实《依法治市工作责任追究办法（试行）》，对法治工作重视不够、执行不力等 14 种情况强化限期整改、通报批评、个别约谈、停职检查等 7 类追责措施。

（四）用法治手段保障服务脱贫攻坚

四川省贯彻中央脱贫攻坚重大决策部署，落实《四川省农村扶贫开发条例》《关于进一步加强法治保障　服务脱贫攻坚工作的意见》《贯彻〈关于创新机制扎实推进农村扶贫开发工作的意见〉实施方案》精神，开展法治扶贫"五个一"工程，为每个贫困村聘请一位法律顾问、培养一批法律明白人、完善一个村规民约、掌握一套维权方法、化解一批矛盾纠纷。广元市出台《广元市法治扶贫行动方案》《广元市脱贫攻坚责任制实施方案》《广元市脱贫攻坚四级精准监督工作责任制度》，实施法治脱贫标准化管理。南充市深化法治扶贫"十百千万"专项行动。遂宁市射洪县太和镇创新开展普通党员、返乡老干部、贫困户、村民、法律顾问"六手印记"，安居区实行一贫困村一"法治村官"。达州市开展法治服务保障异地扶贫搬迁。宜宾市探索建立精确扶贫"心连网"工程、"歇帮"机制、"一村四警"法治扶贫"六个一"机制。绵阳市创新开展村级财务"互联网＋精准扶贫代理记账"工作。

（五）以法治方式保障服务灾后重建

四川省牢记习近平总书记关于做好芦山地震灾后恢复重建工作的嘱托，着力选明白人、干明白事、交明白账，扎实推进依法重建、阳光重建、廉洁重建。把法纪意识强、工作能力强的领导干部安排到灾后恢复重建重要岗位，遴选 187 名律师组建灾后重建法律顾问团，为 551 家项目业主、施工企业提供一线法治支持，处理灾后重建涉法案件 2.8 万余件。建立党政领导、群众参与、法治保障灾后恢复重建机制，构建规划政策、资金保障、项目运营、监督监管等十大规范体系，将民主协商、专家论证、风险评估、合法性审查等作为重建重大决策法定程序。坚守法纪约束、维护稳定、安全生产、重建质量监督等 6 条底线，严把绩效跟踪、资金审计、法治评估等 4 个关口。以灾后恢复重建为契机推进灾区基层治理法治化，推动"自建委"向"自管委"转变，制定实施《雅安市新村聚居点管理条例》，重点解决老百姓从散居到聚居后的服务管理问题。

（六）以群众法治信仰铸牢法治根基

四川省落实习近平总书记"要坚持把全民普法和守法作为依法治国的长期基础性工作"重要指示，以"法律七进"推动法治"灌输"，突出"供需"对接，分门别类地制定行动纲要、实施方案、普法大纲和普法读物，对"进什么、怎么进、谁来进、如何评"作出明确规定，使"法律七进"真正"进得去、落得下、见实效"。以法治文化建设推动法治"浸润"，加快推进阵地建设，持续开展法治文化作品创作推广和法治文化传播，将社会主义核心价值观融入法治建设；以法治好用、法治管用推动法治"通行"，努力让法治成为人民群众解决问题时的首选，充分信赖、便捷高效的办法措施，逐步解决"找人不找法、信访不信法"等突出问题。

四川省建立完善党政统筹领导、部门履职尽责、媒体公益普法、群众共同参与的法治宣传教育机制，强化党委、政府对法治宣传教育工作的领导，制定《四川省关于实行国家机关"谁执法谁普法"普法责任制的实施意见》，明确47个省级部门的普法责任清单，推进各执法机关和各地普法工作；建立法官、检察官、行政执法人员、律师等以案说法制度，加强普法讲师团、普法志愿者队伍、法律人才库建设；加快推进法治文化阵地建设，持续开展法治文化作品推广和法治文化传播，全省开设报刊普法专栏115个，广播、电视普法栏目400余套，公共场所、交通工具的广告牌、电子显示屏、顶灯等刊播普法公益广告120万余条；大力实施"互联网＋法治宣传"行动，全省开办普法类网站230个，开通普法微博、微信690余个（见图8），21个市（州）全部开通了普法手机报或移动客户端，发送普法短信620余万条，进一步营造浓厚的法治氛围。

四川省完善领导干部尊法学法守法用法制度，出台《四川省完善国家工作人员学法用法制度的实施意见》《省直机关国家工作人员学法用法实施意见》，健全党委（党组）中心组学法、政府常务会学法、人大常委会审议前学法、政协专委会学法和人民团体定期学法机制，全省共组织领导干部会前学法3.6万余次，开展学法用法测试7500余次，公职人员接受法治教育39.6万人次。四川省推进法治教育师资、教材、课时、经费、考试五落实，制定《四川省贯彻〈青少年法治教育大纲〉实施意见》，把法治宣传教育纳入国民教育体系和精神文明创建内容，全省大中小学开展"法治教育第一课"等活动5200余场次，编发青少年普法读物24.1万余册。实施法律进乡村进社区"六个一"工程，全省村（社区）配备法律顾问4.3万余人，开展法治宣传活动4.8万余场次，受教育人数850万余人。编印《"法律七进"以案说法》系列读本，首批免费发放5.6万册，征集"法治"微电影600余部，组织千支法治文艺小分队送法进万村和万场法治电影进乡村（社区），法治文艺巡演8900余场次，播放法治电影1.8万余场次。

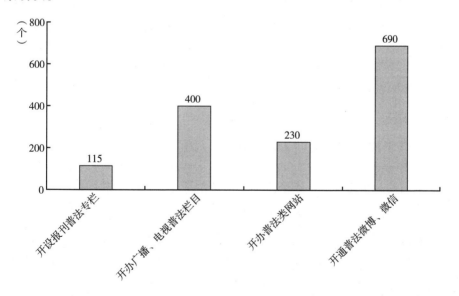

图8　四川全省普法栏目开办情况

四川省依法治省领导小组办公室与中国社会科学院法学研究所联合发布法治蓝皮书之《四川依法治省年度报告No.3（2017）》，打造依法治国四川品牌。四川省委宣传部出台《关于进一步把社会主义核心价值观融入法治建设的实施方案》，将法治宣传教育纳入精神文明创建、文明城市建设等重要工作考核。四川省司法厅持续深入开展"法律七进"，设立法律援助站5200余个，组建村社法治宣传队伍7000余支，培养法律明白人48万余人。自贡市将法治文化、行业文化、本土文化与法治宣传有机融合，将盐税史陈列馆成功打造为全国第一批、西部唯一国家级的税收普法教育示范基地。绵阳市获评"六五"普法"全国法治宣传教育先进城市"，被司法部确定为全国"七五"普法依法治理联系点。

七 切实破解藏区治理难题

四川藏区历来处于"稳藏必先安康"的重要战略地位。四川省委认真贯彻习近平总书记依法主动综合治理重要指示精神，全面落实国家宗教政策，深入分析把握"五个没有改变""五个尤为迫切"总体形势，把法治作为藏区和谐稳定、长治久安的定海神针，务实创新推动中央依法治藏、富民兴藏、长期建藏、凝聚人心、夯实基础战略部署在四川藏区落地生根。

（一）厘清藏区治理工作思路

四川高举祖国统一、民族团结、依法治理三面大旗，坚持综合施策、标本兼治总体思路，坚持发展、民生、稳定三件大事一起抓、五条战线齐发力，着力把藏区各项事务纳入法治化轨道，让寺庙僧尼信众深刻认识到任何时候都不会有法外之寺、法外之僧、法外之人、法外之域。四川藏区静悄悄地发生了历史性根本性变化。

（二）依法推进寺庙分类管理

四川把藏传佛教寺庙分为三类，有针对性地制订工作方案、实施计划、考评标准，推动藏传佛教寺庙依法治理、达标升级。将法治宣传教育纳入藏区总体规划，把宣讲法律和戒规戒律教育结合起来，将法律服务与法律援助结合起来，保障活动持续健康推进。建立完善由宣传和统战部门牵头，政法、民族宗教、教育、文化、卫生、科技等部门和佛协等人民团体多方力量共同参与的寺庙大宣讲机制，结合学习贯彻党的十九大、省第十一次党代会精神宣讲，开展汉藏"双语"进寺庙联合宣讲，全省藏区入寺法治宣讲550余场次，设立寺庙法治宣传栏625个、法律图书角551个，培养"寺庙法律明白人"1271人，设立寺庙法律服务联系点573个（见图9）。落实学经前学法制度，组织召开藏传佛教界学习贯彻新《宗教事务条例》座谈会，编印"藏传佛教僧尼学法用法丛书"1万册。用省州县三级滚动联创、统一表彰强化示范带动，以"回头看"、抽检督查、复核验收等巩固创建成果，通过依法依规自管、属地监管、上级部门统管，引导其珍惜荣誉、精进学修、守法持戒，更加坚定拥护中国共产党的领导，更加充分发挥宗教的积极作用。甘孜藏族自治州统筹推动依法治州"九大工作""十项整治"，将基层治理、示范创建、基层党建相结合，探索经济协调发展、社会依法治理、寺庙依规管理相结合的工作方法；深化依法治寺管僧，常态化开展法治"双语"宣讲，院寺分离、"控规消肿"取得阶段性成效。阿坝藏族羌族自治州将寺庙的组织建设、依法治理和分类管理有机统一，探索用法治促民族团结和谐、保藏区长治久安的长效机制。

（三）从根本上打牢藏区持续发展坚实基础

四川省全面完成"一标三实"基础信息采集任务，创新以房管人、以证管人、以业管人、以网管人的流动人口管理模式。积极发展全域旅游、现代畜牧业，推动"一村一幼"和15年免费教育，从根本上解决落后问题。在"社会大民生带寺庙小民生"工程和居家养老政策的基础上，实施消防池、开水房、公共浴室、公共厕所、养老公寓试点"五个一"工程。按照"正面引导、注重农禅、政府帮扶、多策并施"原则开展宗教文化、"以寺养寺"活动，拓宽收入渠道，减轻信教群众负担。

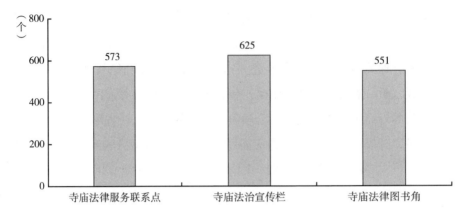

图9 四川藏区法治设施建设情况

八 建立完善保障落实机制

四川重点解决法治意识和法治行为、法治思维和法治方式、治理体系和治理能力三个制约法治四川建设工作质效的根本性问题，建立督查为重点、考评为载体、问责为抓手的工作实施保障制度，构建有权必有责、用权受监督、失职要问责、违法要追究的长效机制。

（一）落实法治责任

制定《四川省党政主要负责人履行推进法治建设第一责任人职责规定实施办法》，党委主要负责人落实依法治理领导责任，将法治建设作为事关全局的重大工作，与经济社会发展同部署、同推进、同督促、同考核、同奖惩；着力优化机构设置、选强领导干部、配强工作力量。政府主要负责人落实依法行政主体责任，及时研究解决法治政府建设重大问题，为推进法治建设提供保障、创造条件。人大主要负责人落实科学立法主体责任，与时俱进推进立改废释工作。政协主要负责人落实民主协商主体责任，依法开展政治协商、民主监督和参政议政。部门主要负责人切实履行部门法治主体责任，推动部门法治工作和业务工作在相融互动中深化提升。

（二）构建监督体系

四川省统筹构建党内监督、人大监督、民主监督、行政监督、司法监督、审计监督、社会监督、舆论监督"八位一体"权力制约和监督体系。加强党内监督，作出《关于加强和规范党内政治生活 严格党内监督 巩固发展良好政治生态的决定》，从牢固树立"四个意识"、遵守宪法法律、坚持民主集中、落实治党责任等7个方面严格党内监督，巩固发展风清气正、崇廉尚实、干事创业、遵纪守法的政治生态。

加强人大监督，构建以及时听取审议专项工作报告为抓手，以人大讨论、决定重大事项和询问、质询、罢免制度为载体，以"一府两院"监督、预算执行监督、国有资产监督、法律法规实施和依法治理监督为主要内容的监督体系。2017年，四川省人大常委会共听取和审议省政府关于工业经济发展等专项工作报告26个，对省政府关于民营经济发展、扶贫开发工作进行专题询问2次，听取省高级人民法院、省人民检察院关于加强环境资源审判和加强生态环境资源司法保护的情况报告。组织对《固体废物污染环境防治法》《四川省固体废物污染环境防治条例》开展执法检查，切实压实了各级各部门环境保护责任；开展2次《四川省农村扶贫开发条例》执行情况大规模执法检查，覆盖全省88个贫困县。坚持有件必备、有备必审、有错必纠，在增强纠错刚性、加大备案力度、提高审查实效上用劲着力，对458件规章和规范性文件严格备案审查。

加强政协民主监督，完善民主监督机制，构建内容广泛、程序规范的行政协商、民主协商、参政协商、社会协商监督体系。加强行政监督，构建政府内部层级监督和专门监督、行政监察、审计监督、纠错问责相结合的监督体系。强化司法系统监督，构建检察监督、群众监督、舆论监督体系，依法开展影响司法公正突出问题的专项整治。加强社会监督，推行举报投诉、批评建议受理处理和结果反馈制度，构建人民群众长效监督、人民团体民主监督、新闻媒体舆论监督三位一体的社会监督体系。

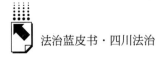

（三）强化法治考评

制定加强领导班子建设十项规定，实行领导班子功能结构模型管理意见等，坚持领导干部"六个重视选用""六个坚决不能用""六个坚决调整"，把遵纪守法定力、依法办事能力作为考察使用干部的重要依据，将法治建设纳入年度考核、目标责任考核、绩效考核、任职考察、换届考察以及各类考核考察重要内容，在领导班子中配备具有法律专业背景或法治工作经历的成员，将法治素养好、依法办事能力强的领导干部选出来、用起来，带动全社会形成法律至上、依法办事的善治良序。按照四川省依法治省领导小组的安排部署，省依法治省领导小组办公室开展涵盖全省21个市（州）和省级牵头责任部门的督促检查，制订实施依法治省年度考核方案、法治暗访"1 + 2"文件和第三方评估指标体系，坚持动真碰硬、客观公正、务实创新原则，采用定量加定性、规定加创新、正面加负面、平时加年终、必查加抽查和"五不两直"工作法，通过受检单位、依法治市（州）办、市（州）委领导"三级联查"以及听汇报、看台账、查资料、察现场"四步联核"考核方式，开展依法治省年度目标任务完成情况考核验收，以法治清单方式反馈工作基本情况、创新经验做法、存在的问题差距及下一步努力方向。根据年度考核和全年督查调研及平时掌握情况对各市（州）工作进行排序，将考核结果报告省依法治省领导小组、通报组织人事部门、公告21个市（州），对排序后三位的市（州）碰硬约谈、严肃整改。

九 四川依法治省存在的问题

（一）依法执政

一是有的领导干部对依法治省工作全局性、基础性的定位认识不足，没有形成将各项工作纳入法治化轨道的自觉意识。二是有的地方和部门对依法治省的长期性、艰巨性、复杂性认识不到位，没有坚持不懈抓法治的定力和坚韧不拔抓法治的毅力。三是有的地方机构人员没有落实到位，个别地方换届后依法治理领导小组办公室主任、工作人员长时间缺位，工作断档下滑。四是少数领导干部法治思维和法治方式还需要进一步强化。五是有的基层工作机构设置不够规范，还需要进一步优化机构设置、选强领导干部、配强工作力量。

（二）科学立法

一是个别地方和部门宪法意识不够强、宪法宣传教育还做得不够，还需要进一步保障和推动宪法法律实施。二是一些法规规章紧扣中心大局还不够，还需要进一步跟进工作需要和形势发展。三是有的法规规章针对性、实用性、时效性、可操作性还有待进一步提高。四是个别地方性法规及时性还不够，少数地方性立法的地方特色还不够鲜明。五是个别地方行使地方立法权还有待进一步加强。

（三）依法行政

一是有的地方和部门法治建设系统性不够，上下工作对接精准度、法治和业务工作融合度有待提高。二是一些地方简政放权还需要进一步深化，"放管结合"还需要进一步加强，公共服务能力还需要进一步提升，政府职能还需要进一步转变并履行到位。三是个别部门依法决策机制还需要进一步落实，合法性审查和风险评估还需要进一步强化，法律顾问还需要进一步发挥作用。四是有的地方行政执法程序还需要进一步完善，执法监督还需要进一步增强，执法责任还需要进一步落实，需要进一步健全落实执法全过程记录制度和执法公示制度。五是少数地方对行政权力的制约和监督还需要进一步严格，政务公开的实效性、针对性还需要进一步提高。六是一些地方需要进一步破解行政机关负责人出庭应诉难题。七是个别部门法治工作和业务工作相融互动还不够，服务管理标准化建设还需要进一步加强。

（四）公正司法

一是个别地方司法责任制改革需要进一步深化，常态化遴选和员额退出等机制需要进一步完善，地方法院、检察院人财物省级统一管理制度需要进一步健全。二是"两法衔接"信息平台还不够完善，移送标准还不够健全。三是还需要进一步破解生效判决执行难题。四是以审判为中心的诉讼制度改革还需要进一步推进，刑事庭审实质化改革还需要进一步加强。五是个别部门的工作流程、工作标准还需要进一步明确，司法的规范性还需要进一步强化。六是有的司法公开还需要进一步深入，对司法活动的监督还需要进一步加强。

（五）社会法治

一是有的地方基层法治工作不牢固，存在上热下冷"吊脚楼"现象，特别是乡镇（街道）依法治理职能有待强化。二是一些地方法治氛围还不够浓厚，群众的法治意识、法治观念还需要进一步强化。三是一些基层领导干部履职尽责推进法治工作还需要进一步加强。四是个别地方法治权威还不够，社会依法治理工作还需要进一步深入推进。五是有的地方对群众法治需求把握不准，措施缺乏针对性和可操作性。

十　2018年四川依法治省前瞻

（一）依法执政

一是出台《省委常委会带头进一步增强法治观念　深化法治实践意见》，继续抓好依法治省工作中的"关键少数"。二是完善党领导立法、保证执法、支持司法、带头守法工作制度，完善依法治省工作的统筹协调。三是加强和改善党委对政权机关的领导，支持人大、政府、政协和法院、检察院依法依章程履行职能、开展工作、发挥作用。四是制定《党政主要负责人履行推进法治建设第一责任人职责年度述法工作方案》，建立完善年度述法工作制度。五是加快形成覆盖党的领导和党的建设各方面党内法规制度体系，制订贯彻中央党务公开条例的实施方案，深化党内法规执行后评估工作，组建四川省法律顾问团。六是建立把党的政治建设摆在首位，确保政治立场、政治方向、政治原则、政治道路同党中央保持高度一致的长效制度；建立思想建党、制度治党同向发力和依法治省、依规治党有机统一的工作机制。

（二）科学立法

一是紧扣"一个愿景、两个跨越、三大战略、四项重点工程"继续加强地方立法，完成《国家自主创新示范区条例》《沱江流域生态环境保护条例》等立法计划。二是紧扣建设现代化经济体系，加强和创新社会治理、脱贫攻坚、生态文明体制改革等重点领域创制性立法。三是突出国资国企、农业农村、财税金融等全面深化改革重点领域，强化地方性法规立改废释工作。四是构建党委领导、人大主导、政府依托、各方参与的科学立法工作格局，建立完善项目征集、评估听证、表决审议、群众参与制度。五是指导和支持市（州）围绕城乡建设与管理、环境保护、历史文化保护等开展地方性立法。六是探索地方立法与基层创新实践跟进对接衔接机制。

（三）严格执法

一是用权力、责任、负面、问责"四张清单"加速推进依法行政，强化跟踪督办、绩效评估和碰硬奖惩。二是推进依法科学民主决策，完善落实重大决策终身责任追究制度及责任倒查机制。三是深化行政审批局、综合执法局等改革试点。四是继续推进执法公示、全程记录、法制审核制度改革，建立完善行政执法管理制度。五是强化监督、落实责任，探索破解行政机关负责人出庭应诉难题。

（四）公正司法

一是全面落实司法责任制，健全司法人员分类管理、常态遴选、履职保护、失职惩戒机制。二是深化司法体制综合配套改革，扎实推进法院检察院内设机构扁平化、执法司法监督、司法廉政制度等改革试点。三是建立专业化律师执业制度，构建社会律师、公职律师、公司律师等优势互补、结构合理的专业化律师队伍。四是合力破解生效判决执行难题，进一步完善党委领导、联席会议统筹协调、法院主体推进、有关部门各司其职的工作格局。五

是统筹破解"两法衔接"难题,建立自动生成、实时监控、全程留痕、跟踪问责信息平台。

(五)社会治理

一是加强社会治理制度建设,完善党委领导、政府负责、社会协同、公众参与、法治保障的社会治理体制。二是加强预防和化解社会矛盾机制建设。三是健全公共安全体系,树立安全发展理念,完善安全生产责任制,提升防灾减灾救灾能力。四是建立完善"责任制+清单制""法律七进"工作制度。五是深化基层示范创建全域覆盖、动态管理、检查评估,继续推进天府新区、国家自主创新示范区、绵阳科技城、中国(四川)自贸区、双流法治空港示范区等法治示范区建设。六是紧扣乡村振兴战略,建立自治、法治、德治相结合的乡村治理体系。七是加强国家安全法治保障,严密防范和坚决打击各种渗透颠覆破坏活动、暴力恐怖活动、民族分裂活动、宗教极端活动。

(六)强力推动工作落实

一是跟进"关键少数"履行法治职责动态情况,建立依法治省大数据平台。二是跟进统筹"四个聚焦"、坚守"四条底线",推进法治保障服务中心大局。三是跟进实施乡村振兴战略,建立完善自治、法治、德治相结合的乡村治理体系。四是跟进经济社会发展,加快完善共建共治共享治理格局。五是跟进深入推动基层法治落地,建立完善调研指导、暗访督查、年度考核、约谈问责制度。六是跟进全国面上法治发展最新动态,开展省际法治交流协作,召开基层治理体系和治理能力现代化建设等高峰会议。

专题报告

Special Reports

B.2

四川省人大探索依法助推
绿色发展的路径

四川省人大城乡建设环境资源保护委员会课题组*

摘　要： 四川省各级人民代表大会及其常务委员会作为地方国家权力
　　　　机关，是人民代表大会这一根本政治制度的重要载体，肩负
　　　　着贯彻中央和省委决策部署，依法行使宪法和法律赋予的各
　　　　项职权，服务四川省工作大局，促进全面深化改革，推进
　　　　依法治省的光荣使命。本文阐释了在推进绿色发展、加快
　　　　建设美丽繁荣和谐四川的伟大事业中，各级人大及其常委
　　　　会担负着义不容辞的重大责任，总结了各级人大推动生态
　　　　环境保护工作的成效，剖析了人大依法推动生态文明建设

* 课题组负责人：杨文，四川省人大常委会委员、城乡建设环境资源保护委员会副主任委员。
　课题组成员：钟骏鹰、李黎、王晓岸、龚海军。执笔人：王晓岸，四川省人大城乡建设环境
　资源保护委员会办公室主任科员。

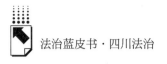
和绿色发展所面临的问题和挑战，指明了人大助力绿色发展的实施方向。

关键词： 立法质量　依法监督　绿色发展

党的十八大以来，以习近平同志为核心的党中央，深刻总结人类文明发展规律，将生态文明建设纳入中国特色社会主义"五位一体"总体布局和"四个全面"战略布局。党的十八届三中、四中全会分别作出了加快建设系统完整的生态文明制度体系、用严格的法律制度保护生态环境的重要决策部署，十八届五中全会更是鲜明地提出绿色发展理念，开创了生态环境保护新局面，推动中国绿色发展道路越走越宽广。四川作为长江上游的重要生态屏障和水源涵养地，肩负着维护国家生态安全格局的重要使命，推进绿色发展、加强环境保护，不仅事关四川省人民福祉，也事关中华民族的永续发展。2013 年 5 月习近平总书记到四川视察时明确要求，一定要把生态环境保护工作做好，把生态文明建设放在突出地位，为子孙后代留下这一方美丽的土地。近年来，在中共四川省委的坚强领导下，四川省认真贯彻中央决策部署，始终把生态文明建设放在事关全局的重要位置，将生态文明建设与全面深化改革、全面依法治省结合起来，不断完善生态文明建设制度体系，不断提升生态文明建设法治化水平，全力打好污染防治"三大战役"，大力推动发展方式和生活方式绿色化，初步走出了一条符合四川实际的绿色发展道路。

回望过去，四川省各级人大依法履行责任，充分发挥职能作用，为四川省生态环境保护工作作出了积极贡献，在实践探索中积累了大量经验，为进一步推动四川绿色发展奠定了良好的法治基础。

一　人大及其常委会在依法推动四川绿色发展中应有的地位和作用

地方各级人大及其常委会作为地方国家权力机关，肩负着实施宪法和法律的重大职责，在健全社会主义法治、推动全面依法治省方面有不可替代的作用，在加强生态文明建设、推进绿色发展方面负有重要职责。

（一）从人大制度的性质和地位看，推进四川绿色发展人大责无旁贷

人民代表大会制度作为中国的根本政治制度，其本质是人民当家作主。坚持依法治省，推进绿色发展，建设美丽四川，归根结底是为了保障人民群众的基本权利，是坚持和完善人民代表大会制度，发展社会主义民主政治，保证人民依法行使民主权利，维护和实现最广大人民的根本利益的具体体现。生态文明建设与坚持和完善人民代表大会制度本质上是一致的。四川省各级人大及其常委会按照宪法和法律所赋予的职权，大力抓好生态文明建设，助推绿色发展，对于坚持和完善根本政治制度、保证人民当家作主、实现中华民族永续发展，意义重大。

（二）从人大工作的运行机制看，推进四川绿色发展人大具有自身优势

人民群众是依法推动绿色发展的力量源泉，由人民选举产生的人大代表组成的各级人大及其常委会，是具有广泛代表性的民意机关，其最大的优势就是密切联系人民群众。民主集中制是人大及其常委会依法行使职权的基本原则。人大及其常委会主要通过会议形式，严格依法按程序办事，在充分了解人民意愿的基础上，集体行使职权。这种运行机制有利于凝聚民心民意、汇集民智民力，在社会主义法治建设和生态文明建设中发挥着重要作用。

（三）从人大工作的职责和任务看，推进四川绿色发展人大大有可为

只有实行最严格的制度、最严密的法治，才能为生态文明建设提供可靠保障。人大处于民主法治建设的第一线，置身依法治省主战场，是法治建设的主力军，通过立法、监督等一系列工作贯彻落实好中央大政方针和省委决策部署，坚决守住绿水青山、加快建设美丽繁荣和谐四川是人大的职责所

在、任务所系。四川省各级人大及其常委会有责任、有义务自觉用习近平总书记关于生态文明建设和环境保护战略思想武装头脑、指导实践、推动工作，牢固树立和贯彻落实新发展理念，紧跟生态文明建设新形势、新要求，努力提高履职能力和工作水平，把推进绿色发展贯彻到人大工作的方方面面。

二 四川省各级人大推动生态环境保护

四川省人大从工作实际出发，以立法、监督、代表议案建议办理、重点课题调研等为着力点，部署安排生态文明建设工作，坚定推动四川绿色发展。

（一）提高思想认识，自觉肩负起依法推进四川生态文明建设的政治责任

面对全面加强生态环境保护、建设美丽四川的历史重任，四川省各级人大及其常委会不断深化认识、勇于担当、主动作为，努力把生态文明建设纳入制度化、法治化轨道。

一是全面提高认知深度。十八大以来，四川省人大认真贯彻习近平总书记生态文明建设重要战略思想及其对四川工作的重要指示精神，深入学习领会中央十八届三中、四中、五中、六中全会以及省委十届八次全会、省第十一次党代会和四川省环境保护大会精神，牢固树立新发展理念，在准确把握社会主义法治理念深刻内涵的基础上，进一步增强通过法治的力量推进生态环境保护的责任感、使命感。四川省人大第十二届四次会议对四川省"十三五"期间生态文明建设发展的方向定下调子、提出要求。省人大常委会通过党组会议、常委会组成人员学习会等多种方式开展专题学习研讨，深刻领会四川法治建设和生态文明建设的宏伟蓝图、奋斗目标、战略路径和重点任务，牢固树立和坚持生态优先、绿色发展理念，进一步增强做好环境保护工作的思想自觉、行动自觉。

二是坚持从大局上找准职责定位。坚持党的领导是中国特色社会主义法治之魂。人民代表大会制度是人民当家作主的最高实现形式。把党关于生态环境保护的路线方针政策规范化、程序化、法律化，保证党的主张通过法定程序成为国家意志，保证人民对"天蓝、水绿、山青"良好生态环境的愿望依法有序地进入国家机关的决策和工作中，是人大义不容辞的责任。近年来，四川省各级人大及其常委会牢牢把握正确的政治方向，认真贯彻中央、省委关于加强生态文明建设的各项重大决策部署，始终坚持党的领导、人民当家作主、依法治国有机统一，始终坚持围绕中心、服务大局，坚决破除"二线"思维，通过依法决策、监督制约、宣传推动、指导协调等方式，积极发挥地方国家权力机关在四川省环境保护工作中的作用，努力成为环境保护工作法治化的"排头兵"，为依法治理生态环境提供有效可靠的制度依托。

三是强化责任落实。在省委、省人大的强势推动下，四川省各级人大及其常委会将依法推进生态文明建设作为抓好依法治省战略任务的重要抓手，摆在突出战略位置，切实加强组织领导、顶层设计和统筹协调，将相关工作优先列入年度工作要点以及立法、监督、讨论决定重大事项、代表培训等工作计划中。鉴于生态文明建设涉及方方面面，省人大常委会坚持上下一盘棋，强化工作统筹；省人大城环资委、农委、财经委、法制委、常委会预工委等有关专门委员会和办事工作机构自觉以生态文明建设为己任，分别从各自工作领域出发，加快构建生态文明制度体系，同时集监督与支持于一体，对省政府有关部门监督、指导的同时，加强协作与配合。省人大城环资委等专门委员会坚持每年召开省直对口部门工作联席会议、四川省人大系统工作会议及培训会议，并在执法检查、重点建议督办、四川环保世纪行宣传活动等工作中邀请相关部门参加，起到统一思想、加强沟通、增进共识、凝聚力量的作用，从人大层面打破以往狭隘的部门与地方藩篱，形成全方位、无缝隙、横向互动、上下贯通的责任体系。

（二）始终坚持立法先行，努力为绿色发展提供可靠的法治保障

"只有实行最严格的制度、最严密的法治，才能为生态文明建设提供可靠保障。"只有把制度建设作为重中之重,着力破除制约生态文明建设的体制机制障碍,才能走向生态文明新时代。四川省各级人大从省情和生态环境现状出发,努力把握生态文明建设的一般规律,不断健全完善地方性环保法规。

一是加快立法进程,建立完善环境保护类地方法规体系。省人大及其常委会历来重视生态环境保护及绿色可持续发展方面立法,涵盖综合类、污染防治类、资源和生态类立法,同时注重加强备案审查工作。近年来,由地方性法规、规章等多层级规范性法律文件共同组成的环境与资源保护法规体系已经基本形成。早在1982年,四川人多地少的矛盾就引起了省五届人大常委会的关注,当年8月即制定了《四川省土地管理暂行条例》。此后,历届人大常委会先后制定了《四川省绿化暂行条例》《四川省乡镇集体矿山企业和个体采矿管理条例》《四川省长江水源涵养保护条例》《四川省草原法实施细则》《四川省环境保护条例》《四川省绿化条例》《四川省城市园林绿化条例》《四川省水土保持法实施办法》《四川省风景名胜区管理条例》《四川省长江防护林体系管理条例》《四川省矿产资源管理条例》《四川省水利工程管理条例》《四川省天然林保护条例》《四川省森林公园保护管理条例》《四川省世界遗产保护条例》等一系列地方性法规,作出了关于《四川省人大常委会综合治理沱江污染的决议》《四川省人大常委会关于综合治理岷江流域水质污染的决议》,并与时俱进地对上述多部法规进行了多次修订。具有立法权的成都市和民族自治地方也制定了多部有关资源环境方面的地方性法规和单行条例,如《成都市饮用水水源保护条例》《阿坝藏族羌族自治州风景名胜区条例》和《阿坝藏族羌族自治州野生动物植物保护条例》《凉山彝族自治州邛海保护条例》等。党的十八大以来,四川省的生态环境保护立法更是步入了快车道,每年都有重要法规出台或修订,省人大常委会先后制定了《四川省城乡环境综合治理条例》《四川省固体废物污染环境防治条例》《四川省辐射污染防治管理条例》《四川省野生植物保护条例》《四川省河道采砂管理条例》等一大批地方性法规,修改了《四川省饮用水水源保护管理条例》《四川省城市供水管理条例》《四川省节约能源法实施办法》等。特别是2016年1月新修订的《环境保护法》颁布实施后,省人大常委会于 2017 年 7 月启动了《四川省环境保护条例》的修订工作，结合四川实际将环保法的具体措施加以细化，进一步完善了环境保护基本制度，强化了政府及其有关部门和企业的责任，明确了公民的环保义务，加大了对环境违法行为的处罚力度，畅通了公众有序参与环境保护的渠道。通过上述努力，四川省与环保法相衔接的地方环保法规体系不断完善，生态文明体制的"四梁八柱"基本搭建完成。

二是科学立法、民主立法，提高环境类法规的立法质量。在立法过程中，四川人大积极学习借鉴兄弟省份经验，结合本地实际，充分考虑四川省地处长江、黄河上游，涵盖几大地貌单元和几种气候类型，生物多样性特征明显，地域差异很大的特点，坚持开门立法，尊重并采纳本地专家和群众的意见建议，增强了环境保护立法的科学性、民主性。在修订《四川省环境保护条例》过程中，城环资委、法制委分别主持召开多场座谈会，常委会分管领导亲自带队到基层听取人大代表、专家学者以及实务部门的意见。为适应环保工作的急迫需求，提高立法效率，省十二届人大常委会第一百次主任会议决定该条例经省人大常委会会议第二次审议后交付表决，打破了地方性法规案一般应当经三次常委会会议审议后再交付表决的惯例。《立法法》修正后，设区的市人大可以制定涉及环境保护等方面的地方性法规，这是立法工作格局的一大突破，也是推动生态文明建设的法治新动力、新空间。为此，省人大常委会及有关专门委员会全面强化立法工作指导，通过办班授课、提供资料、聘请专家、实地帮扶等多种方式，教方法、提意见、把好关，既尊重当地立法工作自主性，又保证其工作科学性，较好地促进了地方环境立法的探索性、补充性、延展性功能的发挥，使其更符合地方社会发展的客观规律，具有较强的针对性与可操作性。

三是加强备案审查，提高环境类规范性文件合法性、有效性。备案审查工作是宪法法律赋予人大的一项重要监督职权，是保障宪法法律实施、维护法制统一的一项重要举措。为适应新《立法法》和新《环境保护法》的要求，确保四川省环境保护类决议决定、地方性法规、政府规章等与上位法相互衔接、相互统一，推动政府有关部门依法行政，省人大常委会切实加强环境保护类规范性文件的备案审查制度建设，具体措施如下。坚持有件必备、有备必查、有错必纠，进一步完善制度、畅通渠道、严格程序，主动审查、依法把关，及时提出审查意见，督促制定单位认真修正完善；全面清查现行地方性法规、政府规章，及时清理阻碍环境保护工作健康发展的"土政策""土办法"和"土规定"，严防立法"放水"；借用外脑外力，与相关方面共同建立法规、规章和规范性文件备案审查衔接联动机制，认真回应公民、法人和其他组织的审查建议，配合全国人大常委会做好备案审查信息平台建设。目前，四川省环境保护类法规、规章和规范性文件都已纳入备案审查范围，主动审查工作更加常态化、规范化，审查的刚性和纠错的力度得到增强，有力保障了四川省环境类法规性文件的合法有效性。

（三）强化监督实效，认真督促环保法律法规有效贯彻实施

监督权是宪法法律赋予各级人大常委会的重要职权。近年来，四川省各级人大及其常委会全面贯彻实施监督法及《中共四川省人大常委会党组关于进一步加强和改进监督工作的意见》，立足生态环境保护新要求，坚持问题导向，紧盯民生热点，通过听取和审议政府工作报告，开展专题询问、执法检查、专题视察、审议意见办理情况满意度测评等监督形式，不断加强对生态环境保护法律法规贯彻实施及相关工作的监督力度，促进了环境法律法规全面落实落地和政府及有关部门依法行政。具体做法如下。

一是定期听取审议环境方面专项工作情况报告。新修订的《环境保护法》明确规定："县级以上人民政府应当每年向本级人民代表大会或者人民代表大会常务委员会报告环境状况和环境保护目标完成情况，对发生的重大环境事件应当及时向本级人民代表大会常务委员会报告，依法接受监督。"2016年5月，省人大常委会听取和审议了省人民政府关于四川省生态文明建设和环境保护工作情况的报告，2017年3月听取和审议了省政府《关于2016年度环境状况和环境保护目标完成情况的报告》。近年来，省人大还先后听取和审议了省政府关于地质灾害防治、长江水源涵养生态保护、水土保持、节能减排、城乡污水处理等情况的报告。这种组织性更强、集中性更

高、公开性更好的方式促进了四川省环境质量改善，顺应了群众对良好生态环境的期盼，也让人大监督更有力。目前，四川省县级以上人民政府定期向同级人大报告环保工作的做法已经制度化、规范化。

二是深入开展环境法律法规执法检查和执法调研。党的十八届四中全会指出，法律的生命力在于实施，法律的权威也在于实施。随着立法进程的加快和环保法律法规体系的日渐完备，相关法律法规的严格实施与实施情况的监督成为法治建设链条中最关键的环节。四川省各级人大常委会及有关专门委员会加强了对环境保护类法律法规、决议和决定贯彻实施情况的执法检查。党的十八大以来，省人大常委会先后开展了新《环境保护法》《水污染防治法》《大气污染防治法》《固体废物污染环境防治法》及本省条例、《四川省城乡环境综合治理条例》的执法检查，推动有关问题的解决。其具体检查方式如下：组织有关方面参加，动员广大群众参与，展开宣传报道，使执法检查的过程同时成为普法和法治教育的过程；抓住人民群众最为关注的环境热点难点问题，敢于坚持问题导向并向法律实施机关提出中肯的意见，推动依法行政和公正司法；广泛听取并征求意见，梳理典型案例和成功经验，针对反馈的法律法规实施中发现的瑕疵和不足，做好下一步修订完善的准备。

三是努力做好环保方面的代表建议办理。近年来，省人大常委会先后重点督办了代表提出的关于"加大场镇污水处理站建设资金投入""完善重点建制镇污水垃圾处理工作机制""在四川省试行推行分质供水""解决自来水二次污染""加强乡镇污水治理、保护乡溪河流水生态"等建议。同时，省人大常委还认真办理涉及环保的群众来信来访，及时协调省级有关部门组织调查并回复处理结果。

四是积极配合环境保护督察。从中央到地方各级环保督察开展以来，四川省各级人大立足地方实际，积极介入、主动作为，通过开展执法检查、参与督察检查、组织代表视察、跟踪信访问题等形式，传导压力、发挥效能。省人大常委会组织部分人员和省人大代表就环保督察反馈的重点问题，赴有关重点区域及单位进行检查督促。2017年的固体废物污染环境防治执法检查抽查了省环保督察问题清单中有关固体废物污染问题的整改情况，并在部分受检查市的情况汇报会上进行现场询问。各级人大代表自觉把迎接中央环保督察和整改省级、本级环保督察所发现的突出问题作为一项严肃的政治任务，深入基层，全力助推生态文明建设和中央环保督察反馈问题的整改落实。

（四）深入宣传凝聚共识，厚植绿色发展理念根基

增强全民法治意识和环境保护意识，是全面依法治省和推动绿色发展的重要前提。四川省各级人大把指导和督促环境普法工作、宣传绿色发展作为一项重要任务，把提高全民的法律素质摆上重要位置。具体做法如下。

一是重点抓好习近平总书记关于生态文明建设和环境保护战略思想的学习贯彻。四川省各级人大自觉用习近平总书记全面依法治国重要论述武装头脑、指导工作，通过组织学习会、培训班等多种形式和报纸、杂志、互联网等各种渠道，大力宣传"像对待生命一样对待生态环境""绿水青山就是金山银山""山水林田湖是一个生命共同体""良好的生态环境是最公平的公共产品，是最普惠的民生福祉"等一系列重要论述，将其作为推进绿色发展、建设美丽四川的方向指引、根本遵循和实践动力。

二是持续深入开展四川环保世纪行宣传活动。省人大积极呼应全国人大组织开展的中华环保世纪行宣传活动，由省人大城环资委牵头，联合10多个省级有关部门和20多家省级新闻媒体，持续24年开展四川环保世纪行宣传活动，以建设美丽四川为目标指向，紧紧围绕生态文明建设和环境资源保护，先后以"让空气更清新，让生命更健康""保护饮用水源地，保障饮用水安全""向污染宣战，让蓝天常在"为主题，大力宣传相关法律法规，积极传播绿色发展理念，弘扬成功经验，引领导向，成风化人，开展了大量有声有色的宣传报道，为建设美丽四川提供强有力的精神动力和舆论支持。各市、州也都开展了各具特色、影响广泛的环保世纪行活动，上下联动，充分发挥了法律监督、舆论监督和群众监督的作用。

三是积极开展各类环保宣传教育。利用每年的"6·5"环境日、"4·22"地球日、"3·22"世界水日，与政府有关部门举办环保宣传活动。通过宣传新《环境保护法》等环保法律法规，让群众认识到改善生态环境质

量的紧迫性和重要性，为推进生态环境持续改善奠定广泛、坚实的社会基础。积极发挥新闻媒体和民间组织作用，在四川新闻网、四川在线开设《绿色发展》专栏，充分发挥新媒体优势，创新报道方式，通过政务微博、手机报、新闻发布会、媒体通气会等方式发布人大环境保护工作信息，进一步凝聚了四川人民坚持绿色发展、建设美丽四川的思想共识和力量源泉。

三　人大依法推动四川生态文明建设和绿色发展所面临的问题和挑战

随着多项重大举措接连发力，四川省各级人大依法推动生态文明建设按下"快进键"，四川绿色发展驶入"快车道"，进入推进快、举措实、成效好的新时期。但与生态文明建设的新形势、新任务要求和广大人民群众的期盼相比，四川省各级人大及其常委会依法推动绿色发展的作用发挥得还不够充分，环境保护类地方立法精细化程度有待进一步提高，监督机制和措施尚需进一步完善，服务代表履职的方式方法还需进一步探索，调查研究的针对性实效性有待进一步增强。具体如下。

一是从顶层引领绿色发展的作用还需加强。党的十八大将生态文明建设纳入社会主义事业总体布局，并写入党章，中共四川省委也作出了《关于推进绿色发展、建设美丽四川的决定》。四川省各级人大作为地方最高权力机关，有责任将党的主张通过法定程序变为具有普遍约束力的国家意志。但就现状看，人大对重大事项的决定权行使还不够充分，重大事项决策程序还不完善，一定程度上制约了地方环境保护决策的民主化、科学化和法制化。同时，人大对生态文明体制改革和建设的指引、规范和支撑尚有不足，生态文明建设领域改革依然是政策驱动占主导，注重眼前利益和短期效益的转型期政策导向依然存在，许多在实践中可以发挥重要作用的制度还停留在政策层面，没有通过深入的调查研究和法定程序得到全面推广和规范性应用，难以平衡各方、重构秩序。

二是生态文明建设立法还需全面加强。尽管环境保护法律法规日渐完备，但由于环境保护的专业性和生态文明建设要求的与时俱进，生态文明立法工作仍相对滞后。首先是立法空白依然存在。当前的法律保障体系与生态文明建设要求还有相当差距，虽然《环境保护法》率先修改通过，但相关地方性法规的配套修订还不完善。特别是跨行政区的区域性、流域性资源环境问题，包括污染综合防治与资源综合管理，自然保护区和国家公园体制，生态产品及服务的权属、范围与价值化等，还缺少必要的法律指导和可操作的制度安排。其次是针对性和可操作性不够强。有的法规未能全面反映客观规律和人民意愿，部分法规只是原则规范，仅具政策宣示功能，立法工作中部门化倾向、争权诿责现象较为突出。一些法规的规制过于宽松，缺乏矫治违法行为的威慑力，针对性和有效性需要进一步增强。一些重要制度的法律规定还不够全面，生态红线、生态补偿、主体功能区划、生态环境损害赔偿等制度缺乏全面系统的法律规范和相应的配套规定，其效力的有效发挥受到制约。再次是法律法规的协调性不足。生态文明建设作为一项涵盖空间规划、自然保护、生物多样性保护、自然资源产权等多个领域的宏大系统工程，其立法涉及民事、行政、刑事等多个部门法律制度的修正、扩展、整合乃至重构，立法时应当进行整体性、协同性的制度设计。但由于缺乏系统思维和部门工作统筹，生态立法被不同法律法规及条款切割，呈现碎片化。

三是监督力度需要进一步加大。综合运用监督方式，注重监督实效是推进生态文明建设的关键，但当前地方人大监督权行使不够充分，实际效果和作用也受到一定程度制约。其一，存在模糊认识。部分监督者与被监督者对地方人大监督权的性质和法律地位缺乏应有认识。有的地方人大顾虑较多，担心监督工作越权、越位，放不开手脚。一些被监督对象缺乏自觉接受监督的观念，对人大监督工作敷衍应付，回复审议意见不主动、对代表提出的意见建议不重视、参加人大评议其工作不积极。其二，监督重点不突出。涉及环境保护和生态文明建设重大事项的监督较少，而一般性问题较多。不少地方人大制定相关监督计划时，习惯于简单参照上级人大监督计划，或是按照大气、水、土壤几个环境问题要素进行简单循环，选题一成不变，不能充分结合本地当时的环境状况及时调整，导致群众反映强烈的环境热点难点问题不能及时纳入监督范围。有的片面地认为人大监督是法律监督，不针对个案，导致监督工作大而空，缺少"重头戏"，撒"胡椒面"，形成四面出击、力量分散的状况。其三，监督方式有待进一步完善。实施监督具体抓手不够，年年都是几项常规工作，例行的程序性监督相对较多，实质性监督较少，会议审议、执法检查、视察和调查、述职评议等缓和的监督形式相对运用较多，询问、特定问题调查、质询、罢免和撤职等法律明确的刚性监督手段则很少使用，刚性严厉的惩戒措施长期束之高阁，监督实效不够理想。

四　四川省人大助力绿色发展的实施路径

当前，绿色发展的号角已经吹响，在全面建成小康社会决胜阶段的历史进程中，四川省人大将坚决扛起政治责任，把思想和行动统一到党中央决策部署上来，紧盯生态环境重点领域、关键问题和薄弱环节，解决好人民群众反映强烈的生态环境突出问题，坚决把生态文明建设摆在全局工作的突出地位。

（一）坚决贯彻落实中央、省委关于推进绿色发展的决策部署

一是深入学习贯彻习近平总书记生态文明建设重要战略思想。四川作为长江上游的重要生态屏障和水源涵养地，要自觉肩负起国家生态安全重大责任，进一步增强责任感和使命感，进一步增强做好环境保护工作的思想自觉、行动自觉。深入贯彻中央十八届五中全会和省委十届八次全会决定精神，以及省十一次党代会关于坚持生态优先绿色发展的有关精神，督促各级政府认真落实环境污染防治"三大战役"实施方案，重拳出击、铁腕治污，通过抓好减排、压煤、抑尘、治车、控秸等五大工程，面源污染和重点流域整治，重点生态功能区建设，产业升级等一系列实实在在的举措，向四川人

民交上一份生态环境治理总体改善的满意答卷。二是坚持新发展理念。自觉践行习近平总书记强调的"绿水青山就是金山银山"的理念，正确处理经济发展和生态环境保护的关系，推动形成绿色发展方式和生活方式，让良好的生态环境成为人民生活的增长点、经济社会持续健康发展的支撑点、展现四川省良好形象的发力点，为加快建设国家创新驱动发展先行省贡献力量。三是积极配合响应中央环保督察。深刻汲取甘肃祁连山国家级自然保护区生态环境问题教训，举一反三查找问题，积极主动解决问题，下大气力解决人民群众反映强烈的生态环境突出问题，切实把生态文明建设各项任务落到实处。不断提高运用法治思维和法治方式推动工作的能力，科学立法，严格执法，强化权力制约与监督，为建设美丽繁荣和谐四川创造良好的法治环境、提供坚实的法治支撑。

（二）提高立法质量，健全完善生态领域地方法规体系

加强生态环境保护领域立法，进一步明确各参与主体的权力、义务、责任和机制，发挥法规制度的引导、规制、激励、约束等功能，规范各类开发、利用、保护行为，以良法促进绿色发展、保证生态善治。具体方法如下。一是坚持党对立法工作的领导。全面贯彻落实中央、省委关于生态文明建设的大政方针，牢牢把握正确的政治方向，按照地方同级党委确定的立法工作目标、任务制定相关立法规划，确保每一次生态环境立法都能坚决贯彻落实党的主张和决策。二是进一步完善生态文明建设地方性法规。加快"立改废"进程，抓紧制定完善生态环境领域地方性法规、单行条例，填补立法空白，加强重点流域和重点区域生态环境保护立法，制定和完善生态补偿和生态考核机制，尽快完善大气、水、土壤、矿产、森林、草原、湿地保护、节约能源资源、生态修复等方面保护和管理的地方性法规，并针对自然资源产权、应对气候变化、资源有偿使用、生态环境损害赔偿等新问题适时开展立法尝试。加强备案审查，按照法制统一的原则，全面清理修订现行地方性法规和政府规章中与推进绿色发展不相适应的内容，密织法律之网、扎牢制度篱笆。三是充分发挥立法的引领、推动和规范作用。坚持在法治规范

下推进生态文明制度改革、完善法治。从省情和地方实际出发，创新和完善绿色发展制度机制，提升地方性法规的可操作性、可实践性，将生态环境保护的新问题、新理念融入立法实践，将国内外成熟可靠的经验做法上升为法律规范，引导、规范和约束各类开发、利用、保护自然资源的行为，实现立法和改革决策相统一、相衔接，为推进生态文明体制改革提供法治保障。四是完善立法机制。按照修改后的《立法法》，深入推进科学立法、民主立法，按照不抵触、可操作、少而精的原则，制定更加适合本地区环境保护需要的地方性法规，发挥好各级人大及其常委会在地方立法工作中的主导作用。加强立法工作的组织协调，广泛凝聚立法共识，建立健全专家顾问制度和社会公众沟通机制，拓宽公民有序参与立法的途径，增强立法的及时性、系统性、针对性和可操作性。

（三）坚持问题导向，切实强化对环境保护工作的法律监督

依法行使监督职权，认真履行监督责任，实行正确监督，有效监督，全力推动法律法规得到有效实施。具体做法如下。一是加强法制宣传教育和舆论监督。开展深入持久和形式多样的环境保护宣传活动，重点加强新《环境保护法》等相关法律法规的普及，使广大干部群众进一步提高对保护环境基本国策的认识，了解并正确理解法律基本规定，牢固树立保护环境人人有责的观念，自觉依法规范自身言行，营造人人爱护生态环境、全民参与生态文明建设的良好社会氛围。二是加强对法律法规实施情况的监督检查。把工作监督和法律监督结合起来，综合运用执法检查、专题询问、听取和审议政府专项工作报告、专题调研等形式，对环境保护相关法律和地方性法规的贯彻落实情况进行监督，发现问题和不足，推动改进工作，确保法律法规得到正确有效实施，确保公民和法人的合法权益得到有效保障。三是加强对"一府两院"工作的监督。加强重点问题监督，积极回应社会关切，紧紧围绕环境资源保护、生态文明建设中的重大问题和突出问题开展监督工作，督促政府切实对辖区环境质量负责，牢固树立新发展理念，坚决打好污染防治攻坚战。督促司法机关按照法律规范认真履行司法

审判职责，为生态文明与绿色发展提供司法服务和保障。四是努力增强监督的针对性和实效性。充分运用质询、组织特定问题调查、整改情况满意度测评等刚性手段，督促纠正环境保护中存在的突出问题。注重发挥人大代表密切联系群众的优势，了解当地环境保护现状，围绕污染防治、生态保护项目落实和环境公共设施建设等内容，在充分调研论证的基础上，作出有针对性的决议决定，提出操作性强的审议意见和建议，使人大监督做到实事求是、客观准确。发挥地方人大人事任免权的监督作用，健全有利于推进生态文明建设的干部监督评价机制，形成推进绿色发展、建设生态文明的强大组织保障。

（四）充分发挥人大联系代表和群众的优势，激发全社会共同参与生态文明建设

人民代表大会制度具有深深植根于人民之中的强大生命力和显著优势。抓好生态环境保护工作必须坚持人民主体地位，坚持为人民用权、为人民履职、为人民服务。积极发挥人大代表的作用，使人大立法和监督的过程和政府行政执法的过程，成为倾听民声、了解民意、汇集民智、凝聚民心和普法宣传的过程，集中公众智慧、体现人民意志，增强四川省生态环境保护工作的公开性和科学性，确保人民群众的知情权、参与权、共享权。

（五）强化衔接配合，凝聚推进四川绿色发展的强大合力

做好环境保护工作，推动美丽繁荣和谐四川建设，需要各部门密切配合、齐心协力。具体做法如下。一是坚持"一盘棋"思想。始终与党中央、省委步调一致，始终坚持党的领导、人民当家作主、依法治省有机统一，把体现人民利益、反映人民愿望、维护人民权益、增进人民福祉落实到各项工作全过程，做到一个目标一条心、一个声音一股劲，形成团结一心干事业、齐心协力促发展的良好局面。二是强化人大与部门之间的协调配合。继续密切配合、相互支持，建立完善工作联系、情况通报、区域联动等制

度机制，多通气配合、多理解体谅，全方位做好衔接，形成更加强大的工作合力。三是落实责任。强化责任，勇于担当，事不避险、攻坚克难，结合实际创造性开展工作。忠实代表人民利益和意志，依法行权履职，密切联系群众，自觉接受监督。特别是各级人大要加大对政府执法和司法工作的支持力度，与政府和司法审判机关紧密配合、形成合力，共同推进环境法治建设。

B.3
法治建设中发挥人民政协
民主监督作用的四川实践

四川省政协办公厅课题组*

摘　要： 人民政协民主监督与党内监督、人大监督、行政监督、司法监督、社会监督、舆论监督等监督形式，一起构成了中国特色社会主义监督体系。四川省各级政协组织充分发挥政协民主监督的独特优势和作用，通过对国家宪法、法律和法规的实施情况，中央、省委关于法治建设重大决策部署的贯彻执行情况，国家机关及其工作人员依法行政工作等进行民主监督，有效助推四川依法治省工作。

关键词： 依法治省　人民政协　民主监督

在人民政协开展民主监督工作，源自中国共产党与各民主党派、无党派人士团结合作、互相监督的理论和实践①，是中国社会主义民主政治的独特创造和一项重要制度安排，在国家政治生活中发挥着不可替代的重要作用。

加强法治建设，全面推进依法治国，关系中国共产党执政兴国，关系人

＊ 课题组负责人：王建军，四川省政协秘书长、办公厅党组书记；张渝田，四川省政协社会法制委员会主任；姚其清，四川省政协副秘书长。课题组成员：朱赫、夏剑军、郑铉。执笔人：杨柳青，四川省政协办公厅社会法制处副主任科员。
① 《关于加强和改进人民政协民主监督工作的意见》（中办发〔2017〕13 号）。

民幸福安康，关系党和国家长治久安的重大战略，是推进国家治理体系和治理能力现代化建设的重要方面。人民政协对法治建设的民主监督具有充分的政策依据、可靠的制度基础和强烈的时代需要。《中国人民政治协商会议章程》《关于加强和改进人民政协民主监督工作的意见》《关于加强和改进人民政协工作的实施意见》明确把对"国家宪法法律和法规实施情况，对国家机关及其工作人员遵纪守法"纳入民主监督内容，并对政协民主监督形式等进一步作出了明确规定和要求。因此，人民政协对法治建设情况进行民主监督，是全面推进依法治国新形势下的新任务新要求。

近年来，在党委的领导和政府的支持下，四川省各级政协组织和广大政协委员认真贯彻落实中央和省委文件精神，围绕依法治省工作，拓展民主监督内容，充分运用民主监督的各种方式方法，加大对依法治省工作的监督力度，有效发挥了民主监督在依法治省工作中的重要作用。

一 人民政协民主监督助推依法治省工作的实践

在省委的统一领导下，四川省各级政协对依法治省工作大力开展民主监督的探索和实践，逐步形成了一些有效的方式方法，取得了一定的成效。

（一）积极参与地方立法协商，助推民主科学立法

法律是治国之重器，良法是善治之前提。强调法治必须提高立法质量。推进民主立法、科学立法，是提高立法质量的根本途径。按照省委"把重要地方性法规草案和政府规章草案纳入政协协商内容"的要求，省政协着力拓展立法协商内容，丰富立法协商形式，参与地方立法的深度、层次、影响都有了深刻变化。近年来，四川立法协商的模式从单一到多样，协商的项目从零散到整体，协商的时间从随机到有计划，并逐步使立法协商工作实现制度化、规范化、常态化。和往届相比，人民政协的立法协商件数和意见建议数量有较大提升，同时建议质量高、针对性强，大量意见建议被立法部门采纳，立法部门还将采纳情况专门反馈给省政协办公厅。十一届省政协社会

法制委员会收到立法协商案件 71 件，汇总并反馈意见 1000 余条。

设区的市获批行使地方立法权后，市（州）政协主动搭建协商平台，参与立法决策。绵阳市政协将《绵阳市城市市容和环境卫生管理条例（草案)》《绵阳市水污染防治条例（草案)》列入 2016、2017 年度重点协商议题，开展专题调研，召开立法协商会议，研讨法条内容，分别提出 39 条、23 条意见建议，得到市人大常委会部分采纳。眉山市政协组织开展了《眉山市集中式饮用水水源地保护条例（草案)》立法协商，形成的立法建议均被吸收采纳。遂宁市政协就该市首部地方法规《遂宁市城市管理条例（草案)》，召开座谈讨论会。成都、德阳、泸州、自贡、阿坝等市（州）政协召开地方立法协商会，围绕地方立法中的重点难点问题进行协商，取得了较好效果。立法协商已成为政协践行社会主义协商民主、推进政治协商职能具体化的新亮点，同时，也开辟了委员协商议政、民主监督的新途径。

（二）积极开展协商议政，助推法治政府建设

自四川省第十次党代会以来，省委根据省情实际，鲜明提出"治蜀兴川重在厉行法治"，并把法治政府建设作为一项关键性工作来抓。为实现这一目标，四川省各级政协通过调研、视察、协商等方式，为推动落实《法治政府建设实施纲要（2015～2020 年)》建真言献良策。

1. 召开"法治政府建设"专题协商会

省政协办公厅与民革四川省委联合承办了省政协"法治政府建设"专题协商会。这次专题协商会涉及范围广、参会人员代表性强，会后形成《关于"法治政府建设"专题协商情况的报告》。

2. 就政府依法履行职能进行民主监督

省政协就重点提案"完善基层治理夯实依法治省基础""关于优化民营企业法治环境的建议"，协调提案单位、提案办理单位以及相关单位（部门)，在实地调研基础上，召开了提案办理协商会。提案者与办理单位在夯实依法治省基础、提高民营经济市场主体地位、强化平等保护民营经济发展理念等方面达成共识。成都市政协组织开展"基层政府依法行政"和"推

进政府行政职能转变，聚焦行政审批制度改革"情况的民主监督，对促进全市基层政府的法治建设和依法行政发挥了积极作用。攀枝花市政协开展政务服务工作调研，促进该市进一步提升政务服务水平。

3. 调研行政执法体制改革

行政执法体制改革的成功与否关系到法律法规能否全面正确实施，对于推进依法行政、建设法治政府具有重要意义。省政协组织委员赴乐山、眉山等市调研四川省综合行政执法体制改革情况，就综合行政执法融合困难、缺乏法治保障等问题进行了深入研究。绵阳市政协专题调研城管、交警、环保、食药监等领域规范行政执法自由裁量权情况，推进跨部门、跨行业综合执法工作。

（三）积极开展法规实施情况调研视察，加强依法行政监督

组织政协委员视察是人民政协民主监督的一种重要形式。专题调研是人民政协民主监督的重要基础和关键环节。四川省各级政协通过开展视察调研协商，就法律法规的实施进行民主监督，推动依法行政。

1. 对社会治理方面依法行政的监督

2017 年，省政协组织部分委员和专家，深入攀枝花、凉山，调研四川省《禁毒法》贯彻实施和禁毒戒毒工作情况。雅安市政协对"关于强化禁毒工作促进社会和谐的建议"重点进行提案办理；内江市政协开展了全市禁毒工作专题调研；成都市政协围绕"社区依法治理"开展重点调研；眉山市政协开展了"天网工程""雪亮工程"推进情况和进一步推进平安眉山建设的视察调研；资阳市政协对《道路交通安全法》贯彻落实情况进行了专门调研；泸州市政协连续两年调研全市社会治安状况和社会综治工作，助推了社会依法治理工作。

2. 对民生保障和改善方面依法行政的监督

教育、医疗卫生、食品安全等事关人民群众切身利益，为此，四川省各级政协组织围绕民生保障和改善方面的法律法规贯彻落实情况，开展调研视察活动。省政协就《民办教育促进法》及实施条例施行情况、《食品安全

法》实施情况进行专题调研，并连续两年就养老服务相关政策体系建设和落实情况开展调研视察。2017年，南充市政协开展《城市低保条例》贯彻实施情况调研，就残疾人法律法规实施情况开展视察活动；攀枝花市政协就《反家庭暴力法》贯彻实施情况开展专题调研。

3. 对生态环境保护方面依法行政的监督

新《环境保护法》出台后，尤其是中央开展生态环境保护专项督察活动以来，四川省各级政协积极参与，运用民主监督助推生态环境保护、美丽四川建设。省政协就"岷江水环境综合治理"进行专题调研和协商。此外，资阳市政协对《环境保护法》贯彻落实情况进行了专门调研，组织农业界别开展"助推我市水污染防治"协商活动；内江市政协就"内江城区饮用水取水口上移和水源地保护工程情况"开展综合视察，就"谢家河片区建设与管理"开展提案办理协商；雅安市政协就该市自然保护区内水电项目、矿业权退出后可能引发的涉法涉诉及稳定风险情况进行调研、分析研判；自贡市政协重点围绕沱江流域（自贡段）综合治理开展调研视察，组织召开釜溪河流域综合治理资政会。政协民主监督工作有力促进了《环境保护法》、"坚决打好污染防治'三大战役'"重大决策部署的贯彻落实。

（四）积极开展民主评议，推进政府部门及其工作人员改进工作作风

民主评议是政协有计划、有步骤地组织政协委员，对政府部门及其工作人员的工作、作风进行公开评价，推动国家机关工作人员依法行政、转变作风、改进工作的一种民主监督形式。与政协经常开展的视察、调研、协商等形式相比，民主评议主要突出问题导向，以批评性建议为主，突出监督性职能，着力发现问题，提出意见建议。

在党委领导和政府的支持下，民主评议已在四川省各市（州）政协普遍开展。德阳、绵阳、内江、自贡、巴中、广安、甘孜、凉山等市（州）政协对群众反映强烈的部门依法行政、履职情况、队伍建设、服务质量等开展专项工作评议，广泛听取社会各界对被评议部门的意见和建议，客观公正

地反馈给被评议部门，提出改进工作的意见建议，督促被评议部门提高服务水平。宜宾市政协坚持每年政协全会上组织对市"一府两院"工作报告和市政府工作部门进行满意度测评，并及时向市委、市政府和组织、纪检部门反馈测评情况，依据测评情况确定政协年度民主评议的政府职能部门，有力促进了政府工作作风的转变。巴中市政协历时 7 个多月对全市《食品安全法》实施以来的食品安全法律法规宣传、体制机制建设、检测体系建设、食品生产经营主体责任落实、源头治理、案件查处等 6 项重点工作开展民主评议。10 个市级相关被测评单位对评议中委员们提出的问题，迅速建立问题台账，限期整改，有力推动《食品安全法》在该市深入贯彻实施。

（五）积极为四川省司法工作建言献策，助推司法公正

司法是维护社会公正和社会稳定的重要手段，公正司法是全面依法治国的生命线。司法领域是政协民主监督的重点领域之一，在政法部门支持下，四川省各级政协通过开展广泛多样的民主监督，努力让人民群众感受公平正义的司法环境。

1. 听取"两院"工作报告，就"两院"工作建言献策

定期听取"两院"通报工作情况，是政协对"两院"工作常态化的民主监督形式。每年全会期间，四川省各级政协委员列席人大会议，听取"两院"工作报告，并就"两院"工作展开讨论。省政协全体会议期间，34个界别对"两院"工作报告进行分组讨论，形成界别协商报告报送省高级人民法院、省人民检察院。省高级人民法院、省人民检察院进行梳理后，有针对性地提出改进措施，明确领导分工牵头落实，并把落实情况反馈给省政协。省政协和广安等部分市（州）政协召开主席会议听取"两院"半年工作情况通报已经形成了一项制度。

2. 紧扣司法改革，助推改革政策落地

党的十八届四中全会提出了保证公正司法、提高司法公信力的多项改革部署，改革的广度与深度前所未有。为助力司法体制改革，四川省各级政协

围绕司法改革领域重大举措的贯彻落实情况，深入调研，开展协商式监督，着力破解影响司法公正、制约司法能力的深层次问题。具体做法如下。

一是助推"以审判为中心的刑事诉讼制度改革"政策贯彻落实。省政协召开"推进以审判为中心的刑事诉讼制度改革"对口协商会，组织部分委员、有关党派代表、法学专家以及部分市（州）政协同志，先后到成都市、内江市、甘孜州进行实地调研，旁听了6个刑事案件庭审，与当地有关部门（单位）、参加庭审的有关人员进行座谈交流，坦率真诚地提出批评性意见，推进了地方庭审实质化改革工作。在对口协商会上，16名委员、地方政协和专家代表进行了口头、书面发言，省高级人民法院、省人民检察院、省公安厅、省司法厅有关负责人现场针对提出的问题和建议，逐一进行了回应。地方政协方面，泸州市政协组织委员多次参加"庭审实质化改革"观摩活动及座谈会，针对性提出意见建议；宜宾市政协组织法律界别委员观摩宜宾市中级人民法院刑事庭审实质化示范工作。

二是助推"基本解决执行难"贯彻落实。受省依法治省办委托，省政协社会法制委员会对遂宁、南充两地"基本解决执行难"工作进行专项督查。在地方，绵阳围绕"加大司法审判案件执行力度，维护法律权威"开展界别协商，提出"集中开展10年积案攻坚治理"的意见，被有关部门及时采纳，助推5422件执行积案得以及时清理。广安市政协对全市法院执行工作进行了专题协商，推进"基本解决执行难"工作。雅安、南充、自贡市政协组织政协委员开展了基本解决法院生效判决裁定执行难的专题调研，为"基本解决执行难"积极建言献策。

3. 规范司法行为，助推司法行政改革

省政协法律界分别赴成都市、南充市、凉山州就司法所规范化建设开展调研。资阳市政协围绕司法公开、社区矫正与检察监督开展专题调研，自贡市政协围绕检务公开专题视察，达州就"全市公共法律服务体系建设"开展专题调研。绵阳市政协连续四年追踪调研全市社区矫正工作，推动了市政府出台《绵阳社区矫正工作实施办法》，促进依法规范开展社区矫正工作。

（六）充分发挥特邀监督员监督作用

政协民主监督员工作也是政协履行民主监督职能的一种重要形式。四川省各级政协积极探索实践政协民主监督员工作的有效途径，为委员开展民主监督搭建载体、创造条件，监督员工作有效开展起来。本届省政协先后推荐92人次委员担任省纪委、省法院、省检察院、公安厅等单位特邀监督员；推荐并落实136人次委员列席省政府办公厅、省财政厅等单位专题生活会、座谈会或参加中央信访联席办督察组赴四川督察以及四川省"十佳庭审"评选、全国旅游厕所建设管理暗访等工作。绵阳市政协推荐200余名政协委员担任党政机关、司法机关和事业单位的特邀监督员和政风行风评议员。自贡市政协共有40多名政协委员担任法院、检察院、市委政法委、自贡监狱以及政府有关部门特约监督员、警风监督员、行风监督员、行风评议代表。四川省各级政协充分发挥了政协委员的位置超脱及智力优势，针对性开展暗访、座谈、现场参与等监督活动，较好地发挥了委员履行民主监督职责、推进依法治省工作的重要作用，有力促进了相关职能部门转变作风、改进工作。

二　人民政协民主监督面临的问题和困难

总体来看，四川省各级政协普遍开展了对法治建设的民主监督工作，对推动经济、政治、社会、文化、生态建设在法治轨道上运行，产生了积极作用。同时，受思想观念、历史习惯、经验、制度机制等因素影响，政协民主监督作用与法治建设要求还不相适应，影响了民主监督助推依法治省工作的效果，需要加强对民主监督工作的研究。

（一）对人民政协民主监督助推依法治省工作作用的认识有待进一步深化

一是党委对政协开展民主监督的统揽不够。从实践来看，部分地方党委还没有把政协就法治建设的民主监督工作纳入工作日程，同部署同安排同督

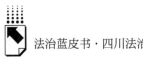

查落实。作为一种非权力性监督，没有党委对民主监督的领导，政协组织对法治建设的民主监督效果也将打折扣。二是部分党政干部对政协民主监督工作理解不深、把握不准、贯彻落实不够。有的认为政协民主监督不具有法律约束力，无足轻重，自觉接受民主监督的意识比较淡薄。三是部分地方政协组织对民主监督依法治省工作的具体内容和形式把握不准。民主监督普遍着力对经济发展、社会治理、生态环境保护的热点、难点问题进行监督，而对涉及的法治问题重视不够，存在"业务"与"法治"两张皮现象，没有从全面依法治国的高度，把法治建设与国家治理体系和治理能力结合起来，把民主监督与推进法治建设更好地结合起来。从数据统计来看，2017 年省政协有关法治建设方面的提案仅占全年提案总数的 4.8%，法治建设方面的社情民意信息仅占全年信息总量的 7.17%。从全省情况来看，对依法治省工作进行的民主监督在政协全部民主监督活动中占比较小。各市（州）政协之间推进也不平衡，部分地方政协认为基层政协不适宜对法律法规贯彻实施情况进行民主监督，很少开展这方面的民主监督工作。

（二）人民政协民主监督助推依法治省工作的制度机制有待进一步完善

政协章程和《关于加强和改进人民政协民主监督工作的意见》对民主监督的规定和要求较为原则性、政策性，还需各地结合实际制订具体贯彻落实措施。一是政治协商、民主监督、参政议政三项职能的划分不够清晰，存在以协商、议政代替监督的现象。会议、视察、提案等履职形式中，监督性环节、监督性议题及监督性批评意见不够鲜明。二是没有真正建立起开展民主监督的工作机制，在权益保障、知情反馈、沟通协调等方面存在薄弱环节，民主监督工作实施起来随意性大。实践中，各地自行尝试、自主安排，还未形成相对固定的监督工作形态，造成各地政协民主监督工作开展参差不齐。三是对法治建设的民主监督形式还不够丰富，平台搭建还不完善。同时，还有待进一步总结既有的民主监督形式，上升为规范的制度安排。

（三）人民政协民主监督助推依法治省工作的质效有待进一步提升

一是对依法治省工作的民主监督针对性不强。依法治省工作涉及面广，目前民主监督和依法治省工作重点结合得不够，民主监督的重点不突出，对依法治省工作的推动作用不突出。二是民主监督如何实现对依法执政、地方立法、依法行政、公正司法、社会法治、法治宣传教育、法治监督保障等各方面开展有效监督，还有待探索和研究。三是政协委员开展民主监督的能力有待提升。对依法治省工作的民主监督，必须要求政协委员具备法治思维，熟悉相关法律法规，对委员的法治素养提出更高的要求。总体来看，不少委员还需要适应新时代法治建设的要求，增强法治本领，才能监督到关键处、建议到需要时。

三 进一步发挥人民政协民主监督作用，助推依法治省工作的几点思考

"坚持全面依法治国"作为新时代中国特色社会主义的基本方略写入党的十九大报告。在全面依法治国新征程中，四川省各级政协要认真深入学习贯彻党的十九大报告关于依法治国、协商民主的新思想新论断新要求，加强民主监督，助推依法治省工作。

（一）凝聚人民政协对法治建设开展民主监督的思想共识

一是强化党委统揽作用。《中国共产党党内监督条例》明确规定，"各级党委应当支持和保证'人民政协依章程进行民主监督'"。党的十九大报告提出："加强人民政协民主监督，重点监督党和国家重大方针政策和重要决策部署的贯彻落实。"法治建设已被中央和省委作为重大战略部署，各级党委要把指导和加强政协民主监督法治工作纳入党委、政府的工作大局，加强对民主监督工作的领导，畅通民主监督渠道，使民主监督与党委、政府工作有机衔接起来。建议省委在适当的时候对各地贯彻落实《关于加强和改

进人民政协民主监督工作的实施意见》情况开展督查。二是加强党政领导干部对民主监督理论的学习，真正把民主监督理论纳入党校学习培训教材。加大对法治建设的民主监督履职实践和效果的宣传力度，努力为政协委员积极参与监督、党政部门自觉接受监督营造良好的舆论环境和良好的社会氛围。三是加强政协党组对民主监督工作的组织和领导，把"四个意识"融入协商式监督过程，发挥民主监督在中国特色社会主义法治建设中应有的作用。

（二）积极探索完善人民政协民主监督助推依法治省工作的制度机制

政协民主监督作为一种制度性安排，必须加强顶层设计，总结好经验，从制度上入手，结合中央文件精神和地方实际，加快制定以法治建设为主要内容的民主监督规范性文件。一是建立民主监督议题提出和确定机制。推动政协协商年度工作计划中设立有关法治方面监督性议题，确定监督事项和职责分工，增强民主监督的权威性和严肃性。进一步创新政协会议、视察、提案等履职形式的民主监督功能，增强监督效果。二是要完善民主监督的工作程序和运行机制。明确界定、系统设计民主监督的知情、沟通、反馈等环节，避免出现民主监督工作随意和自我封闭运行的状况。建立监督保障机制，保障政协委员提出批评、发表不同意见的权利。完善民主监督的成果转化机制，建议将民主评议、民主测评的结果纳入被评议单位的年度绩效考核。三是着力探索研究法治方面的民主评议、特邀监督员监督相关机制，提高法治建设民主监督的制度化、规范化、程序化水平，推动法治建设的民主监督工作有序有效开展。

（三）不断提升人民政协民主监督助推依法治省工作的质效

一是进一步聚焦依法治省工作的重点，找准民主监督的切入点。紧紧围绕依法执政、地方立法、依法行政、公正司法、社会法治、法治宣传教育、法治监督保障等工作，把党的依法治国重大决策部署、法律法规的贯彻实施作为主攻方向，选择和确定带有根本性和长远性、人民群众反映相对集中的法治监督内容，增强监督的针对性。二是积极探索创新对依法治省工作进行民主监督的形式。可以根据立法、执法、司法、普法等法治建设各方面的不同特点，搭建更多平台载体，丰富监督形式，增强委员参与监督法治的积极性。完善运用委员视察作为民主监督影响力最大、最易产生实效的民主监督形式，坚持把开展专题视察作为履行民主监督依法治省工作的有效手段，突出视察对法治建设的监督作用。三是不断提升民主监督能力和水平。各级政协组织和广大政协委员要加强学习贯彻《关于加强和改进人民政协民主监督工作的意见》《关于加强和改进人民政协民主监督工作的实施意见》精神，加深对依法治国战略的认识，增强法治意识，牢牢把握人民政协民主监督的性质定位，懂监督、会监督，形成民主监督法治的思想自觉和行动自觉，围绕依法治省工作提出高质量的提案、社情民意信息及意见建议。

B.4
四川省纪委治理"微腐败"调研报告

中共四川省纪委机关课题组*

摘　要： 本文从整治基层"微腐败"的必要性和紧迫性入手，深入分析四川基层"微腐败"的主要表现形式和形成原因，从坚持以上率下、畅通信访渠道、严查快办重处、突出整治重点、把握政策策略、强化公开公示、坚持常态督查、巡视巡察联动、实施积极预防、完善法规制度等十个方面重点阐述整治基层"微腐败"的四川实践。

关键词： 整治　基层　"微腐败"　获得感

　　"微腐败"，又称小腐败、亚腐败、非典型腐败，是相对于"大腐败"而言的。"微腐败"大多发生在基层，主要是指发生在群众身边，在社会生活中大量存在，情节又不十分严重的腐败现象。腐败虽小，关系人心向背；基层虽低，事关执政之基。党的十八大以来，从中央和四川省查处的"微腐败"案件来看，基层"微腐败"呈现"小""多""近""深"四个显著特征。小，就是违纪主体的职务层次低、涉及金额小，甚至小得微不足道，有的基层干部利用给老百姓办社保盖章的机会，都要一次收5元钱。多，就是次数多、人数多，形式、名义花样百出。近，就是离群众近、离生活近，

---

* 课题组负责人：张冬云，中共四川省纪委副书记；荣凌，中共四川省纪委常委。课题组成员：张毅、刘海洲、邓全富、罗小峰、余贯中、冉强、傅鑫晶、徐凡、陶荣、李品、张奕辉。执笔人：刘海洲，中共四川省纪委法规室副主任；冉强，中共四川省纪委法规室干部；傅鑫晶，中共四川省纪委党风政风监督室干部。

就在老百姓的身边，如请客送礼、吃拿卡要、优亲厚友、损公肥私等等，群众样样看在眼里、记在心里。深，就是根深蒂固、治理困难，有的帮老百姓办理低保、五保户证明，收取群众的"好处费""感谢费""油费"，这些夹着世俗人情的腐败问题，群众不反映，组织难发现。然而，再微小的细节，也能折射出一个人的作风；再轻微的苗头，也会危害一个政党的根基。党员干部的"微腐败"行为，损害的是老百姓的切身利益，啃食的是群众获得感，挥霍的是基层群众对党的信任，从根本上动摇党的执政基础，必须严肃查处，让群众更多感受到正风反腐的实际成效。2017 年，四川省严肃查处基层"微腐败"7271 件，党纪政纪处分 9004 人。四川省风清气正、崇廉尚实、干事创业、遵纪守法的良好政治生态得到巩固发展，人民群众的获得感明显增强，得到社会各界的一致好评。

一 整治基层"微腐败"的必要性和紧迫性

郡县治，天下安；乡村治，百姓安。对党和人民事业这棵参天大树来说，基层是"根"、群众是"本"，根深则叶茂、本固则枝荣。

（一）重拳整治基层"微腐败"，是管党治党全面从严的题中应有之义

全面从严治党基础在"全面"，体现为管党治党主体的全动员、责任的无死角、对象的全覆盖，体现为 8900 多万党员干部人人在内、没有例外。基层处在党和国家治理体系的"神经末梢"，执政党的绝大多数党员生活在基层，党的全部工作和战斗力聚焦、生成在基层，管党治党的最终成效体现在基层。基层党员干部的一言一行直接影响着群众对党风政风状况的观感，决定着基层党风廉政建设的成效。如果全面从严治党延伸不到基层，老百姓身边的"微腐败"得不到有效治理，出现管党治党力度层层递减、逐级"跑冒滴漏"的现象，甚至出现"上面九级风浪、下面纹丝不动"的问题，那就称不上全面从严治党。全面从严治党必须"一把尺子量到底、一根杆

子插到底"，向基层延伸，向毛细血管扩张，让"全面"落地生根，进而全面促进党的肌体健康纯洁。

（二）重拳整治基层"微腐败"，是党心民心持续凝聚的迫切需要

习近平总书记深刻指出，执政党的根基在人民，血脉在人民，力量在人民。党的十八大以来的五年，全面从严治党取得的历史性成就、发生的历史性变革，让党内党外和人民群众看到了执政党的变化和希望，也为坚持和发展中国特色社会主义、实现伟大复兴的中国梦凝聚了强大的民智民力。但不可否认的是，当前基层干部存在的一些问题，特别是少数干部自恃"天高皇帝远"，我行我素、顶风违纪、不收敛不收手，将会随时削弱老百姓对执政党的信任、信心和信赖，随时冲击执政党的凝聚力、号召力和战斗力。全面从严治党必须力量下沉，层层传导压力，重拳整治"微腐败"，打通党和人民群众联系的"最后一公里"。

（三）重拳整治基层"微腐败"，是巩固良好政治生态的必然要求

政治生态是一个复杂系统。基层政治生态是党和国家的基层政治生活现状及政治发展现状的集中反映，是党风政风和民风社风的综合体现，是全党政治生态的基石。党的十八大以来，四川省政治生态发生可喜变化，基层政治生态的好转贡献度极大，发挥了夯基筑土的积极作用。但也要看到，一些顽症痼疾还没有得到根治，一些新的问题又浮出水面。这倒逼纪委机关必须下硬手、出重拳，把基层这个党的战斗堡垒建设好建设强，把基层政治生态巩固好发展好，进而为整个政治生态的根本好转打好基础。

二　基层"微腐败"的主要表现形式

通过对信访反映、巡视巡察、案件查处等情况的分析，基层"微腐败"问题表现形式各异，涉及领域广，形成原因多样。

（一）刁难群众，吃拿卡要

有的在为群众办事中开口谈好处，闭口要回报，以各种借口向群众索要财物，甚至明目张胆不给好处不办事。有的违规接受管理服务对象宴请，要求管理服务对象接受有偿服务、购买指定商品等。

（二）弄虚作假，虚报冒领

有的采取虚增数量、虚报人数、不清退不核减人员、冒充当事人签字等各种手段，套取、骗取国家民生民利项目资金。有的伪造合同，编造到户补贴发放表，重复申报"子虚乌有"的扶贫项目，用假发票入账。有的利用负责登记、审核、发放国家专项扶贫惠民资金的便利，与申请人、不法商人相互勾结，共同骗取国家资金。

（三）欺上瞒下，截留挪用

有的以缴税、罚款等名义或通过直接领取、扣除等方式，截留惠农补助、危房改造、退耕还林补助等专项资金。有的"自己拿点、给群众发点，反正群众不清楚补助标准"，甚至以"帮忙代办"名义长期无故扣押群众的"一卡通"。有的利用职务之便，采取资金不入账、伪造凭证等方式贪污挪用项目资金。

（四）徇私舞弊，优亲厚友

有的在低保户评定、贫困户精准识别、公益性岗位安排、危房改造等工作中，利用职务便利把不符合条件的亲友违规纳入。

（五）巧立名目，乱收乱摊

有的以资料费、赞助费、补办费、"跑路费"等各种名义违规向贫困户、低保户、五保户等管理服务对象收取费用。

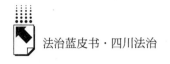

（六）敷衍搪塞，履职不力

有的长期不公开党务、村务，或者"半公开""假公开"。有的对申报资料审核不严，导致不应该享受政策待遇的人员被纳入享受范围。有的检查验收隔着车窗看、绕开矛盾转，一个检查台账成堆，一项验收清单大摞，该发现的问题还是没发现。有的明知道是假情况、假数字、假典型，"睁一只眼闭一只眼"，当"老好人""圆滑官"，甚至挖空心思弄虚作假、粉饰太平。

三 基层"微腐败"的原因分析

四川省基层"微腐败"的原因主要有以下几方面。

（一）压力传导出现"漏斗效应"

越往基层，党委（党组）履行责任"宽、松、软"的问题越突出，"一把手"只"挂帅"不"出征"或少"出征"，习惯当"背手领导""甩手掌柜"。基层纪检机关"三转"不到位，职能发散、战线过长，主要精力未集中到主责主业上来。基层职能部门监管责任落实不到位，"只管本级不管下级、只管拨款不管监管、只管行业不管行风"的现象仍然存在，对职责范围内的政策问题不研究、不答复、不解决，向纪委一推了之，造成纪委单打独斗的局面。

（二）警示教育"隔靴搔痒"

个别基层单位警示教育停留在"开会提一提、文件念一念、警示片看一看"，对问题剖析浮在表面、浅尝辄止，不去深挖思想根源，不以案说纪、举一反三，不组织党员干部开展有针对性的讨论、对照和自查，用"身边的事教育身边的人"的作用未充分发挥。个别党员干部抱着"看戏"的心态，把警示当"故事"讲、当"绯闻"传、当"电影"看、当"笑料"听，津津乐道贪腐细节，却没有把自己摆进去，入耳不入脑，走样不走心，看完就了事。

（三）农村宗族势力导致群众敢怒不敢言

个别农村"村霸"、宗族恶势力以宗族、金钱利益为纽带，组成犯罪团伙，采取威逼利诱或欺骗村民等手段，倚财仗势、操纵选举，暴力抗法、煽动滋事，强拿强要、霸占资源，横行乡里、违法犯罪。有的基层干部甚至利用职务之便，为"村霸"、宗族恶势力充当"保护伞"，致使"村霸"肆无忌惮、横行乡里、称霸一方。

（四）基层干部纪律规矩意识淡薄

有些基层干部主动学习不够，个别基层组织对政策、纪律宣传解读不及时不到位，致使部分基层党员干部不清楚哪些事可以做，哪些事不能做，哪些事必须做和怎么做。一些基层干部因无知而无畏，认为"吃点、喝点、拿点不算什么，又没有往自己荷包里装"。个别党员干部长期放松党性锤炼，精神"缺钙"导致行为失范，不收贪欲之心，不收敛不收手，泥足深陷，小节不守引起"感冒发烧"。

（五）群众监督作用发挥不够

四川农村地区青壮年大多外出务工，剩下老人、妇女和小孩留守农村，由于知识水平有限，维权意识淡薄，监督能力不强，加之个别基层党员干部不愿让群众监督，将群众监督看作同自己"过不去"，认为"丢了面子""失了威信"，政策宣讲不及时、不到位，致使群众监督乏力。

（六）制度建设不够完善

目前，整治"微腐败"的法规制度建设"碎片化"现象较普遍，不少规定属于应急或应景式立规，缺乏系统性、科学性。有的制度没有量化标准，可操作性不强；有的制度提倡性、号召性规定多，义务性、强制性要求少。监管缝隙滋生廉洁风险，部分机制制度缺乏相互支撑，约束力、监督力不强。一些基层单位和部门自成系统、相对封闭，外部"阳光"难以照入，互相"抱团取暖"。

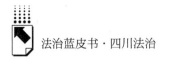

四　坚决整治基层"微腐败"的四川实践

党的十八大以来，按照中央和省委指示精神，四川省纪委认真落实全面从严治党向基层延伸的要求，提高政治站位、加强分析研判，部署推动整治基层"微腐败"工作，压实责任、动真碰硬，多措并举、统筹联动，厚植党的执政根基，增强群众获得感。

（一）坚持以上率下，层层推动落实

省委常委班子切实履行主体责任，带头深化作风建设，推动建立良好政治生态，明确提出以"零容忍"态度坚决纠正"四风"和基层"微腐败"。省纪委主动出击、积极作为。一方面，聚焦主责主业，对违纪违规行为强化监督执纪问责；另一方面，协助党委牵头抓总，加强组织协调，部署推动基层"微腐败"专项整治。在近年持续开展整治基础上，2017 年 6 月 8 日，省纪委在乐山市召开整治群众身边不正之风和腐败问题现场推进会，部署为期 3 个月的新一轮集中"攻坚战"，明确要求对 2017 年查处的、违纪行为发生在 2016 年 1 月 1 日后的案件，一律点名道姓通报曝光。督促各级党委和相关职能部门履职尽责，分层级、分领域、分系统梳理重点问题，落实责任清单，层层压实责任，推动治理基层"微腐败"的压力向县、乡、村及基层站所传递延伸。省纪委在 2016 年对 21 个县重点督办基础上，2017 年又确定 10 个联系重点县，强化督促指导。充分利用电视、网络、广播等媒体进行多角度、滚动式宣传，并在农村院坝、社区广场召开清退违纪款物现场会等，扩大整治基层"微腐败"的知晓度和影响力，形成强大声势。

（二）畅通信访渠道，集中梳理排查

坚持和深化传统办信接访，实行"绿色邮政"，四川省举报信免费邮寄。四川建立省纪委机关干部轮流接访制度，深入开展领导干部接访下访，有的地方还推行机关全员办信接访制度，具体做法如下：完善和拓宽举报新

渠道，着眼群众反映问题更加方便快捷，建立"12388"电话举报平台，依托纪检机关和各级政府部门门户网站，开通举报网页或电子举报邮箱，形成覆盖"信、访、网、电"四位一体信访举报受理体系；搭建信访举报新平台，充分运用现代科技成果，建成省、市、县互联互通、资源共享的最新信访举报处理平台，打通了纪检内部部门之间的信息壁垒；强化分析研判，聚焦重点人员、重点工作、重点问题，精心梳理筛选信访举报反映突出的脱贫攻坚、公务用车改革以及政府信息公开等情况，为整治基层"微腐败"精准导航。在地方，崇州市探索建立派驻村级纪检员制度，及时掌握群众诉求。甘孜藏族自治州开展涉农信访举报办理情况群众满意度回访，推动诉求有效解决。渠县开展"院坝纪检行"活动，面对面听取群众呼声，打通基层反腐"最后一公里"。

（三）严查快办重处，形成强大震慑

紧盯重点环节，全面排查问题线索，各级纪检机关注重从政策落实、工程建设、项目开发、资金使用等方面发现问题。纪检机关对具体可查、性质严重的问题线索，专项督办、实地督导、重点审查、限时办结。例如，宜宾市纪委在江安县试点建设党员和国家工作人员行政处罚信息共享平台，有效拓宽了"微腐败"问题线索渠道。纪检机关还健全工作机制，常态推进执纪审查，充分发挥党委反腐败协调小组作用，建立联席会议、线索移送、联合审查等协作配合机制。例如，达州市宣汉县将全县 54 个乡镇划分为 4 个协作区，较好解决了乡镇纪委力量不强、业务不精、监督乏力等问题。2017年以来，四川省基层立案 23740 件，同比增长 36.5%，占四川省立案总数的 92.3%。

（四）突出整治重点，做到有的放矢

纪检机关紧盯群众反映最强烈的突出问题，把专项整治作为制度性安排和经常性手段，每年一选题，一年一部署。2015 年，开展群众身边的"四风"和腐败问题专项治理，着力解决惠民政策执行及资金管理使用和农

村集体"三资"管理中的违纪违法问题等 7 个方面的突出问题。2016 年，开展侵害群众利益的不正之风和腐败问题专项治理，把扶贫领域"微腐败"作为重中之重，扭住不放，重拳出击。2017 年，利用 3 个月时间集中开展"微腐败"专项整治，分层分级开展两轮扶贫领域"3 + X"突出问题专项整治。例如，筠连县以扶贫资金监管为重点，开辟一个举报通道、梳理一遍公开项目、推进一次村财监审、开展一轮专项检查、通报一批典型案件，取得积极成效。

（五）把握政策策略，注重社会效果

四川纪检系统积极运用监督执纪"四种形态"，切实把惩前毖后、治病救人、宽严相济、严管厚爱等要求贯穿监督执纪问责全过程，对主动交代的逐一甄别，依纪依法从宽处理；对避重就轻、欺骗组织，妄图金蝉脱壳的，依纪依法从严处理，实现惩处极少数、教育大多数的政治、纪律和社会效果。纪委还严格落实《关于充分调动干部积极性　激励改革创新干事创业的意见（试行）》，切实做到"三个区分开来"，对干部在改革创新、破解难题、先行先试中出于公心出现的问题予以免责，允许容错。例如，乐山市开展"护根"行动，要求所有违纪人员主动向纪检机关主动交代违纪问题，主动退缴违纪所得。广安市坚持宽严相济，对主动说清问题的干部依纪依规从轻、减轻或免予处理。

（六）强化公开公示，引入社会监督

四川纪检系统进一步加强对"微腐败"治理权力清单、责任清单、问题清单、意见建议清单、整改清单、制度清单公开公示情况的监督检查。检查工作明确要求各地充分运用网络、微信、微博、客户端及基层公开综合服务监管平台等途径，及时公开公示群众关心关注的党务、村（社）事务、财务、公共项目等热点问题和工作情况，主动接受干部群众、社会各界和新闻媒体的监督。同时，省纪委对各地各部门公开公示情况定期不定期开展监督检查，确保应公开尽公开。例如，成都双流区街道（社区）全面梳理公

示"微权力"清单；万源市开展"清源行动"，理清基层小微权力。省纪委还会同省委宣传部共同出台实施意见，建立"舆论监督＋群众监督＋纪检监督"监督模式，充分发挥四川省主流媒体在党风廉政建设和反腐败工作中的重要作用，邀请记者以督察组成员身份参与监督和报道。地方纪委把基层"微腐败"问题作为监督的重要内容，如广元昭化区开办"阳光问廉"村社专场等，构建由群众发现问题、提出问题，媒体盯紧问题、曝光问题，纪检机关抓住问题、督办问题的常态化机制，打造舆论监督"麻辣烫"品牌。

（七）坚持常态督察，保持高压态势

四川纪检系统采取明察暗访、专项抽查等方式，紧盯重点环节、重点区域，坚持见人、见项目、见资金，保持督察常态化、长效化。2017年，省纪委班子成员牵头组成55个督察组，集中督察21个市（州）、173个县（市、区）和80个省级单位；市（州）纪委坚持"自查自纠＋定期督察"，每季度至少开展一次专项督察；县（市、区）坚持每两个月至少开展1次专项督察，四川省"点对点"督察2898次，涉及近2万个村级组织。省纪委选取群众反映强烈的问题，开展滚动式、多轮次重点问题督办，确定21个问题反映相对集中的县（市、区）作为重点县，采取发函督办、当面交办等方式，直接督察督办典型问题267件。省纪委还通过提级办案、交叉办案、片区协作办案、乡案县审等方式，加大"拍蝇"力度。各地积极开展常态督察，如泸定县采取每周一访、每月一查、半年一巡、一年一审的方式开展扶贫等重点领域督察。

（八）巡视巡察联动，利剑直插基层

四川巡视巡察机构突出政治巡视巡察定位，深化对民心就是最大政治的认识，把群众利益放在首位，将基层"微腐败"问题纳入巡视巡察重点监督内容。具体做法如下。巡视巡察期间，针对基层"微腐败"问题，建立台账、当日批转，督促被巡视巡察党组织对照台账，逐一明确查办责

任人和查办时限。深化统筹联动，构建巡视巡察监督立体格局，把巡察作为全面从严治党向基层延伸的重要抓手，打通党内监督"最后一公里"。省委出台巡视工作五年规划，提出巡视巡察"两个全覆盖"目标，力促巡视巡察同频共振、双剑合璧，鼓励市县探索开展"接力式""延伸式"巡察，建立巡察干部参与巡视工作常态化机制，初步形成纵向全链接、横向全覆盖、全省一盘棋的省市县三级巡视巡察监督体系。

（九）实施积极预防，筑牢防腐堤坝

四川纪检系统紧盯"治腐关键在治权"总体目标，以行政权力依法规范公开运行为切入点，在省市县三级建立行权平台和监察平台，重点针对涉及群众切身利益的事项，健全清权确权、固化流程、预警督办等工作机制，推动行政审批、行政处罚等十大类权力运行全流程接受网上监督。在地方，成都郫都区探索建立村公共资金大数据监管平台；洪雅县推行惠民政策微信一键查询、举报，用科技手段预防"微腐败"。四川纪检系统以惩治和预防腐败体系为框架，大力推进重点领域、关键环节防腐治腐制度建设与执行，全面深化廉政风险防控机制建设，省市县三级联动开展一级廉政风险岗位抽查审计，着重检查与群众利益密切相关的岗位，分级开展预防腐败创新项目。省纪委还以"积极预防、系统治理"工作模式为指引，在省属高校、国企、卫生计生系统开展系统防治腐败工作，推动相关单位找准诱发"微腐败"的深层次根源并切实加以解决。2015 年以来，各级各部门上网运行办件 2900 万余件，设置监察点位 2819 万余个，处置预警报警 30 万余件。

（十）完善法规制度，建立长效机制

四川纪检系统坚持问题导向，深入分析、研判"微腐败"形成的土壤，从制度层面构建整治基层"微腐败"的长效机制。具体做法如下。"立改废释"并举，补齐法规制度短板，不断筑牢整治基层"微腐败"制度笼子，有效压缩权力寻租空间。强化法规制度执行，对执行情况进行监督检查，抓住容易滋生"微腐败"的重点领域和关键环节，"零容忍"惩治基层"微腐

败",真正做到让铁规发力,让禁令生威,让法规制度成为带电的高压线。省纪委制定出台《关于整治群众身边的不正之风和腐败问题若干措施》,提出收集问题线索、查办突出问题等七大举措。在地方,自贡市纪委制定出台《关于深化正风肃纪开展"1+X+3"常态督查工作的通知》,常态化开展中央八项规定和省委、省政府十项规定精神贯彻落实情况监督检查。广安市等地也细化出台了整治基层"微腐败"的若干措施。

五 整治基层"微腐败"的成功经验

在整治基层"微腐败"实践中,四川省纪委主要有以下一些工作体会。

(一)发动群众参与是重要基础

坚持"老虎""苍蝇"一起打,开通正风肃纪"随手拍"、"四风"举报一键通,综合运用手机App、微信、微博新载体,把监督延伸到群众手指上,群众的获得感和满意度普遍增强,密切了党群干群关系,厚植了党的执政基础。群众的眼睛是雪亮的,对发生在身边的"微腐败"看得最清、体会最深,最有发言权。整治基层"微腐败"要发挥群众主体作用,必须充分发动群众,牢牢依靠群众,过程让群众参加,成效由群众评判,始终置于人民群众这湾活水中,人民群众才能持续增强对党的信心、信任和信赖。

(二)注重综合施策是治本方式

着力把握"森林"与"树木"的辩证关系,治"病树",拔"烂树",护"森林",坚持有点有面、以点带面、点面结合,各个击破、解剖麻雀、综合施策,以小切口推动大格局。治标是为治本赢得时间。要在坚持问题导向的同时,把公开、建制、科技作为突破口,善于把握政策,突出顶层设计,积极预防、系统治理,才能取得"釜底抽薪"之效,从根本上杜绝"微腐败"纠而复发、禁而不绝。

（三）强化责任担当是根本要害

牢牢牵住责任这个"牛鼻子"，通过谈话提醒、督察督办、追责问责等多种方式，构建起责任落实横向到边、纵向到底的制度体系，推动整治基层"微腐败"全覆盖、无盲点、零空白。整治基层"微腐败"，责任落实是关键，敢于担当才有为。要坚持严肃问责与容错纠错有机结合，区别对待工作失误和违纪违规行为，为敢于担当、勇于作为的撑腰鼓劲，对不作为、乱作为、假作为的问责不例外。

（四）加强统筹协调是组织保障

坚持正风肃纪联席会议制度，成立整治侵害群众利益的不正之风和腐败问题工作指导组，着力构建党委主导、纪委协调、主责部门联动的工作机制，形成上下联动、左右协同、整体推进的工作格局。整治基层"微腐败"要坚持"弹钢琴"辩证方法，把握好整体与局部的关系，着力发挥好基层党组织的"火车头""指挥棒"作用，加强统筹谋划和组织协调，才能聚心聚力、形成合力整治基层"微腐败"。

六　整治基层"微腐败"的未来展望

风化俗成非一朝一夕之功。管党治党从宽松软走向严紧硬，基层"微腐败"由反映强烈走向有效遏制，都需要一个艰苦的过程。四川省纪委的工作方向是顺应人民美好生活需要，推动整治基层"微腐败"从遏制走向根治，切实提升人民群众获得感、幸福感和安全感。具体做法如下。

（一）坚持教育引导，坚守信仰、坚定信念

注重理想信念教育，引导党员干部牢固树立"四个意识"，坚决维护党中央权威，自觉抵制"四气"，坚守信仰、坚定信念。汲取中华优秀传统文化营养，滋育厚植廉洁从政底蕴基础，培养高尚道德情操，自觉做到心中有

党、心中有民、心中有戒、心中有责。坚持警钟长鸣，把强化纪律教育摆在更加突出位置，重点学习贯彻《中国共产党廉洁自律准则》《中国共产党纪律处分条例》《中国共产党党内监督条例》等党内法规，唤醒党章党规党纪意识。加强反腐倡廉宣传和舆论引导，不断传递廉洁正能量，以优良党风带政风促民风。

（二）坚持巩固深化，持续用力、久久为功

冲着基层"微腐败"的具体问题去，保持"永远在路上"的状态，踏着不变的节奏，做到无禁区、零容忍、全覆盖。从具体问题上抓起、进一步拓宽延伸，持之以恒贯彻落实中央八项规定和省委、省政府十项规定精神，巩固正风肃纪系列专项整治成果，紧盯重要年节假期、管住重要环节，一个节点一个节点坚守，一个问题一个问题解决，一个阶段一个阶段推进。坚持"哪壶不开提哪壶"，针对不正之风新动向新表现，不断丰富监督手段，探索实践"纪检监督＋群众监督＋舆论监督"一体化监督模式，积极运用大数据、云计算等手段，提升反"四风"科技水平，以坚决的态度、果断的措施，及时发现、查处隐身变异问题，加大通报曝光力度，持续释放越往后执纪越严的强烈信号。

（三）坚持责任落实，压实责任、夯实基础

进一步强化守土有责、守土负责、守土尽责的意识，把整治"微腐败"作为落实"两个责任"的重要内容，谁的孩子谁抱走，谁的问题谁解决。不断巩固发展省、市、县、乡联手联动、齐抓共管工作局面，建立健全以明责、督责、考责、问责为路径的责任链条，真正破除党风廉政建设"上面九级风浪、下面纹丝不动"的怪圈。强化痕迹管理、巡视巡察、社会评价等工作支撑，督促基层单位结合实际具体细化并严格执行"两个责任"清单制度、述责述廉制度、约谈和函询制度等。进一步畅通群众信访反映渠道，及时受理群众的举报和反映，让"微腐败"暴露在人民群众的有力监督之下。把整治"微腐败"纳入党风廉政建设责任制考核内容，对"两个

责任"落实不力，"微腐败"问题突出的地方、部门和单位，要坚持"一案双查"，严肃追究领导责任。

（四）坚持综合施策，标本兼治、一抓到底

完善基层治理机制，大力推进"四议两公开一监督"制度，加强民主管理，推进基层治理法治化。健全党内监督与审计监督、司法监督、群众监督、舆论监督相结合的体系，通过工作巡查、重点检查、专项督察，实现监督效果最大化。突出脱贫攻坚、项目审批、资金分配等重点，紧盯与群众关系紧密、权力集中的领域，深挖细查问题线索，始终保持惩治基层腐败的高压态势。用活、用好警示教育，确保震慑作用充分发挥，要抓住纪律审查成果"借题发挥"，向案发地区和单位党组织发出纪律检查建议书，督促整改管理方面存在的问题。坚持问题导向，深入研究"微腐败"制度机制原因，通过制度建设的"废、改、立"，堵塞漏洞，强化治本。

B.5
四川省社会稳定风险评估的法治化探索

中共四川省委维稳办课题组*

摘　要： 四川省率先探索开展社会稳定风险评估工作以来，着力推进
社会稳定风险评估法治化进程，出台中国首部社会稳定风险
评估的省级政府规章。本文回顾和分析了四川省进行社会稳
定风险评估的历程，并针对当前四川省社会稳定风险评估存
在的主要问题，从强化思想认识、构建制度体系、创造条件
支撑等方面提出对策措施。

关键词： 社会稳定　风险评估　法治化

一　深化社会稳定风险评估法治化的基本情况

作为社会稳定风险评估的发源地，四川省持续推动社会稳定风险评估法
治化，2010 年出台了中国首部风险评估省级政府规章《四川省社会稳定风
险评估暂行办法》（省政府令第 246 号，以下简称《暂行办法》），并在此基
础上着力深化社会稳定风险评估法治化建设。

---

* 课题组负责人：张燕飞，中共四川省委政法委副书记、维稳办主任。课题组成员：孔祥贵、
郭宇、张成建、李强彬、张睿、毕修凯。执笔人：孔祥贵，中共四川省委维稳办副主任；郭
宇，中共四川省委维稳办协调督办处处长；张成建，中共四川省委维稳办协调督办处调研员；
李强彬，四川大学公共管理学院副教授；张睿，中共四川省委维稳办协调督办处干部；毕修
凯，中共四川省委维稳办协调督办处干部。

（一）深化社会稳定风险评估法治化的背景

自 2010 年 11 月《暂行办法》实施以来，四川社会稳定风险评估实践效果良好，从源头上预防和化解了大量社会矛盾，得到了社会各界的广泛认可和支持。但随着社会稳定风险评估机制的不断完善和评估实践的不断深入，《暂行办法》日益与新形势、新任务、新要求不相适应，亟待修正。

从 2013 年底开始，四川省委维稳办组织专门力量着手修订《暂行办法》。经过长达 2 年时间、上百次修订，四川省委维稳办与省政府法制办于 2015 年 10 月向省政府报送了地方性法规草案，省政府常务会议审议要求进一步修改完善《暂行办法》，仍作为行政规章使用，待条件成熟时，再上升为地方性法规。

为此，四川省委维稳办积极与省政府法制办沟通协调，全力推进社会稳定风险评估工作法治化进程。在 2014 年和 2015 年工作基础上，四川省维稳办及时向省政府报送了《四川省社会稳定风险评估办法（修订草案代拟稿）》。四川省政府法制办在审查过程中，两次征求了省发展改革委、财政厅、省委编办等部门和各市（州）政府意见，到成都、绵阳等地开展了实地立法调研，邀请省政府法律顾问团部分专家进行了专题论证，在认真研究、充分吸收各方面意见的基础上，对草案稿进行了多次讨论修改，形成了《四川省社会稳定风险评估办法（修订草案送审稿）》报省政府常务会议审定。

（二）深化社会稳定风险评估法治化的成果

2016 年 8 月，四川省政府第 125 次常务会议审议通过《四川省社会稳定风险评估办法》（以下简称《办法》），并以第 313 号四川省人民政府令发布，自 2016 年 11 月 1 日起施行，2010 年出台的《暂行办法》同时废止。

《办法》与《暂行办法》相比，虽一脉相承，但仍有许多新变化、新提法、新要求。《办法》共计 24 条，增加了社会稳定风险评估的定义、经费保障、评估指标、评估收费指导标准、应急处置预案、重新决策评估等内容，将法律责任细化为决策主体、评估主体、实施主体、中介组织等的违法责任追究，主要体现在以下七个方面。一是进一步明确了开展风险评估的组织体系和职责。《办法》明确了地方各级政府及其职能部门或者法律、法规授权的组织开展社会稳定风险评估工作适用该规定；明确了地方各级政府领导和管理本行政区域社会稳定风险评估工作，县级以上社会稳定风险评估指导协调机构负责本行政区域社会稳定风险评估工作的综合协调和督促指导；明确了省政府设置社会稳定风险评估指标，省级行政部门应当设置本系统社会稳定风险评估指标。二是进一步明确了社会稳定风险评估工作的决策主体、评估主体、实施主体。《办法》明确了开展社会稳定风险评估工作的决策主体、评估主体、实施主体，并对各个主体在开展社会稳定风险评估工作过程中的职责、职权进行定位。三是进一步完善了社会稳定风险评估的范围。《办法》根据中央和四川省相关规定，结合四川省实际情况，进一步完善了重大行政决策评估的范围。四是进一步完善了社会稳定风险评估的内容。根据中央相关规定并结合四川社会体制改革创新经验，将社会稳定风险评估内容明确为合法性评估、合理性评估、安全性评估、可行性评估、可控性评估等 5 个方面，并对相关具体评估内容进行了完善。五是优化了社会稳定风险评估程序。《暂行办法》对社会稳定风险评估程序规定较为简单，《办法》根据中央和四川省重大行政决策程序有关规定，优化了社会稳定风险评估工作程序，并明确了制订评估方案、收集相关信息、识别风险因素、制订预防措施、确定稳定风险评估等级、确定评估结论、编制社会稳定风险评估报告内容规定等七步具体程序。六是进一步规范了购买社会服务的内容。《办法》规定了评估主体应当按照法律、法规和国家及四川省有关规定，通过竞争方式择优确定中介组织对重大行政决策事项进行社会稳定风险评估，并依法签订社会稳定风险评估委托合同书，约定评估内容、程序、经费、违约责任等内容；省价格行政部门应当制定中介组织社会稳定风险评估收费指导标准。七是明确规定了社会稳定风险评估工作有关法律责任。《办法》规定了社会稳定风险评估工作中决策主体、评估主体或者实施主体直接负责的主管人员和其他直接责任人员的法律责任，国家机关及其工作人员虚报、冒领、贪污、挪用、截留、挤

占、骗取社会稳定风险评估经费的法律责任，中介组织和参与人员参与社会稳定风险评估的有关法律责任。

二 深化社会稳定风险评估法治化探索的实践情况

四川省各地各有关部门认真贯彻中央有关规定精神，严格落实《办法》规定，从制度体系、组织保障、评估指标、中介组织、目标考核等方面积极探索实践，着力提升社会稳定风险评估工作科学化、规范化、本地化水平。截至 2017 年，四川省共开展社会稳定风险评估 3 万余件，预防化解社会矛盾 1 万余起，为从源头防范化解社会矛盾、维护人民群众切身利益、推动依法治省、促进社会治理体系和治理能力现代化、维护四川省社会稳定大局作出了重要贡献，为推动四川省经济社会平稳健康发展营造了和谐稳定的社会环境。

（一）进一步健全完善制度体系

四川省各地各有关部门根据中央和四川省有关规定，结合本地本部门工作实际，进一步修订完善实施意见，健全相关配套工作制度。

自 2016 年 11 月《办法》实施以来，省教育厅、省发展改革委、眉山市、广元市、巴中市、甘孜州、成都市等相继出台了社会稳定风险评估实施办法或实施细则。

四川省各地各有关部门着力健全完善社会稳定风险评估刚性前置、计划报备、联席会议等相关工作制度。省发展改革委、交通厅、农业厅、国资委、扶贫移民局等部门切实把社会稳定风险评估作为重大行政决策事项的前置条件和刚性门槛；在地方，遂宁、南充、宜宾、达州、资阳等地明确要求，凡是提请市委、市政府决定出台的重大决策事项，必须在报送决策建议或政策草案、项目报告、改革方案时，一并报送社会稳定风险评估结论意见；眉山市强化在重大项目备案核准立项环节植入社会稳定风险评估，要求市县两级发展改革部门把同级党委维稳办出具的审查备案函作为项目备案、核准的必备要件；广安市建立了社会稳定风险评估工作重点部门联席会议制度，由市委维稳办牵头定期召开联席会议，通报交流工作情况，分析查找存在的问题和薄弱环节；成都、泸州等地制定重点项目社会稳定风险评估年度工作计划，把风险防控落实到人，分解到岗位；资阳市要求定期报送拟开展的重大事项社会稳定风险评估工作情况及评估报告，确保重大事项应评尽评；遂宁市出台了《重大事项社会稳定风险评估工作操作指南》，进一步细化了评估范围、评估内容、责任主体、评估程序、风险防控、考核管理和责任查究等内容，统一了评价标准、评分细则、报告模板；乐山、宜宾等地制发了重大行政决策社会稳定风险评估报告通用文本格式，进一步规范了评估报告编制工作。

（二）进一步强化组织保障

按照中央办公厅、国务院办公厅《关于建立健全重大决策社会稳定风险评估机制的指导意见（试行）》（中办发〔2012〕2号）的要求，"建立健全主要负责人负总责，分管负责人直接抓，政法、综治、维稳、纪检监察、法制、信访等相关部门负责人参加的社会稳定风险评估工作领导机制"，以及《办法》明确规定的"县级以上社会稳定风险评估指导协调机构负责本行政区域社会稳定风险评估工作的综合协调和督促指导"，四川省委维稳办加强综合协调，将建立稳定风险评估工作领导机制纳入市（州）年度绩效考核目标，统筹推进社会稳定风险评估组织保障体系建设，夯实工作根基。

2015年以来，自贡、攀枝花、泸州、德阳、广元、遂宁、内江、乐山、南充、宜宾、广安、巴中、资阳、眉山、阿坝、甘孜等市（州）先后成立了党政主要领导或分管领导任组长的社会稳定风险评估工作领导小组。

2016年初，成都市双流区成立区社会稳定风险评估中心，为区委政法委下属一类事业单位，负责全区社会稳定风险评估工作的综合协调和督促指导工作，并配备专职工作人员3名，设置中层职数（正科）1个。目前，双流区社会稳定风险评估中心在办公场地、工作人员、办公设备等方面已全部到位，并先后前往江苏、浙江等地考察学习，组织全区风险评估工作培训大

会，修订完善区风险评估机制，督促指导各单位实施风险评估，有力有序有效地开展工作。

2017 年 1 月，眉山市成立社会稳定风险评估管理科，为市委政法委内设科室，具体承办眉山市本级社会稳定风险评估审查备案、风险点排查化解、评估台账建立等工作。

（三）积极探索建立评估指标体系

为提升社会稳定风险评估科学化、规范化水平，切实防止评估印象化、随意化，四川省委维稳办、省政府法制办和成都、遂宁、自贡、宜宾等地结合工作实际，积极探索建立社会稳定风险评估指标体系。

遂宁市 2007 年探索建立社会稳定风险评估指标体系，并于 2017 年制发《遂宁市重大事项社会稳定风险评估操作指南》，建立了本地重大事项社会稳定风险评估指标。该指标确定了客观公开、注重实效、社会认可、尊重民意等基本原则，确保社会稳定风险评估指标更好地实现当前与长远、个人与集体、局部与整体、经济发展与社会和谐效果的有机统一；该指标体系按照定性与定量相结合的要求，将评估指标架构设为合法性、合理性、安全性、可行性、可控性等 5 个一级指标、16 个二级指标，并分别赋予相应指标分值，强化了社会稳定风险评估的可操作性；该指标体系充分尊重行业特点，评估单位可根据本行业实际适当调整指标分值，目前遂宁 23 个市级部门结合该指标修订完善行业评估指标，行业风险评估工作更具针对性；该指标体系将社会稳定风险系数设定为四个等级，评估分值在 60 分以下的为一级，61 分到 70 分的为二级，71 分至 89 分的为三级，90 分以上的为四级，分别对应不予实施、暂缓实施、分步实施、准予实施。

成都市维稳办在前期工作基础上，根据《办法》规定积极探索建立社会稳定风险评估指标。2017 年 9 月，成都市维稳办会同有关部门开展社会稳定风险评估指标体系调研，形成了《成都市社会稳定风险评定标准体系研究报告》。该报告将社会稳定风险评估指标划分为综合指标和细化指标两类，其中综合指标分为社会效益、合法性、合理性、安全性、可行性、可控性、阶段发展性、环境影响、国际性等9个方面。细化指标分为重大工程项目、大型公共活动两个方面，其中重大工程项目细化指标设定为土地房屋征收补偿金等54个方面；大型公共活动细化指标设定为重大危险排查等11个方面。

（四）进一步规范第三方评估

作为外部评价监督机制，第三方评估是实现社会稳定风险评估独立性、科学性和公正性的重要手段，是推进社会稳定风险评估专业化、社会化和规范化的重要抓手。四川各地和四川省发展改革委、交通厅、农业厅、国资委、扶贫移民局等部门在原工作基础上，根据《办法》规定积极探索实践深化规范第三方机构参与社会稳定风险评估工作。

眉山市以建立第三方社会稳定风险评估机构备选库为切入点和着力点，积极推进第三方评估工作。2017年3月至4月，眉山市委维稳办通过《四川日报》、《四川法制报》、四川新闻网、四川法制网和市政府门户网站等发布通告，面向社会公开征集第三方社会稳定风险评估机构，并对申报条件、审核程序等予以明确。市委维稳办会同市发展改革委、市工商局、市法制办和市公共资源交易中心等部门对公开征集的第三方机构进行审查，最终确定20家纳入眉山市第三方社会稳定风险评估机构备选库并向社会公布。自备选库建立以来，第三方机构共参与开展社会稳定风险评估107件，参与全市重大项目社会稳定风险评估率为85%。

成都市双流区积极探索培育第三方机构，《办法》实施以来，逐步建立了包含商务信息咨询公司、律师事务所、市场调查公司等类型的区社会稳定风险评估中心第三方机构备案名录。为进一步规范第三方机构参与评估工作，成都市双流区要求评估主体应从备案名录中比选确定第三方机构，第三方机构参加比选须提交社会稳定风险评估工作方案、按照区社会稳定风险评估中心和评估主体提出的意见修改完善工作方案，评估主体应通过参与第三方机构实地调查、问卷设置等方式切实把好评估质量关，区社会稳定风险评估中心适时督促检查第三方机构具体评估工作并组织专家对评估报告进行评审。

（五）进一步加强专家库建设

为切实提升社会稳定风险评估的科学性、专业性、权威性，充分发挥行业专家在社会稳定风险评估中的作用，成都、遂宁、南充、眉山等地积极探索建立社会稳定风险评估专家库建设。

在前期探索实践专家人才参与社会稳定风险评估工作基础上，2015年1月，成都市制定了《社会稳定风险评估专家库管理暂行办法》，要求5年以上行业工作经历、熟悉风险评估相关规定、身体健康等入库必备条件，明确责任单位对市级层面的重大决策事项或跨部门、跨行业的重大事项必须申请专家库成员参与评估，明确获取合理劳动报酬等5项权利和评估回避、保守秘密等5项义务，并对专家库的动态管理等进行明确规定。2015年以来，通过个人申请和单位推荐等方式，成都市共计选聘具有不同行业资质的专业人才52名，纳入社会稳定风险评估专家库。

在前期组建社会稳定风险评估专家库工作实践基础上，2015年11月，南充市制定《社会稳定风险评估专家库管理暂行办法》，明确"严格选取、指派工作、有偿服务和严格保密"的专家库管理原则，要求大专以上学历、3年以上行业工作经历、身体健康等4个必备条件，明确受指派参加社会稳定风险评估和参加社会稳定风险评估报告评审两种工作方式，并对专家库成员的权利义务、年度考核和退出机制等进行明确。目前，南充市县两级按照单位和部门推荐、维稳领导小组评选的方式，共选聘了50名专家库成员，并进行动态调整管理。

在总结前期社会稳定风险评估专家库组建工作探索实践基础上，为充分发挥本地行业专家在社会稳定风险评估中的独特优势，2017年4月，眉山市制发《关于推荐社会稳定风险评估专家的通知》，面向市级有关单位公开征集社会稳定风险评估专家库成员。眉山市按照公开、公正、科学、全面的原则，严格按照通知推荐条件要求，通过单位推荐、市委维稳办审核等程序，共选拔确定 39 名专业能力强、熟悉行业法律法规政策、具有查找社会稳定风险经验的专家型人才，纳入眉山市社会稳定风险评估专家库并向社会公布。

（六）进一步强化绩效考核

四川省各级党委、政府认真贯彻落实习近平总书记"发展是硬道理，稳定也是硬道理"的重要指示，以目标考核为导向，强化社会稳定风险评估绩效考核工作，切实发挥社会稳定风险评估的源头防范作用。各级党委维稳办认真履行社会稳定风险评估综合协调、督促指导职责，协助加大目标考核力度，强化考核结果运用，倒逼维稳工作由被动应对处置向主动预测预警预防转变，由被动维稳向主动创稳转变。

四川省委每年初下达市（州）绩效保证目标和省直党群序列绩效目标，四川省委、省政府每年初与 21 个市（州）党委、政府和省级有关部门签订维稳目标责任书，社会稳定风险评估均作为重要考核内容。在 2017 年四川省委下达的市（州）绩效保证目标中，社会稳定风险评估在维护稳定工作中的权重为 30%，着重突出对贯彻落实《办法》、制定《办法》实施意见、建立风险评估领导机制和开展责任查究的考核；在 2017 年四川省委下达的省直党群序列绩效目标中，社会稳定风险评估在维护稳定工作中的权重为 33%，着重突出对落实中央和省社会稳定风险评估有关规定和确保重大决策事项应评尽评的考核；在 2017 年四川省委、省政府与 21 个市（州）党委、政府和省级有关部门签订的维稳目标责任书中，社会稳定风险评估的权重分别为 20%、10%，均着重突出对建立健全风险评估领导机制，落实风险评估计划提出、工作会商、跟踪监督、决策备案等工作制度和开展责任查究的考核。

四川省 21 个市（州）党委、政府每年初给各县（市、区）和市（州）直有关部门下达维稳绩效目标，与属地县级党委、政府和市（州）直有关部门签订维稳目标责任书，社会稳定风险评估均作为重要考核内容，自《办法》实施以来，社会稳定风险评估的权重稳中有升。

三　当前存在的主要问题

（一）思想认识不到位

个别党政干部对社会稳定风险评估的重要性、必要性、紧迫性认识不到位，存在两种倾向。一是一些地方领导和部门认为社会稳定风险评估是自缚手脚、自设障碍，托经济工作"后腿"。二是个别地区和部门评估工作流于形式，一些地方领导和部门认为，社会稳定风险评估结果不值得信任，防范措施是"绣花枕头"，关键还得靠政府自身的稳控能力。实施社会稳定风险评估主要是应付上级检查，出于"免责"的考虑，可以"先上车后买票"，存在先决策后评估、边评估边实施、不评估就实施等现象，使社会稳定风险评估流于形式，导致评估与决策"两张皮"。

（二）工作开展不平衡

一是开展领域不平衡。据四川省维稳工作平台数据，2017 年，四川省共计开展社会稳定风险评估 14081 件，其中开展项目类评估 8316 件，占 59.05%；开展改革类评估 218 件，占 1.5%；开展政策类评估 726 件，占 5.1%。二是地区开展不平衡。《办法》实施一年来，泸州市共计开展社会稳定风险评估 2328 件，而达州、甘孜两地分别只开展 101 件、161 件。三是部门开展不平衡。领导比较重视、制度比较完善的部门开展较好，但也有个别省级部门及行业系统对社会稳定风险评估重视程度不够，工作开展较差。

（三）评估程序不科学

一是具体评估程序有待完善。《办法》对重大行政决策事项社会稳定风险评估程序规定了七个步骤，对于特殊领域重大事项，采用"七步法"则显得捉襟见肘，不能全面准确地识别风险因素，对于普通事项又显得过于烦琐。二是结果运用程序有待优化。在当前国家强力推进"放管服"改革背景下，评估结果作为决策事项前置程序存在现实困境和法治掣肘。在作决策、出政策、上项目、搞改革前如何更好地将社会稳定风险评估嵌入决策程序值得认真研究。

（四）评估制度机制不健全

一是评估指标体系不健全。《办法》实施前，个别地区探索建立了风险评估指标。《办法》规定，"省人民政府应当建立社会稳定风险评估指标，省级行政部门应当根据省人民政府制定的社会稳定风险评估指标建立本系统社会稳定风险评估指标"。目前省级层面未制定相关指标，一定程度上导致评估印象化、随意化现象。二是中介组织参评制度机制不健全。一方面，中介组织参与社会稳定风险评估的准入、退出及惩戒机制尚不健全，对参与社会稳定风险评估工作的中介机构缺乏常态管理制度；另一方面，对具体从事社会稳定风险评估工作的人员缺乏必要的培训及考核，一定程度上影响社会稳定风险评估的质量和效果。三是中介组织社会稳定风险评估收费缺乏指导标准。目前，第三方承接社会稳定风险评估的收费，主要是"比选"和"谈"出来的，"低价竞争"往往使社会稳定风险评估的质量难以保障。《政府采购法》明确了购买服务的范围、程序、资金等内容，但未将社会稳定风险评估工作纳入政府采购范围，更没有具体的支付费用、质量标准等规定。因此，顶层设计的缺乏直接影响到社会稳定风险评估的具体实施。四是评估专家库建设不完善。省市县三级存在专家库建设不完善、行业专家入库条件不健全、评估专家评估费用规定不明确等问题，评估专业化、规范化水平有待进一步提升。

四　进一步深化社会稳定风险评估的对策措施

当前，面向全面深化改革时期的社会结构、人口结构、空间结构、产业结构、区域结构和人们价值观念、心理预期、利益偏好的转变和重构，亟须进一步破解社会稳定风险评估实际运行中不尽如人意之处，有效应对和化解触点多、燃点低的社会矛盾和冲突，真正落实中央有关"创新有效预防和化解社会矛盾体制，健全重大决策社会稳定风险评估机制"和"把公众参与、专家论证、风险评估、合法性审查、集体讨论确定为重大行政决策法定程序"的精神和要求，促进经济社会健康稳定可持续发展。

（一）全面认识社会稳定风险评估在维护社会稳定中的基础性价值

社会稳定风险评估不仅有利于转变维稳方式、创新维稳手段和打破对静态维稳的片面追求，更有利于促进社会公正、回应价值观多元化发展、汇聚社会多元力量、明晰"权—责—利"关系，而这正是保持国家和社会长期稳定的内在基础。

（1）社会稳定风险评估是提升社会公平感的重要途径。社会转型与发展进程中，人们越来越关注改革成本如何分担、改革成果如何分享等问题。社会不公平感也从隐性转向显性、从幕后登上前台，转化为具体的社会和政治行动，进而对党和政府的社会治理能力提出更高要求。社会稳定风险评估可以更好地衡量人们的生存比较和应得预设，更准确地识别社会不公平感的源头性因素，从心理层面促进社会公平感的提升。

（2）社会稳定风险评估是推动民主治理的重要渠道。现代化进程中，公众的权利意识、法治意识、自主意识和参与意识持续增强，越来越要求拥有参与与其生活密切相关的公共事务的机会和制度。一旦公众参与的制度供给与制度需求之间产生较大失衡，社会受挫感、社会矛盾就可能相应出现，引发社会不稳定。社会稳定风险评估可以创新公众参与的制度和机制，促进公众参与社会治理，从而有效维护社会和谐稳定。

（3）社会稳定风险评估是汇聚多元智慧的重要抓手。在现代社会，多数社会问题往往涉及诸多可见或隐蔽的利害相关者，其利益诉求多样且复杂多变，利益冲突可能持续存在甚至激烈碰撞，引发社会不稳定。社会稳定风险评估可以有效借助公众参与、社会组织、专业人员、科研院所和新兴媒体的力量，扩大维护社会稳定的共同体，增强重大事项决策的可接受性。

（4）社会稳定风险评估是明晰"权—责—利"的重要途径。利益分歧和利益冲突是现代社会治理的常态，社会治理中围绕"利"，必须明确"权"和"责"。社会稳定风险评估的实质就是对重大事项利害相关者的"权—责—利"进行科学的识别、分析和论证，协调各种利益关系、权力责任关系和权利义务关系，从而促进社会的长期稳定。

（二）科学构建有利于提升社会稳定风险评估成效的制度体系

目前，四川省社会稳定风险评估已迈入成熟的稳定发展期，各地各部门已初步制定具体的社会稳定风险评估实施细则。但是，仍存在制度设计和制度安排上的缺漏甚至短板，亟须促进社会稳定风险评估制度的系统化、精细化、科学化，瞄准社会稳定风险评估中的关键环节和主要症结，着力完善制度设计，突破一些关键障碍和现实难题，推动社会稳定风险评估取得更大成效。

（1）科学界定重大行政决策中"重大"的判断依据和范围，避免对"重大"做随意解读和随意裁量。重大行政决策社会稳定风险评估一般遵循"应评尽评"的原则，《办法》划定了8项"重大行政决策"的范围，实践中一些地方和部门细化了具体类别，但对"重大"尚无明确评价标准，只是按领域进行了列举，适用范围规定过于抽象，在执行过程中为逃避适用《办法》留下空间。因此，应对重大决策事项的范围进行更加清晰的界定，规定的重大决策事项不应只列举范围，更需要有标准，科学划定应评尽评的"重大"范围，限制地方和部门的裁量权。鉴于各地各部门职能和重大决策事项的差异，市（州）政府可结合本地实际，采用经验列举法和科学计算法，划定社会稳定风险评估的范围，制定重大事项决策清单。

（2）建立完善社会稳定风险评估公众参与制度，提高社会稳定风险评估报告的可接受性和公正性。首先，要加大政务信息公开力度。各级各部门要继续深化简政放权，按照政务信息公开的规定，及时向公众公开社会稳定风险评估的具体内容、公众参与社会稳定风险评估的具体时限、确切方式与途径、具体流程等。制定社会稳定风险评估事项具体信息的简本，通过固定地点公示、专门网站公布、社区投放、居民发放等多样化的信息公开方式，降低公众参与社会稳定风险评估的成本。其次，要加大社会稳定风险评估中公众参与的政策宣传和能力培训，鼓励根据实际情况大胆创新公众参与的方式方法，探索符合实际的公众参与模式，充分利用网站、电视、报纸、新兴媒介等做好社会稳定风险评估中的公众参与，在全社会营造良好的公众参与氛围，增强公众参与意识，规范公众参与行为。

（3）制定出台委托第三方开展社会稳定风险评估的收费指导标准，规范社会稳定风险评估市场竞争的价格杠杆。按照《办法》关于"省价格行政部门应当制定中介组织社会稳定风险评估收费指导标准"的要求，根据重大决策、重大项目、重大活动等重大事项分类，并根据评估事项难易度、工作量和适当合理的利润空间，对照其他省（市、区）的标准，尽快出台收费指导标准，以更好地指导实施第三方社会稳定风险评估，确保评估质量。

（4）制定出台社会稳定风险评估的指导性评估指标，增强社会稳定风险评估的科学性、规范性。在认真总结遂宁等地探索建立社会稳定风险评估指标体系的基础上，根据社会稳定风险的属性和社会稳定风险评估的特殊性，按照定性与定量相结合的原则，从合法性、合理性、可行性、可控性、安全性五个方面，尽快制定出台省级指导性评估指标体系，确保评估指标的客观性、有效性、精准性和规范性。

（5）制定出台第三方机构社会稳定风险评估管理办法，规范第三方评估行为。建立健全第三方机构准入标准和退出机制，积极探索在各地党委维稳办协调指导下建立社会稳定风险评估行业协会，具体承担第三方机构的资质认定、登记备案、准入退出及惩戒等职责。同时，尽快研究出台第三方机构社会稳定风险评估管理办法，对第三方机构实施总量控制、动态管理。

（6）创造公私部门之间竞争开展社会稳定风险评估的制度和政策环境，在竞争中实现优胜劣汰，提高社会稳定风险评估质量。一要强化市场培育，吸引更多社会力量参与社会稳定风险评估工作，进一步充实外部评估资源力量，提高第三方评估在重大决策事项尤其是重大工程项目领域的适用性；二要着力完善市场竞争措施，破除单方业务垄断，依托市场优胜劣汰机制促进评估力量的优化升级，逐步形成一支专业素质强、市场信度高的评估队伍；三要强化市场监管措施，注重通过市场管理、行业自律的制度约束，维护评估的独立性；四要引进专业人才，充实公共部门提供该类服务的能力，力求在相互竞争中提升社会稳定风险评估成效。

（三）不断创造有利于提升社会稳定风险评估成效的条件支撑

（1）抓好组织领导，推动社会稳定风险评估工作常态化、专门化。强化"一把手"切实将社会稳定风险评估作为决策根据的意识，在观念和制度上促使"一把手"以社会稳定风险评估推动科学决策、民主决策，防止"拍脑袋"决策。同时，在各级维稳办建立专门的社会稳定风险评估综合协调和督促指导机构，配置必要的专门工作人员，加强业务培训，推动社会稳定风险评估的专门化、常态化。

（2）推动省市两级全面建立社会稳定风险评估专家库，充实专家审查环节，促进社会稳定风险评估的科学性、专业性。建立完善社会稳定风险评估专家咨询制度，根据不同行业重大事项的特殊性，在省市两级建立专家库，制定专家库管理办法，调动专家的工作积极性，促进专家履行好专业责任。同时，对于具有较强地方性经济社会文化特征的重大事项，要重视"土专家"的"把关"作用，尤其是针对民间风土人情、历史遗留问题等重大事项的决策。

（3）加强专业培训，建立一支专门的社会稳定风险评估人才队伍。目前，社会稳定风险评估从业人员无专门的资质要求，极大地限制了社会稳定风险评估从业人员的资格水平和评估的专业性。为此，采取社会稳定风险评估行业协会与科研院所合作，通过开展业务培训、考试结业的方式，科学设置第三方评估机构从业人员的进入条件，保障第三方评估的专业性。

（4）加强社会稳定风险评估信息平台建设，即时掌握重大事项社会稳定风险评估情况。维稳部门要加强与相关部门的协同联动，适时对重大行政决策进行摸底调查，建立健全社会稳定风险评估台账，通过信息平台，跟踪重大行政决策社会稳定风险评估的实施状况，推动评估范围从原则性规定到清单管理的转变。同时，维稳部门要加强部门间社会稳定风险评估信息的共享，实现对社会稳定风险评估的动态监测。

（5）严格执行《办法》，强化考评和问责，倒逼社会稳定风险评估迈上新台阶。一是将社会稳定风险评估考核工作纳入政府综合考核体系和依法行政督察项目，并适度调高考核分值比重。强化维稳部门监督指导的主体责任，缩短考核评价周期，加大人财物投入，建立定时通报、督办制度，强化考核，注重督察结果运用，及时发现、及时纠正问题。二是科学设定社会稳定风险评估考核内容，根据地方社会稳定风险评估面临的突出问题设定考核的重点内容，指标设计要强调可量化、可操作性。三是在考核社会稳定风险评估覆盖率和全程跟踪的同时，重点考核社会稳定风险评估制度履行的质量和效果，避免使考核成为社会稳定风险评估形式主义的催化剂。四是探索建立创新积分制，对创造性开展社会稳定风险评估工作并取得明显实效的机构和部门，予以适度加分或奖励，对社会稳定风险评估年度目标责任考核不合格的部门启动问责机制和程序。

（6）强化公众参与社会稳定风险评估的意识，提升公众参与社会稳定风险评估的能力。加强社会稳定风险评估的政策宣传和公众参与的技能培训，有效发挥公众参与在社会稳定风险评估中的基础性作用，有力提升社会稳定风险评估实效。

B.6
四川省公安厅探索依法管网路径

四川省公安厅课题组 *

摘　要： 面对四川省大体量、高使用率和安全环境复杂的互联网络现状，省公安厅严格贯彻落实中央、省委关于加强互联网安全监管的各项决策部署，坚持法治思维，从省情实际出发，全面抓好宣传贯彻、机制建设、执法检查、重点企业、打击处置五个方面的监管工作，进一步理顺监管职责、明确监管对象、细化监管方式，增强网络安全防御能力和威慑能力，探索出了依法管网的四川道路。

关键词： 依法管网　互联网络　网络安全

《四川省依法治省纲要》总体目标是：依法治国基本方略全面落实，法治精神深入人心，公共权力依法规范公开运行，公民依法享有权利和履行义务，治蜀兴川各项事业全面纳入法治化轨道，基本形成尚法守制、公平正义、诚信文明、安定有序的依法治省新格局。习近平总书记"4·19"讲话指出：互联网不是法外之地，我们要本着对社会负责、对人民负责的态度，依法加强网络空间治理，加强网络内容建设，做强网上正面宣传，培育积极健康、向上向善的网络文化，用社会主义核心价值观和人类优秀文明成果滋养人心、滋养社会，做到正能量充沛、主旋律高昂，为广大网民特别是青少

---

* 课题组负责人：邓刚，四川省公安厅网络安全保卫支队政委。课题组成员：陈洁、吴静。执笔人：吴静，四川省公安厅网络安全保卫总队监察管理支队民警。

年营造一个风清气正的网络空间。随着移动互联网各种新生业务的快速发展，网络安全环境日趋复杂，网络谣言、网络诈骗、黑客攻击等问题层出不穷。如何加强对互联网络的监管，营造一种风清气正的网络环境是我们必须面对的重要课题。

一 四川省依法管网主要做法

"互联网不是法外之地"，四川省始终坚持法治思维，从省情出发，狠抓宣传贯彻、机制建设、执法检查、重点企业、打击处置五个方面的监管工作，进一步理顺了监管职责、明确了监管对象、细化了监管方式，探索出了依法管网的四川道路。

（一）以宣传贯彻为依托，筑牢依法管网理论基础

四川省以《网络安全法》实施为契机，通过传统宣传手段与新型宣传方式相结合，加强网络安全法律法规的宣传力度，进一步增强了群众网络安全意识，促进了依法管网理念深入人心。

（1）开展主题宣讲活动。通过开展主题宣讲活动对《网络安全法》等法律法规进行宣传，通过展板形式宣传了近年来公安网络安全工作成效，通过发放宣传单形式向人民群众传授网络防骗知识，通过扫描二维码形式让人民群众关注网警巡查执法账号、了解网络安全执法工作。

（2）高规格会议宣传。通过召开高规格会议进行宣传贯彻，邀请相关市领导、各部门负责同志、辖区所有关键信息基础设施单位负责人、各区县网信办、公安局负责人及新媒体和网民代表参加会议，会议结合典型案例分析了网络违法犯罪的规律特点，对网络安全有关知识进行讲解。

（3）开展网络安全宣传周。开展以"共建网络安全、共享网络文明"为主题的网络安全宣传周活动进行宣传贯彻。活动使用 LED 巨型屏、流动宣传车，制作巨型签名墙、展板，为群众释法解惑，讲解经典案例；悬挂大型宣传横幅，发放宣传资料，利用网吧管理平台制作标语，向全市网吧推送

宣传标语。

（4）抓住重点全面宣传。四川省在宣传网络安全知识的同时，突出宣传重点，增强宣传的广度和深度。一是会同网信办与三大运营商以及互联网协会等单位开展集中宣传活动，通过网警巡查执法账号、属地广播电台和四川在线等互联网媒体平台多种形式进行，突出宣传的广度。二是针对群众和网络运营者等不同主体进行不同侧重点的宣传，重点解读和宣传公民个人信息保护要求和"台前匿名，台后实名"的实名制上网要求；针对网络运营者，从平台设施安全、数据安全、内容安全三个方面，重点讲解《网络安全法》的主要内容和贯彻落实的基本要求；针对金融、能源、电力、通信、交通等领域关键基础信息设施单位重点解读和宣传等级保护的主要内容和贯彻落实要求，突出了宣传的深度。

（二）以机制建设为主，促进依法管网形成合力

结合群防群治工作经验，四川省主动协调整合公安和其他职能部门、社会各界等多方面的力量，全面加强网络环境监管，形成以公安机关主导、相关职能部门协调联动、社会力量积极参与的立体化监管格局。

（1）建立部门协作机制。公安机关进一步加强与网信、通管、广电、文化部门的协作配合，强化数据共享，健全基础运营企业查询机制，做到多方共同监管，形成监管合力。

（2）建立违法信息和犯罪线索通报处置协作机制。一方面，督促全省重点互联网企业及时发现网络违法信息线索，第一时间通报公安机构进行查处；另一方面，将公安机关发现的网上突发事件与重点互联网企业协作应对。

（3）建立安全监管长效工作机制。四川省多个重点行业主管部门在省公安厅的指导下，把安全保护的主体责任和具体工作措施植入行业安全运行的各个重要环节，层层压实责任，确保监管工作实效。省政府办公厅在每年的网站绩效评估中，将政府网站等级保护定级备案、网络安全事件/事故处置、网站等级保护测评工作纳入考核指标体系；省发展改革委建立了全省电

子政务项目验收审批制度,由公安机关对项目单位落实等级保护制度的情况进行综合评审,并作为项目验收指标之一。截至目前已完成35个重要电子政务项目的评审验收,有力促进了重点行业、重点领域的信息系统防护工作,真正实现了规划、建设、安全三同步;省公安厅与省教育厅联合下发了《关于进一步加强学校网络和信息安全保护工作的通知》,对高校和中小学落实重要信息系统安全保护工作进行部署安排,切实把学校安全保护的督导责任分级落实到省、市、县三级公安机关和教育行政主管部门。

(三)以执法检查为抓手,推进依法管网纵深发展

从2013年开始,四川省公安机关每年坚持开展网络安全执法大检查,有力促进了国家信息安全等级保护制度在重要行业、部门的落实。2017年的网络安全执法大检查紧紧围绕党的十九大网络安全保卫工作,周密部署,认真组织,检查工作达到了预期效果。

(1)明确具体标准,突出检查重点。四川省公安机关以"重要信息系统管理基础数据库"为基础,按照云平台、工控系统、互联网重点企业和大数据应用平台、党政机关企事业单位等四大类对象,梳理关键信息,将基础设施确定为重点检查对象,每月集中力量进行专项检查。通过对《刑法》《反恐怖主义法》《网络安全法》等系列法律法规进行梳理,制定了《全省关键信息基础设施网络安全执法检查规范》和《全省关键信息基础设施网络安全执法检查技术标准》,按照通用标准和特殊要求,在国家信息安全等级保护体系基础之上,充分吸收公安机关办理行政、刑事案件工作经验,将各种容易引发网络安全事件的风险隐患点作为关键环节,形成了29个大项69个小项的检查标准,确保全省网络安全执法检查工作的规范化开展。

(2)注重技术检测,精准发现问题。以关键信息基础设施安全稳定运行为首要前提,秉承"所有技术检测必须申报授权的法律底线、所有技术手段必须先评估的安全底线、绝不影响信息系统正常运行的工作底线"的底线思维,综合利用应急演练、等保测评技术检测分析等有效方法开展

技术检测，打破了运营单位"不愿测、不敢测"的局面，避免形成技术死角，有效掌握了全省关键信息基础设施资产、漏洞、风险、隐患等网络安全基本情况。以技术检测发现的 26607 处安全隐患为现场检查重点，通过现场查验资料、交流访谈、设备查阅等多种方式，进一步对关键信息基础设施安全防护情况进行逐一检查验证。根据现场检查情况，制作"检查反馈意见书"及"限期整改通知书"，对存在的问题给予专业指导。此外，还组织技术支撑单位开展漏洞隐患复查工作，跟进掌握执法检查发现的安全隐患整改情况。对整改不到位的，给予行政警告，对反复整改无效的，给予关停处置，确保消除安全风险隐患。在 2017 年的执法检查中，全省公安机关共下发限期整改通知书 1481 份，约谈 279 家单位负责人，行政警告 22 家，停机整顿 23 家，罚款 15 家。截至目前，已经成功修复安全隐患漏洞 22828 处，有力提升了全省重要信息系统防范和抵御网络安全风险的能力。

（3）实施预警通报，做实安全防范。借助全省网络安全态势感知平台和省网络信息安全信息通报中心，对全省 649 家重点单位、1050 个党政机关互联网门户网站、云平台、重要政务信息和大数据业务系统提供全方位不间断网络威胁动态感知安全服务，第一时间将情况通报给责任单位，严防各类安全隐患因得不到及时处理而造成网络安全事故（件）发生[①]。2017 年以来，共向 141 家单位提供预警服务 452 次，向全社会发布预警通报 26 期，向省、市通报机制成员单位通报漏洞信息 872 条，有效防范了各类安全隐患因得不到及时处置而造成网络安全事件。其中公安机关指导 562 家政府部门提前做好了对 STRUTS－2 的漏洞修复工作，在 2017 年爆发的阿帕奇反序列化执行漏洞网络安全事件中，四川省关键信息基础设施单位未出现数据泄露事件；在 2017 年高考期间，公安机关指导全省 22 家教育考试院提前对考生信息查询平台、考生报名平台等大数据平台做好了注入类漏洞修复和重要数据加密备份工作，成功抵御了黑客组织对考生查询系统的信息拖库和网络攻

---

① 数据来源：四川省网络安全态势感知平台汇总数据。

击，保护了考生信息安全，维护了高考组织秩序。

（4）有效应对风险，妥善处置突发事件。在 2017 年发生的"WannaCry"勒索病毒、"震网三代"及远程命令执行漏洞、"无敌舰队"勒索组织事件、"必加"勒索病毒等重大突发网络安全事件中，四川省公安机关按照预警、预防、预测三大步骤，第一时间启动网络重大突发事件响应处置机制，快速向省内关键信息基础设施单位通报病毒感染机理、攻击方式、传播态势等重要信息，派驻民警上门服务，指导重点单位全面落实并升级网络安全防范措施，有效抵御了来自境内外对我国关键信息基础设施的网络攻击，最大限度控制了被攻击影响范围。同时，在应对"8·8"九寨沟地震突发事件工作中，公安机关迅速部署开展涉震关键信息基础设施网络安全情况排查，组织技术力量提供网络安全应急抢险，为抢险救灾提供了网络安全服务保障。

（四）以重点企业为突破，把握依法管网重要环节

（1）分类施测，加强监管。数据中心（IDC）和云平台监管情况。要求所有 IDC 和云平台企业按要求完成登记备案，企业负责人进行实名认证，确定 24 小时紧急联系人，确保公安机关通报违法关键词和案件线索进行紧急屏蔽和查询的渠道畅通。

（2）App 发布平台管控情况。一是督促完成备案。属地 4 家 App 发布平台提交注册后，需如实提供并上传法人代表身份证、企业营业执照、税务登记证、组织机构代码证、银行开户许可证等信息的原件扫描件，目前已完成登记备案。二是落实 App 实名认证。App 发布平台按要求对应用的发布者进行了实名审核，并对应用进行安全检测。三是要求四川省 4 家 App 发布平台全部加入互联网移动安全与版权联盟，通过行业协会自律标准进行行业有效监管。

（3）网络直播平台管控情况。一是切实履行公安机关属地监管责任，对梳理出的正常开展业务的网络直播单位做到逐一约谈、建档，掌握企业基本运营情况，确立了与公安机关 7 天 24 小时联系的责任人。二是督促网络

直播平台落实安全监管、文明直播等各项措施。三是支持并积极加入行业协会，充分利用行业协会自律管控能力进行监管，直播平台全部加入网络直播行业自律联盟，通过行业协会的自律标准，规范自律行为，实现行业的自我监管、自我治理。

（4）共享单车和寄递服务类重点应用管控工作情况。及时约谈成都一步共享科技有限公司负责人，阐明了公安机关依法对属地共享单车类重点互联网企业进行监管，严格按照公安机关要求做好数据流程和技术协作工作。

（五）依法打击，形成依法管网强力震慑

（1）打击侵犯公民个人信息案件。自 2017 年 3 月起，全省公安机关开展为期 9 个月的打击整治网络侵犯公民个人信息犯罪专项行动。专项行动开展以来，全省公安机关以"追源头、摧平台、断链条"为目标，集中优势资源和警力，对公民个人信息泄露的源头紧盯不放、层层追查，目前已抓获窃取、贩卖公民个人信息的行业内鬼，快速侦破了一批有影响的大案、要案，有力打击了贩卖信息源头。

（2）打击利用网络安全漏洞从事违法犯罪案件。四川省公安机关对一些具有较高案件经营价值的漏洞信息进行扩线追踪，深挖细查，成功侦破了一批利用网络安全漏洞从事违法犯罪活动的行政、刑事案件。其中，比较典型的是：成都市公安局网络安全支队利用省国土资源厅被植入大量暗链的线索，查实了利用政府网站漏洞非法获取流量从事互联网广告投放业务的网络黑市犯罪团伙；绵阳市公安局网络安全支队根据工作中掌握的钓鱼网站线索，成功打掉一个非法买卖域名，仿造、伪造政府网站，伪造、变造、买卖国家机关证件的犯罪团伙，端掉制贩假证窝点 3 个，打掉以"四川人社厅"等政府机构名义开设的各类网站 27 个，查扣教师资格证、大学毕业证等各类假证 1 万余个，缴获违法所得 80 余万元。

（3）办理四川省《网络安全法》颁布实施后的第一起案件。2017 年 7 月 22 日，宜宾市翠屏区教师发展平台网站被黑客攻击篡改。宜宾市公安局网络安全支队依据《网络安全法》对责任单位翠屏区教师培训与教育研

究中心和直接负责的主管人员法人代表唐某某下达了行政处罚决定书,对翠屏区教师培训与教育研究中心处 1 万元罚款,对法人代表唐某某处 5000 元罚款。这是自 2017 年 6 月 1 日《网络安全法》正式实施以来,四川省公安机关依法处置的第一起违反《网络安全法》的行政案件,也是全国公安机关依据《网络安全法》办理的行政案件中,第一起采用行政罚款处罚措施的案件,网易、新浪、今日头条等众多网络媒介进行了广泛报道,赢得了网民的一致点赞,树立了网络安全执法权威,取得了良好的执法效果。

(4)打击发布虚假警情信息的自媒体网络平台。2017 年以来,南充等多个自媒体网络平台发布一则"南充一中年男子偷小孩当场被抓"的图文信息,该信息引发了网民的关切和大量转发。经查证,该信息为虚假警情信息,南充某文化传播有限公司等 5 个自媒体平台为提高账号影响力、点击率,未经审核擅自发布虚假警情信息的行为,严重扰乱了网络公共秩序,影响十分恶劣。南充市、县两级网络安全部门依法分别对制造传播虚假警情信息的南充某文化传播有限公司微信公众号负责人欧阳某某予以行政处罚,对大范围传播虚假警情信息的南充某科技有限公司微信公众号负责人李某予以行政处罚,对另三个传播虚假警情信息的微信公众号运营者予以教育训诫,及时有效地制止了虚假警情的扩散蔓延。

二 四川省依法管网存在的问题

在中央、省委的坚强领导下,在全省公安网络安全民警的共同努力下,四川省互联网依法监管工作取得了显著成效,但仍然存在一些问题,主要体现在以下三个方面。

(一)事前准入——互联网接入制度不完善

一是互联网站事后备案增大了监管难度。网站开办时只简单登记了开办者信息,并未进行进一步的有效核实,其中不少是使用虚假身份信息进行登记注册的，缺乏必要的安全准入条件，这些有安全隐患的网站联网后，网站无人管理或无力管理导致各类违法信息泛滥，成为网络黑客、不法分子进行网上违法活动的"理想场所"。2017年以来，公安部共通报四川省3批违法信息高发网站进行挂牌督办，经核实，通报的网站开办人98%都是利用虚假信息注册登记的，根本核实不到开办人，难以有效进行打击。二是互联网新应用上线前缺乏安全评估，存在一定的安全隐患。互联网发展迅猛，互联网新技术新应用如雨后春笋般出现，网络信息服务单位在推出各类新应用新产品前没有进行必要的安全风险评估，安全防范措施落实又不到位，上线后容易出现各类安全隐患，增加了管理难度。

（二）事中监管——对网络依法监管不到位

一是法律法规的滞后性决定了其很难对新技术新应用进行有效约束。新技术新应用的快速发展容易出现管理真空地带，没有具体规范对其行为进行有效约束，监管部门不明确或者"九龙治水"，很难实现有效监管。二是网络监管法律缺少配套细则。以《网络安全法》为例，该法正式实施以来，还没有具体细则出台，在实际中容易出现法条适用困境。比如，绵阳市在办理市招生办"高考网上填报志愿系统"未落实安全保护技术措施案件时，对"高考网上填报志愿系统"是否应该定性为国家机关政务网络存在疑问，定性不同处罚依据就完全不同，如果定性为"国家机关政务网络"则应该适用《网络安全法》第72条处理，如果不是则应适用第59条。三是"重建设、轻安全"理念导致互联网使用单位安全保护技术措施落实不到位。现阶段，不少互联网运营使用单位"重建设、轻安全"理念十分突出，受经济利益驱使，加之人员、经费等因素制约，很多单位是在互联网上运行一段时间后，甚至发生网络安全事故以后才着手建立网络安全相关制度和保护措施，远远达不到网络安全防范的目的。

（三）事后处置——依法打击处置效果不理想

一是信息传播手段多样化难以查找信息源头。不法分子利用微博、微信、论坛等发布和传播违法有害信息，大量的云应用方式提供远程下载、互动交流等功能，加之应用单位、网站、论坛等未按规定对上传日志、访问日志、下载日志等信息进行留存，难以对违法有害信息进行追本溯源。二是行政执法不到位，"以改代罚"现象突出。2017年以来，四川省打击网络刑事犯罪案件成效明显，但是行政案件情况不容乐观，从掌握的情况来看，公安部接连多次通报四川省违法信息突出的IDC和网站，涉及的市州均是以"限期改正"的方式处置，以整代罚。《行政处罚法》第8条规定了行政处罚的种类，但不包含"限期改正"。限期改正体现的是行政执法中"处罚与教育相结合的原则"，在对违法行为人给予行政处罚时，要同时责令行为人改正违法行为，而不能"以改代罚"，削弱管理者权威。

三 推动四川省依法管网的建议

互联网不是法外之地，而是现实社会行为和关系自然延伸的一部分，网络中的行为和关系理当受法律的调整和保护。笔者认为，要全面推进依法管网工作，应当从以下几个方面入手。

（一）尽快制定出台《网络安全法》实施细则，做到有法可依

一是主体责任上，要进一步明确各部门职责。《网络安全法》对具体职能部门的规定不够明确，很多表述为"各相关职能部门"、"有关部门"和"行业主管部门"，应该把具体职能职责明确到具体部门，避免出现"九龙治水而水不治"的局面。二是具体适用上，要进一步阐明部分条款的法律外延。比如：第21条的规定"按照规定留存相关的网络日志不少于六个月"，应该明晰具体哪些网络日志需要明确；第74条的规定"违反本法规定，构成违反治安管理行为的，依法给予治安管理处罚"，如果一个行为同

时满足违反治安管理和违反网络安全管理行为又应该如何处罚应当予以明确；第72条"国家政务机关网络的运营者"应该如何定位，其外延应该如何明确，还有"个人信息"和"个人隐私"的界限也需要进一步明晰；等等。三是法律责任上，法律责任的规定很多过于宽泛。例如，"拒不改正或者导致危害网络安全等后果的，处十万元以上一百万元以下罚款，对直接负责的主管人员处一万元以上十万元以下罚款"，裁判者自由裁量权过大，应该具体明晰不同的法律责任层次。

（二）加强行政执法力度，做到执法必严

一是继续加强基础管理工作，进一步夯实管理基础。强化对互联网企业的摸排和监管，尤其是已经掌握的重点互联网企业，进一步深化管理协作，督促落实互联网安全技术保护措施，加大公民个人信息保护力度，强化企业主体责任，督促其承担违法信息发现、处置、报告等净化网络文化环境事务；对各类网络安全应用、服务做好上线安全审查，确保安全防范技术与应用服务同步规划、同步建设、同步使用，对社会产生重大危害的要限制上线甚至不上线使用。二是强化执法检查力度，进一步堵塞网络安全漏洞。继续深入开展网络安全执法检查，按照 IDC 和云平台、工控系统、互联网重点企业和大数据应用平台、党政机关企事业单位等四大类对象，综合利用应急演练、等保测评、自查扫描、镜像分析等有效方法开展技术检测，对发现的漏洞风险隐患及时整改；依托全省网络安全态势感知平台和省网络信息安全信息通报中心，为门户网站、云平台、重要政务信息和大数据业务系统提供全方位不间断网络威胁动态感知安全服务，第一时间将情况通报给责任单位，严防各类安全隐患因得不到及时处理而造成网络安全事件（故）。三是加强行政执法力度，进一步树立管理权威。要充分运用《网络安全法》《计算机信息网络国际联网安全保护管理办法》等法律法规，加强对传播违法有害信息的网站、论坛、贴吧等的查处力度，查明事实，依法应予以处罚的绝不姑息，禁止"以改代罚"，对违法信息争取找出信息发布人，对发布人进行处理；查明网络运营者信息审核不力导致违法信息传播，对被要求删除

或屏蔽后没有采取措施的,要严格追究网络运营者的责任;对查明是网站、论坛等被挂马、植入暗链等导致违法有害信息传播的,要求网络运营者提供相关日志信息进行数据勘验调查,不能提供的追究网络运营者日志留存不到位的责任。

(三)强化对利用网络进行犯罪活动的打击力度,做到违法必究

对一些具有较高案件经营价值的漏洞信息进行扩线追踪,深挖细查,坚持重拳出击,集中优势资源和警力,快速侦破一批有影响的大案、要案,形成有力震慑,尤其是对人民群众深恶痛绝的"侵犯公民个人信息案件""网络诈骗""网络赌博"等案件,坚决维护法律底线、尊重人民的根本利益。对破获的利用信息网络进行的各类犯罪案件通过广播、电视、报纸及微信、微博等各种媒体曝光犯罪新手段、新特点等,同时依托重要行业、社区等社会力量,有的放矢地开展点对点防范提示,增强反网络犯罪案件的互动性、参与性,达到法律效果和社会效果的统一。

B.7
四川省实施法治校园建设调研报告

四川省教育厅课题组*

摘　要： 近年来，四川省整合各方资源积极实施"法治校园"建设，狠抓构建法治教育主渠道，形成"科科皆法治教材、课课皆法治课堂、人人皆法治教师"的法治教育大格局。四川省充分利用学校教育阵地，搭建法治教育大平台，打造校园法治文化，培塑师生法治素养。此外，四川省还整合多渠道法治教育资源，优化法治宣传教育形式，切实开展丰富多彩的法治活动，着力法治教育大保障。

关键词： 法律进学校　法治校园　依法治省

四川省教育厅积极致力于建立健全从小学到大学的渐进、科学、合理有效的法治教育体系，多方式、多渠道建设法治校园，凸显学校法治教育的主体作用，着力构建学校、家庭、社会"三位一体"的法治教育体系，形成学校法治教育工作在理念上与时俱进、在方式上不断创新的良好格局，全面构建有利于青少年学生健康成长的法治环境，切实提高青少年学生的法治意识和法律素养。

---

* 课题组负责人：朱世宏，中共四川省委教育工委书记、省教育厅厅长。课题组成员：张澜涛、傅明、李大鹏、赵颖、马玉琼。执笔人：李大鹏，四川省教育厅政策法规与综合改革处副处长；马玉琼，广元市教育局政策法规科干部。

一　实抓课堂教育主渠道，提升青少年法治素质

课堂教学是法治教育的主渠道，四川省严格按照国家要求开足开齐各级各类学校法治教育课程。同时，不断创新教学方式，丰富教学内容，提升教学实效。构建学科教育"大格局"，在全省将学科渗透法治教育纳入学校法治教育整体规划和计划，形成"多学科协同"教育模式。强化法治教育队伍建设，对学校法治教育教师作出硬性要求。

1. 筑牢法治教育课堂

具体做法如下。刚性要求完成规定法治课程，按大纲要求渗透法治教育内容，将文明礼仪教育、诚信守纪教育、良好行为习惯养成教育、安全教育、廉政教育、民族团结教育、国防教育、禁毒教育等与法治教育内容有机整合，时时渗透。结合地方课程的实施，着力开发法治校本教材，因地制宜开展法治教育。落实课堂教学安排，严格按照国家和四川省课程设置方案，分学段开齐开足道德与法治、思想政治、思想道德修养与法律、生命、生态安全等基础课程。不同层面开展思想政治学科教学研讨活动，指导教师有效开展法治安全教育。规定小学低年级思想品德课中涉及法治教育，小学高年级法治教育内容占道德与法治课的比重原则上不少于1/3。初中阶段采取道德与法治课中设置专门教学计划和目标内容，纳入学分测算。高中教育阶段，思想政治课要设置专门的课程模块，将法治教育作为思想政治课的独立组成部分。鼓励有条件的高中学校积极开设"生活中的法律常识"和法治校本课程。高等教育阶段要求将思想道德修养与法律基础作为公共必修课。认真落实法治教育"三进"，纳入人才培养计划，面向新生开设思想道德修养和法律基础课，把"依法治国"专题纳入"形势与政策"课。开设"律师实务""经典案例分析"等课程，开设"宪法学""民法总论""刑事诉讼法"等跨专业选修课。鼓励全省有条件的中小学根据大纲要求编写和开发法治教育校本教材、典型案例、法治宣传画册等，强力推进法治教育制度化、课堂化、常态化。

2. 创新法治教育多元化

具体做法如下。在各学段根据学生的年龄特点、认知水平，切实开展形式多样、渠道多元的教育活动。鼓励学校和教师综合采用故事教学、情景模拟（模拟法庭）、角色扮演、案例研讨、法治辩论、价值分析、信息技术等多种教学方式，对学生进行生动、逼真、活灵活现的法治教育，注重学生法治思维能力的培养。充分利用现代教学手段和信息技术，组合不同类型的资源，以四川电视台科教频道、四川省教育资源公共服务平台为载体，通过建设"青少年法治教育"专栏等将多种法治教育资源予以整合，为师生提供形式多样、内容鲜活丰富的网络优秀法治教育资源，形成以学生为中心的教育环境，进一步有效培养学生的学法兴趣，引导学生自主学习。要求学校积极转换多元化、个性化的教学模式，充分运用课堂讨论、社会调查、电视录像、多媒体教学等手段，切实做到学生法治教育入脑、入心。

3. 抓实学科渗透常态化

具体做法如下。要求全省各学校将学科渗透法治教育纳入学校法治教育整体规划和计划，和其他实施途径的工作同部署、同安排、同检查、同考核，形成"多学科协同"教育模式。依托学科教学，挖掘和利用学科内容中蕴含的法治因素和法治内容，在不破坏学科科学性的前提下，利用学科教学中的"可乘之机"，将与教学内容高度关联，符合学生认知水平的法治内容，有机、艺术、适度地融入教学之中，在完成教学任务的同时对学生进行法治教育，实现知识传授与法治教育的双重目标。各学科教师牢固树立"立德树人、育人为本"和"全员育人"意识，准确把握渗透契机，学习研究相关法治知识，必要时邀请法律专家共同开展教研活动。加强学科教学渗透法治教育的课题研究，加强教师培训，全方位、立体式、多元化推动法治教育课堂化，实现学生法律素质与其他科学文化素质双提升。使学生在潜移默化、润物无声中学到法治知识，提升法治素养，有效解决了法治教育课时、教材、师资、经费、考试"五落实"，实现学校教师"全员育人"的目标。使学科教学渗透法治教育达到"随课潜入心，普法细无声"的效果。形成"科科皆法治教材、课课皆法治课堂、人人皆法治教

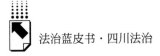

师"的法治教育大格局。

4. 强化师资队伍法治化

具体做法如下。按照国家中小学校长法治教育大纲，建立了各级、各类、各层次的校长依法治校能力培训机制，重点培养一批具有法治思维和擅于运用法治方式管理学校的管理者，提升学校管理队伍的法律素质。结合依法治校、依法治教需要，贴近教师工作生活实际，有针对性地宣传教育相关法律法规，不断提高全省教师依法参与学校管理、依法维护自身权益的能力。积极选送全省各市（州）教师参加教育部中小学法治教师名师工程培训及省内各级教师培训，切实加大了专项培训力度，增加了法治教育内容。建立省级法治课骨干教师、专任教师培训基地，加强中小学校法治教育教师的专项培训，着力培养一支法治观念强、法律素养高、法律技能强的法治教育队伍。在教师的任职培训、岗位培训、继续教育中，明确法治教育的内容与学时。号召县级以上教育行政部门组织开展教师法治知识竞赛、法治教学观摩、法治演讲、学法心得交流等活动，提升教师学习法律知识的积极性、主动性和自觉性。通过专题培训、报告会、研讨会和参观考察等多种方式，确保每位中小学教师每年接受一定课时的法治教育培训，提升教师法治教育的专业素养和教学水平。配齐法治教育课教师，在核定的编制总额内，中小学要配备1~2名专任或兼任法治教育课教师。在新教师公开招考中注重法治教师补充，2020年前保证每所中小学有1~2名法治专业教师或受过专业培训的骨干教师。在省、市级优质课竞赛、教育教学成果奖、优秀论文等评选中，作为专门奖项，提升教师对法治教育的认知水平，从而重视法治教育。建立从司法、消防、公安、医护、环保等部门聘请兼职法治副校长和辅导员制度，强化管理，明确职责，进一步增加法治教育案例教学、情境教学、"现身说法"等方式，增强学校法治教育的针对性和实效性。健全高校学生法治教育志愿者制度，依托法官、检察官、律师、高校法律院系教师等法律工作者的力量，建立灵活的法治教育兼职队伍，为中小学法治教育提供支持和强有力的师资保障。

二 紧抓法治宣传主阵地，营造青少年守法氛围

学校是开展青少年法治教育的主阵地，近年来，全省各级各类学校通过将"传统方式＋新媒体"有机结合的方式，通过线上和线下、校内和校外、课内和课外全覆盖的法治文化建设机制，营造了良好的法治宣传教育氛围。

1.利用传统方式开展法治宣传教育

具体做法如下。一是各类学校根据自身实际，建立德育室、法律图书室（角）、法治教育长廊、法治宣传栏、法治工作室、学法苑、矛盾协调室、七彩小屋、留守儿童之家等，充分利用手抄报、广播、录像、图片等进行有声有色、形象感人的普法宣传，形成学法、守法、用法的好风尚，营造了依法治校的浓厚氛围。二是加大课外读物编写力度。组织编写青少年法律知识读本，制作普法影视光盘、普法动漫、法治宣传挂图等有关资料，供学生日常学习和参考。鼓励各地将法治教育教材、读本纳入免费教科书范围，积极创造条件向中小学特别是农村和边远贫困地区的学校免费提供优质法治教育资源。三是依托学校法治教育平台开展专题教育培训、专题文娱表演、模拟法庭、法治征文活动、"万人晨读学宪法"、主题书画创作等，深入开展"法律进班级""法律进社团""法律进寝室"等活动，引导学生在学校生活实践中感受法治力量，培养法治观念，切实营造人人知法、守法的良好氛围。高校通过专家座谈会、统一战线座谈会、教职工政治理论学习、"两学一做"学习教育、"三会一课"、大学生骨干培训、学生干部座谈会等有效载体，将法治宣传教育贯穿融入师生学习、生活、工作各环节、全过程。高校成立了学校法律事务室，立项资助以"咨询法律难题、培养法治观点、弘扬法治精神、构筑法治校园"为宗旨的"苏菲法务管家"法治文化项目建设，探索建设学生法治宣传"四个一"工程，推动法律进宿舍、实现校园全覆盖。深入开展"法律知识辩论赛""法治书画作品展""法治PPT大赛"等文化活动，彰显法治宣传文化特色。

2. 利用新兴媒体开展法治宣传教育

具体做法如下。一是利用青少年普法网等专门网站，共享优质法治教育教学资源，学习交流法治教育先进经验。构建微博、微信、QQ、手机报等新媒体平台，加强青少年对法治教育的参与和互动。开发微电影、动漫及创意作品等形式多样、青少年喜闻乐见的精神文化产品，丰富法治教育形式与内容。二是用好校园网、家校通等资源，构建教师、班主任或辅导员与学生、家长宣传、交流平台，增强网络法治教育的吸引力；依托农村中小学，建立农民夜校、家长学校，利用村民广播、开发法治宣传教育手机 App 等方式，加大对学生家长和村民的法治宣传力度，提升家长和群众法治意识；引导学生正确理解法律规范，理性思考和正确认识法治事件、现实案例。

3. 利用特殊纪念日开展法治宣传教育

具体做法如下。一是充分利用校园文化、法治宣传阵地、主题班会、党团活动、学生社团活动、社会实践活动等多种载体，多措并举开展法治教育。充分发挥家庭、学校、社会"三位一体"以及关工委、法治副校长（辅导员）等的作用，以 3 月"法治宣传月"、6 月"珍爱生命，拒绝毒品"、9 月"法律进学校"等主题开展法治教育系列活动，在"五四青年日""12·1 世界艾滋病日""12·4 国家宪法日"等法治宣传时间节点，各类学校突出主题，采取主题班会、法治讲座、知识竞赛、法治手抄报等形式，组织生动活泼、寓教于乐的法治实践活动，全面提高青少年学生的法治观念和法律素质。二是在入学仪式、开学和毕业典礼、入队入团仪式、成人仪式、班团会等活动中，巧妙融入法治教育，增强学生的法治意识。积极鼓励有关部门、单位和学校通过网络或其他方式组织开展分学段的法律知识竞赛、巡讲、辩论会、模拟法庭、法治教育微电影的拍摄与展播、理论研讨等活动。

4. 利用社会实践抓好法治宣传教育

具体做法如下。一是开展法治教育社会实践，组织学生到法院、监狱、戒毒所等警示教育基地旁听，接受警示教育，使学生直观感受到法律的威严和神圣、违法者的窘态和悲惨，切身体会学法、知法、守法、用法的重要性和必要性。深入开展大学生暑期社会实践"三下乡"活动，组织法律社会实践团队，深入工厂、企业、社区、农村等基层一线，开展法律援助和法律帮扶活动，让学生在实践中感悟法治的重要性和实用性。联系司法部门和律师事务所等法律机构，为学生提供实习实践岗位，让学生在工作中提高法律素养和守法意识。二是善抓"以案说法"方式进行教育。广泛邀请法律工作者、法学专家、知名律师和政法系统工作人员等到学校开展"以案说法"法治教育讲座，深入挖掘经典案例体现的法治精神和法学理念，深入浅出地讲解法学知识，广泛应用互动交流、情景模拟、案情剖析、多媒体辅助等手段，增强"以案说法"的吸引力和感染力，增强"以案说法"的针对性和实效性。会同检察机关、司法行政部门组织开展"法治进校园"全省巡讲活动，组织"百名法学家百场报告会"法治宣讲活动。结合专家学者的理论研究成果、法律人士的工作实践和政法工作者的办案经历，以经典案例为载体进行"以案说法"。三是开展创建安全文明校园、平安无毒校园等宣传教育活动，警校共建，创平安和谐校园。依托教育部"卓越法律人才培养基地"和"国家级大学生法学校外实践基地"，积极推荐学生到检察院、法院、律师事务所等单位开展集中实习。持续推进法律援助站建设。组织部分师生到四川省法纪教育基地、川北监狱等法治教育基地开展警示教育。

三 细抓教育扶贫主战场，提高青少年用法水平

全面依法治国是国家治理的一场深刻革命。加大全民普法力度，建设社会主义法治文化是教育系统义不容辞的责任。教育扶贫的关键在于培塑孩子健全的人格、远大的志向、聪慧的心智，近年来，全省教育系统从依法保障适龄儿童入学到扶弱、扶智等方面开展了一系列工作，取得了较好成效。

1. 实施依法保障入学行动

具体做法如下。一是开展农村学校标准化建设。大力宣传《教育法》《义务教育法》和《未成年人保护法》，让家长明白依法送子女入学是家长应尽的义务。实施"控辍保学"县长、教育局长、乡镇长、村长、校长、家长"六长"责任制，对义务教育阶段存在辍学问题的乡镇和学校履职情

况进行重点考核，提出整改措施，进行跟踪督办，确保农村义务教育学校学生入学率、巩固率等相关指标达到教育扶贫验收标准。二是加大贫困学生资助力度。将建档立卡的贫困学生全部纳入国家资助范围，扩大学前教育、高中阶段学校贫困学生资助比例，提高残疾学生国家资助标准。三是对农村未入学重度残疾儿童开展"送教上门"量体裁衣式教育服务。整合社会资源，动员社会力量为贫困学生、残疾学生献爱心，加大对家庭经济困难学生的社会救助和教育资助力度，确保"无因贫困而辍学，无因上学而举债"。

2. 实施依法脱贫攻坚行动

具体做法如下。一是协调地方教育行政部门主动争取地方党委、政府支持，与人力资源部门共建共管农民夜校。通过村民大会、火炉会议、院坝会议等方式以案说法，从发生在群众身边的违法案例中普及法律知识。广泛开展"小手牵大手，法律进万家"法治教育活动，动员学校法治宣传队经常深入街头、社区和村民小组，向贫困村民宣传《宪法》《婚姻法》《老年人权益保障法》《刑法》等相关条文，维护农村贫困老人、妇女合法权益。二是办好《留守儿童报》和法治宣传教育网站，面向社会广泛宣传教育法律法规，呼吁社会关心教育、关爱留守儿童、关注教育扶贫。三是鼓励高中学校和职业学校对往届初、高中毕业生和农村劳动力开展实用技术培训。对返乡创业和高校毕业生到贫困地区创业的，要依法争取地方政府在物资、资金、服务等方面的支持，鼓励他们带动贫困户脱贫致富。

3. 实施依法关爱保护行动

具体做法如下。一是农村学校主动争取当地关工委、妇联、团委等有关部门支持，充分利用校舍、设施设备等资源优势，建设"留守儿童之家""乡村少年宫""阳光工作室"等，通过配备亲情话吧、亲情网吧等远程通信设备和图书阅览室、课外兴趣小组活动室，丰富留守儿童课余生活。二是邀请专家赴农村中小学校开展感恩励志演讲，引导留守儿童理解父母打工的辛劳，克服自卑心理，树立自尊、自强意识。聘请配备社工、邀请心理辅导专家赴农村中小学开展青春期心理辅导，排除青春期成长障碍，解除留守学生心理困惑。广泛动员寄宿制学校教职员工和基层关工委成员通过"一对一"结对帮扶，为农村留守儿童提供亲情关怀。

4. 实施依法整治文化环境行动

具体做法如下。一是帮助部分农村学校积极争取地方公安、检察、法院、司法以及文化、新闻出版、卫计、食药、安监等部门支持，整治校园周边安全隐患，加大治安防范、交通巡查、网吧监管、文化市场清理整顿力度，坚决防止校园欺凌，营造良好的育人环境。二是引导农村家长配合支持打击封建迷信，打击制假售假行为，严防侵害贫困户利益，影响脱贫攻坚进程。

四　统抓各方资源主力军，提升青少年护法能力

开展青少年法治教育是一项系统工程，需要得到党委、政府各部门以及社会各界的大力支持，形成法治教育的合力。近年来，省级相关部门强化联动，各级宣传部门、司法行政部门发挥对普法工作综合协调职能，统筹整合资源，大力推进青少年的普法教育，多渠道、多形式支持和参与学生法治实践基地等的建设。

1. 加强法治教育基地建设

具体做法如下。一是按照《教育部等七部门关于加强青少年法治教育实践基地建设的意见》要求，加强青少年法治教育实践基地建设。到2020年，全省统筹建成3～5所国家级实践基地，在各市（州）建成至少1所符合标准的实践基地，县（市、区）因地制宜、结合实际建立相应的实践基地，使实践基地成为推进青少年法治教育形式内容创新的重要平台，形成学校、家庭、社会"三位一体"的青少年法治教育格局。二是司法行政部门发挥对普法工作综合协调的职能，按照相关要求和法律规定，统筹组织和大力支持各有关部门制作针对青少年的普法教育资源，以多种形式参与实践基地建设。各级人民法院、人民检察院发挥优势，支持和参与实践基地建设，组织安排有实践经验和教学能力的法官、检察官承担实践基地的教育指导工作。各级共青团组织将实践基地作为青年普法志愿活动的重要平台，推动以

青少年的视角和表述方式,讲述法治故事,传递法治观念。法治教育基地与实践基地相互配合,利用实践基地建设的成果和资源,不断完善教育的内容与形式①。各学校组织学生在法治教育实践基地参观、学习每学年不少于一次。三是开展"模拟法庭"活动。学生分别扮演审判长、书记员、公诉人、被告人、辩护人等角色,实践模拟庭审的调查、辩论、宣判等过程,师生旁听身临其境受到教育,学生们纷纷表示要学会运用法律武器保护自己和他人。

2.加快形成法治教育合力

具体做法如下。一是各有关部门通力合作,配合学校加强校园欺凌、网络诈骗等的预防工作。切实加强针对有不良行为青少年的专门法治教育工作。要求大众传媒切实承担起法治教育的社会责任,把青少年学生作为法治宣传教育的重点人群,积极鼓励弘扬法治精神的图书、期刊、网络游戏、动漫作品、少儿节目等文化产品以及创意作品的创作和传播,开展适合青少年学生特点的公益法治宣传活动。二是加强对报刊、广播电视、网络等媒体的引导、监督和管理,积极开发法治专栏,潜移默化地影响、形成法治教育的社会合力和良好氛围。完善家校合作机制。三是充分发挥家长委员会的作用,提高家长的法治教育意识和能力。制定家长法治教育手册,指导家长及时督促改正青少年的不良行为,预防产生违法行为。司法、公安、法院、检察院等部门利用学校组织的家长会、家访等开展家长法治宣传教育,大力宣传推广家庭文化建设、良好家规家风、亲子同学法等成功经验,发挥家庭教育在法治教育中的重要作用。

3.加强法治辐射引领带动

具体做法如下。一是开展依法治教示范区域创建活动。根据《法治政府建设实施纲要(2015~2020年)》和《依法治教实施纲要(2016~2020年)》要求,研究制订依法治教评估指标和工作标准,推动在县级以上教育行政部门形成一批具有示范作用的依法治教示范区,以法治为基础建立政

---

① 《四川省贯彻〈青少年法治教育大纲〉实施意见》。

府、社会和学校的新型关系。建立权责统一的教育行政执法体制，不断提高教育系统依法治理能力①。

二是推进依法治校示范校创建活动。依据教育部制定发布的依法治校评估指标体系和考核办法，修订四川省相关评估考核办法，探索建立多元参与的考核评价机制。积极推进现代学校制度建设，大力推进学校依章程自主办学，健全章程核准后的执行和监督评价机制。完善学校内部治理结构，全面提升各级各类学校的依法治理水平。目前已经评估认定 300 所左右"四川省依法治校示范学校"。建立学校法律服务支持体系。健全学校法律顾问制度，高校设立机构专门负责依法治理和法律相关事务工作，聘请专任法律顾问。积极鼓励中小学视情况配备法律顾问②。

4. 加强行政职能部门作用效能

具体做法如下。一是进一步完善教育行政决策、执法、监督和管理机制，进一步规范教育行政审批和承诺服务制度，严格工作程序，提高教育行政法治化、规范化水平。要求学校及相关部门主动征询各级党委政府、人大政协、上级主管部门、师生员工、社会各界的意见和建议，自觉接受监督，不断转变和改进工作作风，提高行政服务质量。二是加大教育执法力度，促进教育法规的落实，提高教育执法实效。加强部门沟通协调，完善警校共育机制，公安局、司法局和检察院等部门定期到学校开展法律讲座、交通安全、反恐防暴、消防模拟火情疏散演习等宣传教育。有关部门按照"谁执法、谁普法"的原则，利用学校和社区法治教育平台，各司其职，相互支持，密切配合，共同推进法治校园建设各项工作落实落地。

---

① 《四川省教育系统法治宣传教育的第七个五年规划（2016~2020 年）》。
② 《四川省教育系统法治宣传教育的第七个五年规划（2016~2020 年）》。

B.8
成都市城市治理法规系统化建设调研报告

成都市人大常委会法制工作委员会课题组*

摘　要： 加强城市治理法规的系统化建设，是将新发展理念转化为城市治理的立法实践。以提升城市治理能力和完善城市治理体系为目标，地方立法将更好地服务和保障全面体现新发展理念的国家中心城市建设。四川省成都市围绕法规的协调性、适应性、前瞻性对成都市现有法规进行梳理与评估，从人大工作、城乡建设与管理、环境保护、历史文化保护及其他五个具体方面提出未来五年乃至更长时间的立法设想。

关键词： 治理体系　治理能力　城市法规　立法建议

一　概述

（一）研究背景

党的十九大开启了全面建设社会主义现代化强国的新征程。成都市主动在国家发展全局中找位置、勇担当，确立了建强区域中心城市、站稳国家中心城市、冲刺世界城市的"三步走"战略目标。围绕市第十三次党代会确定

---

　*　课题组负责人：陈正伟，成都市人大法制委员会主任委员。课题组成员：里赞、余运杰、沈廷兴、汪海莹。执笔人：汪海莹，成都市人大常委会法制工作委员会备案审查处处长；孟甜甜，成都市人大常委会法工委办公室副主任科员；熊明，成都市人大常委会法制工作委员会办公室副主任科员。

的建设全面体现新发展理念的国家中心城市总体目标，结合国家中心城市产业发展大会确立的"打破城市圈层发展结构，重塑产业经济地理"中心城区一体化发展规划，以及新经济发展大会确定的构建"发展新经济、培育新动能"现代化经济体系等新要求，成都市人大常委会党组积极贯彻落实市委的重大决策部署，努力将新发展理念转化为城市治理的立法实践，组织开展构建适应建设国家中心城市需要和特大城市治理需求的地方法规系统化建设研究工作。

成都市作为特大城市，要努力完善治理体系，提升治理能力，前提就是要通过系统的地方立法，构建起系统完备、科学规范、运行有效的制度体系，以形成规范的公共秩序。要适应国家中心城市建设的需要，回应特大城市治理体系和治理能力现代化的要求，满足人民日益增长的美好生活需要，成都市现有地方性法规仍存在不平衡、不充分的问题：法规覆盖面不全、协调性不足；部分法规操作性、适应性有待提升；部分法规之间调整事项交叉重叠，架构性不强，尚未实现有序衔接；部分法规前瞻性不足，对新发展理念的回应不及时；部分法规在管理体制设定和适用范围界定上与"中心城区一体化"的要求不相适应，市委的改革部署需要在立法中进一步落实。

2015年，全国人大修改《立法法》，对强化中央与地方立法衔接和维护法制统一提出了更加系统和严格的要求。当前，成都市地方立法工作应当严格贯彻《立法法》的精神，围绕《立法法》赋予设区的市在城乡建设与管理、环境保护、历史文化保护三个方面的立法权限，通过优化法规协调性，强化法规适应性，提升法规前瞻性，构建一套"不抵触、有特色、可操作"的城市法规系统，以推动法治保障"纵向到底、横向到边、全覆盖、无盲区"。以地方立法引导和促进中心城区一体化发展，积极回应全面体现新发展理念的国家中心城市建设的各项需求，实现特大城市治理法治化水平不断提升。

（二）研究方法及体例

课题组全面梳理评估了成都市67件现有地方性法规，充分运用文献分析、比较研究、实地走访、意见征集等多种调研方法开展理论与实证研究，全面了解当前各领域的立法盲区和问题症结，客观把握立法需求和立法趋势。

根据《立法法》规定的设区的市的三项立法权限，课题组对现有 67 件地方性法规进行筛选和分类后，将其中的 62 件分为城乡建设与管理、环境保护、历史文化保护三个部分。《立法法》修改前制定的不属于以上三项立法权的 4 件法规及修改后依据授权制定的 1 件法规，主要涉及人大工作和政府规制两个部分。以此为据，把现有 67 件地方性法规分为人大工作、城乡建设与管理、环境保护、历史文化保护和政府规制 5 类。

在以上 5 类地方性法规中，城乡建设与管理所调整的范围比较宽泛。根据全国人大法律委员会、全国人大常委会法工委关于"城乡建设与管理"内涵与外延的解读，城乡建设与管理包含城乡建设、城市管理和社会治理三个方面。其一，城乡建设方面，一般包括基础设施建设与经济建设。鉴于现阶段城市基础设施处于建设与完善相结合的阶段，该领域的地方立法也呈现管理与保障相结合的特征，因此分类时将基础设施建设立法与城市管理中的市政管理立法合并，在课题研究中城乡建设部分重点围绕经济建设进行阐述。其二，城市管理方面，根据《中共中央 国务院关于深入推进城市执法体制改革 改进城市管理工作的指导意见》（中发〔2015〕37 号）精神，分为市政管理、交通管理、应急管理、规划实施管理四个部分（环境管理因三项立法权将其单列，因此本文也将其作为一级分类单列）。其三，社会治理方面，根据《中共中央 国务院关于加强和完善城乡社区治理的意见》（中发〔2017〕13 号）精神以及全国地方立法研讨会（座谈会）意见，将社会治理分为社会公共秩序、社会公共服务、社会动员三部分。环境保护与历史文化保护等领域，调整对象、调整范围较为明确，不再阐述。

二 人大工作

（一）法规概述

根据《立法法》关于立法权限的规定，人大基本制度和权力运行的事项由国家法律进行调整。《立法法》修改后，除法律特别授权外，成都市在人大工作领域无立法权。在该领域，成都市现有《成都市地方立法条例》《成都市人民代表大会常务委员会执法检查条例》《成都市人民代表大会常务委会员任免国家机关工作人员条例》3 件法规，占现有地方性法规的4.48%，除《成都市地方立法条例》是由法律特别授权制定的以外，其他均是在《立法法》修改之前公布实施的。

（二）法规评估

关于人大工作的立法，由于上位法规定较为全面，现有的法规在上位法框架下进行补充和细化，基本形成了上下协调、覆盖完备、切实可操作的规范体系。

就法规协调性而言，人大工作领域的法规均是严格依照上位法制定，与相应上位法衔接良好，与市人大及其常委会其他内部制度性文件共同构成了完备的成都市人大工作制度体系。

就法规适应性而言，人大工作领域的法规均是在近十年内制定，适应性较强，对市人大及其常委会依法履行职责起到了较好的规范和指引作用，成都市现有的地方性法规与上位法能够在较长时期内对市人大及其常委会工作进行有效调整。随着监察体制的改革，人大常委会任免对象范围相应扩大，需要适时修改《成都市人民代表大会常务委会员任免国家机关工作人员条例》。

（三）完善建议

目前，上位法对人大工作的调整比较完善，并明确授权部分相关领域由省人大及其常委会制定实施办法，设区的市的人大工作多数通过内部制度性文件进行调整。未来，依然可以通过修改相关法规、完善制度性文件来健全人大组织制度和工作制度，推动行权履职更加全面、规范。

三　城乡建设与管理

（一）法规概述

城乡建设与管理领域包含城乡建设、城市管理、社会治理 3 个方面。该领域成都市有地方性法规 48 件,占现有地方性法规的 71.64%。其中,城乡建设方面 11 件,占该领域法规的 22.92%;城市管理方面 19 件,占该领域法规的 39.58%;社会治理方面 18 件,占该领域法规的 37.50%。

(二)城乡建设领域法规评估及立法建议

(1)法规评估。在城乡建设方面,现有地方性法规共 11 件,基本覆盖了创新驱动、市场行业监管的内容。目前,成都市经济建设面临发展质量和效益不高、区域发展不平衡、创新能力不够强、对外开放层次不够高等问题,未来的立法应重点关注现代经济体系建设、促进城市转型升级等内容,结合建设国家中心城市的时代使命,在促进城市经济建设方面的立法可以借鉴参考其他经济发达的城市,在权限范围内充分发挥创造性。

在法规协调性上,城乡建设领域法规具有良好的协调性,有利于推动成都市经济发展,但某些方面仍存在立法规范不足的情况,应根据实际需要加快调整。总体而言,在创新驱动方面,现行法规与上位法较为协调;在市场行业监管方面,部分法规与其后制定或者修改的上位法尚未及时衔接;在经济开放方面,目前还存在立法缺失,是今后立法活动开展的重点方向。

在法规适应性上,城乡建设领域法规整体上运行良好,但是与建设国家中心城市和优化产业布局的要求还有差距。在城乡规划方面,地方立法需要跟进城市发展,科学规划引领城市空间优化,实现"五中心一枢纽"功能在市域范围内统筹布局;在创新驱动方面,现有的地方立法无法较好地满足经济建设和产业发展的新需求,在与新业态发展相适应的经济创新领域亦有较大立法空间;在市场行业监管方面,部分法规与自由贸易区建设的新形势和相应的国际通行标准尚未全面对接;在经济开放方面,应当充分关注中央、四川省对外开放的新政策、新措施,弥补地方性法规在服务外向型经济发展中的不足。

(2)立法建议。创新驱动方面,为打造"互联网+"工程,激发城市创新创业活力,全力提高"双创水平",推动产业优化升级,实现城市的"智慧管理",建议在创新创业、智慧城市建设、创新人才引进和培养促进等方面加强立法调研，制定地方性法规。

市场行业监管方面，为营造市场公平竞争秩序，充分激发市场活力和创造力，地方立法应当推动引入多元化市场监管主体，建立以信息化技术为基础的综合性监管体系，创新监管模式，建议修改食用农产品质量安全方面的法规；在餐饮业安全管理、安全生产等方面制定地方性法规。

经济开放方面，为打造国家向西向南开放门户和内陆开放型经济高地，全方位提高城市开放型经济水平，以地方立法推动成都市在国家自主创新示范区、自由贸易试验区、天府新区建设中先行先试，建议在自主创新示范区、中国（四川）自由贸易试验区、会展业促进等方面制定法规。

（三）城市管理领域法规评估及立法建议

（1）法规评估。在城市管理方面，现有地方性法规共19件，基本覆盖了市政管理、交通管理、应急管理、规划实施管理等4个部分的内容，城市管理的地方性法规总体上较为成熟，但与国内其他特大城市尤其是经济发达城市相比，治理理念和治理方式上有待转变，法规覆盖面有待拓展，管理制度设计有待完善。

就法规协调性而言，现行法规与上位法总体上较为协调，关于城市管理的综合行政执法方面的立法，有力回应了城市管理执法体制改革需求，为理顺执法权责提供保障。但是，城市管理方面个别法规仍存在一些问题。交通管理部分，管理模式相对落后，地方立法规范的范围相对狭窄，在交通枢纽场站、绿色出行方式、停车秩序等方面存在短板；市政管理部分，相关法规未及时跟进上位法的变动，与不断完善的城市设施体系的管理需求不相适应，在具体管理措施上存在与上位法不协调的内容；应急管理部分，还存在立法空白，应对突发自然灾害、公共危机方面的地方立法需要加强。

就法规适应性而言，随着城市快速发展和人口增长，原有的城市管理手段相对滞后，地方立法针对新情况、新问题，回应新要求，需要建立更为高效科学的治理机制。市政管理部分，地方立法在统筹推进市政公用基础设施的建设和管理、优化空间资源利用方面应当及时跟进；交通管理部分，现行法规尚不能满足当前缓解交通拥堵的迫切需求，公共交通的管理模式相对落后，与当前城市管理体制改革不相适应；应急管理部分，现行法规时效性不强，总体缺乏统筹，与特大城市建立科学高效应急体系的需求尚有差距；规划实施管理部分，地方立法应当及时跟进市委关于推动空间战略转型、提升城市能级等重大部署并作出相应调整。

（2）立法建议。市政管理方面，为创建优良的人居环境，围绕党代会关于"将城市品质建设、人民城市为人民的价值追求贯穿到城市发展各领域全过程"的要求，以地方立法推动城市基础设施不断完善，促进城市功能品质不断提升，建议修改户外广告和招牌设置管理、房屋使用安全管理、邮政管理、市政工程设施管理、城市供水管理等方面的法规；在居住区配套公共服务设施管理、无障碍设施建设与管理、绿色建筑建设与发展、城市综合管廊和管线管理、供电用电设施保护等具体方面进行立法论证，适时制定法规。

交通管理方面，为规范城市交通秩序，推行共享出行交通方式，畅通城市微循环，完善"科学治堵"长效机制，努力让市民出行更加便捷通畅、绿色高效，建议修改城市公共汽车客运管理、客运出租汽车管理等方面的法规；在停车场规划建设管理、公共交通综合场站管理等具体方面进行立法论证，适时制定法规。

应急管理方面，为贯彻"安全发展理念"，弘扬"生命至上、安全第一"的理念，提升城市应对处置突发事件、风险防控和防灾减灾救灾的能力，引导、规范城市建立系统的应急管理工作机制，建议修改消防管理、社会急救医疗管理等方面的法规；在城市突发事件应急管理、防震减灾管理、自然灾害应急管理等具体方面进行立法论证，适时制定法规。

规划实施管理方面，为将国家中心城市的功能定位与城市总体规划布局有机衔接，以城市发展的战略规划引领城市空间布局和经济地理，构建与城市资源禀赋和生态环境特征相匹配的城镇空间布局，实现人口、城市、产业相互融合，建议在建设用地使用权管理、通信枢纽建设促进、交通枢纽建设促进等具体方面进行立法论证，适时制定法规。

（四）社会治理领域法规评估及立法建议

（1）法规评估。在社会治理方面，现有地方性法规共 18 件，在社会公共秩序、社会公共服务、社会动员 3 个部分均有涉及，与国内其他特大城市相比，法规总数相对较少，尤其在社会公共服务与社会动员部分立法相对较弱。总体来看，成都市地方立法对提高城市治理社会化、法治化、智能化、专业化水平的引领和推动作用仍需进一步加强。

就法规协调性而言，社会治理方面各部分的法规协调程度有所不同。社会公共秩序部分，个别法规颁布较早，与其后出台的上位法存在不适应之处，需及时进行修改；社会公共服务部分，法规覆盖面不全，在校园安全、学前教育、住房保障、人力资源市场、社会办医机构、特殊群体权益保障等民生事项方面存在立法缺失；社会动员部分，法规总体数量较少，"共建共治共享"理念仅散见于单项法规，缺乏对社会组织、社会工作服务、社区居民自治等事项的专项立法规制。

就法规适应性而言，随着城市功能品质和能级水平的不断提升，社会治理方面部分法规逐渐呈现适应性不足、滞后于城市发展的问题。社会公共秩序部分，法规宣示性内容较多，执行力欠缺，执行不到位；社会公共服务部分，现有的立法在养老、体育、教育、权益保障等方面发挥较好的法治保障作用，适应性较强；社会动员部分，现有的关于志愿服务的立法适应性良好，有效推动了志愿服务的规范化和制度化，但在加强志愿者服务专业化水平方面还需进一步完善。

（2）立法建议。社会公共秩序方面，为建立规范协调的矛盾化解机制和科学高效的应急机制，加强和创新社会治理，营造和谐、有序的城市公共秩序，建议修改物业管理、养犬管理、公共场所禁止吸烟等方面的法规；在城市流动人口信息登记服务管理、大型群众性活动安全管理、多元纠纷解决机制促进、医疗纠纷处置等具体方面进行立法论证，适时制定法规。

社会公共服务方面，为完善公共服务体系，提高公共服务资源配置的均等化水平，促进社会公共服务精准化、精细化、精品化，加快建设高品质和谐宜居生活城市，满足人民日益增长的美好生活需要，建议修改未成年人安全保护、法律援助等方面的法规；在学前教育服务与保障、民办教育促进、校园安全、保障性住房管理、房屋租赁管理、人力资源市场管理、社会办医机构管理、特殊困难人员社会救助等具体方面进行立法论证，适时制定法规。

社会动员方面，为鼓励和培育社会组织发展，规范社会资本参与公共服务，完善社会治理体制，实现政府治理和社会调节、居民自治良性互动，打造共建共治共享的社会治理格局，建议修改志愿服务方面的法规；在社会工作服务、社会组织发展、社区工作、慈善事业促进、社会资本参与公共服务管理等方面进行立法论证，适时制定法规。

四　环境保护

（一）法规概述

环境保护领域包含环境治理和生态保护两个方面。该领域成都市有地方性法规 11 件，占现有地方性法规的 16.42%。其中，环境治理方面 8 件，占该领域法规的 72.73%；生态保护方面 3 件，占该领域法规的 27.27%。

（二）环境治理方面法规评估及立法建议

（1）法规评估。在环境治理方面，现有地方性法规共 8 件，主要涉及了市容环境卫生、烟花爆竹燃放、水资源管理、噪声污染等内容，法规的内容从纲领性和宣示性向精准性和实用性转变，具有较强的地方特色。与国内特大城市相比较，上海、天津、深圳和杭州在创制性立法方面走在前列，更加注重地方特色，为成都市环境保护实现创制性立法和精准立法提供了启示。

就法规协调性而言，现有法规在解决突出环境问题方面的覆盖面不够全，对于大气、水、土壤污染防治和生活垃圾处置等问题无专门立法进行规范。现有法规之间协调性不足、法规规定的部门职责存在交叉，导致法规执行不力。

就法规适应性而言，环境治理的相关法规适应性有待加强。在法规及时性上，建设美丽中国典范城市的目标要求环境治理领域要有相应的法治保障，但从立法规模、立法精准性上看，该领域地方立法工作有较大的提升空间。在法规操作性上，部分法规对违法行为未设置相应的法律责任或者处罚力度太小，造成违法成本太低，法规的实施未实现立法的预期目的。

（2）立法建议。为有效推进"铁腕治霾""重拳治水""全域增绿"，推动构建政府为主导、企业为主体、社会组织和公众共同参与的环境治理体系，全面加强人居环境建设，促进经济发展与生态保护的协调平衡，建议修改城市环境噪声（震动）管理、节约用水管理等方面的法规；在大气污染防治、生活垃圾处置、水环境保护、土壤污染防控等方面进行立法论证，适时制定法规。

（三）生态保护方面法规评估及立法建议

（1）法规评估。在生态保护方面，现有地方性法规3件。其中，涉及兴隆湖区域和环城生态区的生态保护立法属于创制性立法，充分展现了成都市的地方特色；调整对象和管理范围明确具体，针对性和可操作性强，对于成都市特定区域生态保护具有重要作用。但是，在成都全域生态保护的综合性立法方面，国内其他城市的先进做法值得我们借鉴。

就法规协调性而言，生态保护既包括特定区域的生态保护，还应包括珍稀动植物保护、河湖湿地保护及生态修复管控等方面，目前成都市缺乏对以上几个具体方面的立法规范，同时对促进生态文明建设、基本生态线管控等综合方面无系统的立法，尚不能全面回应绿色发展的要求。

就法规适应性而言，现行法规较有针对性，对成都市局部生态的保护和改善具有重要作用，法规中规定的具有操作性的制度最大限度地保护了区域生态功能恢复。但是，生态保护方面的立法对"社会参与"的理念体现不足，向社会传递"共建共享"的理念尚不够，激发社会参与生态保护的效果有待提升，多元化的生态补偿机制也有待完善。

（2）立法建议。为鼓励和引导社会力量参与生态保护，促进城市绿色、协调、可持续发展，全面推进成都市生态文明建设上层次、上水平，满足人民日益增长的对优美生态环境的需要，建议在龙泉山城市森林公园管理、生态补偿、基本生态控制线管理、湿地保护、大熊猫栖息地管理等具体方面进行立法论证，适时制定法规。

五　历史文化保护

（一）法规概述

历史文化保护领域包含历史文化保护和历史文化传承两个方面。该领域成都市有地方性法规 3 件，占现有地方性法规的 4.48%，涵盖了历史文化保护的重要方面；在历史文化传承方面，成都市尚无专门地方性法规。

（二）历史文化保护方面法规评估及立法建议

（1）法规评估。在历史文化保护方面，现有地方性法规 3 件，主要是针对古树名木、文物和历史建筑与文化街区的保护。成都市关于历史建筑与历史文化街区保护的地方性法规借鉴了天津、广州、杭州、西安等地的经验，完善了相关保护机制。

就法规协调性而言，较好地贯彻了上位法的精神，没有与上位法相冲突的内容。现有法规尚无关于非物质文化遗产保护、大遗址保护等方面的规定，立法范围还需要进一步拓展，以推动历史文化名城保护、世界文化名城建设。

就法规适应性而言，关于历史建筑和历史文化街区保护的立法，通过设立专门机构，实施分类保护制度，提升了保护工作的针对性和专业化程度，有较强的操作性。关于文物保护的地方性法规实施时间较长，需要根据上位法的最新精神和新出现的问题进行修改，通过地方立法引导保护措施和手段的更新，积极主动适应当前历史文化保护工作的需要。

（2）立法建议。为加强对自然遗产和非物质文化遗产的保护利用，统筹协调历史文化保护与城市更新、生态环境保护之间的关系，建议修改古树名木保护管理、文物保护管理等方面的法规；在历史文化名城名镇名村保护、大遗址保护等具体方面进行立法论证，适时制定法规。

（三）历史文化传承方面法规评估及立法建议

（1）法规评估。因为成都市在该领域没有专门的地方立法，所以在法规协调性上不存在与上位法冲突的问题。按照市第十三次党代会提出的"传承历史文化、弘扬现代文明"的要求，应当积极开展立法调研，推进立法工作，为建设世界历史文化名城奠定法治基础，通过地方立法引导和建立布局合理、功能齐全、适度超前的城市文化设施体系。

（2）立法建议。为更好地传承历史文脉，推动成都市文创产业集群发展、跨界融合、品牌引领，突出地方立法对天府文化时代风采的法治引领，打造文明城市，培育文明市民，建议在文化产业促进、文明行为促进、非物质文化遗产保护、公共图书馆管理、社区公共文化服务促进、博物馆管理等具体方面进行立法论证，适时制定法规。

六 其他地方性法规

（一）法规概述

除了以上阐述的法规之外，成都市还有《成都市行政执法责任制条例》《成都市罚没财产管理规定》2件法规，均涉及对政府行政执法活动的规范，这些法规系《立法法》修改之前制定。对政府行政执法行为的规范，应当在《立法法》的授权范围内，充分释放地方立法权效能，通过具体法规明晰城市管理的权责，进一步促进政府转变职能、简政放权，加强立法对政府行权的监督，增强政府公信力和执行力。

（二）法规评估

在政府规制方面，现有地方性法规2件。国家层面主要有行政处罚、行政许可、行政强制等法律规定，省级层面的立法集中在行政执法监督、行政处罚管理等方面。上位法规定较为全面，成都市现行的法规是对上位法的细化和落实。

就法规协调性而言，现行法规均是于上位法制定或修改之后，在其框架下制定，体现了上位法精神。但总体而言，政府规制方面的地方性法规数量较少，多依靠政府规章或工作制度进行调整。需要把握中央和省委、市委改革精神，在上位法框架下寻求地方立法的空间，进一步提升政府规制方面地方立法的协调性。

就法规适应性而言，政府规制方面的法规适应性总体较好。相关法规有效规范了政府职能部门的执法行为，明确了行政机关的执法职责，加强了对罚没财产的监督管理，明晰了行政执法范围、程序，规范了执法权和相应责任。

（三）完善建议

地方立法可以在厘清政府权责事项、规范公权力运行程序、接受社会监督、建立政府行权事后审查与评价机制等方面加强引导，进一步促进创新政府数据共享开放和规范政府绩效管理、罚没财产行为、行政自由裁量权等制度的完善；同时，根据政府及相关职能部门的执法情况，将各项执法行为统一纳入规范对象，建议修改行政执法责任制、罚没财产管理等方面的法规。

七　结语

全面落实中央依法治国战略，推进法治成都建设，依据《立法法》对设区的市立法权限的规定，结合成都市地方立法现状，深入践行新发展理念，积极开展地方立法的体系化探索，在社会主义法律体系框架内做好与上位法的无缝衔接，进一步强化地方性法规的引领和保障作用，是城市法治建设的重要内容，是城市治理的必然要求。

加强地方性法规的系统化建设，要坚持科学立法、民主立法、依法立法，努力提高地方立法质量，以良法促进发展、保障善治。一是坚持党对立法工作的领导，法规系统化建设要认真贯彻习近平新时代中国特色社会主义思想，积极落实省委、市委对立法工作的各项要求，努力服务成都市改革发展大局，通过立法巩固改革成果、推动改革深化，实现立法和改革发展协同推进；二是坚持"以人民为中心"的价值取向，围绕关系群众切身利益的民生问题，把实现人民对美好生活的向往作为立法追求的目的，推动城市发展从产业逻辑回归人本逻辑，落实为民立法；三是坚持贯彻法治思维，严格按照法定的权限和程序，坚持依法立法；四是坚持推动国家中心城市建设的"使命导向"和回应特大城市治理及中心城区一体化发展需求的"问题导向"相结合，强化精准立法；五是坚持推动共建共治共享社会治理格局的形成，聚准焦点、切中要点，抓住关键环节、突破薄弱环节，推进精细立法。

成都市人大常委会应该着眼于服务和保障全面体现新发展理念的国家中心城市建设，以地方立法促进特大城市治理能力的不断提升，把握立法规律和趋势，通过科学立法、民主立法、依法立法增强地方性法规的协调性、适应性、前瞻性。地方立法机关需要继续深入贯彻落实党的十九大精神和省、市党代会各项部署，以课题研究成果为基础，围绕"依法治理""系统治理""智慧治理""精准治理"的要求，科学编制下一个五年乃至更长时期的立法规划，积极推进地方立法工作，努力完成各项立法任务，发挥好立法对城市建设和发展的引领和推动作用，为建设全面体现新发展理念的国家中心城市提供坚实的法治保障！

表1　成都市现行有效法规目录

序号	领域	方面	现行有效法规
1	人大工作		《成都市地方立法条例》
2			《成都市人民代表大会常务委员会执法检查条例》
3			《成都市人民代表大会常务委员会任免国家机关工作人员条例》

续表

序号	领域	方面		现行有效法规
4	城乡建设（经济建设）	创新驱动		《成都市科学技术进步条例》
5				《成都市专利保护和促进条例》
6				《成都市著名商标认定和保护规定》
7		市场行业监管		《成都市矿产资源管理条例》
8				《成都市股份合作制企业条例》
9				《成都市烟草专卖管理条例》
10				《成都市产品质量监督条例》
11				《成都市计量管理监督条例》
12				《成都市食用农产品质量安全条例》
13				《成都市旅游业促进条例》
14				《成都市清真食品管理规定》
15	城乡建设与管理	城市管理	市政管理	《成都市城市供水管理条例》
16				《成都市邮政管理条例》
17				《成都市建设施工现场管理条例》
18				《成都市房屋使用安全管理条例》
19				《成都市市政工程设施管理条例》
20				《成都市公园条例》
21				《成都市〈中华人民共和国河道管理条例〉实施办法》
22				《成都市燃气管理条例》
23				《成都市户外广告和招牌设置管理条例》
24			交通管理	《成都市客运出租汽车管理条例》
25				《成都市城市公共汽车客运管理条例》
26				《成都市城市轨道交通管理条例》
27				《成都市非机动车管理条例》
28				《成都市摩托车管理规定》
29			应急管理	《成都市社会急救医疗管理规定》
30				《成都市消防条例》
31			规划实施管理	《成都市地名管理条例》
32				《成都市城乡规划条例》
33			综合执法	《成都市城市管理综合行政执法条例》
34		社会治理	社会公共秩序	《成都市实施〈中华人民共和国集会游行示威法〉办法》
35				《成都市物业管理条例》
36				《成都市养犬管理条例》
37				《成都市宗教活动场所管理规定》
38				《成都市公共场所禁止吸烟规定》
39				《成都市公共场所治安管理规定》

序号	领域	方面		现行有效法规
40	城乡建设与管理	社会治理	社会公共服务	《成都市养老服务促进条例》
41				《成都市体育条例》
42				《成都市法律援助条例》
43				《成都市职业教育促进条例》
44				《成都市社区教育促进条例》
45				《成都市就业促进条例》
46				《成都市妇女权益保障条例》
47				《成都市未成年人安全保护条例》
48			社会动员	《成都市爱国卫生管理规定》
49				《成都市〈中华人民共和国献血法〉实施办法》
50				《成都市法制宣传教育条例》
51				《成都市志愿服务条例》
52	环境保护	环境治理		《成都市节约用水管理条例》
53				《成都市建筑垃圾处置管理条例》
54				《成都市水资源管理条例》
55				《成都市环境噪声(震动)管理条例》
56				《成都市饮用水水源保护条例》
57				《成都市市容和环境卫生管理条例》
58				《成都市烟花爆竹燃放管理规定》
59				《成都市园林绿化条例》
60		生态保护		《成都市兴隆湖区域生态保护条例》
61				《成都市环城生态区保护条例》
62				《成都市〈中华人民共和国渔业法〉实施办法》
63	历史文化保护			《成都市古树名木保护管理规定》
64				《成都市文物保护管理条例》
65				《成都市历史建筑与历史文化街区保护条例》
66	政府规制			《成都市行政执法责任制条例》
67				《成都市罚没财产管理规定》

数据来源：四川省成都市人民代表大会。

政府法治

Legal Government

B.9
广安市探索行政执法检察监督

广安市人民检察院课题组*

摘　要：　行政执法检察监督对建设法治政府、实现依法行政具有不可替代的特殊作用。广安市检察机关在行政执法检察监督领域积极探索与实践，既从宏观上坚守监督实施的基本原则，又从微观上注重权力行使的边界，形成了一整套行政执法检察监督的基本框架和行之有效的重要做法，取得了良好的成效。

关键词：　行政权　检察机关　执法监督

＊　课题组负责人：黄国清，广安市人民检察院党组书记、检察长。课题组成员：王志立、甘文超、雷景辉、杨文虎、张艳、叶耀丹、唐菠。执笔人：叶耀丹，广安市人民检察院研究室干警；杨文虎，广安市人民检察院行政检察处干警；唐菠，邻水县人民检察院干警。

随着社会经济的飞速发展，中国应当注重更加有效地监督制约行政权力。特别是在国家利益、公共利益受损的案件中，出现了因没有适格原告而难以救济的问题。检察机关作为中国宪法规定的法律监督机关，为有效规范行政行为，保护国家利益、公共利益，以及行政相对人的合法权益，应以敢于担当、主动作为的精神，积极履行"行政执法检察监督"职能，捍卫行政法律的权威与尊严，成为贯彻依法治国方略的有力武器。

一 行政执法检察监督提出的背景及正当性

（一）行政执法检察监督概念

《中共中央关于全面推进依法治国若干重大问题的决定》指出："检察机关在履行职责中发现行政机关违法行使职权或者不行使职权的行为，应该督促其纠正。探索建立检察机关提起公益诉讼制度。"在《法治政府建设实施纲要（2015～2020年）》和《最高人民检察院关于贯彻〈决定〉的意见》中亦分别明确了行政执法检察监督的相关内容。结合以上文件的表述，可以将中国"行政执法检察监督"定义为：特指人民检察院在履行职责过程中，以检察建议提起公益诉讼等方式对行政主体危害国家利益、公共利益的行为进行监督的活动。有关行政主体存在不当行为，如违法行为、不履职行为以及懈怠履职等。

（二）行政执法检察监督提出的背景

针对"行政执法检察监督"工作的各项要求，最高人民检察院及时研究、积极应对，在经全国人大常委会授权以后，从2015年7月开始，在全国13个省（自治区、直辖市）推进落实公益诉讼试点工作①。2017年6月，

---

① 姜明安：《完善立法，推进检察机关对行政违法行为的监督》，《检察日报》2016年3月7日。

第十二届全国人大常委会第二十八次会议通过新的《行政诉讼法》修正案，增加行政诉讼参与人的第 25 条第 4 款，就国有财产保护、生态环境与资源保护等四个领域发现的作为行政主体的行政机关在履职过程中有不作为的情况，或者有违法情形发生，并且损害后果达到一定程度的行政行为，如果发出检察建议后仍不履职的，检察机关作为公益诉讼人，是可以径直起诉的①。该项规定应视为中国检察机关在行政公益诉讼领域的一大历史性进步，有深远的法治意义。此次《行政诉讼法》修正案的施行，给"行政执法检察监督"工作提供了坚强的立法保障。

（三）行政执法检察监督的正当性

1. 行政执法检察监督工作是推进国家治理法治化的新举措

《中共中央关于全面推进依法治国若干重大问题的决定》要求 2020 年全面建成小康社会的同时要完成法治建设任务。在当前国家治理体系中，行政权非常强大，仅仅靠行政机关的内部制约和监督显然是不足的。通过行政执法检察监督，加强并实现检察权对行政权的有效制约和监督，对检察机关而言，这一举措不但丰富了监督手段、方式，也进而改变了其一直以来局限于在刑事、民事诉讼活动中发现行政违法行为的监督习惯。监督和制约行政权力，有利于完善国家治理体系，推进国家治理能力现代化。检察机关作为中国宪法明确的法律监督机关，在新的历史时期，应该负起责任，敢于担当，主动作为，将落实行政执法检察监督工作提升到衡量检察机关在中国法治现代化进程中历史定位的高度，全力以赴、竭诚服务。

2. 行政执法检察监督工作是完善和发展中国特色社会主义检察制度的必然选择

推进、落实行政执法检察监督工作，是强化检察机关法律监督职能的有力举措，也是优化司法职权配置的重要内容，更是完善和发展中国特色检察

---

① 曹建明：《关于中华人民共和国行政诉讼法修正案（草案）和中华人民共和国民事诉讼法修正案（草案）的说明》，《检察日报》2017 年 6 月 29 日。

制度的必然选择。中国检察机关需要与时俱进，积极适应法治社会进步的潮流，通过积极推进行政执法检察监督工作，广泛开展行政公益诉讼，将自身高效、专业、有责的职能优势转化成推进法治进步的动力，将自身的发展定格在实现中国法治现代化的目标中。此外，数十年检察事业的沉淀，让中国检察机关在打造了一批过硬的监督队伍的同时，也在社会上形成了较为独特公正的司法形象，群众对检察机关是有所期待的。因此，为实现自身的发展和完善，也为有效回应群众的期待，与时俱进强力推进行政执法检察监督工作，是中国检察机关的应然之选。

3. 行政执法检察监督工作是维护国家利益和公共利益的需要

公益保护是现代法治国家面临的时代课题。行政执法检察监督强调以公益性为核心，契合时代发展，也契合检察实践的发展规律。近年来，随着社会经济的飞速发展，社会公益领域出现的问题越来越多，特别是在生态环境、资源保护、食品药品安全、国有财产保护等关系国计民生的方面越发突出，亟须从国家层面提出对策。与此同时，伴随人民群众民主法治意识的不断增强，群众对行政机关有法不依、执法不严、权力滥用等问题反映更加强烈，对检察机关履职尽职、维护公益的期待非常急切。需要包括检察机关在内的各级国家机关积极引导、主动作为，培育公众的公益保护意识，构建秩序化的公民社会行为体系。因此，强化行政执法检察监督，积极开展公益诉讼，充分体现了检察机关维护国家利益、公共利益的意志和决心。

二　检察机关行政执法检察监督之广安实践

广安市检察机关从 2015 年开始探索行政执法检察监督，在履职中发现行政机关的履职行为存在不法、不为、庸碌懈怠等不当行为现象，依法发出检察建议，督促相关责任机关纠正。三年来，共办理行政执法检察监督案件227 件，发出检察建议 211 件，行政机关采纳 184 件，采纳率 87.2%①。

---

① 数据来源于广安市人民检察院 2015～2017 年数据汇总，本文数据除另有注释外，均源于此。

（一）主要做法

1. 强化机制建设

对于当前行政执法检察监督工作缺乏具体的法律法规依据，广安市人民检察院主动作为，进行科学的制度设计，为工作提供依据。一是强化组织领导。积极向依法治市领导小组汇报行政检察工作的目的、意义、措施等，得到依法治市领导小组的大力支持。广安市依法治市领导小组制定《行政执法检察监督专项工作组工作规则》《行政执法检察监督工作实施办法》《行政执法检察监督专项工作组办公室与成员单位联系办法》等，为行政执法检察监督工作提供了有力依据。二是制定工作规则。根据最高人民检察院和四川省人民检察院的相关规定，结合广安实际，制发了《广安市人民检察院行政执法行为检察监督规则（试行）》《广安市人民检察院公益诉讼线索内部发现和移送办法（试行）》等，形成较完善的内外工作机制。三是建立工作机制。制定《广安市检察机关开展公益诉讼联动工作规则》，以"区域就近整合、有力工作开展"为原则，划分三个公益诉讼工作片区，指定片区联系人，强化市人民检察院对基层检察院工作的指导；发挥基层检察院的横向联动优势，建立片区联动办案组，创建了"上下同步指导、横向联动办案"的公益诉讼模式。

2. 开展专项监督

广安市人民检察院围绕国家重大决策部署和全市工作重点，针对人民群众反映强烈、社会高度关注的领域和问题，开展专项监督活动，提升行政检察效果。一是开展销售药品监管专项监督活动。2016 年，广安市人民检察院在履职中发现一些假药销售者被判刑后未受到相应行政处罚，给药品安全带来潜在威胁，遂开展专项监督活动，监督食品药品监督管理部门怠于履职案件 90 件，发出检察建议 90 份，督促行政机关依法吊销、注销药品经营许可证 40 份，移送卫计部门处理 27 件，移送其他机关处理 23 件。二是强化环境污染领域的监督。广安市人民检察院根据四川省人民检察院《开展环境保护领域行政违法行为专项监督工作的通知》，开展环保领域专项监督活动。在地方，岳池县检察院开展畜禽养殖业环境污染专项监督活动，监督行政机关环境保护不履职案件 32 件，督促行政机关整改养殖企业 11 家，立案查处污染项目 1 个，修复被污染土地 600 余亩。

3. 加强组织机构建设

一是实现机构单设。努力打造一支专业化的行政检察队伍。广安市检察机关建立了专门的行政检察机构，并做到了不增编制，力求精简。2017 年 4 月，广安市人民检察院在四川省率先成立行政检察处；6 月，六个基层检察院实现行政检察机构单设全覆盖。二是加强人员配置。通过"内调外调"的方式充实人员，内部从自侦、公诉等部门调整，外部从法院、政府法制办遴选，截至 2017 年，全市共有行政检察人员 39 人。三是优化人员结构。全市行政检察部门均形成了"自侦 + 公诉"的人员配备，有的还形成了"自侦 + 公诉 + 审判"的人员配备，基本上实现了调查取证向自侦看齐、起诉向公诉看齐、法律适用向法院看齐、纠正违法向纪检看齐的"四个看齐"人员结构。四是聘请专家顾问。广安市检察院聘请大学教授作为专家顾问，指导行政检察工作；各基层检察院充分利用与大学检校合作的优势，邀请行政法方面的专家教授作为挂职副检察长；华蓥市检察院与大学合作建立行政执法检察监督工作研究中心。

（二）主要成效

广安市检察机关通过近期的工作，有效促进了依法行政、保护国家利益和社会公共利益，积累了丰富的案例。

1. 增强了行政相对人配合执法的主动性

岳池县泽华农场长期违法处理养殖污粪，污染周边环境，群众反映强烈，县检察院向县环保局发出检察建议后，该农场积极配合行政执法，配套污染防治设施，整治被污染的土地，影响当地生态环境和社会稳定的不利因素得到了有效化解，提升了行政执法效力和司法公信力。华蓥市检察院立案办理国土局怠于收缴土地出让金行政公益诉讼案件，督促国土局依法收缴四川泽达地产有限公司华蓥分公司、华蓥市良泰房地产开发有限公司欠缴多年的土地出让金 3212 万元。在此案影响下，华蓥市名丰产开发有限公司主动缴纳土地出让金 2669 万元，进一步提高了华蓥市有关房地产公司缴纳国有土地出让金的积极性和主动性。

2. 促进行政机关依法行政的积极性

华蓥市检察院在履职中发现，城区存在扬尘较多、多条主干道路面常有渣土等问题，严重污染环境，影响市容市貌，该院向交通局发出检察建议，交通局立即对全市主要路段和重点街区设卡设点，启动脏车入城和货运车违法超载、违规入城专项整治行动，并建立常态化工作机制，有效保护了城市环境。岳池县检察院梳理全县 300 多个养殖场，发现一些养殖场存在证照不齐、无防治污染设施、污染严重等普遍性问题，向环保局、畜牧食品局和当地乡镇政府等发出检察建议。县环保局、畜牧食品局和相关乡镇政府等行政机关开展联合执法，岳池县电视台全程跟踪报道，进行电视问政，有效推动在全县范围内对畜禽养殖环境污染问题进行全面调研、全面检查、全面治理。

3. 有效保障国家利益和社会公共利益

广安市检察机关突出生态环境保护工作。2017 年，办理生态环境和资源保护领域行政检察案件 73 件，督促有关主体恢复被污染土地 1200 余亩，治理饮用水源保护区 2 处，督促 8 家违法企业对非法排污问题进行整改。

（三）问题与不足

目前，在行政执法监督工作实践中仍然存在很多问题，面临很大的困难，同时也存在一些不足，主要表现在以下方面。

1. 行政执法检察监督对象特殊，办案难度较大

行政执法检察监督的监督对象是行使公权力的行政机关，行政机关对监督后果的担心往往导致不支持、不配合甚至对抗；同时，办理行政执法检察监督案件，涉及的行政主体履行职责情况等证据往往由行政机关自身保存，且立法尚未赋予办案人员在调查取证方面的强制力保障，证据发现难、收集难、认定难。行政机关掌握着行政执法的所有信息，检察机关通过各种方式

能够掌握的资源和信息是相当少的。在这种情况下，要想确认行政机关的行为是否违法就相当困难，也必然导致行政执法检察监督获得的效果不尽如人意。

2. 办案力量与行政检察岗位要求不匹配

行政执法检察监督队伍对人员的素质要求较高，不仅要求工作人员具有专业法律知识，而且要求其熟悉行政执法的专业知识，要善于发现线索，能够调查取证、出庭诉讼等。岗位要求与当前行政检察队伍的人员素质严重不匹配。行政检察队伍大多来源于原来的民行监督队伍，他们大多对行政检察工作不熟悉，人员素质和行政检察要求的素质差距较大。而且由于检察机关长期重刑事、轻民事行政，民事行政队伍人员也较少，短时间要调配人员、提高人员素质也很困难。

3. 法律法规未建立行政执法检察监督的相关配套制度

目前，行政执法检察监督的相关制度设定，未能为行政执法检察监督提供有力支撑，不免有监督权被无度、不当使用之虞。由于法律对检察机关监督行政机关的违法行为应该怎么监督、监督的界限等都没有明确的规定，检察机关在行使这项权力时常常不知如何操作。另外，对何时进行监督、如何把握也常常无从下手。现行的法律和司法解释对监督的程序、方式等都没有规定，各检察机关在操作方式上存在不一致的地方，甚至在操作时有些不当的地方，急需从上至下形成一个统一操作模式，建立健全各项配套机制。

三 完善行政执法检察监督的对策建议

推进行政执法检察监督工作是促进依法治市工作的重要组成部分，为此，应当加强以下几个方面的工作。

（一）建立信息共享平台管理机制

一是必须强制要求各行政执法部门公开执法信息，各行政执法部门应作为信息共享的责任主体，公开范围应包括行政执法信息数据及社会治理信息数据，真正实现执法司法信息互联互通。二是建立科学合理的授权制度，确保查阅浏览信息数据的保密性。三是构建行政执法信息共享平台，依托现代技术手段，让检察机关与各行政执法部门实现信息共享，明确平台数据运用功能，充分发挥平台查阅、平台监督、平台咨询、平台研判等功能，确保共享数据的利用。

（二）建立系统完善的衔接工作机制

监督行政执法活动包括了职务犯罪的查办、两法衔接工作以及政府内部监督、人大监督、审计监督等多种监督措施。行政执法检察监督立足于公益，其目的是通过对行政执法活动的合法性监督，达到维护公益的目的，有其独特的属性与价值。行政执法活动的监督既要保障体系性要求，各种监督措施互相促进、互相协调，又要保障各种监督的独立性。因此，一是要建立案件多方移送机制。各监督部门发现行政执法活动存在违法活动时，应及时向检察机关移送案件线索。检察机关在办理行政执法检察监督案件过程中发现其他案件线索，也应及时移送。二是必须明确案件移送程序。检察机关与其他监督机关应当共同制定移送标准，明确案件种类、案件移送期限、回复期限等相关问题，确保标准明确，具有可操作性。

（三）加强行政检察队伍建设，探索建立专家咨询库

一是加强行政检察队伍专业化建设，通过向法院、行政执法机关定向招考、外部聘用等方式将行政执法领域和行政审判领域的人才引入行政检察部门。二是积极组织培训，主动安排行政检察人员到经验丰富的各地检察机关交流学习，到法院、行政执法机关、公诉机关跟班学习，提升业务能力。三是探索建立专家咨询库。行政执法检察监督的是各行业的行政职权部门，其中涉及很多专业问题，行政执法检察机关人员不可能全面掌握这些专业知识，可探索建立专家咨询库，充分利用专家的知识提供对策，提高检察建议的质量。

（四）建立相应的考核机制

一是将行政执法检察监督纳入依法治市考核，充分发挥依法治市考核平台作用。在实践中，由检察机关具体落实对当地行政执法检察监督工作的考核责任。二是依法治市领导机制应当根据检察机关的考核报告，将行政执法检察监督考核落到实处。对于认真落实依法治市领导小组的安排部署，积极配合检察机关开展行政执法检察监督的行政部门，在考核时应作为加分项予以考虑；对于那些推诿塞责、不予配合的，应当予以扣分，并追究相关人员的责任，必要时可对行政机关的负责人进行约谈，从而增强行政执法检察监督的效力，共同推进法治政府建设进程。

B.10
巴中公安行政处罚基准
自动裁量系统调研报告

巴中市依法治市领导小组办公室课题组 *

摘　要：　"同案同事不同罚""同城同事不同罚"是行政执法中普遍存在的问题。针对该问题，巴中市公安局组织研发出公安行政处罚自动裁量系统。该系统预存和设置违法行为名称、裁量基准情形、裁量基数、裁量规则、选择性处罚情形。办案民警只需根据页面操作指引，勾选有关量罚情形，即可实现报告书内容自动书写、法律条款自动生成、行政处罚自动裁量的创新跨越，彻底颠覆了传统的行政案件裁量模式，有效减少了人民群众对行政处罚公平性的质疑，提高了公安机关行政案件办理质量和效率，提升了执法公信力。

关键词：　公安　行政处罚　裁量基准　公信力

党的十八届四中全会通过的《中共中央关于全面推进依法治国若干重大问题的决定》提出，"建立健全行政裁量权基准制度，细化、量化行政裁量标准，规范裁量范围、种类、幅度"。巴中市公安局借助依法治市、司法

---

* 课题组负责人：荣全，巴中市人民政府副市长、市公安局局长；马云，中共巴中市委副秘书长、市依法治市领导小组办公室主任。课题组成员：王健、聂相成、刘苍浦、李川、董强。执笔人：王健，中共巴中市委办公室法治推进科科长；刘苍浦，巴中市公安局法制支队副支队长；董强，巴中市公安局巴州区分局指挥中心主任。

改革和法治公安建设的有利契机，主动作为、勇于担当，成立以巴州区公安分局为主导的研发课题组，把重点、敏感的行政执法权力纳入改革重点，探索建立"行政裁量权基准制度"，自主成功研发"公安行政处罚自动裁量系统"，通过建立健全行政裁量基准制度，减少人为因素，加强了对自由裁量权的制约和监督，实现公安行政裁量权的自我控制。2017年初，巴中市公安系统在全国公安系统率先上线运行，实现对《治安管理处罚法》管辖的151种案由自动裁量、量罚一致的目标。该系统的运行使用，实现了行政案件自动量罚，有效减少了人民群众对公安行政处罚公平公正性的怀疑与争议，将"行政案件量罚权力"关进了制度的"笼子"。

一 研发背景

公平正义是人民群众对法治的最大期盼，也是以习近平总书记为核心的党中央多次强调要努力实现的目标。公安机关每一项执法活动都关乎公平正义的实现，关乎每一个公民个体对公平正义的切实感受。2016年，巴中市全年仅治安处罚案件达1万余件，由于公安行政处罚存在自由裁量基准不统一、量罚结果存在差异的问题，受到被处罚人的质疑，更严重影响了公安机关的执法公信力。

1. 自由裁量幅度过大

在行政案件办理中，备受老百姓质疑的执法问题是"同城同事不同罚、同案同事不同罚"等处罚不公，严重影响执法公信力。在行政案件办理中，老百姓对公安机关评价不高的原因是执法民警手中的自由裁量权过大，随意执法，看心情办案。比如：拘留5日以上10日以下，5～10日的任意整数都是合法的拘留天数，但上限十日与下限五日相差一倍。

2. 选择性处罚缺乏统一标准

公安行政处罚普遍存在"同一案件中同样的违法事实和情节"，对不同违法主体的处罚结果不同；"同样的违法事实和情节"，不同办案单位呈报或审批的处罚结果不同等问题。人民群众对这类"同城同事不同罚""同案同事不同罚"现象反映强烈，公安机关的执法公正性、公平性和权威性备受质疑。比如，在一起行政处罚案件中，民警作出处500元以下罚款或五日以下拘留，还是处500元罚款或处五日拘留没有标准可遵循。再比如，《治安管理处罚法》第67条规定，一般介绍卖淫行为，应当处10日以上15日以下拘留，可以并处5000元以下罚款。不难看出，因为法条规定过于宽泛，对同一事件不同民警处罚结果悬殊，法定自由罚幅度宽至五日，财产罚的幅度更无下限，上限与下限的幅度差别过大，其公平性备受质疑，但在规定的幅度内，又并不违规。

3. 执法主体认识差异

民警在执法过程中，需要对处罚的种类及处罚幅度内数量作具体选择，但因每个民警的知识层次、认识因素、心态心情不同，其作出处罚的结果也不尽相同。比如，巴州城区两个派出所对未实名登记上网的处理，东城派出所呈报的罚款一般是8000元，而另一派出所呈报的罚款却只有3000元，在同一城区出现了同城不同价。但事实上，两种处理都不违规。

4. 关系案难以有效监督

在行政案件办理中，老百姓最关注的执法问题是关系案、金钱案、人情案，其核心是执法不公，老百姓担心的是案件得不到公平公正的处理。

为此，巴中公安党委深度研究问题根源，紧紧围绕公安部"深化执法权力运行机制改革创新，在提升公安机关执法公信力上求突破"的改革目标，提出了"群众关注的焦点就是我们改革的方向"的工作目标，先行先改、破冰前行、探索创新，从与老百姓息息相关的小案件上下功夫，从公安主业入手，自主研发了"公安行政处罚自动裁量系统"，在执法公信力上提质增效，努力提高人民群众对公安机关的满意度。

二 裁量系统应用的现实意义

一是依法治国的顶层设计要求。习近平总书记在党的十九大报告中指出，"坚持全面依法治国是中国特色社会主义的本质要求和重要保障"。促进社会公平正义是政法工作的核心价值追求。从一定意义上说，公平正义是政法工作的生命线，司法机关是维护社会公平正义的最后一道防线。作为公安机关，肩扛公正天平、手持正义之剑，以实际行动维护社会公平正义，让人民群众切实感受到公平正义就在身边，义不容辞，责无旁贷。按照党中央的顶层设计，巴中市委、市政府着眼群众利益无小事，从细处着手，组织研发公安行政处罚基准自动裁量系统，从小中见大，最大限度体现了法治精神，最大限度地让群众在每一起案件中感受到公平正义。

二是提升执法公信力的迫切需要。党的十八大明确提出将"司法公信力不断提高"作为全面建成小康社会的重要目标。十八届四中全会审议通过的《中共中央关于全面推进依法治国若干重大问题的决定》专门对"保证公正司法、提高司法公信力"作出全面部署。十八届五中全会又把"司法公信力明显提高"确定为全面建成小康社会新的目标要求。习近平总书记反复强调司法是维护社会公平正义的最后一道防线，如果司法这道防线缺乏公信力，社会公正就会受到普遍质疑，社会和谐稳定就难以保障。我们可以感受到，党中央的重要部署和习近平总书记的重要论述，深刻阐明了提高司法公信力对全面依法治国、全面建成小康社会的重大意义，深刻反映了党和人民对司法机关的更高要求。该系统从人民群众关注的公安机关执法公信力焦点出发，以解决执法办案民警和公安机关自由裁量权过大，随意执法、选择执法、权力寻租等影响执法质量、执法公信力的突出问题为重点，依据具体违法事实和情节，自动生成符合法律规定的行政处罚结果，从而真正将权力关进制度"笼子"，有效规范行政处罚裁量自由权，让自由裁量不再"自由"，实现执法办案公平公正。

三是全面深化公安改革的重要实践。2015 年 2 月《关于全面深化公安改革若干重大问题的框架意见》及相关改革方案正式公布，包含规范权力运行等多个方面。民之所望，则是改革所向。巴中市委、市政府把公安改革从老百姓身边的小事情做起，从群众不满意的问题改起，大力瘦身公安执法权力，规范运行模式。该系统的研发，以法律条文为蓝本，参照法院关于量刑规范化的做法，引入先进设计理念，注重操作简单实效，实现了"由人工差异量罚向电脑自动标准量罚"的划时代跨越。系统立足基层执法需要研发，在工作中扮演了"工具书"的角色。该系统操作简便、高效快捷、功能齐全，紧贴公安机关实战需要，广泛推广应用后对推动公安全面深化改革、推进基层公安机关执法规范化建设、实现科技强警、提升信息化执法办案水平、提高人民群众满意度和执法公信力具有重要而深远的意义。

三　系统内容及规则设置

该系统依据法律和办案程序规定，参照法院关于量刑规范化的做法，预设《治安管理处罚法》管辖的 151 种案由，每种案由通过关联法定量罚基准，匹配相对应的违法情节、处罚情形，对应生成 273 个处罚结果。同时，研发团队考虑到法律的严肃性，将依法应当"从轻、减轻、从重、加重"处罚情形编写到软件的运算规则之中，使 273 个处罚结果细化为 3276 个处罚阶次，并形成最终的裁量基准和软件运算体系（见图 1）。

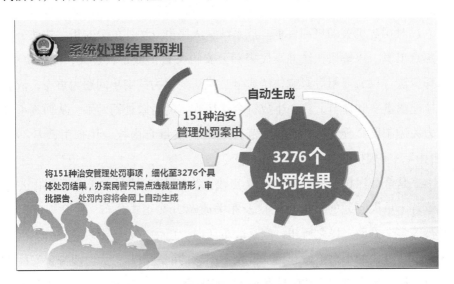

图 1　巴中市公安行政处罚基准自动裁量系统

研发团队在充分考虑办案流程和提高效率的基础上，利用审批报告的前置文书——公安行政处罚告知笔录，系统将告知笔录有关内容转换到审批报告书中，这一转换省去了对违法行为人身份信息、违法事实、违法名称的填写，只需点选有关情形，一份完整、规范的处罚审批报告书自动生成。不需要打一个字，不需要核对内容，不需要核对法条，不需要考虑处几日拘留或多少罚款，报告书自动生成。

（一）设置违法行为名称

系统按公安部违反公安行政管理行为名称规范，将违反治安管理的151种行为名称设置在系统中，供其选择。

（二）设置治安管理处罚裁量基准

依据公安部和四川省公安厅裁量基准内容，综合设定了本系统的裁量基准内容，即处罚档次情节及所对应的情形列举。其违法行为名称与处罚档次情节自动关联，确保裁量基准制度落实到每一个具体的处罚案件中。

（三）设置处罚基数

以处罚幅度的中间整数作为处罚基数，没有中间整数的，以中间数偏小的整数作为处罚基数，具体见表1。

表1　行政处罚基数对照

序号	行政处罚	基数标准	增减单位
1	5 日以下拘留	3 日	
2	5 日以上 10 日以下拘留	7 日	
3	10 日以上 15 日以下拘留	12 日	
4	200 元以下罚款	100 元	以 100 元为一个增或减的单位
5	500 元以下罚款	200 元	以 100 元为一个增或减的单位
6	1000 元以下罚款	500 元	以 100 元为一个增或减的单位
7	2000 元以下罚款（含 2000 元以内幅度）	1000 元	以 500 元为一个增或减的单位

序号	行政处罚	基数标准	增减单位
8	3000 元以下罚款(含 3000 元以内幅度)	1500 元	以 500 元为一个增或减的单位
9	5000 元以下罚款	2000 元	以 1000 元为一个增或减的单位
10	200 元以上 500 元以下罚款	300 元	以 100 元为一个增或减的单位
11	500 元以上 1000 元以下罚款	700 元	以 100 元为一个增或减的单位
12	500 元以上 2000 元以下罚款	1000 元	以 500 元为一个增或减的单位
13	1000 元以上 5000 元以下罚款	3000 元	以 1000 元为一个增或减的单位

（四）设置适用从轻、减轻、从重处罚规则

系统将适用从轻、减轻、从重处罚的情形分别集中设置在同一栏目，便于办案人员审视选择，系统适用从轻、减轻、从重处罚的规则如下。

1. 减轻处罚的适用规则

（1）减轻处罚的适用原则是在法定处罚幅度低限以下实施处罚，具体有如下三种方式。①法定处罚种类只有一种，在该法定处罚种类的幅度以下处罚；如果在该法定处罚种类的幅度以下无法再减轻处罚的，则不予处罚。例如："处警告或二百元以下罚款"的情形，适用减轻处罚则不予处罚。"处五日以下拘留或五百元以下罚款"的情形，适用减轻处罚则对其处警告。②规定拘留并处罚款的，在法定处罚幅度以下单独或者同时减轻拘留和罚款，或者在法定处罚幅度内单处拘留。③规定拘留可以并处罚款的，在拘留的法定处罚幅度以下处罚；在拘留的法定处罚幅度以下无法再处罚的，则处警告或不予处罚。

（2）本系统适用减轻处罚规则如下。①每具备一个减轻情节，拘留数在设定的处罚基数上减 5 日。无论有几个减轻情节（理论上最多三个），本系统设定只认一个减轻情节。②规定拘留并处罚款的，在法定处罚幅度内单处拘留。

2. 适用从轻处罚的规则

每具备一个从轻情节，拘留数减 1 日，累计不得突破法定的下限数。如

有罚款金额，按罚款"单位"数减一个"单位"数计算。无论有几个从轻情节，累计不得突破（小于）一个"单位"数。

3. 从重处罚的适用规则

每具备一个从重情节，拘留数加1日，但不得突破法定的上限数。如有罚款金额，按罚款"单位"数加一个"单位"数计算，累计不得突破罚款上限数。

4. 本系统对减轻、从轻、从重的运算规则

如果系统同时具有减轻、从轻、从重的情形，系统运算规则为：先减轻、再从轻、后从重。

（五）"选择性处罚"情形设置

系统选择性处罚指如下两种：①处"五日以下拘留或500元以下罚款"；②"可以并处罚款"（罚款幅度在1000元以上）。

针对处"五日以下拘留或500元以下罚款"，系统设置了适用罚款的情形（相对较轻情形设置）。针对"可以并处罚款"，系统设置了适用并处罚款的情形（相对较重情形设置）。

（六）设置处罚结果

该系统有151种违法名称，并对应273个处罚结果。由于从轻、减轻、从重处罚情形的单个及组合介入，将大幅度增加处罚结果的个数。根据从轻、减轻、从重处罚的适用规则，原273个处罚结果演绎为3276个处罚结果，系统将3276个处罚结果预设在系统后台，用于不同的处罚情形。

（七）系统操作

仅需两步，便可实现处罚自动裁量。首先，录入基本信息，生成法定的"行政处罚告知笔录"；然后，自动跳转到"审批报告"制作环节，通过勾选"违法情节、处罚情形"等选项，便可自动生成处罚结果。

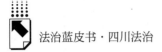

第一步：登录行政处罚自动裁量系统，制作行政处罚告知笔录，告知笔录制作结束后，违法行为人的身份信息、违法事实及违法名称已自动转换到处罚审批报告中。

第二步：进入处罚审批报告书制作模式。点选档次情节（如有）→点选从轻、减轻或从重处罚情形（如有）→点选选择性处罚情形（如有）→点选不执行行政拘留处罚情形（如有）→处罚审批报告书（含处罚结果）自动生成。

四 裁量系统的运行现状

2017年初，巴中市公安行政处罚自动裁量系统正式上线运行，目前，该系统处理行政案件2443余件，生成法律文书2450余份，全年无行政复议被撤销、无行政诉讼败诉发生，既提高了文书质量，又提升了办案效率，既提升了执法公信力，又提升了群众满意度，实现了警力无增长改善，更从源头上将权力运行推入制度轨道，实现了行政处罚"三个统一"的目标，即"标准统一、量罚统一、结果统一"。从全市推广使用情况来看，系统具备了"巧妙的关联构思、简便的操作程序、智慧的裁量模式、公正的处罚结果"四大亮点。

1. 巧妙的关联构思

系统充分挖掘处罚告知笔录与处罚审批报告的内在关联，成功将处罚告知笔录通过程序修正直接转换成处罚审批报告，达到了事半功倍的效果。

2. 简便的操作程序

系统设计按处罚流程展开，界面内容根据所办案件的具体名称和情节等进行关联确定，办案人员只需根据界面流程操作，即可得到处罚结果。

3. 智慧的裁量模式

系统对每一事项及其关联的另一事项都能自动链接，处罚模式流程化，先后步骤规范有序，选择性项目自动提醒，办案人员按流程填写后，便可自动生成制式的"行政处罚告知笔录"和完整的行政处罚审批报告书，显示出系统良好的智慧功能。

4. 公正的处罚结果

行政拘留 10 日还是 15 日，是处 5000 元罚款还是 1000 元，由民警判断改为系统自动量罚，有效减少了人为因素对处罚结果的干扰，有效减少了群众对行政处罚合法性、合理性的怀疑与争议，使处罚更加公平公正。

五 裁量系统的主要成效

该系统的设置围绕公平正义，实现了"提高办案质效、约束裁量权力、增强整体战斗力、提升执法公信力"四大效果，有效回应了群众关注的执法焦点，有效解决了自由裁量权过大、随意执法、选择执法、权力寻租等影响执法质量和执法公信力的突出问题，是落实"行政处罚裁量基准制度"、将权力关进制度的"笼子"的具体体现。目前，通过该系统所办结的行政案件无一起申诉投诉，提高了办案效率、办案质量和执法公信力。

1. 提高了办案质效

办案民警在调查结束后，只需进入该系统，制作公安行政处罚告知笔录，点击鼠标，选择系统中预设的情形，即可生成含处罚结果的行政处罚审批报告书。操作人员不需要考虑法条引用是否正确，不需要考虑罚款多少元或拘留多少日，处罚结果均由系统自动判断，处罚结果的标准化，可以简化层层汇报、集体议案等复杂程序，不仅节约了办案时间，更缩短了办案时限，提高了办案效率。同时，法制审核、监督人员只需检查办案民警是否使用该系统，便可确定处罚结果公正与否。

2. 约束了裁量权力

行政处罚自动裁量系统将权力关进了制度的"笼子"。在约束权力和预防民警职务违法犯罪方面，"行政处罚自动裁量系统"发挥着重要作用。在公安行政执法实践中，由于法律法规规定的自由裁量幅度过宽，选择性处罚缺乏统一标准，执法随意性问题也就相对比较突出。例如，处行政拘留 10日还是 15 日，是并处罚款 5000 元还是 1000 元，抑或是不处罚款，如果没有统一的裁量标准，完全凭执法人员主观决断，将为权力寻租留下较大空间。行政处罚自动裁量系统对治安案件处罚条件进行规范，对处罚标准进行明确，实行案件事实情节、裁量标准与处罚结果直接对接，可以最大限度地减少人为因素对公安行政处罚程序和结果的干扰，从源头上将权力运行推入制度轨道，有效防止民警职务违法犯罪，极大压缩了权力寻租的空间。

3. 提高了公安机关的整体战斗力

该系统的运行，对于提升公安队伍的整体素质和战斗力有重要意义。当前，公安机关信息化应用能力和执法办案水平参差不齐，少数单位对科技强警不够重视，对利用科技手段拉动公安工作跨越发展的认识不足，执法办案时过分强调经费、警力、人才等困难，导致执法办案质量不高问题比较突出。行政处罚自动裁量系统的运行，实行网上办案和网上监督，有助于进一步推动信息化应用能力和执法办案水平的提高，促进公安队伍整体素质和战斗力的提升。

4. 提升了执法公信力

长期以来，由于治安行政处罚的处罚种类较多、处罚幅度过大、选择性处罚缺乏标准以及执法主体认识差异等因素，出现同样的案件事实和情节在不同地域出现处罚结果不同，以及同样的案件事实和情节，对两名以上违法主体处罚结果不同的情况，即"同城同事不同罚、同案同事不同罚"，人民群众对此现象反映强烈，公安机关执法的公正性、权威性备受质疑。行政处罚自动裁量系统履行规范的执法程序，执行统一的处罚标准，摒弃人为因素对执法办案的干扰，实现同城同事同罚、同案同事同罚。这种由"系统"直接自动生成处罚结果的执法办案模式，最大限度打消了人民群众对公安执法办理"人情案""关系案"的疑虑、对公安行政处罚程序和结果不公正的质疑，公安行政执法的公正性得到了有力保障，执法公信力大幅度提升。

B.11
攀枝花市行政机关负责人
出庭应诉工作的实践

攀枝花市人民政府法制办公室课题组 *

摘　要：　依法出庭应诉是被起诉行政机关负责人的法律义务，严格遵
　　　　　守这一法律规定是各级被诉行政机关负责人的基本职责。攀
　　　　　枝花市高度重视行政机关负责人出庭应诉工作，积极应对
　　　　　《行政诉讼法》修改实施以后对行政机关负责人应诉工作提
　　　　　出的新要求、新规定，紧密结合实践思考创新工作新举措、
　　　　　新办法。攀枝花市不断加强行政应诉能力建设，在制度建设、
　　　　　机构人员配备、办案设施、办公用房以及经费保障等方面，
　　　　　促进了法治政府建设和全市各级行政机关依法行政。

关键词：　行政机关　负责人　出庭应诉

　　2017 年，攀枝花市法院已开庭审理的行政诉讼案件中，被诉行政机关
的负责人出庭应诉率达 70.82%，其中盐边县行政机关负责人出庭应诉率达
100%，积极落实行政机关负责人出庭应诉制度，着力破解行政诉讼案件
"告官不见官"的社会难题。

---

　*　课题组负责人：沈钧，中共攀枝花市委常委、市人民政府常务副市长。课题组成员：文静、
　　陶云东、刘源。执笔人：文静，攀枝花市人民政府法制办公室主任；陶云东，攀枝花市人民
　　政府法制办公室副主任；刘源，攀枝花市人民政府法制办公室行政复议应诉科科长。

一 落实行政机关负责人出庭应诉制度的主要举措

（一）着力提升认识，将行政机关负责人出庭应诉制度的重要性"内化于心"

（1）行政机关负责人出庭应诉有助于领导干部法治思维的锤炼。党的十八大明确要求，"提高领导干部运用法治思维和法治方式深化改革、推动发展、化解矛盾、维护稳定能力"。被起诉的行政机关负责人通过出庭答辩、在庭审程序中与原告方（相对人）当面进行辩论，比单纯学习法律条文更有效果。推行被诉行政机关负责人出庭应诉制度，就是更好地培养各级领导干部"做事依法、遇事找法，解决问题、化解争议用法"的良好习惯。

（2）被诉行政机关负责人本人出庭应诉在一定程度上有利于推进实质性化解行政争议。行政诉讼案件本身系因"官"与民之间的纷争产生。传统观念上原告（相对人）与被告（行政机关）的身份差异，使被告方（行政机关）安排何种职务身份的人员代表本单位出庭应诉具有强烈的象征意义。尤其是在妥善化解行政争议、维护社会稳定和谐成为行政审判重要使命的背景下，被诉行政机关负责人出庭应诉对于优化行政审判外部环境、满足民众行政纠纷实质性解决诉求有更为重要的推动作用。作为有效预防行政争议发生的责任主体和被诉行政行为的作出主体，被诉行政机关负责人本人出庭应诉在一定程度上体现了行政机关主动希望解决问题、化解争议的诚意，从而更有利于行政争议得到最大限度化解。

（3）被诉行政机关负责人出庭应诉有利于消除原告方的"负面情绪"。行政诉讼案件审理过程中，被诉行政机关负责人如果本人未出庭应诉，极易让一些原告方（相对人）产生"诉讼地位不平等""程序不公正"的误解，导致与被诉行政机关之间的心结难以真正解开。推行行政机关负责人亲自出庭应诉，在一定程度上消除原告方心中的"怨气"，从而有效推进行政诉讼原告方和被告方都秉承客观态度，有效解决争议。

攀枝花市着力以点带面推动全市各级行政机关负责人提升思想意识。市委、市政府领导多次听取中级人民法院、政府法制部门的专题汇报，并在多个会议上强调全市各级领导干部要有崇尚法治的自觉和敬重法律权威的行动。全市各级行政机关以市、县（区）政府常务会、部门办公例会为平台，通过组织多种形式的集体学法，认真解读《行政诉讼法》。同时，深入学习《国务院办公厅关于加强和改进行政应诉工作的意见》（国办发〔2016〕54号）和《四川省人民政府关于加强新形势下行政应诉工作的意见》（川府发〔2015〕47号）、《四川省人民政府办公厅关于印发四川省加强和改进行政应诉工作实施办法的通知》（川办发〔2017〕46号），进一步增强被诉行政机关负责人出庭应诉的主动性和积极性。

（二）着力建章立制，使行政机关负责人出庭应诉工作规范运行"固化于制度"

科学的制度规范是有力促进每项工作有序开展的重要保障。《行政诉讼法》仅对行政机关负责人出庭应诉进行了原则性规定，对具体哪些情形必须出庭或者应出庭而未出庭需承担什么样的责任没有具体表述。为把工作做实、做细，使其更加规范化，攀枝花市政府结合本地工作实践，进一步健全完善被诉行政机关负责人出庭应诉的工作制度，形成职责具体明确、行为规范有序的被诉行政机关负责人出庭应诉长效机制。

2016年，攀枝花市相继制定《攀枝花市被诉行政机关负责人出庭应诉工作办法》（攀委办发〔2016〕22号）、《攀枝花市人民政府关于加强新形势下行政应诉工作的意见》（攀府发〔2016〕20号）、《攀枝花市人民政府办公室关于做好市政府行政应诉工作的通知》（攀办发〔2016〕5号）等，分别从及时收件办理、落实承办单位、依法出庭应诉、做好诉后工作、健全责任追究制度等方面细化了相关行政机关应对行政应诉案件的具体工作程序。

2017年11月，攀枝花市政府办公室制发《攀枝花市完善和改进行政应诉工作实施意见》（攀办发〔2017〕163 号），对本地被诉行政机关负责人出庭应诉的职责、案件范围等方面提出具体要求。文件明确了"谁承办、谁应诉、谁负责"权责一致的基本工作原则，区分规定了未经行政复议和经过行政复议的案件具体承办主体；对涉及重大项目审批、城市规划、抢险救灾等重大公共利益或涉及食品药品安全、环境资源保护、安全生产等社会关注度高或者涉及土地、房屋征收和房屋拆迁、移民安置等可能引发群体性事件的案件予以细化明确，必须由作出原行政行为的行政机关负责人出庭应诉。该意见一方面进一步压实责任，缩小了部门间"推诿扯皮"的空间；另一方面量化规定，清除"出庭情形"的模糊地带，把"可出庭可不出庭"的模糊选择变为硬性规定，压缩了自由裁量空间，有效堵塞工作漏洞。

攀枝花市各县（区）政府结合本区域实际情况，进一步健全被诉行政机关负责人出庭应诉工作机制，从制度上规范运行程序。例如，盐边县政府制定《加强新形势下行政应诉工作办法》和《行政机关行政负责人出庭应诉细则》等规定和办法，明确了"第一责任人"和"两应当"，即对被诉行政案件涉及社会稳定、重大公共利益、社会关注度高、法律关系复杂，被诉行政机关负责人应当出庭应诉；涉及 10 人以上的群体性行政诉讼案件，行政机关主要负责人应当出庭。仁和区政府出台的《被诉行政机关负责人出庭应诉办法》规定了被诉行政机关负责人出庭应诉应当履行的责任要求，米易县政府制定《行政机关首长出庭应诉工作暂行办法》等。

（三）着力强化保障与监督，将推行被诉行政机关负责人出庭应诉制度"外化于行动"

被诉行政机关负责人出庭应诉只有真正落到实处，才能有效发挥定纷止争功能。在具体操作中，攀枝花市积极转变观念，发扬敢为人先、勇于创新的精神，努力把行政机关负责人出庭应诉工作做细、做实。

一是高度重视，保障有力。攀枝花市各级行政机关摒弃"当被告不光彩、出庭没面子"的错误观念，将行政机关负责人出庭应诉作为提升法治思维和法治方式的实践平台，作为法治政府建设的展示窗口、重要载体。各级行政机关分别建立行政应诉科（股）等工作机构，在人力、物力、财力上给予保障。

二是加强检查，压实责任。攀枝花市政府、县（区）政府将被诉行政机关负责人出庭应诉率纳入本级法治政府建设年度目标考核范围，并明确具体出庭应诉率作为达标值。政府法制部门不定期对各部门出庭应诉情况进行抽查，动态掌握出庭数据，有针对性地提出整改意见。

三是建立被诉行政机关负责人出庭信息通报机制。攀枝花市中级人民法院定期将行政机关负责人出庭应诉情况向市依法治市领导小组办公室、市政府法制办公室通报，市法制办结合法院通报的数据及时分析梳理存在的问题和不足，研讨制度运行过程中出现的新问题，并有针对性地进一步督促和指导。

（四）着力营造氛围，广泛宣传，各级部门协调联动凝聚共识

为有力推动行政机关负责人出庭应诉工作有序开展，攀枝花市各相关部门加强互动，形成合力。攀枝花市依法治市领导小组办公室、市政府法制办公室定期联合开展"行政审判庭审观摩活动"，根据案件特点有针对性地要求与案件相关，或者与被诉行政行为职权、职责类似的行政机关负责人旁听庭审，通过近距离感受庭审氛围进一步提升庭审旁听人员对行政案件审理程序的认知。攀枝花市中级人民法院根据案件特点加强宣传报道，通过微博、微信等方式开展行政机关负责人出庭应诉案件庭审直播，扩大社会影响力，起到了很好的宣传效果。

二 主要成效

（一）被诉行政机关负责人出庭应诉率进一步提升，有力增强了被诉行政机关负责人的法治意识

被诉行政机关负责人出庭应诉率是客观评价行政机关负责人出庭应

诉制度是否有效运行的重要指标。2017年以来，攀枝花市各级行政机关在行政应诉工作中坚持严格落实被诉行政机关负责人出庭应诉制度，被诉行政机关负责人出庭应诉比例呈明显上升态势。2017年，全市法院已开庭审理行政案件情况见表1，被诉行政机关负责人出庭应诉率为70.82%，涉及土地资源、工商行政管理等行政纠纷多发领域的被诉行政机关负责人出庭应诉比例不断上升，客观体现了行政机关高度重视通过诉讼途径依法化解这些领域的矛盾纠纷。一些已出庭应诉行政机关负责人纷纷表示，"经过一次出庭应诉，就是一堂活生生的法治教育课，就是一场实实在在的依法行政考试，只有依法行政了，才能避免坐在被告席上的'红脸出汗'的尴尬"。

表1　2017年1~12月攀枝花法院已开庭审理数据

单位：次，%

月份	开庭次数	负责人出庭次数	出庭应诉率
1~6月	66	35	53.03
7月	7	6	85.71
8月	8	8	100.00
9月	17	10	58.82
10月	10	7	70.00
11月	12	9	75.00
12月	7	7	100.00

数据来源：攀枝花法院2017年度整理汇编，下同。

（二）行政应诉案件办理工作机制日趋完善

攀枝花市立足本市实际，着力构建"三位一体"的行政应诉案件办理工作运行模式，整合优势资源，合力办理行政应诉案件。以市政府为被告的案件，已初步形成"市长督导、分管副市长牵头、职能部门承办、法制机构协调、法律顾问参与"的行政应诉分工机制。盐边县政府充分利用该县16个乡（镇）政府、171个村（居）民委员会和教育系统实现法律顾问全覆盖的优势，有力确保行政应诉工作专业化、规范化有序推进。

（三）进一步拉近党群干群关系

被诉行政机关负责人出庭应诉，具体了解行政争议发生的原因，领导干部与相对人面对面零距离，架起了与群众沟通的桥梁，加深了群众感情，密切了党群干群关系，切实解决了基层群众的"青天"情结和"告官不见官"的社会难题。以盐边县为例，该县 2017 年信访案件持续下降，缠访、闹访案件下降 70% 以上，有效维护了司法权威，提升了政府公信力，社会治理有序推进，为确保如期建成法治政府营造了良好的法治氛围。

（四）行政机关与审判机关良性互动加强，联系沟通机制逐步健全

全市各级行政机关与行政审判机关的沟通渠道日渐畅通，在案件审理过程中，行政机关主动积极配合法院开展诉前、诉中调解协调工作，促成案结事了已成常态。2016～2017 年，攀枝花市政府法制办公室与市中级人民法院就密切配合开展了多个案件庭前协调工作，先后组织仁和区政府、西区政府、钒钛产业园区等被诉行政机关，就涉及的征地补偿安置、林权争议、政策性关闭煤矿等行政争议进行沟通协调，取得了很好的效果。盐边县法制办与县法院共同开展信息同享、联络协调工作，定期发布《行政案件情况通报》，该县《着力推进新形势下行政应诉工作》成果成功被评为 2016 年"四川省十个法治政府建设事件"之一。东区政府法制办与区人民法院共同制定了《行政应诉工作联络机制》和《行政应诉工作信息共享机制》。

三　推进行政机关负责人出庭应诉工作中存在的主要问题

虽然攀枝花市各级行政机关扎实履职，落实行政机关负责人出庭应诉制度取得了明显成绩，但这项工作尚处于起步阶段，与全面推进依法行政、建设法治政府的要求还有一定差距，在有效落实被诉行政机关负责人出庭应诉工作中还存在一些问题和不足。

1. 行政机关负责人出庭应诉制度落实情况在县（区）、部门间存在不平衡，呈现两极分化态势

结合 2017 年全市各区县法院所管辖行政诉讼案件已开庭审理数据发现（见表2），有的县（区）、部门行政负责人对涉诉案件高度重视，准备充分，积极应诉；而少数行政部门虽然有一定数量的行政诉讼案件，但是部门负责人对出庭应诉工作重视不够，行政负责人对涉诉行政案件出庭次数较少或者从未出庭。之所以出现上述情况，主要原因在于：一是个别负责人存在认识上的偏差，认为当被告是难堪的事，坐在被告席上脸面无光，如果自己出庭败诉，既损害自己的形象又损害单位的形象；二是法律知识储备不足，由于一些行政机关负责人法律知识欠缺，在硬着头皮参加庭审活动时，往往容易出现知识性错误或茫然应对，因此惧于出庭；三是存在"官本位"观念，注意力集中在行政权力和管理上，服务、法治、监督及"法律面前人人平等"观念淡薄。

表2　2017 年攀枝花市县（区）法院所辖行政诉讼案件行政机关负责人出庭数据

单位：次，%

县(区)及其部门	已开庭审理数	负责人出庭数	应诉出庭比例
盐边	42	42	100.00
米易	45	40	88.89
仁和	33	21	63.64
东区	26	10	38.46
西区	61	39	69.93

2. 个别出庭应诉行政机关负责人对庭审准备工作不足

实践中，有的行政机关负责人在出庭应诉过程中，对涉诉案件准备不足，对庭审的参与程度仅限于宣读书面答辩状和作最后陈述，其余全程基本处于观看或聆听状态，不开口、不表态，对案件情况、法律法规、证据运用等不熟悉，导致无法有效参与法庭调查、辩论。

3. 行政机关副职负责人出庭应诉居多，正职负责人出庭应诉较少

以攀枝花市 1~10 月数据为例，负责人出庭应诉的 66 件案件中，仅 11

件个案系被诉行政机关正职负责人出庭应诉，其余均为副职负责人。

4. 对行政机关负责人出庭应诉制度的重要性和界定负责人标准的认知度有待进一步提升

《最高人民法院关于适用〈中华人民共和国行政诉讼法〉若干问题的解释》第 5 条规定："行政诉讼法第三条第三款规定的'行政机关负责人'包括行政机关的正职和副职负责人。"实践中，有些被诉行政机关对"行政机关负责人"界定理解有误，有的被诉行政机关委派单位领导集体的其他人员，如纪检组长、局长助理、二级机构的负责人等人员出庭，引发原告方的不满；有的认为本机关内部具体承办案件的科室负责人出庭即为"负责人出庭应诉"，这种理解偏差导致单位行政应诉案件负责人出庭应诉率低，也折射出个别被诉行政机关负责人及其工作人员未充分认识行政机关负责人出庭应诉制度的重要意义。

5. 行政应诉能力有待进一步提高

实践中，个别行政机关出庭人员存在"重实体、轻程序"的错误观念，导致在行政案件庭审过程中，应对举证、质证、辩论等环节准备不足，客观上使败诉风险增加。证明行政行为的合法性包含认定事实清楚、证据充分、适用依据得当和程序合法，上述要素缺一不可。少数行政机关出庭人员在庭审中答辩或举证环节着重阐述实体上的要素，往往忽略程序和法定依据的重要性，导致举证不充分。另外，在应对相对人情绪激动的情况时，个别行政机关人员亦不注重方式，在言辞上与相对人"针锋相对"，严重影响矛盾纠纷化解。

四 有效完善被诉行政机关负责人出庭应诉制度的建议

法律的生命力和权威在于得以有效实施，被诉行政机关负责人出庭应诉制度功效能否达到预期目标，取决于各级被诉行政机关落实负责人出庭应诉制度的实际情况。为切实贯彻落实《行政诉讼法》《国务院办公厅关于加强和改进行政应诉工作的意见》（国办发〔2016〕54 号）、《四川省加强和改进行政应诉工作实施办法》（川办发〔2017〕46号），攀枝花市结合工作实践，对完善该项制度和进一步改进工作提出以下建议。

1. 完善行政机关负责人出庭应诉制度

实践中，有的行政相对人因不服土地征收补偿或房屋拆迁，通过申请政府信息公开，提起百余起行政诉讼案件，核心诉求就是要获得其认为满意的行政补偿，在这百余起案件中真正涉及其核心诉求的案件不过几件。因而制度设计应该从有利于抓住矛盾的主要方面来考量，对行政争议案件进行类型划分，并加以具体解析，明确应当由被诉行政机关负责人出庭应诉的案件类型，最终实现相对人所期许的通过行政诉讼"讨说法"的目的，以及释理解纷、维护公平正义的法律效果。同时，针对被诉行政机关负责人对每起行政案件都出庭存在难以完全做到的实际情况，应该明确"正当理由"的类型，以便在操作层面得以更好执行，避免"因故不能出庭的理由"过于宽泛。

2. 充分认识实施被诉行政机关负责人出庭应诉制度的重要意义

被诉行政机关负责人出庭应诉制度是切实促进依法行政的重要举措，也是改进政府工作作风、转变工作思路的一项重要举措。该项制度对于保障公民合法权益、规范行政执法行为、提升依法行政能力、有效化解官民矛盾、形成司法与行政良性互动的良好局面具有重要意义，涉诉行政机关负责人应端正态度，重视出庭应诉工作。

3. 完善对行政机关负责人出庭应诉工作的考核制度

明确出庭应诉是行政机关负责人的法定职责，健全负责人出庭应诉工作机制，将被诉行政机关负责人出庭应诉工作开展情况纳入绩效考核体系，并与干部人事任免相挂钩，对无正当理由故意不出庭应诉的相关人员实行严格问责。

4. 健全法院与行政机关联席会议制度

通过召开法院与行政机关座谈会、讨论会的形式，进一步健全行政裁判机关与被诉行政机关的定期或不定期联席会议制度，交流行政审判和行政执法过程中的突出问题，规范引导行政机关依法行政，督促强化行政机关负责人对出庭应诉工作秉承正确态度，同时针对败诉案件从程序等各方面进行分析，以避免类案再次发生。

5. 加大宣传力度

通过广泛宣传和正确引导行政机关负责人出庭应诉，有计划、有针对性地组织行政机关领导干部及工作人员旁听庭审过程，增强执法人员的法律意识，提高执法能力，扩大行政执法的社会影响，创造良好、和谐的执法环境。

6. 加强行政应诉机构队伍专业化建设

一要健全机构充实人员。要成立专门的行政应诉机构，配备专职人员，落实必要的办案场所、办公设备和业务经费。案件量大、人手确实紧张的单位，还可以通过政府购买服务等方式引进法律专业人才，辅助开展行政应诉工作。二要加强教育培训。要把组织开展教育培训作为一项长期的基础性工作常抓不懈。要通过举办专题培训、庭前会商、旁听庭审、模拟法庭等形式，不断提升行政应诉人员的证据意识、诉讼意识和程序意识，提高应诉答辩能力。三要加强指导服务。继续做好定期举办行政机关负责人旁听法庭庭审活动，进一步增强行政机关负责人出庭应诉意识和应诉能力。

习近平总书记指出，各级领导干部的信念、决心、行动，对全面推进依法治国具有十分重要的意义。被诉行政机关负责人出庭应诉制度是履行《行政诉讼法》要求的"民告官，能见官"义务，也是认真践行为人民服务、有效化解矛盾纠纷、维护社会稳定的职责。

司法改革

Judicial Reform

B.12
四川法院对环境资源的司法保护

四川省高级人民法院课题组*

摘　要： 环境资源法治建设是四川依法治省工作的重要组成部分。四川法院深入贯彻党的十九大精神，认真落实省委生态优先、绿色发展、建设美丽四川的重大部署。四川法院践行绿色发展的现代环境资源司法理念，注重发挥刑事审判职能，加强对环境资源的司法保护，准确把握环境资源刑事司法政策，严格执行环境资源保护刑事制度，探索和完善环境资源刑事审判工作机制，充分发挥刑事司法惩治、预防、教育功能，依法从严惩治破坏环境资源刑事犯罪，促进环境保护和生态

* 课题组负责人：白宗钊，四川省高级人民法院党组成员、副院长。课题组成员：王世樑、谭勇、钱怡、舒劲松、刘锋、周翼。执笔人：舒劲松，四川省高级人民法院环境资源审判庭审判员；刘锋，眉山市中级人民法院环境资源审判庭庭长；周翼，雅安市中级人民法院环境资源审判庭副庭长。

修复，倡导绿色健康生活方式，为四川生态文明建设提供公
正、高效的司法保障。

关键词： 环境　刑事司法　审判职能　生态文明

　　党的十九大将生态文明建设作为新时代中国特色社会主义思想和基本
方略的基本内涵之一，提出建设生态文明是中华民族永续发展的千年大
计，从推进绿色发展、着力解决突出环境问题、加大生态系统保护力度、
改革生态环境监管体制四个方面，对加快生态文明体制改革、建设美丽中
国进行了全面部署。习近平总书记特别强调，像对待生命一样对待生态环
境，只有实行最严格的制度、最严密的法治，才能为生态文明建设提供可
靠保障，为推进生态环境法治建设指明了方向和目标。四川省自然环境优
美、资源丰富，肩负着维护长江流域生态安全的重要使命，环境资源保护
任务十分艰巨。四川省委十届八次全会作出《关于推进绿色发展　建设美
丽四川的决定》，明确提出加强依法治理、充分发挥司法保障作用、强化
建设美丽四川制度保障的工作要求。四川省委十一届二次全会作出《全面
深入贯彻落实党的十九大精神，推动治蜀兴川再上新台阶，加快建设美丽
繁荣和谐四川的决定》，强调深化生态文明体制改革，不断提高生态文明
制度化法治化水平。

　　环境资源法治建设是四川依法治省工作的重要组成部分，坚持运用法治
思维和法治方式推进生态文明和"美丽四川"建设，环境资源司法对促进
绿色发展和环境保护发挥着不可替代的重要作用。四川地貌和气候多样，野
生动植物、矿产、水利、旅游资源均极为丰富，分布有红豆杉、珙桐等 72
种国家重点保护植物，有大熊猫、金丝猴等国家重点保护野生动物 145 种，
仅林业部门管理的自然保护区即达 123 个，保护面积 75 万公顷，占四川省
辖区面积的 14.9%。受经济利益驱动，针对珍稀野生动植物和矿产资源的
犯罪屡禁不止，违反土地利用、自然保护区管理等规定违规开发建设的现象

也时有发生。工农业经济快速发展带来的污染物排放累积,环境资源承载压力不断增大,大气、水、土壤污染问题逐步凸显。四川法院充分认识四川省环境资源保护面临的严峻形势,把充分发挥司法职能保护环境资源,作为服务大局、服务人民,增强"四个意识"的重要检验途径,作为践行绿色发展理念的具体行动。结合四川省环境资源案件特点,四川法院加大环境资源刑事司法保护力度,完善刑事审判工作机制,依法严厉惩治环境资源犯罪,促进环境治理和生态恢复,取得积极成效。2017年1~11月,四川省法院共受理环境资源一审刑事案件733件1048人,审结638件837人,其中597件745人被判处拘役及有期徒刑以上刑罚。四川省15个集体、31名个人获得四川省"十二五"打击破坏生态资源违法犯罪工作先进集体和先进个人表彰,3件案件入选最高人民法院举办的"人民法院环境资源审判成果展",2件案件入选最高人民法院长江流域环境资源审判十大典型案例。

一 充分发挥环境资源刑事审判职能

四川法院全面贯彻落实中共中央和四川省委关于生态文明建设和绿色发展的战略要求,牢固树立创新、协调、绿色、开放、共享的发展理念,加大对各类环境资源犯罪的惩处力度,坚持环境资源司法保护和惩处并举,着力提高办案质效和司法公信力,以司法手段有力促进环境资源保护的依法治理。

(一)依法从严惩处环境污染刑事犯罪,保障人民群众环境权益

党的十九大提出,着力解决突出环境问题,持续实施大气污染防治行动,加快水污染防治,强化土壤污染管控和修复。四川法院严厉打击违反标准排污造成大气污染的犯罪行为,依法从严惩处向湖泊、河流排放有毒有害物质以及超标排放废水造成水体、土壤严重污染的犯罪。2017年四川法院共审理环境污染一审刑事案件26件。其中眉山市中级人民法院审理了四川省首例大气污染环境犯罪案件,对在无许可手续和环保措施的情况下非法处

置含有有毒物质煤焦油 600 余吨，造成大量有毒有害物质直接排放入大气、严重污染环境的煤焦油作坊老板邓某某判处有期徒刑三年两个月，并处罚金三万元；绵竹市法院连续审理了多起违法排放工业生产废水导致周边河流、土壤受到严重污染的案件，对被告人谭某某、黄某某、丁某某等人分别判处刑期不等的有期徒刑。针对成都市周边电镀行业生产中存在的环境污染问题，成都市两级法院重拳出击，审理了一批在电镀加工生产中将废水违法直排、超标排放的案件，对相关责任人给予了相应的刑事处罚。

（二）依法从严惩处涉林刑事犯罪，维护国家生态安全屏障

党的十九大提出，加大生态系统保护力度，开展国土绿化行动，完善天然林保护制度。四川省是森林资源大省，是长江上游重要的生态屏障，依法打击破坏森林资源的违法犯罪对保护四川省的青山绿水和实现绿色发展具有重要意义。2017 年，四川法院共审理盗伐、滥伐林木等涉林一审刑事案件 319 件。在案件审理中，法院充分发挥财产刑在惩治严重破坏环境资源犯罪中的经济制裁作用，增加犯罪分子的违法成本，以经济手段遏制环境资源犯罪行为。

（三）依法从严惩处涉珍稀、濒危野生动植物和非法捕捞水产品刑事犯罪，促进人与自然和谐共生

党的十九大提出，人与自然是生命共同体，我们要建设的现代化是人与自然和谐共生的现代化。野生动物是自然生态系统中不可替代的重要组成部分，人与自然和谐相处就要保护野生动物。保护珍贵、濒危动物对维护生态系统的平衡，实现代际公平有十分重要的意义。四川法院注重从源头上遏制猎捕、杀害、收购、买卖野生动物及其制品的犯罪，打击非法破坏珍贵野生植物犯罪，保护野生动植物生存和繁衍的自然环境。坚决打击在禁渔期、禁渔区或者采取国家禁止的毒鱼、电鱼等方式捕捞水产品的犯罪行为，避免竭泽而渔。四川法院用最严厉的司法手段坚决打击涉国家重点保护动植物的刑事犯罪，严格依法适用缓刑，为四川省生物多样性和生态平衡提供司法保

护。2017 年 1~11 月四川法院审理涉国家重点保护动植物一审刑事案件 174 件，审理非法捕猎水产品一审刑事案件 48 件。沐川县人民法院对非法采伐国家二级重点保护植物楠木三十余株的被告人邹某某、陈某某、高某某分别处以三到六年不等的有期徒刑。九龙县人民法院对非法采伐国家一级重点保护植物红豆杉两株的被告人胡某某、郑某某分别处以有期徒刑两年十个月和两年六个月。雅安两级法院加大对珍贵、濒危野生动物及其制品非法交易链的打击：天全县人民法院审理了被告人贺某某、何某某非法收购、运输珍贵、濒危野生动物罪一案。该案中，贺某某在丹巴县境内收购猕猴后准备运往成都，在天全县境内被查获，扣押的涉案活体猕猴共计 40 只，属国家二级野生保护动物。天全县法院对被告人贺某某、何某某分别判处有期徒刑十年六个月和有期徒刑五年六个月，并会同公安机关对涉案猕猴进行了妥善安置。

（四）依法从严惩处环境职务犯罪，维护生态环境监管秩序

充分发挥环境资源司法审判的职能作用，加大对环境监管失职犯罪行为的处罚力度，促使负有环境监管职责的主体加强监管和执法，有效防范破坏生态环境行为的发生。长宁县人民法院审理了原长宁县竹海林业站站长刘某某徇私舞弊不移交刑事案件罪一案。该案中，刘某某在接到群众举报后对砍伐国家重点保护植物桢楠树两株、已涉嫌非法采伐国家重点保护植物罪的张某某等人仅口头决定处以罚款后，未按照法律规定将张某某一案移交司法机关。长宁县人民法院依照相关法律规定认定其构成徇私舞弊不移交刑事案件罪。营山县人民法院审理了原营山县环保局局长李某某犯滥用职权罪一案。李某某将四川省财政厅、省环境厅向营山县财政局、县环境局下达的中央农村环境综合整治资金 70 万元，擅自改变资金用途，给国家造成了重大经济损失。营山县人民法院依法判决其构成滥用职权罪。

（五）发挥司法裁判的规制和引领作用，倡导绿色发展方式和生活方式

党的十九大提出，推进绿色发展，倡导简约适度、绿色低碳的生活

方式，反对奢侈浪费和不合理消费。"没有买卖，就没有杀害"，中国和国际社会都严格禁止买卖珍贵、濒危野生动物制品，斩断非法交易野生动物的利益链条。中国参与的《濒危野生动植物种国际贸易公约》要求认真履行相应的国际义务，使国内野生动物的保护与世界濒危物种保护相衔接，要求公约参与国公民在任何情况下都履行不买卖珍贵、濒危野生动物和野生动物制品，不破坏野生动植物资源的义务。日常生活中一些公民缺乏环保意识和动物保护意识，出于不健康的消费心理购买消费珍贵、濒危野生动物制品，触犯刑律。雅安市雨城区人民法院对通过手机微信以4000元价格非法购买象牙制品的被告人李某判处有期徒刑一年，缓刑一年六个月，并处罚金人民币3000元。人民法院通过审判依法惩处这类犯罪行为，通过法制宣传扩大司法审判的效果，发挥司法裁判的规制和引领作用，促进公民增强生态意识，更新消费观念，自觉遵守法律，不参与野生动植物制品的非法交易，在全社会倡导健康、环保、绿色的生活方式。

二 推动环境资源刑事司法保护的创新与探索

四川法院充分认识到四川省资源开发与消耗、环境承载与保护面临的严峻形势，积极回应人民群众对生态环境保护的重大关切，坚持更新审判理念、创新工作机制，充分发挥环境资源刑事审判职能，积极探索环境资源的司法保护新模式。

（一）积极开展恢复性司法

积极探索从森林延伸到空气、水流、滩涂、矿产资源等领域的生态司法保护和修复模式，充分运用司法手段修复受损生态资源环境。在涉资源刑事案件中引入"补植复绿""增殖放流"等恢复性司法机制，严惩犯罪的同时，引导犯罪嫌疑人、被告人积极修复因其犯罪行为受损的生态环境，取得良好的综合效果。雅安市两级法院恢复性司法的积极探索得到了党委、政府的大力支持，雨城区、荥经县等地法院在当地党委、政府的支持下，积极探索集中补植复绿警示教育基地建设；荥经县人民法院在该县生态旅游景区兰家山公园内建立了四川省第一个用于补栽补种的补植复绿警示教育基地，在四川省产生了广泛的示范性影响。

（二）探索试行环境资源刑事案件提级管辖

为进一步加强对四川省审理环境资源犯罪案件的监督指导，统一执法尺度，加大对涉及破坏环境犯罪的打击力度，四川省高级人民法院与省人民检察院会商决定在宜宾、乐山、雅安试行重大环境资源犯罪案件提级管辖，对重大污染环境罪，非法猎捕、杀害珍贵、濒危野生动物罪，非法采伐、毁坏国家重点保护植物罪，盗伐林木罪，滥伐林木罪，非法收购、运输盗伐、滥伐林木罪，非法采矿罪，破坏性采矿罪，非法占用农用地罪，非法捕捞水产品罪等破坏环境资源保护犯罪案件的情形试行在必要时由市人民检察院审查起诉、市中级人民法院一审的提级管辖。四川法院还明确了五项依法从重处罚的严重破坏环境资源犯罪情形，切实发挥刑事司法的威慑作用。在刑罚执行方面，四川法院对提级管辖的案件依法严格控制缓刑适用，加大对破坏环境资源犯罪案件的财产刑适用力度，充分发挥财产刑在惩治严重破坏环境资源犯罪中的经济制裁作用，让破坏环境资源的犯罪分子切实接受惩罚、付出代价。2017 年 8 月 22 日，雅安市中级人民法院公开审理了四川省首例提级管辖案件，对非法采伐国家一级保护植物红豆杉的被告人张某判处有期徒刑三年六个月，同时责令被告人对当地受损的生态环境进行修复。目前试点工作正在有序推进，提级管辖制度在环境资源刑事案件中统一裁判尺度、强化环保意识和引导公众认知等方面的积极作用将不断显现。

（三）强化环境资源典型案例的编选、发布工作

四川省高级人民法院将环境资源典型案例编选和发布工作作为发挥司法保护生态环境职能的重要载体，不断健全完善案例工作编选制度，切实发挥

环境资源典型案例在促进公正司法、提升司法公信、正面教育引导等方面的积极作用。2017年1月，省高级人民法院发布了2016年度四川省法院十大典型案例，将"马荣龙、樊永先、李泽华等污染环境案"作为年度第1号典型案例，彰显了四川省法院打击破坏环境资源犯罪的决心和信心；6月5日"世界环境日"前夕，省高级人民法院集中发布了13件环境资源典型案例，其中，涉及盗伐滥伐林木，非法捕杀、破坏和交易珍稀野生动物及其制品，环境监管领域内的职务犯罪等环境资源刑事案例6件，进一步震慑污染环境、破坏资源的不法行为，提升全社会的环保法治意识。

（四）深入开展环境资源刑事案件专项审判工作

四川省高级人民法院认真贯彻落实中央五大发展理念和四川省委十届八次全会通过的《关于推进绿色发展 建设美丽四川的决定》，制定下发了《四川省高级人民法院关于深入开展打击破坏环境资源违法犯罪专项审判活动的通知》，从2017年3月开始至2018年底集中审判一批破坏环境资源的违法犯罪案件，通过专项审判进一步加强对环境资源的司法保护，扩大环境资源刑事审判的司法影响力。四川省各级法院积极组织开展专项审判活动，内江市中级人民法院在全市范围内组织开展了环境资源案件专项审判执行活动，成立了分管副院长为组长的环境资源案件专项审判活动工作领导小组，建立案件台账和沟通协调机制，加强与相关执法部门的协作配合，突出曝光了一批破坏环境资源的典型案件，为内江沱江流域综合治理和绿色生态系统建设提供了坚实有效的司法保障。

（五）大力推进环境资源审判体制专门化建设

环境资源审判专门化是推进四川省生态文明建设的重要法治保障，省法院党组认真贯彻落实中央、最高人民法院和省委关于加强生态文明建设、促进绿色发展的决策要求，大力推进环境资源审判体制专门化建设。一是强化环境资源审判机构的专门化。积极推动四川法院布局合理、适应审判需要的环境资源审判组织体系建设，目前，四川省21个市州中级人民法院均已设立环境资源审判庭，宜宾市、雅安市两级法院全部设立了环境资源审判庭，乐山峨眉山、甘孜海螺沟、巴中光雾山等5A级景区或重点景区，依托景区附近人民法庭建立了环保旅游法庭。二是强化审判模式的专门化。在四川省范围内推广采取刑事、民事、行政审判"三审合一"模式，由环境资源审判庭统一审理环境资源类刑事、民事、行政案件，通过审判机制创新，进一步整合司法资源、提升司法保护效能。三是强化审判人员的专门化。四川法院结合司法责任制改革要求，以环境资源专业化审判为基础，设置由入额法官组成的审判单元，科学组建环境资源审判团队，在团队中进一步统一审判理念、规范审理规则、优化审判力量，有效提升环境资源案件审判的专业化水平和办案质量。

（六）围绕中心工作加强调研，及时出台司法保障意见

四川法院紧紧围绕服务保障中央和四川省环保督察工作、服务和保障党政中心工作加强调研，及时研究出台司法保障意见。四川省高级人民法院制定了《四川省高级人民法院关于加强环境资源审判工作　服务四川省绿色发展的指导意见》，就全面加强四川省法院环境资源审判工作，充分发挥审判职能作用服务和保障四川省生态文明建设与绿色发展提出了指导意见；泸州市中级人民法院从维护长江上游流域生态安全出发，出台了《关于切实加强环境资源审判工作、服务"生态文明美丽泸州"建设的实施意见》，要求全市两级法院树立现代环境司法理念，积极运用恢复性司法措施，切实加强环境资源审判工作；雅安市中级人民法院针对司法服务环保督察和环保长效机制建设，制定了《关于充分发挥审判职能　为服务环保督察和加强雅安生态文明建设提供司法保障的实施意见》；德阳市中级人民法院《关于充分发挥审判职能服务我市环境资源保护的实施意见》受到德阳市委主要领导的肯定性批示。

三　进一步加强环境资源刑事司法保护的思考

四川法院落实"用最严格的制度、最严密的法治为生态文明建设提

供可靠保障"的工作要求，创新和完善环境资源刑事司法保护机制，积极发挥刑事审判的惩治、预防、教育作用，取得一定成效，对保障和促进四川绿色发展和环境保护发挥了积极作用。但实践中也发现，由于环境资源损害的复杂性、隐蔽性、影响的广泛性、长期性以及预防和治理的艰巨性，环境资源刑事司法中还存在一些问题需要着力加以解决，如证据收集固定困难、环境行政执法水平需要进一步提高、行政执法与刑事司法衔接机制不完善、环境损害后果和因果关系难以认定、犯罪物品难以处置、环境资源赔偿资金的管理利用及环境生态的治理与修复配套机制不健全等。这些问题有的需要从立法和制度层面加以解决，有的可以通过提升环境执法能力，加强环境行政执法机关和刑事司法机关的协调配合，动员全社会的环境保护力量参与，积极推动加以解决和完善。具体建议如下。

（一）整合现有侦查力量，充分发挥检察机关作用

以地级市公安机关为主导，建立统一负责本辖区破坏环境资源犯罪案件的专业警察队伍。整合现有环保、森林、治安等警力，提升环境资源犯罪侦查专业能力。对一些重大环境资源犯罪案件的侦查，侦查机关与行政执法机关同步介入，避免丧失侦查机会，全面收集证据。检察机关必要时也可提前介入，对证据质量进行把控。同时法院以优秀庭审、典型案例发布的形式逐步规范此类犯罪的证据种类、采信标准、举证分担，以适应严格司法的要求。

（二）鼓励相关鉴定机构进行因果关系鉴定，适当调整举证责任的分担

建立环境损害评估的专门机构。鼓励现有鉴定机构对环境资源损害行为与损害结果的因果关系进行客观论证，并引进人身损害鉴定中参与度的概念，对因果关系的客观联系进行主观量化，通过庭审来认定该参与度是否是犯罪构成意义上的因果联系。对于一些多因参与、难以确定因果联系的案

件，法庭审理时可按照诉讼便利的原则重新分配举证责任，以便于案件查明事实。

（三）设立环境公益基金

由政府主导设立环境公益基金，负责管理法院判决被告人缴纳的生态修复费用；通过其他专业组织和机构协助，支持案件审理过程中对生态环境紧急处置以及审理后生态修复需要的支出。引入第三方专业机构对公益基金进行运营管理，定期通报资金运行情况，并接受司法机关和社会的监督。

（四）建立环境资源专家库

设立由环保、安监、农林、水产、化工、动植物等跨科学、跨专业的环境资源专家库，负责破坏环境资源案件的鉴定、评估、论证、咨询等。专家库进行模块分组管理，根据案件不同类型进行组合，为案件处理提供专业科学支持。同时对于可能引发公众质疑的判决，由专家库中专家从专业角度进行论证并通过适当渠道发声，回应公众质疑，增强司法裁判的公信力。

（五）积极开展环境保护和资源合理开发利用法治宣传

深化司法公开，及时向社会发布重大司法信息、典型案例，积极开展巡回（就地）审判，充分发挥司法审判的宣传教育作用。充分利用公众微信号、微博等新媒体，微电影、小视频、动画短片等新形式提升公众生态保护意识。法官通过新闻发布会、接受专访、撰写文章等多种形式对个案进行解读，充分宣传环境资源审判宽严相济、恢复性司法等新理念。

（六）充分利用"两法"衔接平台，完善保护体系

升级现有"两法"衔接平台，行政执法部门查处的可能涉嫌犯罪的案

件，同步推送至司法机关。侦查机关在行政执法部门配合下同步进行立案侦查，防止案件流转过程变形走样。发挥司法的能动作用，充分利用司法裁判、司法建议等多种形式促进行政部门引导当地产业升级，消除阻碍环境资源治理的经济因素。发挥司法智慧，在坚持法律底线的前提下，尽量避免裁判结果与当地民生发生冲突。

B.13
四川省探索检法联动合力破解执行难

四川省人民检察院课题组*

摘　要： "执行难"是当前困扰人民法院执行工作的重大问题。四川省检察机关立足法律监督职能职责，通过加强检法协作联动，依法开展对执行活动的法律监督，将监督对象主要集中于法院在执行程序中作出的裁定、决定等执行文书及其他执行行为，取得良好监督成效，对于遏制执行乱、促进化解"执行难"发挥了积极作用。

关键词： 执行监督　执行乱　解决执行难　检法联动

执行生效裁判，堪称实现公平正义的"最后一公里"。党的十八届四中全会把"切实解决执行难"列为建设社会主义法治国家基本方略的重要内容，中央政法委明确要求完善执行机制，最高人民法院召开专门会议对"基本解决执行难"工作作出全面部署。四川省委作出的《关于贯彻党的十八届四中全会精神　全面深入推进依法治省的决定》和制定的《四川省依法治省纲要》都对解决执行难问题提出明确要求。

执行难，难在何处？对于内部而言，体现在人民法院消极执行、拖延执行、选择执行、违法执行、不规范执行导致执行难，可谓之执行乱导致执行难；对于外部而言，则存在案件数量剧增，被执行人难找，被执行财产难

---

* 课题组负责人：彭滨，四川省人民检察院民事行政检察处副处长。课题组成员：张雷、陈泽勇、覃攀、陈爽。执笔人：张雷，四川省人民检察院民事行政检察处主任科员。

寻，被执行人抗拒执行以及地方保护主义干扰等多种因素。2016 年 9 月，全国法院执行工作会议强调，各级检察院、法院要从维护社会主义法制统一尊严权威高度，依法履行职责，相互配合，相互制约，共同推进解决执行难问题，尤其强调"检察院要加强监督，依法履行好执行检察的作用"。本文立足四川省检察工作实际，从检察机关发挥执行监督职能出发，介绍四川省检法两院加强协调联动共同推进解决执行难的工作做法，分析存在的主要问题，并提出相应的建议。

一　四川省检察机关执行监督工作概况

根据 2012 年修改后的《民事诉讼法》和 2016 年最高人民法院、最高人民检察院联合印发的《关于民事执行活动法律监督若干问题的规定》（以下简称"两高"《规定》）规定，检察机关有权对人民法院执行生效民事判决、裁定、调解书、支付令、仲裁裁决以及公证债权文书等法律文书的活动实施法律监督。

2017 年，四川省检察机关共办结执行监督案件 693 件，发出执行监督检察建议等 527 件，同比上升 19.2%。法院采纳检察建议 480 件，采纳率为 69.3%，同比上升 16.4 个百分点。总的来讲，四川省检察机关的执行监督工作表现出以下特点。

一是监督方式更加规范。除 2 件案件以纠正违法通知方式实施监督外（最高人民法院、最高人民检察院、公安部、国家安全部、司法部 2010 年联合印发的《关于对司法工作人员在诉讼活动中的渎职行为加强法律监督的若干规定（试行）》中规定了纠正违法这一监督方式），2017 年四川省检察机关采取的监督方式均为法定的检察建议方式。

二是监督对象主要集中于法院在执行程序中作出的裁定、决定等执行文书及其他执行行为。2017 年四川省检察机关办理的执行监督案件中，涉及怠于履行执行职责的案件为 179 件，涉及执行裁决错误的案件为 66 件，涉及执行实施行为错误的案件为 286 件，后两类"乱执行"类案件占全部监

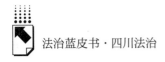
督案件的 66.3%。

三是监督人民法院"乱作为"的情形较为多样。监督的执行裁决错误主要包括执行裁定内容不明确、执行裁定适用法律错误、错误适用执行依据、未依法制作裁定书等；监督的执行实施行为错误主要包括超标的执行、违法执行案外人财产、拍卖不符合法律规定、在被执行人有可供执行财产的情况下终结执行、法律文书送达不规范、未及时发放执行款等。

四是更加关注非诉执行、终结本次执行、信用惩戒等领域。2017 年四川省检察机关共针对人民法院非诉执行中的问题提出非诉执行监督检察建议 23 件，共对人民法院终结本次执行程序中的违法行为提出检察建议 48 件，对信用惩戒领域违法行为提出检察建议 7 件。

五是执行监督案件主要集中于基层一线。2017 年四川省检察机关办理的执行监督案件中，省级检察院办理 2 件，市级检察院办理 5 件，基层检察院办理 686 件。

二 四川省检法联动解决执行难的具体实践

近年来，四川省检察机关在执行监督工作中坚持监督与支持并重，注重与人民法院的协调联动，共同推动解决执行难问题。

（一）思想联动统一认识

2012 年修改前的《民事诉讼法》第 14 条规定："人民检察院有权对民事审判活动实行法律监督。"由于检法两院对该条规定的检察机关监督范围是否包含法院的执行活动长期存在理解分歧，法院对于检察院执行监督的不配合、不支持现象时有发生。而法院执行乱的问题大量存在，产生了极其恶劣的影响。针对这些情况，四川省各级检察机关立足法律监督机关的宪法定位，明确通过与同级法院加强思想联动，力争监督工作思路达成共识，初步打开了执行监督工作局面。

2012 年《民事诉讼法》修订后，将第 14 条修改为："人民检察院有权对民事诉讼实行法律监督",并增加第 235 条:"人民检察院有权对民事执行活动实行法律监督。"省人民检察院一方面及时将执行检察监督作为民事诉讼检察工作结果监督、程序监督、执行监督"三驾马车"之一,确定为基层检察院民事诉讼检察监督办案工作的重中之重予以部署;另一方面,及时与省高级人民法院沟通,就立法修订的内容共同学习、研究,通报工作重点调整情况,研究如何发挥检察监督职能遏制执行乱,促进解决执行难,及时回应人民群众反映强烈的执行难问题。

立法上虽然已经明确检察机关有权对执行活动进行监督,但由于法律规定较为原则,对民事执行监督的范围、方式和程序以及检察建议的效力并未规定,可操作性不强。2016 年 11 月 2 日"两高"《规定》完善了检察监督的规定,规范了法院接受监督工作,对当事人申请监督给予指引,建立了检法两院工作机制,并特别规定了"人民法院、人民检察院应当建立完善沟通联系机制,密切配合,互相支持,促进民事执行法律监督工作依法有序稳妥开展",为检法两院在执行监督领域加强配合沟通、形成联动机制指明了方向。2017 年初,四川省级检法两院召开了多次座谈会,就贯彻"两高"《规定》促进解决执行难进一步达成共识,双方一致认为,"两高"《规定》有利于进一步强化检法联动,构建合力遏制执行乱、破解执行难的工作大格局。

(二)联动机制奠定基础

2002 年 9 月 20 日,四川省级检法两院会签了《关于在民事、行政诉讼中应用检察建议的意见(试行)》。该意见第二条规定:"人民法院作出的诉讼保全、先予执行裁定或者执行程序中作出的裁定有错误,可以采用裁定更正或者其他方式予以纠正的,人民检察院可以向人民法院提出检察建议。"该意见从工作机制上在全国率先确立了检察院可以对法院的执行活动实施监督,为四川省检察机关立足检察监督职能、从监督执行乱出发、促进解决执行难奠定了基础。

同时,利用"两高"《规定》出台契机,四川省人民检察院与省高级人民法院就开展执行监督工作中的相关问题进行了深入交流，双方就开展专题调研、建立常态化沟通协调机制等问题达成共识，形成《四川省法院与四川省检察院民事执行检察监督工作座谈会议纪要》。该会议纪要明确要求四川省检察院和法院均要建立民事执行检察监督工作的沟通协调机制，通过文件交换、联席会议、专题调研、专项督导、个案联合研讨等方式，互通工作信息、案件数据、典型案例，加强密切联系，实现资源共享，共同规范司法行为。按照省级法检两院要求，四川省22个市级检察院和21个基层检察院也先后与同级法院会签文件、建立协调小组、召开联席会议，建立常态化沟通协调机制。

（三）行动联动确保实效

一是联合专项督查执行难。按照四川省依法治省领导小组办公室安排，2016年8月，四川省人民检察院对自贡、宜宾等地推进破解执行难工作进行了督导巡查。督查组一行实地督查了当地"力争两年基本解决执行难"安排部署及组织保障情况，网络执行查控、远程执行指挥系统、失信联合惩戒等执行信息化建设开展情况，执行案件办理情况，并就督查地区解决执行难工作推进情况、存在问题和下一步的工作建议形成了书面报告。

二是联合开展清理执行案款专项行动。按照党中央对解决执行难工作的部署，最高人民法院、最高人民检察院下发了《关于开展执行案款集中清理工作的通知》。2016年5月3日，四川省高级人民法院与省人民检察院会签《四川省高级人民法院 四川省人民检察院关于开展执行案款集中清理工作的通知》，对"两高"关于联合开展执行案款清理工作的要求进行细化落实和具体部署，就法检两院分工负责提出明确要求：一方面，要求各级法院要根据未处理的执行案款的具体情况自行清理，坚持边清理边发放，对不能发放的案款进行规范管理，彻底清除历史包袱，堵塞管理漏洞；另一方面，要求四川省各级检察机关既要依法监督，更要支持配合人民法院做好清理工作。专项活动启动后，四川省人民检察院与省高级人民法院先后召开4次联席会议，分步骤研究工作重点、存在的问题和下一阶段工作要求。此外，四川省各中级法院均与同级检察院建立了协调机构，其中有10个市级法检两院还联合会签了文件，各基层法检两院亦按照要求建立了相关协调机构并立即着手开展清理工作。仅宜宾市两级检察机关与同级法院召开的执行案款清理工作联席会议就达 5 次，接收同级法院书面通报 11 份次。2016 年 10 月 17 日至 21 日，四川省高级人民法院、省人民检察院组成联合工作组对四川省 17 家中级法院及 22 家基层法院的执行案款集中清理工作进行了联合专项督查。督查组采取听汇报、查台账、看系统、抽查个案、约谈承办人、电话采访当事人等多种形式，对督查对象法院关于执行款物清理的重视落实情况、清理情况、录入情况、剔除情况、发放情况、存在问题、整改措施等全方位内容进行了督查，并因地制宜对下一步工作重点与受查法院交换了意见。专项活动注重综合运用个案检察建议和工作检察建议两种监督手段，针对执行工作中存在的普遍性问题提出改进工作的建议，相继督促人民法院加强对执行款物的管理、完善执行文书立卷归档、强化执行案件内部监控，进一步规范了法院的执行行为。2017 年，四川省各级检察机关共向同级法院提出个案检察建议 43 件，人民法院回复 38 件，采纳 38 件；提出工作检察建议 15 件，人民法院回复 14 件，采纳 14 件。

三是联合开展执行案款清理活动"回头看"。在检法两院联合开展执行案款集中清理工作的基础上，检察院抓好清理工作成果的转化工作，建立长效机制，组织"回头看"，对联合督查阶段发现的尚未支付的执行案款和尚未查清来源的款项，督促人民法院及时处理。内江市市中区人民检察院 2017 年以来共监督市中区人民法院清理未发放执行案款 21 笔，共计金额约 229 万元，已发放约 209 万元，并对未发放案款完善登记。以督查活动中收集的各地人民法院执行案件明细台账以及个案信息为基础开展跟踪问效，检察院对发现人民法院执行活动确有违法的，及时发出工作或个案检察建议。2017 年初，凉山彝族自治州两级检察院对同级人民法院涉执行暂存款清理活动进行了专项抽查，共抽查人民法院执行案件 143 件，对抽查中发现的法院先执行后立案、重复立案、虚假立案、同一执行案件出现多个编号、终结本次执行程序裁定不规范、违法送达、查封不规范、违法结案等问题发出检察建议 41 件。

（四）重点环节联动监督依法履职

针对执行难问题，从中央到地方采取了一系列措施，包括建立网络执行查控体系、信用惩戒体系，无财产可供执行案件退出和恢复机制以及破除地方保护主义、排除非法干扰等。这些措施或机制对解决执行难起着重要作用，但在实际运用中或多或少存在一些问题，部分法院没有严格把握适用条件，没有依法适用，对解决执行难工作造成负面影响。四川省检察机关抓住这些重点环节，依法实行监督，使这些措施的运用不偏离立法目的。

一方面，加强对人民法院终结本次执行、信用惩戒等重点环节的监督。针对法院违反《最高人民法院关于严格规范终结本次执行程序的规定（试行）》《最高人民法院关于公布失信被执行人名单信息的若干规定》，人民检察院对未穷尽财产调查措施、发现被执行人有可供执行财产未及时启动执行程序、终结本次执行程序不合法、应当纳入失信被执行人名单没有纳入、不应当纳入失信被执行人名单而予纳入等违法违规执行行为加大监督力度。2017年，人民检察院共对人民法院终结本次执行程序中的违法行为提出检察建议48件，对信用惩戒领域违法行为提出检察建议7件。达州市开江县检法两院联合出台了《民事执行中止、终结执行监督备案审查办法（试行）》。

另一方面，开展民事行政非诉执行监督。民事执行既要破除地方保护主义、排除非法干扰，又要依法执行。四川省检察机关在办案过程中发现，有关国家机关不依法履行生效法律文书确定的执行义务或协助执行义务，存在地方保护主义非法干扰情形的，依法向其发出检察建议，督促其纠正，涉嫌构成犯罪的依法向相关部门移送。同时，针对人民法院执行具有强制执行效力的公证文书、商业仲裁文书、劳动仲裁文书、行政处罚决定中存在的违法违规执行、怠于执行等行为开展监督工作。2017年，检察院共提出非诉执行监督检察建议23件。万源市人民检察院在办理一起执行监督案件中发现，万源市某煤业公司实际控制人席某为逃避债务，串通相关人员，制造虚假仲裁并以此仲裁文书申请法院强制执行的违法事实，向万源市法院发出暂缓执行的检察建议，并将案件移送公安机关办理。某地国土资源局申请人民法院强制执行行政处罚决定的 4 起案件中，法院存在不立不裁、怠于履行职责等违法情形，当地检察院向法院提出依法受理的检察建议，获得法院采纳。

（五）打击拒执行为，联动改善执行环境

检法联动解决执行难，支持法院执行是其应有之义。严惩拒不执行人民法院判决、裁定的执行，是解决执行难的一个重要方面。按照"两高"与公安部《关于开展集中打击拒不执行判决、裁定等犯罪行为专项行动有关工作的通知》要求，四川省人民检察院与省高级人民法院、省公安厅联合制定了《关于进一步依法打击拒不执行判决、裁定等犯罪行为的通知》，依法加大了惩治拒执犯罪行为的力度。2016 年至今，四川省检察机关对涉嫌拒不执行判决、裁定等罪审查批准逮捕 26 件，起诉 44 件，对阻挠、妨害甚至暴力抗拒执行的行为依法予以制裁，有效改善了执行环境。

（六）息诉和解，联动共同维护司法权威

对于不符合监督条件的申请监督案件，及时做好矛盾化解工作，维护司法权威。四川省检察机关认真执行省检察院与省法院会签的《关于在民事审判监督程序中建立检调对接机制的若干意见（试行）》，进一步健全了办理民事行政执行监督案件中的检调对接机制、息诉和解机制、办案风险评估机制以及矛盾纠纷排查化解协作机制等一系列矛盾化解工作机制，实现了案结事了人和，督促当事人履行生效法律文书，维护司法权威。2008 年以来，四川省检察机关通过耐心细致地释法说理，先后促使 439 件民事行政执行申请监督案件当事人在检察阶段自愿达成和解协议，146 件案件当事人息诉罢访，实现了法律效果与社会效果的统一。

三 存在的主要问题

四川省检察机关履行法律监督职责，与法院联动促进解决执行难虽然取

得了一定成效，但从总体看，与人民群众的期待和要求相比，监督的成效还存在较大差距。主要有以下几个方面的问题。

一是缺乏顶层设计是制约民事行政执行检察监督进一步开展的根本原因。虽然立法赋予了检察机关对民事执行活动的监督权，但是检察监督的程序、效力仍不明确。"两高"《规定》出台前，最高人民法院颁布的司法解释将执行裁定等排斥在检察机关监督范围之外，使执行监督工作的开展缺乏法律制度保障。正因为如此，一方面，当事人对检察机关的监督职能缺乏了解，执行监督的案源渠道还未完全畅通；另一方面，部分地区存在畏难情绪，工作积极性、主动性不够，办案的底气不足，执行监督工作打不开局面。

二是认识分歧是影响执行监督实效的重要因素。虽然在立法上以及"两高"层面，检法两院已经取得一定共识，但实践中因立场、角色不同，对执行监督工作的认识分歧较大。有的法院甚至对检察机关的监督心存抵触，认为检察监督是给执行难添乱，或拒绝监督，或设置障碍。譬如，法院往往借口执行卷宗尚未归档不提供借阅或者借口执行卷宗下落不明等使检察机关难以掌握第一手资料，导致调查核实无法全面深入，个别案件因调卷时间过长而处于审查中止状态，不能及时结案。再者，法院回复率虽高，但实际纠正情况并不理想，多数存在敷衍回复、简单回复等情况。

三是检察监督队伍力量薄弱，人员配比明显不足。基层人民检察院是办理执行监督案件的主力军，除打击涉嫌刑事犯罪的拒执行为外，民事行政检察部门是办理执行监督案件的责任部门，但目前基层人民检察院执行监督办案力量明显不足。

四 对策建议

一是在立法上进一步细化规定，为检察机关开展执行监督提供保障。当前，法检两院在民事行政执行监督工作上的认识分歧根源在于当前立法只限于原则性规定。虽然修订后的《民事诉讼法》已经明确规定"人民检察院有权对民事诉讼活动实行法律监督"，"人民检察院有权对民事行政执行活动实行法律监督"，但是对于检察机关开展民事行政执行监督的监督范围、监督手段、监督程序以及保障性措施并没有在分则中予以明确，检法两院在执行中难免仍会产生分歧。因此，本文建议最高人民检察院加强与全国人大常委会法工委的联系，及时掌握立法修改的进程动态，提出有针对性的修改建议，力争在《民事诉讼法》分则的执行部分增设"民事行政执行检察监督专章"，对于民事行政执行检察监督的范围、程序、方式、手段以及保障性措施等基本问题作出具体规定。

二是加强"两高"的沟通协作，共同出台相关司法解释解决法检两院认识分歧问题。司法实践中，法检两院认识上的分歧已经成为制约民事行政执行监督工作发展的重要瓶颈。最高人民法院出台司法解释单方面限制检察机关的检察权，反而加大了检法两院在民事行政执行监督方面的分歧和矛盾，也给各地检察机关执行监督工作的开展设置了障碍。"两高"《规定》属于司法文件，不属于司法解释，效力偏低。为此，本文建议最高人民法院、最高人民检察院进一步加强沟通协作，针对当前法检两院在认识上的分歧，共同出台司法解释，为检察机关民事行政执行监督工作的良性开展创造条件。

三是完善民事行政执行检察监督效力保障机制，规范民事行政执行监督行为。民事行政执行检察监督效力的保障，不仅需要法检两院在日常工作中处理好监督与配合的关系，逐渐消除两院在认识上的分歧，形成互相配合、互相支持的局面，而且也需要党委、人大等系统外部的支持。因此，本文建议：一方面，充分利用各级法检两院建立的联系沟通工作机制，发挥检法联席会议制度作用，实现从个案沟通的常态化向类案沟通常态化转型，共同研究解决执行监督工作中遇到的问题；另一方面，各级人民检察院应当加强与本地党委、人大的沟通协调，通过向人大专题汇报、邀请开展执行检查、调研视察以及个案协调等方式，借力解决民事行政执行监督工作中的问题与困难。

四是强化检察机关队伍建设，提升监督能力。第一，配备与履职要求相

适应的人员，优化检察机关民行检察人员结构。第二，加强业务培训和岗位练兵。定期组织民事执行法律法规等业务知识学习，开展执行监督实务培训，强化监督基本功。第三，推行民行检察人员交流制度。完善民行检察人员上挂下派，与法院开展人员互派交流学习等机制。第四，多办案、办好案。切实办理一批具有一定社会影响力的重大案件，在办案中发现执行监督工作中的问题，积累监督经验。同时，加强对执行审查权、执行实施权运行规律的学习研究，深入研究执行监督的基础性、理论性问题，探索完善执行监督解决执行难的工作机制。

五是实现执行信息平台共享，适当借鉴其他地方的成功经验。本文建议，完善覆盖全国的信息化查控体系和"全国法院失信被执行人名单信息公布与查询"平台，实现全国法院执行信息资源统一管理，以及与检察机关的信息共享，推进社会统一信用体系建设。

B.14
南充检察机关多元化
国家司法救助调研报告

南充市依法治市领导小组办公室课题组 *

摘　要：　南充市检察机关根据中央、省、市关于国家司法救助工作要求，主动谋划，认真思考，探索救助方式，加大救助力度，突出救助效果，大胆探索、积极顺应广大群众对司法公正、权益保障的新期待，以制度建设为抓手，以机构建设为保障，构建社会募集救助资金、立体救助、联合救助、特殊群体亲情救助等多元化救助模式，取得了一定成效。

关键词：　探索创新　制度建设　多元化救助　国家司法救助

在全面推进依法治国和扶贫攻坚的进程中，南充市检察机关以奋发有为的精神状态、求真务实的工作作风，进一步强化责任担当，主动顺应人民群众对司法公正和权益保障的新期待，努力践行以人为本的执法理念和全心全意为人民服务的宗旨，大胆尝试快速救助、立体救助、联合救助、亲情救助、救助资金社会筹集等多元化国家司法救助模式，引起中央政法委关注，受到最高人民检察院、四川省人民检察院的充分肯定并得以推广。

* 课题组负责人：古正举，中共南充市委副书记、市依法治市领导小组副组长。课题组成员：兰吉春、贾成刚、游远、陈燕、许怡婷。执笔人：陈燕，南充市人民检察院控告申诉检察处处长。

一 南充市检察机关多元化国家司法救助的基本做法和初步成效

（一）筑牢基础工作，夯实救助格局

一是强化组织领导，确保救助工作保障有力。南充市人民检察院党组认真贯彻落实国家司法救助工作相关文件精神和部署要求，始终把做好该项工作作为保障当事人合法权益、维护社会公平正义、促进社会和谐稳定的重要抓手，主动向南充市委、市人大常委会和市委政法委作专题汇报，积极争取支持和领导。检察院先后多次召开专题会议研究国家司法救助工作，成立了以检察长为组长的国家司法救助工作领导小组，推动国家司法救助工作持续化、常态化、规范化。

二是完善配套制度，确保救助工作高效运行。认真贯彻落实中央六部委《关于建立完善国家司法救助制度的意见（试行）》，以及中央、省、市国家司法救助实施办法和最高人民检察院、四川省人民检察院关于国家司法救助工作等文件精神，南充市人民检察院出台了《关于全面加强国家司法救助工作的实施意见》，进一步明确了全市检察机关在开展国家司法救助工作中的总体要求、具体任务和职能职责。

三是优化资源配置，实现救助工作无缝对接。具体做法如下。坚持定期向党委、人大、政法委汇报国家司法救助工作，争取政策倾斜，有效解决存在的问题和困难；主动加强与相关部门的沟通协调，实现了国家司法救助资金优先预拨和自主审批；整合市县两级人民检察院力量，实现特殊典型案件市县两级院联合救助，破解了救助力量有限、救助金额较低、救助方式单一的难题；加强与人社、民政、司法、残联、教育、卫生、共青团、妇联、房管、住建等相关行政职能部门的沟通，形成共识，建立起对救助对象的多元化国家司法救助机制。

（二）创新救助机制，丰富救助模式

一是搭建公益桥梁，变"存量"为"增量"。为有效缓解专项国家司法救助资金不足的压力，仪陇县人民检察院创新建立"刑事被害人救助基金"，为社会爱心人士参与国家司法救助搭建桥梁。2015 年 4 月，该院在省市领导的关心支持下，召开爱心人士座谈会，开展"相信爱"刑事被害人司法救助捐赠活动，收到款物 60 余万元。该院还通过网络、媒体向社会公布捐赠账号，在县城人流密集场所设立捐款箱，实现捐赠资金持续注入。此外，仪陇县人民检察院还制定《仪陇县刑事被害人救助基金管理使用办法》，在县慈善会设立专门基金账户，明确了救助原则、标准、范围、程序和监管方式。

二是拓宽案源入口，变"被动"为"主动"。具体做法如下。结合全国检察机关统一业务应用软件，建立以检察机关内部的控告申诉检察部门为主体的司法救助案件移送、评估、流程管理和责任衔接机制，注重在办案中发现救助案源；构建与地方党委、人大、政府、政协等部门的信访案源协作机制，注重从信访渠道发现司法救助案源；充分发挥人大代表、政协委员、人民监督员、特约检察员的作用，注重从社会渠道发现救助案源；利用检察机关门户网站、手机报、微博、微信加强宣传，关注天涯论坛、麻辣社区等网络舆情，注重从网络渠道寻找救助案源。

三是注重立体救助，变"单一"为"多元"。具体做法如下。注重司法人文关怀，主动与民政、教育、扶贫移民、共青团、妇联、住建、房管、卫生等部门会签了《关于建立国家司法救助与其他救助衔接机制的意见》，按照"一户一策、因需施助、及时有效"的原则，统筹安排、合理分配救助资源，通过提供法律援助、社会保障、医疗救助、就业就学等救助，确保"法律有援助、经济有救助、生活有照料、精神有慰藉"。在地方，如蓬安县人民检察院的"代理检察官妈妈"利用节假日对未成年救助对象进行走访，开展"亲子"活动，从学习、生活、心理上给予关心、关爱，使其感受到"妈妈"的温暖。营山县人民检察院开通"知心姐姐"热线、微信公众号，邀请专业心理咨询师对救助对象进行心理疏导、精神抚慰。仪陇县人民检察院开展"一对一"认亲活动，为年老、重病、残疾刑事被害人及其家属量身定制救助方案，专门联系一个社会救助部门或爱心人士长期救助，给予特殊关爱。

（三）立足发展大局，提升救助实效

一是推动息诉罢访，在化解矛盾上下功夫。南充市人民检察院注重将解决涉法涉诉信访问题纳入法治轨道，建立通报、会商和信息共享、息诉化解联动机制，把符合条件的涉法涉诉信访人纳入救助范围，积极引导信访人运用法律手段维护自身权益、解决矛盾纠纷。根据全国检察机关统一业务应用系统数据，2015年以来，南充市检察机关共办理国家司法救助案件213件，向214人发放救助金165.56万元，协调解决170人次入学就医、就业指导、危房改造、心理疏导、低保救济等困难，成功办理了全省检察机关首例涉法涉诉信访人、首例举报人国家司法救助案件，解决了救助对象的实际困难，推动了信访案件的妥善处理，减少了社会不稳定因素。

二是推动脱贫致富，在精准扶贫上下功夫。南充市人民检察院出台了《南充市检察机关精准扶贫帮扶方案》，明确将因案致贫的当事人及其近亲属列为救助对象，全面促进救助与帮扶同步对接、救助款项与扶贫款项同步保障、综合救助与精准扶贫同步开展。营山县人民检察院全面摸排因案致贫的基数，积极协调相关部门将符合条件的当事人或其近亲属纳入精准扶贫范畴，7名因案致贫的救助对象因此受益。

三是推动依法治市，在提升形象上下功夫。南充市人民检察院将国家司法救助作为检务公开的重要内容，建立司法救助工作业务通报、救助案件听证和代表委员评议等制度，既充分听取申请人意见，保障申请人知情权，又把司法救助置于社会监督之下，确保了救助程序透明、救助标准统一、救助结果公开。仪陇县人民检察院定期向社会公开刑事被害人救助基金捐赠及使用情况，主动接受公众监督。蓬安县人民检察院在网络平台上发现救助线索后，第一时间在论坛发布办理情况，主动回应社会关切。

（四）坚持跟踪回访，持续传递关爱

一是坚持有案必访。具体做法如下。救助对象在获得救助后2个月内，由各级检察机关联合救助对象所在党委政府回访救助对象，了解救助效果，确保救助资金合法、有效使用；关注救助对象的后续生活、心理状况，及时调整救助方向，动态调整救助方案，共同帮助救助对象解决现实困难，确保检察机关的司法人文关怀持续传递。2015年至今，全市检察机关多名干警先后140次到救助对象家里进行回访，不仅掌握了救助对象的最新现状，而且密切了检群关系。

二是坚持跟踪督促。一方面，对于司法实践中包括未成年人、生活无法自理且无直系亲属的特殊救助群体，检察机关分阶段、分节点跟踪救助资金的管理情况；另一方面，对于给予就业指导、未成年救助对象入学、就医、危房改造、心理疏导等辅助性救助的救助对象，检察机关则加大与相关职能部门的工作对接和后续督促，确保辅助措施也能落到实处。在地方实践中，仪陇县人民检察院结合扶贫攻坚工作开展的"事实孤儿救助"活动，引起了各界广泛关注，针对该县179名未纳入司法救助"事实孤儿"的现实问题，该院积极与县民政局、教育局等单位和各相关乡镇沟通协调，对后续工作进展缓慢的单位、乡镇提出书面检察建议，既有效解决了"事实孤儿"的后顾之忧，又有力推动了扶贫攻坚工作。

三是集中回访服务。2017年4月，西充县人民检察院率先探索国家司法救助回访新途径，提出了"司法有情　恒温37度"的工作构想，着力构建检察、律师、社会组织三方联动回访救助机制，对近3年办理的13件国家司法救助案件的救助对象进行集中回访服务。具体做法如下。其一，建立律师参与回访长效机制，体现法律温度。该院联合辖区内多家律师事务所，为每一件国家司法救助案件建立"常态化回访"档案，通过回访考察、跟踪帮扶，从生活关心、法律维权、心理抚慰等多方面入手，将救助效果最大化。联合律师对救助对象采取电话询访、约见面访、登门家访等方式，进行定期与不定期的跟踪回访，了解救助对象接受救助后的家庭经济状况和救助

效果，对可能重新引发社会矛盾的，让律师参与说理释法，及时采取疏导预防措施及早化解矛盾。其二，建立社会救助联动机制，提升生活温度。虽然国家司法救助原则上只能对同一救助对象救助一次。检察机关在无法再次实施救助的情况下，积极拓宽帮扶渠道，主动联系民政部门、相关企业及社会慈善家，借助社会力量帮助救助对象及其家庭。其三，建立教育扶贫机制，确保教育温度。该院主动与县教育局、团县委召开座谈会，就如何确保集中回访中发现的四名未成年人接受良好学校教育、顺利完成学业进行探讨，最终使其享受到相关政策顺利入学，并通过心理教师的疏导，重树学习和生活信心。

二 南充市检察机关多元化国家司法救助存在的问题和困难

（一）司法救助金发放标准不统一，容易滋生新矛盾

2015 年至今，全市检察机关人均发放救助金 7736 元。从单笔发放金额看，发放的最高金额 4 万元，最低金额 2000 元；从发放主体看，南充市人民检察院办理的国家司法救助案件的单笔救助金总体高于基层人民检察院发放的金额。究其原因，一是市级财政财力强于县市区财政财力，地方财政关于国家司法救助金的保障更加到位、有力。二是即便在财力相当的不同地方，因为各种因素的制约和各地具体情况不同，地方财政关于国家司法救助金的保障力度不尽相同。三是法律政策关于国家司法救助金的标准仅规定上限，即《人民检察院国家司法救助工作细则（试行）》第十条明确规定的："救助金以办理案件的人民检察院所在省、自治区、直辖市上一年度职工月平均工资为基准确定，一般不超过三十六个月的工资总额。损失特别重大、生活特别困难，需要适当突破救助限额的，应当严格审核控制，依照相关规定报批，总额不得超过人民法院依法应当判决的赔偿数额"。由于缺乏在限额范围内如何进一步细化的标准，国家司法救助案件承办人在办案过程中，

发放标准不明确，在救助金额把握上主观性较强。四是在当前检务公开、阳光检务的大背景下，国家司法救助案件的办理也随之公开。公开的结果可能会出现同类案件甚至相同案件涉及的被救助人互相知晓各自领取的不同标准的救助金，进而容易诱发新矛盾。

（二）司法救助资金有限，社会捐赠工作未能形成大气候

中央政法委、财政部、最高人民法院、最高人民检察院、公安部、司法部联合发布的《关于建立完善国家司法救助制度的意见（试行）》明确提出：国家司法救助资金的筹集坚持政府主导、社会广泛参与的资金筹措方式。各地国家司法救助资金由地方各级政府财政部门列入预算，统筹安排，并建立动态调整机制。司法实践中，就南充市而言，2015 年至今，各县级财政每年列入财政预算的国家司法救助资金多在 5 万元至 20 万元不等，国家司法救助资金较为有限。救助对象的救助需求与救助资金的困难紧张之间的矛盾，成为制约国家司法救助工作发展的重要因素。《关于建立完善国家司法救助制度的实施意见（试行）》同样明确规定：各地要采取切实有效的政策措施，积极拓宽救助资金来源渠道，鼓励个人、企业和社会组织捐助国家司法救助资金。最高人民检察院《关于贯彻实施〈关于建立完善国家司法救助制度的意见（试行）〉的若干意见》也明确指出，要全力争取财政部门支持，鼓励个人、企业、社会组织捐助，推动建立政府主导、社会广泛参与的国家司法救助资金筹措方式和动态调整机制。这些规定为国家司法救助资金的社会募集提供了政策依据。为此，南充市仪陇县人民检察院建成全国检察机关首个"刑事被害人救助基金"，充分筹集社会资金救助刑事被害人。但是，该基金仅能对该县辖区内的国家司法救助工作起到良好的补充作用，对其他地方的同类工作起到一定的指引和借鉴作用。该种做法仅在点上发光，未在面上形成大气候。

（三）司法救助工作宣传不够，社会关注度不高

一是各职能部门内部尚未给予足够重视。国家司法救助工作主体是各级

党委政法委以及各政法部门。即便如此，一些部门自己的内设机构或工作人员都未给予足够重视，思想认识不到位，仅仅认为这是自身的一部分工作，未能站在参与社会管理创新和社会治理的高度来理解国家司法救助工作的重要性，更未广泛宣传。二是现有的国家司法救助宣传工作方式单一，未能达到预期效果。就南充市而言，宣传基本限于在借助检察机关集中宣传活动时有所涉及，偶有参与地方慈善机构举办的慈善交流会，但是少有以国家司法救助为主题的宣传，社会关注度和群众知晓度不高。

（四）司法救助工作原则理解有偏差，救助后续工作乏力

虽然前述规定都明确了国家司法救助应当坚持辅助性救助原则，对同一案件的同一当事人只进行一次性救助。实践中，司法工作人员容易理解为司法机关向救助对象支付了救助金，或给予了其他方式的救助后，就对其再也不闻不问。这其实是对一次性救助的理解偏差。在此思想支配下，司法工作人员没有或较少对救助对象受助后的后续情况进行跟踪回访，国家司法救助工作的效果不易发挥到最佳。《关于建立完善国家司法救助制度的实施意见（试行）》规定：对于未纳入国家司法救助范围或者实施国家司法救助后仍然面临生活困难的当事人，符合社会救助条件的，办案机关协调其户籍所在地有关部门，纳入社会救助范围。跟踪回访工作不力明显与规定不符。

三 多元化国家司法救助工作的开展思路

（一）进一步在立法层面明确相对具体的救助标准

按照原则性与灵活性相结合的原则，各地政法委可以牵头制定相应的细则，注意严格把握救助标准和条件，兼顾当事人实际情况和本地区同类案件救助数额，综合考虑相关情况，确定救助金具体数额，做到公平、公正、公

开合理救助，防止因救助不公引发新的矛盾。一是以按照救助对象所受到的损害结果或面临的实际困难为标准，规定一般性的基本标准，即根据救助对象的经济困难状况、身体具体情况等因素，大致分为几个等级；二是遇有特殊情况时，如何在基本标准上予以变通执行或突破执行；三是将上述特殊情况予以列举说明。

（二）进一步加大宣传力度，提升国家司法救助工作社会聚焦度

一是可以确定南充市国家司法救助工作形象代言人。南充市计划聘请1~2名公众形象好、有一定影响力、愿意致力于刑事被害人救助工作的知名人士，担任南充市国家司法救助工作的形象代言人，借助他们的社会影响力号召全社会参与到国家司法救助工作中来。二是可以制作国家司法救助工作公益广告。既可以在公交站台、中心广场、超市影院等人员密集区张贴公益广告，也可以与各级地方电视台建立长期合作关系，在黄金时段插播公益广告。三是制作专题片，释放国家司法救助工作社会正能量。检察机关联合地方电视台、广播电台等，制作国家司法救助工作专题片，以身边人讲身边事的方式，讲述国家司法救助工作的目的意义、要求方式、条件程序等，简单直观，图文并茂，宣传效果好。四是充分用好检察机关官方网站、官方微信、微博和地方大型网站设置专栏，展播国家司法救助典型案例；充分利用"互联网＋"模式筹款，联系网络研发公司开发"国家司法救助基金"捐款App平台，利用"互联网＋公益"，吸引更多、更广泛的人群了解国家司法救助对象这一特殊群体，参与爱心救助。五是举办主题活动，产生救助工作社会共鸣。检察机关可以主动联系地方慈善机构，通过共同举办国家司法救助捐赠晚会、地方慈善交流会等主题活动，提高广大群众对该项工作的知晓度和参与度。

（三）进一步加大救助资金社会捐赠，确保司法救助基金里的资金源源不断

中央政法委2014年牵头出台的《关于建立完善国家司法救助制度的实

施意见（试行）》，从政策层面解决了刑事被害人救助资金来源问题。但司法实践中，由于法院、检察院、公安机关、司法行政部门都有司法救助义务，且救助对象远远不止刑事被害人。因此，单靠一两个基层政法单位或者政法系统中任何一家都显得势单力薄，共同的职责需要政法各部门共同参与到这项有意义的工作中来。因此，建议由市一级政法委或各省政法委牵头，设立全市或全省性的"国家司法救助基金"，统筹政法各部门力量共同做好司法救助工作，切实担负维护社会和谐稳定的职责。

（四）进一步加大跟踪回访工作

一是针对被救助人开展跟踪回访，可以联合地方工会、共青团和妇联组织，成立国家司法救助志愿者服务队，吸纳律师、心理咨询师、大学生志愿者、医生等不同层面的志愿者，着力开展对被救助人的后续回访工作，包括提供定期的心理疏导、身体检查、法律咨询等服务，适时了解其最新个人动态，以及时调整救助方向。二是司法机关加大对救助金使用情况以及相关职能部门辅助救济工作的跟踪和督促。实践中，一些救助对象因为自身特殊原因，不能直接领取救助金，而由相关单位或个人代为管理救助金，就需要司法机关定期跟踪资金使用情况；对于那些以支付救助金为主，其他救助方式为辅的救助对象，更需要司法机关跟踪督促履行辅助救助职能的相关部门尽职尽责。三是司法机关适时与相关职能部门联系协调，听取意见，获取信息，确保信息对称，及时调整多元化救助方向，调整相关职能部门的履职比重，既保证不浪费有限的人力资源，又确保被救助人能得到最科学、最合理的救助。

B.15
眉山市家事审判改革的实践

眉山市中级人民法院课题组*

摘　要： 开展家事审判方式和工作机制改革，是人民法院贯彻落实习总书记关于"家庭、家风、家训"系列重要讲话精神，满足人民群众日益增长的司法需求和参与社会治理创新的切入点。眉山市中级人民法院自2016年开展家事审判方式和工作机制改革试点以来，坚持党政领导，统筹改革工作推进；树立柔性司法理念，创设家事调查员、离婚三封信等制度；依托眉山"多元解纷"机制和经验积累，整合司法、行政和社会力量，形成"党政领导、政府支持、部门负责、社会协同、公众参与、法治保障"的多元化解决家事纠纷的社会治理新格局。

关键词： 家事审判　多元化纠纷解决　社会治理

　　家庭是人类繁衍的基本单位，婚姻家庭关系包含夫妻、父母子女及其他家庭成员之间的财产和身份关系，但这不是普通的身份和财产关系，而是集伦理道德、情感、法律效力为一体的社会关系。婚姻关系的破裂不仅影响夫妻双方，也影响所有家庭成员，尤其对未成年子女的合法权益和健康成长造成严重的负面影响。近年来，离婚案件总体呈逐年快速上升趋

---

* 课题组负责人：魏东，眉山市中级人民法院审判委员会委员、民一庭庭长。课题组成员：李建伟、余林峰、罗佳琪。执笔人：罗佳琪，眉山市中级人民法院民一庭法官助理。

势，人民法院受理的离婚抚养继承纠纷等家事案件总数几乎一直稳居民事案件的第一大类，占比四分之一左右，其中离婚案件就占家事案件的70%以上。

2016年5月，经最高人民法院确定，眉山市中级人民法院（以下简称"眉山中院"）成为全国首批家事审判方式和工作机制改革试点法院之一，开展为期两年的改革试点工作。眉山两级法院在家事案件审理过程中转变审判思路，强化法官自由裁量、依职权主动探知和适当干预当事人处分权，更加重视家庭成员的身份和人格利益，适当放宽和延长家事纠纷案件的审限限制，以便更好地化解家事纠纷，弥合亲情以及修复家庭成员心理创伤，维护家庭的和谐稳定。以审判理念的转变为中心，通过家事审判方式和工作机制的改革和创新，整合司法、行政和社会力量，推动家事纠纷多元化解的专业化、规范化、精细化，丰富和深化多元解纷"眉山经验"内涵。

改革以来，全市两级法院共受理民事案件23679件，其中家事案件5446件，家事案件占民事案件总数的23%，其中民事案件的调撤率为52.5%，家事案件的调撤率为66.52%，家事案件的调撤率高出普通民事案件14.02个百分点①。眉山法院在家事审判方式和工作机制改革试点工作中认真抓好落实，各项工作取得可喜成果。

一 党政主导推动，形成家事审判改革的强大合力

党政领导对顺利推进家事审判方式和工作机制改革试点工作具有不可替代的政治优势和重要作用。党委、政府能从广度、深度上充分整合各类纠纷解决的资源，全局性、系统性建立健全家事纠纷多元调解机制，构建起"党政领导、政府支持、部门负责、社会协同、公众参与、法治保障"的多元化解决家事纠纷社会治理的新格局。

---

① 数据来源：四川省眉山市中级人民法院审管办。

（一）党政高度重视

两级党政高度重视家事审判改革工作，专题听取法院工作汇报，组织召开工作推进会，落实专项资金，解决工作中的困难和问题。市委出台改革实施意见，将家事审判纳入市委绩效目标考核、综治目标考核和大调解工作考核。通过市委申报，"推进家事审判改革试点"工作纳入 2017 年四川省依法治省重点创新项目。各区县党政同步跟进落实市委统一安排部署。以丹棱法院为例，丹棱法院制定并由县委办、政府办向全县转发了《丹棱县人民法院关于开展家事审判方式和工作机制改革试点工作的实施方案》，要求全县支持执行，并将家事审判方式及工作机制改革工作列入《县委全面深化改革领导小组 2017 年工作要点》。在党政领导下，家事审判改革工作在全县范围内全面开展。在市委、市政府高度重视下，依托多元化纠纷解决机制改革形成的良好工作体系，眉山家事审判改革的"党委领导、政府支持、部门负责、社会协调、公众参与、法治保障"新格局全面构建，形成了改革的强大合力。

（二）部门联动推进

眉山两级法院在党委、政府的重视和大力支持下，与公安、司法行政、民政、教育、妇联、共青团、关工委、网格办等单位建立起全面的合作关系，形成部门联动机制，充分有效地利用社会各方面的资源和力量共同参与家事纠纷调处工作。一是召开家事审判研讨会。在家事审判改革试点工作开始之初，眉山中院邀请眉山市民法学会、眉山市妇联、各基层法院从事婚姻家庭审判工作的法官、基层政府工作人员、律师代表参加研讨会，共同探讨家事审判方式和工作机制改革问题，广泛听取各方代表对家事审判改革工作的建议和意见。二是建立联席会议制度。定期与公安、民政、教育、司法行政、妇联、关工委等单位召开联席会议，研究解决婚姻家庭、儿童、妇女、老年人合法权益领域的有关问题，并就家事审判改革过程中的经验和不足进行交流讨论，协同处理问题，增强改革共识。东坡区法院与区公安分局、区妇联、区民政局联合出台《关于建立家事纠纷联动化解工作机制的意见》和《关于联合执行人身安全保护令裁定的意见》，明确在人身安全保护令实行过程中各单位和部门的具体工作职责，解决人身安全保护令在实际执行过程中出现的问题。三是成立家事调解委员会。眉山两级法院依托妇联的相关资源优势设立家事调解委员会7个，制定《家事调解员工作规程（试行）》，由法院、妇联、公安、民政、教育、关工委、司法行政等单位及基层群众组织推荐，优先选择品行端正、具有教育学和心理学背景、从事有关妇女儿童工作或者具有调解技能培训经历、有高度责任感和保密意识的人员担任家事调解员。经过挑选，共选拔32名家事调解员，由法院和妇联共同颁发聘书，制作家事调解员名册，向社会公众公开。四是设立家事调解工作室。眉山中院联合妇联出台《关于婚姻家庭纠纷案件诉调对接工作的实施意见》，依托法院诉讼服务中心，邀请法律学、心理学、社会学等方面专业人士，参与疑难复杂、矛盾易激化的婚姻家庭纠纷调解。两级法院均设置了家事调解员工作室，邀请家事调解员入驻法院，将家事调解员的调解作为家事案件的审理前置程序，加大家事案件的调解力度。改革开放以来，家事调解员参与化解家事纠纷3922件，调解成功率62.36%①。东坡、洪雅法院成立的"甘嬢嬢家事调解工作室""李长军调解工作室""李妈妈工作室"受到当事人的一致好评。

二 转变审判理念，提升家事案件审判效果

家事纠纷案件是基于身份关系产生的，但其纠纷不仅是财产利益的争夺，更包含着情感和婚姻家庭关系的维系与否，以及错综复杂的伦理道德等，这决定了家事审判与其他的普通民事案件不同。家事审判应更加注重情、理、法的结合，树立新的审判理念，探索新的审判方式。

---

① 数据来源：四川省眉山市中级人民法院家事案件统计。

（一）树立柔性司法理念

家事审判改革，以司法为民、司法利民、司法便民为原则，在立案、审判、执行等各个司法程序中，在认定事实、分配举证责任、适用法律等各个审判环节上，根据具体案件情况，合法、合情、合理地行使法官自由裁量权，在法律规定的范围内灵活处理案件程序和实体问题。具体做法如下。一是注重当事人隐私保护。眉山两级法院坚持隐私保护与司法透明相结合的原则，强化家事案件不公开审理。涉及当事人及其他家庭成员隐私、未成年人利益的家事纠纷案件，一般不公开审理。双方当事人要求公开审理且符合法律规定的，可以公开审理。二是注重弱者利益保护。眉山两级法院根据《家事案件审理规程（试行）》的要求，在家事案件审理过程中不仅考虑对家庭成员关系的协调以及家庭秩序的维护，更加尊重在家事领域中公民的意思自治，同时着重强调保障家庭成员之间的实质平等。考虑到婚姻家庭关系中各个家庭成员在生理、受教育程度、经济等方面的差异，在家庭中的角色和地位不同，家事法官在审理家事纠纷案件时，坚持以依法行使自由裁量权为导向，兼顾亲情仁义、社会公序良俗、伦理道德权衡评判案件唤醒人性的良知和情感，警醒当事人应尽的家庭责任和义务，以缓和当事人的情绪，使他们达成合意并自觉履行义务，着重保护妇女、儿童、老年人的合法权益，实现维持和谐共赢的审判宗旨和节约司法资源的调解效果，达到平息纠纷、弥合家庭矛盾、修复感情的根本目的。三是注重当事人亲历参与。考虑到大部分家事案件当事人在诉讼中的作用具有不可替代性，眉山两级法院在家事案件的审理中坚持当事人亲自到庭原则，使家事法官能够全面听取双方当事人的意见，帮助牵涉众多感情因素和生活误解的当事人消除误会，恢复感情。四是注重调解优先。眉山两级法院在审理家事案件时，坚持以调解优先原则，充分发挥调解优势，努力化解分歧、弥合亲情、消除对立、抚慰创伤、修复婚姻。同时，对于不适合调解或者调解不成功的家事案件，法院坚持运用裁判方式，依法维持或者解除婚姻关系，以对其他家事纠纷案件进行裁判，发挥家事纠纷裁判的示范、指引功能，树立社会主义的良好道德风范。五是注重关系修复。身份关系是家事纠纷案件产生的基础。在中国，家事纠纷案件的身份关系大多基于血缘等亲缘关系，基于这样的身份关系，家庭成员被赋予了法律上的权利和义务。因此，家事纠纷不仅是财产或利益的争夺，更包含当事人情感和婚姻家庭关系的维系与否，以及错综复杂的伦理道德等社会问题①。眉山两级法院在审理家事案件的过程中，坚持修复关系与解决纷争相结合的原则，尽一切可能教育当事人，修复、维护受损的婚姻家庭关系，挽救危机婚姻。对夫妻感情确已破裂、无法维持的婚姻，法院依法保护当事人的离婚自由。

（二）积极实施心理干预

在家事案件审判中，眉山法院根据案件的具体情况，对当事人及遭受家庭创伤的人，特别是妇女、老人、未成年人提供心理疏导，积极实施心理干预，修复心理创伤。心理咨询师在家事审判改革中有至关重要的作用。考虑到家事案件具有私密性和隐匿性，市中院出台《家事案件心理咨询规程（试行）》，两级法院成立了家事案件心理咨询团队，聘请了具有相关知识的心理专家共15人，在受理家事案件的同时向当事人送达心理咨询告知书，对有心理咨询需求的当事人以及在审理家事案件过程中发现有心理问题的当事人或者未成年人进行心理辅导和疏通。例如，通过心理咨询师的帮助直接洞悉离婚纠纷案件当事人的情感生活，直接探察抚养权纠纷案件中未成年人的真实意愿，直接体察收养纠纷案件当事人的人身关系等，这些都是当事人最为隐秘、最不为人知的人生境遇和生活实况，在开庭审理过程中是很难察觉的，也往往是当事人不愿为第三人所知晓的，属于当事人的隐私。在审理家事案件时，家事案件当事人基于个人隐私或其他原因不愿意告诉家事法官纠纷引发的原因，这时候引入心理干预制度，邀请心理咨询师介入家事纠纷案件，帮助当事

---

① 梁慧星：《民商法论丛》，法律出版社，1999，第725页。

人敞开心扉，并制作"家事纠纷心理疏导情况登记表"，为家事法官审理家事案件提供参考。

（三）积极开展回访帮扶

市中院制定《关于家事案件回访帮扶工作实施意见（试行）》，由法官以及经人民法院委托的家事调查员、家事调解员、心理疏导师等人员根据案件审理情况和需要，开展相应的回访工作。除了对当事人进行必要的教育和心理疏导，巩固办案成果，及时排查化解纠纷之外，根据回访情况，眉山法院同民政、妇联、社工委等部门建立长效协作机制，进行必要的后续干预和帮助，全面促进家事纠纷的有效解决。例如，在回访中发现当事人有经济困难等情况的，法院主动联系民政、妇联等组织对当事人提供相应的帮扶，经审查符合申请低保和困难救助相关条件的，协助办理；发现当事人因身体残疾生活不便的，法院主动协调联系村委会、街道办事处等基层组织，做好生活、就医等帮扶工作。

三 创新工作机制，不断探索改进家事案件审判方式

家事审判改革的根本目的是促进家庭的和谐稳定，这就需要从审判工作机制上大胆探索，建立有利于情感修复、未成年人利益保护等全新工作制度体系①。

（一）建立财产申报制度

市中院制定了《眉山市中级人民法院离婚案件财产申报制度》，经审判委员会审议讨论通过，于2017年4月5日开始在眉山市范围内施行。该制度遵循强制申报、如实申报、保密三项原则，按照《婚姻法》和民事诉讼法解释的相关规定，明确了申报财产包括工资收入、房产、土地等婚前、婚

---

① 王强义：《民事诉讼法特别程序研究》，中国政法大学出版社，1992，第288页。

后的个人财产及双方婚姻关系中的共同财产，离婚当事人双方必须在指定的时限内做好财产申报，并保证不隐瞒、不谎报、不假报，离婚案件当事人双方延迟申报、不完整申报的，给予罚款、训诫等民事制裁，如发现存在虚假申报或隐藏、转移、变卖、毁损夫妻共同财产等行为，直接依照法律规定判决少分或不分财产。

（二）建立家事调查员制度

婚姻家庭矛盾具有相当的隐蔽性，一旦发生婚姻家庭纠纷，当事人举证能力往往非常有限。事实证明，一味遵循当事人主义，不利于对婚姻家庭案件的公正妥善处理。眉山中院制定《眉山市中级人民法院家事调查员工作规程（试行）》，在眉山两级法院实行家事调查员制度，由法官委托家事调查员采取电话询问、见面约谈以及到家庭、工作场所、村居委会实地走访等方式，针对婚姻实际状况、经济状况、未成年子女抚养情况等进行详细调查，作出婚姻是否死亡的初步判断，出具家事调查报告，为家事案件的审理提供证据支持。试点工作开展以来，两级法院已有 57 件案件进行了家事调查，并根据家事调查报告成功调解 46 件案件。例如，洪雅县法院在洪雅县委、县政府的大力支持下，还探索家事调查员网格化制度。洪雅法院将洪雅县网格化服务中心覆盖全县的 1077 个网格，271 名熟悉社情民意、具有丰富群众工作经验的网格员作为家事调查员和家事调解员。法院同时组建了心理辅导员专家库，共同协助家事审判工作，将家事调查、家事调解与心理疏导工作更好地融合，高效解决家事纠纷。其工作流程为：法官通过四川省网格化服务管理信息系统，向洪雅县网格化服务中心发送"家事调查表"，"家事调查表"将欲了解的家庭情况以问答的方式预设好，委托与当事人同村或者附近的网格员作为家事调查员对其实际情况进行走访调查。家事调查员深入调查后将"家事调查表"反馈到法院，并出具家事调查报告。

（三）建立离婚冷静期制度

家事审判与普通民事审判不同，不仅限于裁判职能，更为重要的职能是对婚姻家庭的救治。法官在家事调查报告的基础上，结合对当事人的询问、心理咨询师的意见，进一步核实其是否属于死亡婚姻。如婚姻确系死亡，将严格保护和尊重当事人离婚自由的权利；若属于危机婚姻，法院将进行积极救治。根据危机婚姻的实际情况，法官酌定设置 15 日至 30 日的调解冷静期，在冷静期内综合运用心理干预制度、家事调解员制度，邀请心理咨询师、家事调解员对离婚案件当事人进行心理疏通、劝解，最大限度争取修复婚姻裂痕，维护婚姻家庭的和谐稳定。试点以来，两级法院已在 47 件案件中设置了冷静期，有效抑制了"草率离婚"现象的发生。以洪雅县法院为例，洪雅县法院于 2017 年 5 月 18 日制定并印发了《关于婚姻危机、婚姻死亡客观标准的意见（试行）》，将婚姻危机和婚姻死亡的标准以客观的标准进行量化，对危机婚姻中当事人一方不同意离婚的，在法官的主持下，让当事人出具"夫妻关系修复计划书"，要求当事人双方按照计划书的内容履行，给予双方修复感情的机会。

（四）建立离婚证明书制度

具体做法如下。一是法院为离婚案件当事人出具离婚证明书，在证明书上仅载明必要的身份信息和案件编号及离婚生效日期，而不涉及离婚原因等私密信息，既有效保护当事人隐私，又便于当事人在离婚后变更婚姻登记信息等。眉山中院于 2016 年 9 月 1 日制定《眉山市中级人民法院离婚证明书制度》，统一印制离婚证明书供两级法院使用，民政部门直接根据当事人提供的离婚证明书为当事人办理相关业务。二是建立离婚信息共享机制。在眉山市范围内，法院与民政部门建立离婚信息共享机制。法院判决或者调解离婚后，将当事人的信息送达民政部门，由民政部门将信息统一录入婚姻登记系统，使当事人办理信息查询、婚姻登记等业务直接在民政局一站式解决，无须"两头跑"，实现了深化司法便民与优化政务服务的有效衔接，构建家事纠纷社会治理的新格局，同时避免影响婚姻登记信息的真实性，导致一些别有用心的人利用该漏洞从事骗婚、重婚等违法犯罪行为，维护审判工作和婚姻登记工作的严肃性和权威性，促进家庭和谐、社会稳定。

（五）首创"离婚三封信制度"

眉山法院在家事案件中注重柔性司法，体现法官的人文关怀。一是以"法官寄语"的形式劝诫离婚当事人。两级法院在家事审判中向当事人送达"法官寄语"，以平实的语言、和善亲切的劝导，找准当事人双方的矛盾焦点，对当事人进行温情劝导，将情、理、法融为一体，既能化解矛盾，又能起到教化的作用，对化解矛盾、维护家庭的和谐稳定有重要作用。二是以保护未成年子女权益为原则，在全国首创"离婚三封信制度"，即"给离婚纠纷当事人的一封信""给离婚父母的一封信""给单亲家庭孩子的一封信"，通过三封信，让离婚纠纷当事人明白家庭的责任与担当，并且希望他们多从孩子的角度思考问题，慎重考虑婚姻，希望降低父母离婚对未成年子女造成的伤害，尽量给未成年人营造一个健康的生活环境，帮助他们勇敢乐观地生活。三是眉山中院在家事调解室的外墙上将"离婚三封信"的内容以电子显示屏的方式滚动播放，以人文关怀的方式提醒和劝诫离婚当事人慎重对待婚姻、珍惜家庭和子女，助力重新燃起离婚当事人对婚姻家庭的希望，挽救危机婚姻，努力给未成年子女一个完整的家。

四 加强工作保障，推动家事审判改革深入发展

眉山两级法院将家事审判改革作为全市法院重点工作项目，纳入争创"两个一流"目标考核，从队伍、科技、物质等方面给予全方位保障。

（一）加强队伍保障

家事审判在民事审判中占据着重要地位，是民事审判的支柱和基础。家事纠纷包含传统与文化，掺杂着情感和理性，折射着人伦与道德。家事审判是融入情、理、法的较量，家事审判关乎家庭的和谐稳定、国家的安定以及人类的延续。鉴于此，家事法官必须具备婚姻家庭法学的专业知识和素养，拥有高尚的道德品质和坚定的司法信仰。另外，家事审判还需要家事

法官具有一定的婚姻家庭生活经验和丰富的社会阅历，耐心细致的工作作风，亲民爱民的思想品德。两级法院借法官员额制改革的机会成立7个专门的家事少审庭或合议庭（其中洪雅县人民法院于2017年6月经当地编委批准，设立了有独立编制的家事少审庭），确定了家事审判团队员额法官21名、辅助人员23名，集中管辖审理家事案件及涉及未成年人权益保障案件。同时，根据《眉山市中级人民法院家事案件审判规程（施行）》的规定，家事法官相对固定，其中女性法官不低于50%，且满足年龄在30周岁以上、已婚或具有婚姻经历等条件。以东坡区法院为例，均选择"法官妈妈"，充分利用其在婚姻家庭生活中的经验开展家事审判工作，实现家事法官的专业化。

此外，家事审判庭或合议庭还协调指导派出人民法庭家事案件的审理，与人民法庭共享家事审判的协调机制和整合的各类资源，共同均衡推进家事审判工作。

（二）加强组织保障

家事审判改革是当前及今后一段时间眉山两级法院的重点工作之一，全市两级法院均成立了由院长担任组长的家事审判改革试点工作领导小组，负责统筹管理、指导、监督、考核和推动改革试点工作。市中院统一制定了《关于开展家事审判方式和工作机制改革试点工作的实施方案》及任务分解表，责任落实到相关部门和人员。自2016年开始，市中院将家事审判改革纳入"两个一流"目标考核内容，并加大考核权重。同时在个人评先评优、树立先锋模范典型上向家事法官倾斜，用政策、荣誉激发家事法官的工作热情和创造力。在改革中，院庭长带头承办家事案件，发挥引领示范作用。

（三）加强物资保障

全市两级法院依托诉讼服务中心，设立了专门的家事调解室和"圆桌式审判庭"，市中院在家事调解室还建立了亲子乐园等配套设施。各基层法院家事审判法庭的场景和席位布置也坚持以"和"为主旋律,赋予家庭责任担当、亲情维系、宽容理解等文化内涵。东坡区法院坚持家事审判机构建设与人民法庭建设相结合,准备恢复城郊的崇礼人民法庭,并按照全国一流的标准规划、设计,力争建造为环境优雅、设施先进、功能齐备、融入家事文化内涵的专门家事审判庭,整合各类资源,共同推进家事审判工作。现该庭建设已获批进入设计阶段。洪雅县法院在2017年8月,借诉讼服务中心升级改造的机会,在服务中心区域重新规划了专门的家事审判区域,重新布置包括家事审判庭、家事调解室、家事调解员办公室、心理咨询室等家事审判设施。此外,两级法院还积极争取了政府财政支持,对家事调查、心理咨询、家事调解提供了必要的经费保障。

(四)加强科技支撑

家事审判改革依托眉山"诉非衔接"建立的"诉调对接网络调解平台",将矛盾纠纷相对较多的非诉调解组织调解室和各基层法院调解室的音视频接入法院指挥中心,运用到家事调解中来。家事调解员和双方当事人联系预约调解时间,各方按时登录调解平台进行视频调解。如果调解成功,调解员将协议内容录入系统后,系统自动生成调解协议。双方当事人可共同到有管辖权的法院申请司法确认,或请求出具调解书。除了诉前委派调解外,诉讼中的委托调解或者远程询问,调解员或法官也可以使用这一平台与异地当事人通过在线视频进行沟通,这种方式突破了场所和时间的限制,既方便了当事人也方便了法院。以仁寿法院为例,该院受理一起离婚案件,一方当事人在国外,若按照传统的送达和到庭调解,将很难实现。通过诉调对接网络调解平台,双方达成离婚协议,节约了当事人的时间和交通成本,也提高了司法效率,实现了公正提速。丹棱县法院、青神县法院还利用微信、QQ、手机短信、互联网等信息化手段,解决家事案件的送达难问题,并通过微信与外地家事案件当事人取得联系,以发送诉讼材料电子图片和视频对话等方式审理家事案件,并邮寄送达裁判文书,降低当事人的诉讼成本,有效打通司法便民服务的"最后一公里",让人民群众真正感受到司法的温情。

　　家和万事兴，家固天下稳。国家由大大小小、千千万万个家庭组成，家庭的和谐稳定是国家富强文明强有力的支撑与基石。当前，设立家事审判程序，建立单独的家事法院和家事法庭作为家事审判机构在世界其他国家和地区已有先例。就中国而言，虽有一些关于家事案件处理的特别规定，但尚未建立起家事诉讼特别程序，现有的审判程序规则已经不能适应家事案件的审理要求。眉山法院通过家事审判方式和工作机制改革试点工作，建立起"党政领导、政府支持、部门负责、社会协同、公众参与、法治保障"的多元化解决家事纠纷社会治理新格局，有力维护了婚姻家庭的和谐稳定，有效保障了未成年人、妇女、老年人的合法权益，对促进社会和谐健康发展具有重要的借鉴意义和推广价值。

基 层 治 理

Grass-Roots Social Governance

B.16

资阳市乐至县社区多元
协商工作调研报告

资阳市依法治市领导小组办公室课题组*

摘　要： 城乡社区协商作为协商民主的一种重要形式，已成为化解矛盾、增进共识、凝聚合力、创新基层治理的重要途径。资阳市乐至县按照协商于民、协商为民的要求，积极开展社区多元协商，探索并创新了民主协商十步工作法，推动了基层治理体系建设，提高了依法治理整体水平。

关键词： 民主协商　十步工作法　基层治理　社区协商

* 课题组负责人：秦后权，中共资阳市委副秘书长、市依法治市领导小组办公室主任。课题组成员：李成伟、刘建华、周金钢。执笔人：刘娟，乐至县依法治县领导小组办公室宣传教育组组长；张芳芳，中共乐至县委政策研究室工作人员。

一　背景及起因

协商民主是推进国家治理体系和治理能力现代化的重要方面，也是建设中国特色社会主义法治国家的重要途径，还是发挥基层党组织战斗堡垒作用和党员先锋模范作用的重要平台。近年来，基层民主协商制度的改革推进已经证明，城乡社区协商作为基层群众自治的生动实践，是社会主义协商民主建设的重要组成部分和有效实现形式，有利于畅通群众利益诉求表达渠道、解决群众实际困难和问题、保障群众依法行使民主权利；有利于扩大群众参与，健全基层党组织领导下充满活力的基层群众自治机制；有利于在基层群众中宣传党和政府的方针政策，形成共识，汇聚力量，推动各项政策落实；有利于找到群众意愿和要求的最大公约数，促进基层民主健康发展。党的十八大以来，中央对加强社会主义协商民主制度建设、推进协商民主多层次制度化发展作了重大战略部署。习近平总书记强调，要按照协商于民、协商为民的要求，大力发展基层协商民主，重点在基层群众中开展协商。这一重要指示精神，进一步明确了基层协商的地位和作用，为加强城乡社区协商指明了方向。

2015 年 7 月，中共中央办公厅、国务院办公厅印发的《关于加强城乡社区协商的意见》（中办发〔2015〕41 号）提出总体目标，到 2020 年基本形成协商主体广泛、内容丰富、形式多样、程序科学、制度健全、成效显著的城乡社区协商新局面，主要任务是明确协商内容、确定协商主体、拓展协商形式、规范协商程序、运用协商成果五个方面。

随着城市管理重心下移，大量社会事务下沉至基层。作为社会的基本单元，社区日益成为各种政策的着力点、各种利益的交汇点、各类组织的落脚点、各种矛盾的聚集点和创新社会治理的重要突破口。在过去几年，面对利益主体日益多元、利益诉求更加多样的现状，乐至县建立以"说事"制度为基础的矛盾纠纷化解机制，为社区治理带来了新思路，也带来了新困扰，主要体现在六个方面。一是议事范围宽泛。以"群众说事、干部理事、集体议事、诚心办事、信访查事"为内容的"说事"制度,为群众交心谈心、诉说苦衷、化解矛盾提供了平台,但也因议事内容覆盖广泛导致基层矛盾纠纷化解工作时间长、任务重、程序冗长繁杂,问题解决不彻底,化解效果不明显。二是缺乏专业力量。传统的矛盾纠纷化解机制在化解具体矛盾纠纷过程中对涉及矛盾纠纷相关的专业力量吸纳不足,缺乏社区社会工作者、法律顾问等相关专业人士指导,调处的过程、方式及结果的合法性有待加强,通常重情理而缺法理。三是群众参与程度低。一方面,社区活动大多以突击性、任务性活动为主导,参与议事方式单一,同时受"自扫门前雪"观念影响,社区居民民主参与意识淡薄;另一方面,以"说事"制度为载体的矛盾纠纷化解机制,在具体矛盾纠纷化解中,参与人员数量有限,参与群体还不够广泛。四是民主性议事有待加强。"说事"制度侧重于矛盾纠纷的说事、议事,而目前多数社区都存在公用设施老化、安全隐患多、防盗系数低等问题,对社区公共事务、重点工作、民生问题等涉及居民切身利益的民主性议事还有待加强。五是化解矛盾纠纷介入时间滞后。"说事"制度在化解矛盾纠纷时,大多开始于矛盾纠纷发生后,在信访、重大特殊矛盾纠纷化解上及时性有待加强。六是政策法规宣传有待加强。虽然"说事"制度突出问题导向,着重基层矛盾纠纷化解,但对相关政策法律法规知识的宣传仍较薄弱,在预防矛盾纠纷发生方面还存在不足。

基于上述问题,面对社区治理的新形势、新任务、新要求,乐至县贯彻落实中央和省委、市委精神,按照"协商于民、协商为民"的要求,积极探索形成了以"健全党组织领导的充满活力的民主自治机制"为目标,以"扩大有序参与、推进信息公开、加强议事协商、强化权力监督"为重点的社区民主协商十步工作法,确立了对社区公共事务、群众反映强烈的民生问题、社区重点工作、社区党群专项经费使用、集体纠纷五类事项进行议事协商,对政策法规明文规定的事项、上级党委政府明确要求的事项、已有明确规范的例行工作、有失公正的事项和个体矛盾纠纷五类事项则不列入议事范围,即"五协商、五不协商"原则;规范了以解决群众日常民生问题为出发点的协商内容，根据协商事项灵活选择协商会议的协商形式及以"简程序、高效率、众参与、全监督"为目标的协商程序，落实了社区"三委"、协商委员会、协商主体、监督评审组"四项职责"，明确了申请受理、具体开展、办结回访三个阶段，提出了申请、受理登记、协商审定、成立监督评审组、召开协商会议、审查确认决议结果、处理未达成协商事项、实施协商决议、公开公示实施过程及结果、对实施效果进行回访十个步骤。

依托民主协商十步工作法，社区工作初步形成"居民能发声，社区会对话"的良好局面，居民参与热情进一步提高，居民依法自我管理、自我服务、自我教育、自我监督意识进一步提升，社区决策事项的透明度进一步扩大，居民主体地位得到充分尊重，社区治理水平得到提高，为社区建设发展创造了和谐稳定的环境。

二 十步工作法的具体做法

以乐至县天池镇宏扬路212号枫林小区一期3栋堡坎维修为例，十步工作法的具体做法如下。

第一步：居民或者相关利益方申请。社区群众、矛盾纠纷双方或者相关利益方，按照"五协商、五不协商"原则，向社区如实反映各类需求、纠纷等事项。在自主自愿的前提下，向社区提起申请。

2017年7月6日晚，乐至县降大雨，持续时间过长，以致天池镇宏扬路212号枫林小区一期3栋前与1栋之间2米多高的堡坎，因大量雨水冲刷于5点左右垮塌，居民进出与堡坎相接的过道也随之出现裂缝。居民在7号上午找到物业管理公司要求及时维修处理，但被告知他们枫林小区一期1～3栋是2008年交房，当时业主未缴纳房屋维修基金，现在物业公司可以组织维修，但是所有费用需由他们3栋所有业主自行出资。3栋居民反映堡坎是1栋和3栋共用，维修费用由他们承担不合理，而2008年购买房屋时也未告知他们需要缴纳房屋维修基金。虽事隔9年超过了房屋保修期，但开发商应该负一部分责任。居民于是推选龙某等人为居民代表于 2017 年 7 月 7 日下午前往枫林小区所属居民委员会曙光社区请求协助。在自主自愿的前提下，向社区提起申请启动居民民主协商议事，申请社区联系开发商以及有关部门及时协商，尽早排除安全隐患。

第二步：社区居委会受理。社区协商议事会领导小组按照"五协商、五不协商"原则确认受理，并登记简要情况和相关诉求。

曙光社区协商议事会领导小组相关负责人听取了龙某等人反映的具体情况，初审枫林小区 1 栋和 3 栋之间的堡坎塌陷符合协商内容"五协商"中的"公共基础设施建设、居民公共服务需求、城乡环境综合治理等事关居民切身利益的公共事务、公共设施"一条，同意受理该民主协商议事申请，并登记在册。立即与居民组长周某到达小区，联系小区物业相关人员进行实地勘察和走访，设立警示标志和围栏，提醒小区居民进出注意安全，并通知曙光社区协商议事会领导小组成员于 2017 年 7 月 8 日上午在社区办公室召开拟订方案会议。

第三步：社区"两委"民主推选协商委员会、协商主体，提出初步协商方案。具体做法如下。①民主推选协商委员会：根据每一协商事项的需要，分别成立协商委员会，对只涉及本社区的协商事项，在本社区成立协商委员会。②推选确定协商主体：根据协商事项的需要，协商主体主要由社区"两委"成员、议题提出人、居民代表、居民监督评审会、业主委员会、物业服务企业、辖区有关单位及其他利益相关方组成，同时邀请乡镇业务部门、驻辖区内单位和"两代表一委员"等列席会议，涉及专业性、技术性较强的事项，邀请专家学者、专业人士和第三方机构等进行论证评估。协商具有群众共性或敏感的事项时，协商主体人数原则上为 20 人以上，社区"两委"成员占比不得超过总人数的三分之一，协商不带有群众共性和不涉及敏感事项时，协商议事会的人数根据实际情况确定。③提出初步协商方案：在"监委会"的监督指导下定时间、定地点、定事件负责人员、定初步的协商方案。

曙光社区枫林小区堡坎垮塌维修协商议事会由组长、副组长、成员三类人员构成。组长为社区党支部书记，副组长为社区居委会主任、社区党支部副书记，成员为社区居委会副主任、社区居委会实职干部、社区监委会主任、社区党支部委员、社区居委会委员、相关社区网格站站长。

在拟订方案会上，曙光社区"两委"及"监委会"提议暂定协商主体为议题提出人（龙某等居民代表）、枫林小区开发商、楼栋长、议事监督评审小组人员、物业管理公司负责人、社区党支部书记、社区主任、社区监委会主任、镇党代表、镇人大代表、社区网格站站长、居民组长，同时邀请住建、城监、房管局相关专业人士进行协助协商。

社区"两委"提出建议方案：一是由居民组长负责事件跟进、负责联系相关人员组织协商；二是先和开发商协商，看是否可以由开发商出资维修，争取在7个工作日内落实责任方进行维修。方案得到全体与会人员同意。

第四步：在"监委会"的监督指导下成立协商议事监督评审组。对协商议事和表决程序是否规范、协商决议是否落实到位进行全程动态监督指导。

居民监督评审小组人员由固定成员和嘉宾成员组成。固定成员人数应根据事件规模确定，嘉宾成员根据协商需要确定。吸收其他第三方（如律师、专家学者、楼栋长等）参加监督评审，引导各方力量对责任主体落实协商决议情况跟踪督办、考核评审，共同推动协商成果落到实处。

第五步：组织当事人或者利益方协商。社区协商议事小组负责组织当事人或者利益方，在群众自主、自愿的基础上，在社区"监委会"的监督下，可以采取社区党员议事会、居民议事会、小区协商、业主协商、楼栋协商、院落协商、村居民决策听证、民主评议、民情民意恳谈会等形式，开展灵活多样的协商活动。通过协商拟订方案并落实最终负责人。

在社区组织开发商和住建局、城监大队专业人员实地勘察测量后，2017年7月18日下午3点，协商议事会在枫林小区1号楼前举行，参会人员有枫林小区3栋住户龙某等44户业主代表、社区居民民主协商议事监督评审小组成员、监委会主任、物业公司代表、开发商等共计50余人。议事会上居民们积极发言提出自己的主张,开发商结合实际作出明确答复。在曙光社区协商议事会的协调下,双方达成一致意见:宏扬路 212 号枫林小区 3 栋楼前堡坎维修一事,由开发商全权负责维修,居民不承担任何费用。在 7 个工作日内组织施工维修,维修施工期间业主应积极配合施工方,施工方也应接受曙光社区居民民主协商议事监督评审小组的监督。议事会上开发商明确表示,本次事故发生在交房 9 年后,本无他们的责任,同意承担所有费用进行维修是企业本着客户至上、勇于担当的企业精神。居民代表表示理解和同意协商结果。

第六步:社区居委会公开协商结果。在社区"监委会"的监督下对最终拟订的方案按要求进行公示。公示时间原则上不低于 3 个工作日。

居民民主协商议事会结束后,曙光社区立即形成会议记录及协商结果公开告知书,张贴到枫林小区公示栏,并将最终协商结果上报天池镇。

第七步:如果有未通过但涉及多数群体的事项,社区将召开居民代表会议表决。监督评审小组对协商议事会和代表会未通过事项,积极协调、配合上级处理。

第八步:对事件的实施。由指定的负责人员在社区"监委会"的监督指导下,组织协调社区居民委员会、事项相关利益方、实施方等各方推动已制订方案实施和落实。

2017 年 7 月 20 日,开发商组织工人进场施工,为枫林小区 3 栋的居民搭建了简易的临时过道,并在社区居民民主协商议事监督评审小组的建议下,把相邻有隐患的部位也全部挖开重建。

第九步:对实施结果进行公示。在社区"监委会"的监督下对指定的实施方案、实施情况、相关费用明细等进行公开公示。

宏扬路 212 号枫林小区 3 栋楼前堡坎维修于 2017 年 7 月 8 日社区协调开发商、物业管理公司设立围栏并安放警示牌,2017 年 7 月 20 日由开发商组织工人开始施工,因为汛期天气原因中途耽误工期,开发商也积极组织及时施工。2017 年 8 月 8 日社区监督评审小组到施工现场监督堡坎横梁浇灌施工,2017 年 8 月 14 日社区监督评审小组到施工现场监督堡坎路面回填情况，最终在多方努力下于 2017 年 8 月 24 日恢复路面原貌，重新交付使用。全程曙光社区居民民主协商议事监督评审小组进行监督，楼栋长和居民代表对施工进程和工程质量清楚明了。在住户代表同意后，曙光社区在小区公示栏对宏扬路 212 号枫林小区 3 栋堡坎维修一事实施结果进行了公开告知，并上报天池镇。

第十步：社区居委会对实施后的效果进行回访。在处置事件结束 7 个工作日内，由"监委会"组织安排人员对相关人员进行回访，并记录在册。2017 年 8 月 24 日，社区"监委会"主任对宏扬路 212 号枫林小区 3 栋堡坎维修一事实施结果进行回访。回访居民龙某表示通过协商议事解决了他们遇事无从下手的难题，对实施结果感到十分满意。

三　乐至县城乡社区民主协商工作的特点及主要成效

（一）"五化"凸显社区民主协商特色

1. 全程合法化

协商事项全过程均依照《四川省〈中华人民共和国城市居民委员会组织法〉实施办法》相关规定执行，确保协商过程合法合规。各乡镇人民政府把社区协商定位为居民自治活动之一，从资金支持、协调部门力量等方面加强了对社区协商工作的支持力度，及时派员深入各社区进行督导指导。社区居委会接到协商当事人或利益相关方的协商事项申请后，会专门走访了解相关情况，从政策法规角度征询相关部门、法律顾问等专业人员的意见建议，并形成协商事项方案初稿；对专业性较强的相关事项，由社区协商委员会进行风险评估，凡对风险较大、经两次协商未能达成共识的协商事项，经请示乡镇人民政府后，将未能达成共识的事项转交相关职能部门（机构）办理。协商过程中，协商委员会会邀请专家进行分析评估后再行召开协商会议，引导利益人或利益相关方找到平衡点，求取最大公约数，力求形成合法合理、公正公平的协商结果；涉及需要筹资的协商事项，按照《四川省

〈中华人民共和国城市居民委员会组织法〉实施办法》第13条的规定，社区协商委员会在制订方案时充分听取利益方或项目承载方意见，在协商会议上对筹资方案、资金使用等问题进行表决通过，对资金的使用由社区协商监督评审组进行监督。

2. 程序规范化

一是协商议题受理规范。各社区居委会按照"五协商、五不协商"原则，对每一协商事项造册登记，将属于协商事项范畴的纳入社区协商，对不属于协商范畴的事项，向申请人或申请利益相关方进行解释说明。二是协商主体确定规范。推选产生协商议事会、协商主体、协商监督评审组人员，根据每一协商事项的专业性、特殊性需要，经大多数居民民主推选协商议事会、协商主体、协商监督评审组组成人员。三是民主协商方式规范。协商事项采取举手表决和不记名投票相结合的方式进行，对涉及多数居民切身利益的协商事项，均采用不记名投票方式进行表决。四是协商结果公开规范。社区居委会对社区协商结果和实施落实情况进行公开。对只涉及一个院落（居民小区）的协商事项，将公开内容张贴到协商事项事由地；对涉及两个院落（居民小区）或较多数居民利益的事项，将公开内容张贴在协商事项事由地以及居务公开栏，公开时间均不少于3个工作日。五是组织实施过程规范。社区协商委员会将表决通过的协商事项交由社区居委会严格按照协商议定结果组织实施，协商事项监督评审组对实施事项进行事前、事中、事后全程监督，实施结束后由相关专业部门进行验收和回访。

3. 参与多元化

一是协商委员会多元化。社区协商委员会主任一般由社区党组织书记担任，成员一般从社区"两委"成员、居民代表、网格负责人、优秀共产党员及各级党代表、人大代表、政协委员中推荐产生。对涉及两个以上社区的重要事项，由乡镇党委、政府牵头召集开展协商。社区公共服务完善、公益事业发展、物业管理和当地居民反映强烈、迫切要求解决的实际困难和问题、矛盾纠纷等涉及相关政府职能部门的重要事项，经协商讨论后提交乡镇人民政府，待乡镇人民政府作出答复后再将协商决议依法提交居民会议进行讨论和表决。二是协商主体多元化。根据协商事项的需要，协商主体主要由社区"两委"成员、议题提出人、居民代表、居民监督评审会、业主委员会、物业服务企业、辖区有关单位及其他利益相关方组成，同时邀请乡镇业务部门、驻辖区内单位和"两代表一委员"等列席会议，涉及专业性、技术性较强的事项，还邀请专家学者、专业人士和第三方机构等进行论证评估。协商群众共性或敏感事项时，协商主体人数原则上为20人以上，社区"两委"成员占比不得超过总人数的三分之一；协商不带有群众共性和不涉及敏感事项时，协商议事的人数根据实际情况确定。三是监督评审组多元化。监督评审组根据每一协商事项的实际情况确定，监督评审组设主任和副主任各一名。监督评审组人员由固定成员和嘉宾成员组成。固定成员一般为居民监督委员会成员，嘉宾成员一般为其他利益相关方委派的行业领域内专家或业务工作人员，主要对协商程序是否规范、协商决议是否落实到位进行全程动态监督，引导各方力量对落实协商决议情况进行跟踪督办、考核评审，共同推动协商成果落到实处。

4. 形式多样化

针对社区居民来自不同地方、起居时间各有不同，针对协商事项涉及部分居民或多数居民切身利益的实际情况，采取到群众中去的办法，实践探索出了社区党员议事会、居民议事会、居民理事会、小区协商、业主协商、网格协商、楼栋协商、院落协商、居民决策听证、民主评议、民情民意恳谈会、社区茶馆会议等多种协商形式，在协商涉及多数群众利益事项时，不论协商结果是否一致，都须将协商事项提交居民大会进行表决。

5. 普法全程化

社区协商的核心内容是将居民切身利益事项交由大家议定。受时间空间和居民文化程度及个人认知的影响，部分居民在未涉及协商事项前，认为法律离自己遥不可及，即使参与普法，法律知识也难以入脑入心。在以往的矛盾纠纷调解中，由于部分利益当事人不懂相关法律法规，致使其不能有效参与其中。为有效解决这一短板，在开展城乡社区协商过程中，全程实施普法宣传教育，根据协商内容，有针对性地宣传《物权法》《消费者权益保护法》《合同法》等与居民息息相关的法律法规知识，通过普法知识宣传，将协商利益当事人培育为"法律明白人"，为依法协商和顺利达成共识奠定基础。

（二）"五个更加"彰显社区协商成效

1. 自治活力更加凸显

对于涉及居民的公共事项，社区多以"说事"制度和矛盾纠纷调解的方式进行解决。"说事"制度多以"你说我听"的方式进行，矛盾纠纷常常是待事项演变至难以处理的时候才进行调解，解决方式为自上而下，且公共事项的解决方式较为单一。因此，乡镇人民政府职能部门和社区居委会成为事项的"主角"，居民在基层自治中体现为"要我参与"。社区协商依托社区这一平台，由居民与居民或居民与项目承载方对相关事项进行协商，把群众的事交给群众友好协商解决，各利益相关方成为事项的"主角"，解决方式为自下而上，社区通过多种协商形式找到各利益相关方的契合点，激发了社区自治的活力。

2. 民主意识更加强烈

社区协商多数事项为社区辖区内公共基础设施建设。社区居民委员会接到相关当事人的申请后，社区"两委"根据每一协商事项的特殊性，按照"三个多元"参与的要求，组建社区协商委员会、协商主体、社区监督评审组，从专业角度和协商需要出发，多层次多视角邀请协商组织者、协商会议参与者和监督人员，扩大了参与人员范围。坚持公平、公正、公开的原则，让居民自己当家作主解决自己关心的事，进一步增强了居民自治的民主意识。

3. 诉求渠道更加畅通

当涉及居民切身利益的公共事项需社区协调解决时，社区居民委员会仅以居民会议的方式进行议定表决，提前介入事项的手段和办法不多，基层自治工作简单粗放，很长一段时间以来居民信访不信法。部分居民如不能实现愿望就通过信访的方式解决，社区居委会和乡镇政府将大量时间和精力用于接待信访和维护稳定，严重影响了基层正常工作秩序。社区协商最大的变化是在事项还未发生前，社区提前介入，组织利益相关方按协商步骤进行协商解决。社区协商委员会将协商意见一致的事项交由社区居民委员会组织实施，对于协商意见有分歧的事项，社区请示乡镇党委政府给予协调解决。协商事项在可控范围内解决，顺民心办民事，积极推动群众找社区答疑解惑，有效防止了协商事项因处置不当而演变为矛盾纠纷和民事刑事案件。

4. 连心桥梁更加结实

受社区居民文化素质和民主意识差异影响，多数居民只是在处理自身相关事务时主动与社区居委会进行接触，社区与当事人缺乏有效沟通，长此以往，部分居民对社区"两委"作出的决定有不满和抵触情绪。然而，社区协商推进了社区服务方式的转变，呈现由居民"有事我为你办"变为"有事我来为你办"的工作格局。受理协商事项后，以院坝会、恳谈会、访谈会、评议会等方式进组入院了解群众所想所盼所需，社区居委会与群众打成一片，增进了社区工作人员与居民的相互了解，从而架起了坚实的互信桥梁。

5. 社区环境更加和谐

社区协商将居民自己的事放在社区公共空间与大家共同进行商讨，充分体现以人为本的理念。社区协商委员会在组织协商时对相关利益方进行说服，以社区的发展和居民的福祉利益最大化为终极目标，求取各方都能接受的最大公约数，以促使各方达成一致意见为目标。协商事项实施完成后，社区向相关利益或当事人反馈实施情况并将协商事项全程进行公示，让利益相关方或当事人切身感受到社区在真心实意为群众办好事办实事，让居民和利益相关方真正融入社区这个温暖的大家庭，信任家人、依托家人，解决不了的事请家人共同商量解决，信法不信访，当文明人办文明事，实现居民与居民之间、居民与相关利益方之间和睦相处。

四 经验启示

（一）必须把依法依规作为多元协商的根本前提

城乡社区开展多元协商，必须坚持依法协商，不能与宪法、法律法规精神相抵触，不得显失公平合理。乐至县在实施"十步工作法"过程中，严格遵守党的有关政策和国家法律法规，特别是要在《村民委员会组织法》《城市居民委员会组织法》等规定的有关村民自治、居民自治的范围内有序开展，确保协商内容合法、协商程序合法、协商结果合法。实践证明，只有坚持做到依法依规，才能更好地保障人民群众权益，才能更好地彰显公平正义，才能更好地调动人民群众参与的热情，提升基层治理民主化、法治化、科学化水平。

（二）必须充分发挥基层党组织的核心引领作用

城乡社区开展多元协商，必须突出基层党组织的核心领导地位，强化引领和服务两大功能，推动形成"一核多元、合作共治"新型治理模式。乐至县在实施"十步工作法"过程中，乡镇党委切实加强组织领导、加强统筹协调，从资金支持、协调部门力量等方面对社区协商工作加强支持力度，及时派员深入各社区进行督导指导。城乡社区党组织作为最基层的战斗堡垒，始终坚持把强化党建引领作为首要任务，构建分类管理与分级负责相结合的社区党建管理体制，加强对基层各类组织的统一领导和对居民的教育引导，进一步巩固基层党组织的领导核心地位。实践证明，只有强化基层党组织政治引领功能，才能不断增强凝聚力、向心力和战斗力，才能指导激发社会组织、经济组织等社会力量的参与热情，发挥村（社区）工作者、志愿者等力量的协同作用，凝聚起推动基层民主协商和民主治理的强大合力。

（三）必须形成群众参与、区域联动的推进格局

开展多元协商，必须发动群众、依靠群众，提高群众参与的积极性和自治的主动性。乐至县在实施"十步工作法"过程中，充分发扬民主，广泛听取各方意见，始终做到尊重民意、广泛协商，求同存异。要让群众全程介入、全程参与、全程监督，充分保障群众的知情权、参与权、表达权和监督权。建立完善协作、联动机制，统筹整合社会和相关部门单位资源力量，按照职能分工，各司其职、各负其责，努力形成上下联动、配合协作的推进格局。实践证明，只有坚持群众参与和区域联动的有机结合，才能让各方充分表达、充分协商，既反映多数人的普遍愿望，又吸纳少数人的合理主张，才能更好地整合资源力量，推动决策有效实施，提升工作效率和群众满意度。

（四）必须把群众满意作为评价工作的最高标准

开展多元协商，必须把群众满意作为全部工作的出发点和落脚点。坚持"以人为本"理念，牢固树立"宗旨"意识，从思想上尊重群众，感情上贴近群众，工作上依靠群众，时刻把群众利益放在首位。乐至县在实施"十步工作法"过程中，坚持把解决影响社会和谐稳定的突出问题和人民群众最关心、最直接、最现实的利益问题作为多元协商和基层治理的突破口，及时反映和协调人民群众各方面各层次的利益诉求，从协商内容的确定、协商机制的建设、协商决策的议定以及解决实施的过程等方方面面，做到通盘考虑、兼顾各方，切实保障人民群众的合法权益。同时，以严要求、严标准，推动协商成果落实、让群众满意。实践证明，只有把人民群众满意作为检验多元协商工作成效的最高标准，才能得到群众的支持和拥护，才能让多元协商获得持久生命力。

B.17
达州市大竹县构建和谐医患关系的探索

大竹县依法治医课题组*

摘　要： 和谐医患关系事关民生福祉。大竹县人民医院深入贯彻落实党的十八届四中全会精神，运用法治思维和法治方式，通过"医—患—政府—社会"共建共治，构建了"三项制度强监管""三张网络治行风""三个渠道促和谐"的和谐医患关系新方法和新路径，取得明显成效，为其他地区和谐医患关系构建提供了借鉴和参考。

关键词： 矛盾纠纷化解　医患关系　基层治理

　　和谐医患关系是推进依法治医的核心要素，同时也是依法治医成效的重要表现形式之一。近年来一系列医伤医闹、医疗行业不正之风、天价医药费等不良事件见诸报端，医患关系成为社会关注的热点和焦点问题，引发了广泛讨论。不和谐的医患关系在精神上和心理上给医患双方带来巨大的压力，增加了医患双方的不信任度和沟通成本，既不利于医方治病救人，也不利于患方看病就医，损害的是医患双方的共同利益。因此，在全面推进依法治国的时代背景下，如何运用法治思维和法治方式推进依法治医，构建和谐医患关系，维护正常医疗秩序和医患双方合法权益，成为亟

---
　　* 课题组负责人：何洪波，中共大竹县委书记。课题组成员：李志超、张远新、杜权军、魏辉才、马强月、汪武婵、周小钦、蒋明锋、杨明坤。执笔人：彭洋，大竹县依法治县领导小组办公室干部。

待破解的一个命题。

在构建和谐医患关系过程中，大竹县人民医院病人流量大、疑难杂症多、诊治任务重，存在医疗资源相对紧张与患者就医需求日益旺盛、医疗技术相对有限与患者就医期望日益增高等突出矛盾。面对不利局面，大竹县人民医院自 2015 年起开始探索构建和谐医患关系的新方法和新路径，逐渐形成了"三项制度强监管""三张网络治行风""三个渠道促和谐"的治理模式，开创了医患关系"医—患—政府—社会"多向度共建共治的新局面，有效维护了医患双方的合法权益，为医院各项事业健康发展提供了有力的保障。

一　构建和谐医患关系的背景

大竹县人民医院在构建和谐医患关系过程中，始终紧跟医患关系管理发展潮流，自 2010 年 3 月便成立了医患关系办公室，专门负责患者投诉处理、医患关系维护、医疗纠纷协调化解等各项工作，对患者的每一件投诉以及投诉的处理过程和结果、患者对处理结果的满意度等，都进行了详细记录。此外，大竹县人民医院还推行了行风建设监督员制度，通过从党政机关、社区群众、患者家属等人群中外聘监督员，多方征集关于医院管理服务方面的意见建议。

2014 年大竹县人民医院行风建设监督员基于 200 份样本的调查数据显示，医患关系总体社会平均满意度为 4.1 分（满分为 5 分），医患关系仍然存在较大改善空间，虽未发生重大恶性医患事件，但日常发生的一些小矛盾小纠纷，已经给医院日常运转以及医务人员正常工作带来不小的压力。

二　构建和谐医患关系的动因

习近平总书记深刻指出："人民对美好生活的向往，就是我们的奋斗目标。"构建和谐医患关系既是民心之所向，也是民生之所需，是一项利国利民的系统性工程，大竹县人民医院构建和谐医患关系的动因主要有四个方面。

1. 有利于维护社会和谐稳定

构建和谐医患关系是维护社会和谐稳定的重要方面。医疗过程是一个充满不确定性的过程，也即意味着诱发医患矛盾纠纷的土壤始终存在，不和谐的医患关系会显著增加医疗不确定性带来的风险，并在一定条件下转化为恶性医患事件。构建和谐医患关系，就是要最大程度消除医疗不确定性带来的风险，降低医患矛盾纠纷发生率，以及医患矛盾纠纷发生后的化解难度，积极预防恶性医患事件发生，维护正常医疗秩序和社会和谐稳定。

2. 有利于医疗资源高效利用

大竹县人民医院一直高度重视和谐医患关系构建，并将其作为"一把手"工程来抓，医院医患关系保持在较为平稳的态势，未发生极端恶性医患事件。但 2013~2014 年用于处理医患关系问题的有形支出仍然达到了 150 万元，给医院以及医务人员带来不小的负担。尤其是在成功创建国家三级乙等综合医院后，大竹县人民医院社会影响力与日俱增，就诊患者逐年增多，医疗资源相对紧张的矛盾日益突出，更加剧了医患关系的紧张程度。构建和谐医患关系，可以大幅降低医患关系方面的支出，将有限的医疗资源用在治病救人的关键点上，提高医患关系社会满意度，促进医疗资源高效利用。

3. 有利于人民生活健康幸福

大竹县人民医院作为大竹县公立医院的"桥头堡"，是大部分大竹人尤其是贫困人口看病就医的首选，同时也是看病就医的"终点站"。构建和谐医患关系，维护好和发展好医患双方的共同利益，服务好同步全面建成小康社会大局，是人民生活健康幸福的迫切需要。

4. 有利于促进社会公平正义

由于每一个人都是潜在的患者，医患关系涉及面十分广泛。构建和谐医患关系，就是要运用法治思维和法治方式，规范医院和医务人员行为，形成"医者父母心"的良好医德医风，提高医患关系满意度。通过严厉打击非法无理扰乱正常医疗秩序，以及以闹谋利、打医伤医等恶性行为，让法治权威在医院这一平台上树立起来，影响和带动全社会尊崇法治、信仰法治，用法治保障每一个人都有公平享受公共医疗资源的权利，从而促进社会公平正义。

三 构建和谐医患关系的主要做法

党的十八届四中全会召开，将法治建设提到了前所未有的高度。大竹县委、县政府深入贯彻落实省委"治蜀兴川重在厉行法治"的重大战略部署，全面推进依法治县各项工作。尤其是在大竹县第十三次党代会召开后，大竹县委、县政府鲜明提出要把法治建设融入"1256"战略全过程，做到川东渝北区域次级中心城市建设与依法治县建设同步；全面建成小康社会进程与繁荣时尚美丽和谐大竹建设、法治大竹建设同步；投资、创新、改革、开放、市场"五大驱动"用法治同步保障；在扶贫开发攻坚示范区、现代工业集聚创新示范区、现代商贸物流发展示范区、农旅文融合发展示范区、新型城镇化示范区、生态文明建设先行示范区建设中，同步建成法治建设示范区。这些重大举措为大竹县人民医院构建和谐医患关系创造了良好的法治环境和条件，提供了新的思路和方法。

在大竹县委、县政府的高度重视、大力支持和精心指导下，大竹县人民医院充分总结前一阶段医患关系管理成果，结合医院阶段性院情特征，牢牢把握和谐医患关系的深刻内涵和构成要素，提出了"三项制度强监管""三张网络治行风""三个渠道促和谐"的新思路（见图1），推动医患关系进入"医—患—政府—社会"多向度共建共治型关系管理阶段，实现了医患关系和谐发展。

1. 三项制度强监管

（1）坚持法治教育制度，营造尚法守制氛围。具体做法如下。将法治教育制度作为医院管理的一项基本制度贯彻落实，设立"法治图书室"和"法治讲堂"，购置法治图书和影像教学资料，其中涉医涉法相关资料不低于总量的80%；全院干部职工以科室为单位每月举办集中学法活动，并邀请知名专家学者举办《侵权责任法》《医疗事故处理条例》等法治专题讲

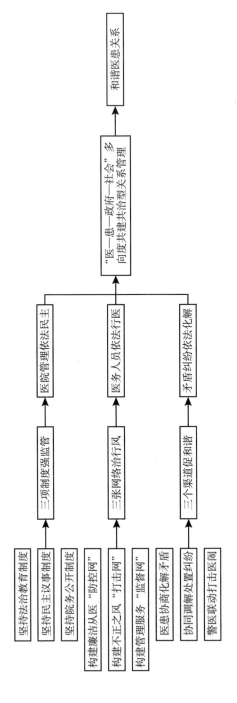

图 1　大竹县人民医院构建和谐医患关系的思路

座，调动全院干部职工参与法治教育，促进法治教育常态化，全面形成依法治医氛围；制订细化岗位标准、操作流程、责任事项等，按照不同科室不同工种，分类别开展岗位技能练兵活动，通过干部职工"赛"岗位技能，查找医疗过程中的薄弱环节，制定针对性改进措施，让医院管理人员、医务人员严格遵守各项操作规程，降低医患纠纷发生风险。

（2）坚持民主议事制度，切实做到民主管院。具体做法如下。全面完善医院科学民主决策机制，聘请行业资深律师作为医院法律顾问，制订医院重大事项清单，建立重大事项集体决定的行政决策机制、重大决策跟踪反馈机制和责任追究机制；凡属医院"三重一大"事项必须由党政联席会或院长办公会集体讨论决定，并经过合法性审查。重大决策过程透明公开，让干部职工全程参与、全程管理、全程监督；医院法律顾问对医院日常管理和运转定期进行"法律体检"，对医院决策机制落实执行情况进行监督，查找医院管理服务中存在的法律风险，确保医院管理依法民主；实行院长接待日制度，搭建医院管理层和一线医务人员沟通桥梁，注重倾听一线医务人员声音，把一线医务人员与患者直接接触的实践经验和意见，转变为改进医院管理服务的具体行动，形成上下齐心构建和谐医患关系的良好氛围。

（3）坚持院务公开制度，主动接受社会监督。具体做法如下。严格执行院务公开管理相关规定，在医院门诊大厅、住院部收费处等处设置 LED 显示屏，滚动播出医院药品价格、医疗服务价格等关键医疗信息；搭建微信公众号平台和医院门户网站，在医院门诊每层楼均设置医疗信息自助查询终端，方便就诊患者随时随地获取所需的医疗信息；对医院门诊就诊流程、住院出院流程、医保报账流程以及相关资料等信息，制作详细流程图在医院公示公开，配置18名导医咨询员，为患者看病就医提供全方位咨询服务；建立工作定期通报制度、工作情况反映制度，对患者投诉的问题限期进行整改并答复。利用职代会、院务公开栏、征求意见箱、网络等形式，向单位职工和社会公开医院重大决策、运营管理、人事管理等情况，自觉接受社会监督，维护好医院社会关系和形象。

2. 三张网络治行风

（1）构建廉洁从医"防控网"。具体做法如下。注重源头治理和综合治理，制定出台《关于规范重点领域工作行为，预防职务犯罪的实施意见》《关于廉洁行医的规定》等制度规范，全面加强医德医风建设，严格约束和规范医务人员行为；院科两级领导严格履行"一岗双责"，划定医德医风建设和和谐医患关系构建责任事项，并作为年终考核重要内容，从管理层面自上而下逐级落实廉洁防控责任；医院全体医务人员签订廉洁行医承诺书，医患双方分别签署"不收不送'红包'协议书"，医院与医药供货商签署"廉洁购销合同"，建立医药购销领域商业贿赂不良记录台账，最大限度减小暗箱操作空间，确保医务人员行为依法规范；强化医疗过程监管和结果评判等环节管理，对重点领域和关键岗位的工作行为实行全过程监督留痕管理，切实做到阳光化、规范化、制度化运行。

（2）构建不正之风"打击网"。具体做法如下。根据相关法律法规规定，医院定期开展药品、耗材等不正之风高发领域专项治理行动，对关键领域、关键岗位和关键节点的行为依法进行严查，做到月有考评、年有总评，对不正之风始终保持高压态势；坚持开展定期不定期查巡活动，对不同岗位和工种分别制定差别化的查巡考评标准，将查巡结果细化量化，并直接与医务人员效益工资挂钩、逗硬奖惩，确保医德医风监管落实到位；强力正风肃纪，严肃查处收受红包、商业贿赂、医德败坏等不正之风和违法违纪行为，根据情节严重程度分别给予停止执业、高职低聘、当年年度考核不合格、解聘待岗、解除聘用处理等，涉嫌犯罪的，一律移送司法机关依法严肃处理；通过构建不正之风"打击网"，让有违医德医风的行为都受到严厉惩处，切实树立法纪权威，确保医务人员队伍的纯洁性。

（3）构建管理服务"监督网"。具体做法如下。建立行风建设社会评议制度，每年从党政机关工作人员、人大代表、政协委员、社区群众代表和患者家属代表中聘请 20 名行风建设监督员，通过召开行风监督员恳谈会、发放征求意见表等形式，多方征集关于医院管理服务方面的意见和建议，改进管理服务方式，提升服务质量水平，并结合医院当年门诊和住院病人流量，抽取一定量样本对医患关系社会满意度进行调查和客观评价，全面掌握医患关系建设中的薄弱环节；积极履行医院社会责任，定期组织医务人员开展义诊进社区、进农村活动，对特殊困难家庭进行慰问、免费赠送药品或减免部分医疗费用，广泛宣传医务人员中的好人好事，大力普及基本医学常识，树好医院良好社会形象，促进医患双方互信了解。

3. 三个渠道促和谐

（1）医患协商化解矛盾。具体做法如下。在医院各科室均设置医患沟通室，听取患者意见建议并第一时间进行改进和处理。在医院管理层面成立了构建和谐医患关系领导小组，并下设医患关系办公室，配备 2 名专职工作人员负责医患关系维护、患者来电来访、矛盾纠纷协调化解等相关工作，并组建了法律顾问参与的医患矛盾纠纷调解委员会，在医院内部形成了"医患沟通室—医患关系办公室—医患矛盾纠纷调解委员会"三级医患矛盾纠纷化解机制；健全工作制度和流程，制定并形成了"首诉负责制度""医疗风险警示制度""医疗争议和医疗事故处理预案"等制度体系，在各病区公示医疗争议处理流程和投诉电话（见图 2），完善了医疗事故争议接待、登记、调查、处理流程和机制，并针对不同类别的医疗争议和矛盾纠纷进行分级分类处理，有效预防和依法化解医患矛盾纠纷。

（2）协同调解处置纠纷。具体做法如下。与大竹县委政法委、县矛盾纠纷多元化解协调中心、县公安局、县司法局等部门密切协作，建立重大医患矛盾纠纷化解联动机制，明确各相关单位在重大医患矛盾纠纷预防和化解中的职能职责，实现党政医联动协同处置；按照《医疗事故处理条例》《医疗纠纷预防与处置暂行办法》等，对发生赔偿额超过 2 万元的纠纷，且医院不能自行协调解决的，及时上报卫生计生主管部门，由卫生行业纠纷协调委员会参与调解和处理；与大竹县人民法院民事审判庭、县法律援助中心保持密切联系，对不接受调解或对最终调解结果仍不满意的患者，在尊重患者意愿的前提下，主动提供法律援助或司法救助；通过畅通医患矛盾纠纷多元化解渠道，让每一名患者在就医过程中产生的任何纠纷，都能得到及时高效的处理，正面引导患者以法治方式表达合理诉求。

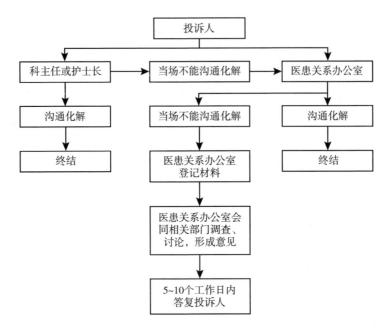

图2　大竹县人民医院患者投诉处理流程

（3）警医联动打击医闹。具体做法如下。全面深入贯彻落实《关于加强医院安全防范系统建设的指导意见》《关于依法惩处涉医违法犯罪　维护正常医疗秩序的意见》等规定，大竹县人民医院于2014年6月成立了达州市首家医院警务室，维护医院正常医疗秩序，快速预防和处理纠纷，防止民转刑医患事件发生；辖区派出所通过向医院派驻警力，签订警医联动协议书，建立警医联动协作机制，依法打击涉医违法行为，将警务保障和服务延伸到医院；对扰乱医院正常医疗秩序的"医闹"、打医伤医等恶性行为，警务室在做好稳控工作的同时，及时通知派出所出警处置，严防恶性医患事件发生；进一步完善人防、物防、技防、联防措施，做到早发现、早处置，避免事态扩大，有效防控涉医犯罪案件发生，保障医患双方的合法权益，维护医院正常医疗秩序。

四　构建和谐医患关系取得的成效

大竹县人民医院通过"三项制度强监管""三张网络治行风""三个渠

道促和谐"工作思路，推动医院医患关系管理进入"医—患—政府—社会"多向度共建共治的新阶段，取得了较好的治理成效，医院和谐医患关系基本形成。根据大竹县人民医院医患关系办公室数据统计，医院构建和谐医患关系取得的成效，突出表现在"三降一零一升"五个方面，即每万次患者就诊投诉量逐年下降、医患关系问题支出逐年下降、医患矛盾纠纷化解难度逐年下降、重大恶性医患事件"零"发生和医患关系社会满意度评价逐年上升。

1. 每万次患者就诊投诉量逐年下降

每万次患者就诊投诉量，是指平均每一万次患者到医院看病就医所发生的患者投诉次数，即

$$每万次患者就诊投诉量 = \frac{患者投诉次数}{（门诊人次 + 住院人次）\div 10000}$$

能客观反映患者对到医院看病就医的满意程度。大竹县人民医院 2014 ~ 2016 年每万次患者就诊投诉量分别为 33 次、28 次、25 次，呈现逐年下降的趋势。

2. 医患关系问题支出逐年下降

医患关系问题支出，是指医院因医患关系问题而产生的相关支出，包括医疗纠纷医方责任赔偿费用、法律顾问参与调解费用、医患关系办公室费用等支出，大竹县人民医院 2014 ~ 2016 年在该项目上的支出分别为 98 万元、76 万元、64 万元，呈现逐年下降趋势。与此同时，大竹县人民医院 2014 ~ 2016 年开展义诊进社区、进农村等活动 50 余次，对特殊困难家庭免费赠送药品、减免部分医疗费用等支出达到了 172.96 万元。大竹县人民医院通过构建和谐医患关系，切实降低了医患关系问题支出，同时也敢于承担医院社会责任，把更多的资源用于增进社会以及特殊困难群众的利益，有效维护了医院以及医务人员的良好形象，扩大了医院的社会影响力，推动医患关系呈现和谐发展的态势。

3. 医患矛盾纠纷化解难度逐年下降

大竹县人民医院建立了完善的医患矛盾纠纷化解机制，形成了"3 + 2"矛盾纠纷化解格局，即医院内部"医患沟通室—医患关系办公室—医患矛

盾纠纷调解委员会"三级化解,医院外部卫生行业纠纷协调委员会和法院判决两种选择,有效保障了患者依法表达合理诉求的权利。2014～2016年大竹县人民医院处理医患矛盾纠纷呈现两个特点:第一,医患矛盾纠纷医院内化解比例逐年上升,2014～2016年分别为75.8%、78.6%、88%;第二,在医院内部化解的医患矛盾纠纷中,由医患沟通室组成的第一级化解承担了绝大部分化解任务,2014～2016年由医患沟通室化解的医患矛盾纠纷比例分别达到了30.3%、42.9%、60%(见表1)。大竹县人民医院通过构建和谐医患关系,增进了医患双方的互信和了解,拉近了医患双方的感情和联系,同时不断提升医疗服务质量,也使得患者对医院以及医务人员更加信任,使得大部分矛盾纠纷在医院内部就能得到有效化解,医患矛盾纠纷化解难度不断下降。

表1　大竹县人民医院2014～2016年医患矛盾纠纷化解情况

	医院内部化解			医院外部化解		总计
	医患沟通室	医患关系办公室	医患矛盾纠纷调解委员会	卫生行业纠纷协调委员会	法院判决	
2014年	10件占30.3%	8件占24.2%	7件占21.2%	8件占24.2%	0件占0	33件
2015年	12件占42.9%	6件占21.4%	4件占14.3%	5件占17.9%	1件占3.6%	28件
2016年	15件占60%	5件占20%	2件占8%	1件占4%	2件占8%	25件

4. 重大恶性医患事件"零"发生

防范重大恶性医患事件,是构建和谐医患关系的必然要求。大竹县人民医院坚持"疏""堵"并重,一方面构建"3+2"矛盾纠纷化解格局,依法保障患者表达合理诉求的权利;另一方面成立医院警务室,建立警医联动机制,依法严厉打击任何扰乱医院正常医疗秩序的违法行为。2014～2016年,大竹县人民医院警务室共及时处置苗头性事件13件,辖区派出所出警25次,依法行政拘留闹事者0人,未发生一起重大恶性医患事件。

5. 医患关系社会满意度评价逐年上升

大竹县人民医院推行了行风建设监督员制度，每年都会通过行风建设监督员，以问卷调查等形式，对医院医患关系社会满意度进行客观评价。医院医患关系社会满意度 2014~2016 年分别为 4.1 分、4.3 分、4.5 分（满分为 5 分），保持了逐年上升的良好态势。

五　构建和谐医患关系的经验与启示

1. 医院管理依法民主是前提

"打铁还需自身硬"，要构建和谐医患关系，医院必须首先从完善依法民主管理机制做起，严格约束和规范自身医疗行为，使医院各项事业在法治轨道上运转，才能更好地带动患者依法表达合理诉求，进而才能维护好医患双方的合法权益。大竹县人民医院在构建和谐医患关系实践中，始终坚持法治教育、民主议事、院务公开三项制度，推动医院管理制度化、透明化、规范化，用法治把医院各项事业统领起来，在医院上下形成了浓厚的尊法学法守法用法氛围，有助于从医疗源头预防和减少医患矛盾纠纷，为患者看病就医营造了良好的法治氛围和环境。

2. 医患双方互信了解是关键

大竹县人民医院在构建和谐医患关系中，一方面，通过设立医患关系办公室，推行行风建设监督员制度，广开渠道接受患者投诉和医院管理服务方面的意见建议，推动医院不断提高医疗服务质量；另一方面，深入开展义诊进社区、进农村活动，为特殊困难家庭免费赠送药品或减免部分医药费用，搭建医患双方沟通桥梁，增进医患双方互信了解。在医患双方互信了解的基础上，才取得了医患矛盾纠纷发生率明显下降、医患矛盾纠纷化解难度明显下降的良好成效，因此，医患双方互信了解是构建和谐医患关系的关键因素。

3. 医院全员参与构建是基础

和谐医患关系牵涉每一个人的切身利益，医患关系是一种复杂的社会关系，影响因素较多。因此，大竹县人民医院构建和谐医患关系是在"医—患—政府—社会"多向度共建共治基础上实现的。但是在"医—患—政府—社会"多向度共建共治型医患关系中，医院仍然是主体和最主要的阵地。大竹县人民医院通过构建廉洁从医"防控网"、不正之风"打击网"、管理服务"监督网"，把构建和谐医患关系的任务分解到上至医院最高管理者、下至一线医务人员每一个人，健全相关管理机制，让医院全员参与到和谐医患关系构建中来，形成人人关心、人人负责的工作局面，成功构建和谐医患关系。

4. 矛盾纠纷依法化解是保障

通过对和谐医患关系的概念辨析以及构成要素分析，医患矛盾纠纷只能尽可能减少，而不能完全消除。因此，在大竹县委、县政府的支持下，大竹县人民医院整合了党委、政府、社会、医院各方力量，构建了"3+2"矛盾纠纷化解格局，成立了医院警务室，最大限度畅通和扩展了医患矛盾纠纷化解渠道，使医患矛盾纠纷能在第一时间得到妥善处理，有效预防和避免恶性医患事件发生。对医院医疗纠纷赔偿案件以及重大矛盾纠纷化解案件，县卫生计生局及时纳入对医院的年终目标考核，对部分医患事件档案定期进行抽查，重点检查医院医疗赔偿案件以及重大矛盾纠纷化解案件的合法性和合理性，对医院为息事宁人滥用权力损害社会公平正义的行为，严肃追究相关责任人责任。应当说，矛盾纠纷依法化解为大竹县人民医院构建和谐医患关系提供了全面的保障。

B.18
内江市构建职工立体维权格局的实践

内江市总工会课题组*

摘　要： 劳动关系的复杂性、多样性要求工会维权工作必须不断拓展创新，全方位、多渠道维护职工合法权益。实践证明，内江市建立职工维权服务"三平台五机制"，构建立体维权格局，有效破解了工会维权手段单一乏力的难题，在化解劳资纠纷，发展和谐劳动关系，促进社会稳定中发挥了积极作用。

关键词： 劳动关系　职工维权　工会维权

2013 年以来，内江市总工会针对劳动关系和职工队伍中出现的新情况新问题，坚持以法治思维法治方式做好职工维权服务工作，在畅通职工诉求渠道，预防和化解矛盾纠纷，协调劳动关系、维护职工权益等方面进行了积极的探索。通过构建职工诉求反映、服务、处理"三个平台"，建立源头参与、争议调解、联动维权、法律援助、信访代理"五项机制"，推进职工维权服务实体化建设，形成了以"三平台五机制"为基础的职工维权服务新体系，摸索出了一条顺应时代要求、符合工会工作实际、具有内江特色的维权服务新路子，实现了职工维权服务常态化、长效化，有效提升了职工维权服务工作水平。

---

* 课题组负责人：黄健，中共内江市委常委、市总工会主席；谢娅，内江市总工会党组书记、常务副主席。课题组成员：姚宗瑜、曾晓琴、伍代强。执笔人：姚宗瑜，内江市总工会党组成员、副主席。

一 做法与成效

工会是党领导的职工自愿结合的工人阶级群众组织,是党联系职工群众的桥梁和纽带,是国家政权的重要社会支柱,是会员和职工利益的代表,维护职工权益是工会的基本职责。但在法律赋予工会维权手段有限的情况下,如何维护好、实现好、发展好职工群众的合法权益,对各级工会而言,则是一个值得思考的重大社会课题。内江市总工会结合实际,积极探索创新,主动搭建平台,借力政府部门资源,整合社会力量,构建职工维权服务"三平台五机制"(见图1),实现了成功破题,成为工会履行维权职能,维护职工合法权益,推进和谐劳动关系建设的有效途径。

(一)建立"三大平台",创建职工维权服务一体化模式

1. 推行互联网+职工维权热线,健全职工诉求反映平台

2013年,市总工会在内江电信公司设总机,各县(区)总工会设立分机,将"12351"职工维权热线由原来市总工会一家受理,扩大到县(区)工会共同受理,同时开通市(县、区)总工会官方微信、微博,适时关注天涯社区、麻辣社区等三十余个热门网站,并建立限时办结制度、值班值日制度和责任追究制度,安排专门人员负责受理"12351"业务,在规定时间内予以受理和回复,做到有电必接、有问必答、有求必应,减少转办、核实等中间重复环节,为及时了解职工需求,化解矛盾纠纷奠定了基础。五年来,共为职工提供各项政策法律咨询服务2819次,调解和避免各类劳动争议案件512件,主动回访职工387人次。"12351"职工服务(维权)热线,被广大职工亲切地称为"职工的暖心线"①。

2. 探索建立工会群众工作室,健全职工诉求服务平台

针对部分利益受到侵害的职工群众在维权过程中不知道找谁的问题,

---

① 数据来源:内江市总工会历年"职工维权热线来电来访统计表"。

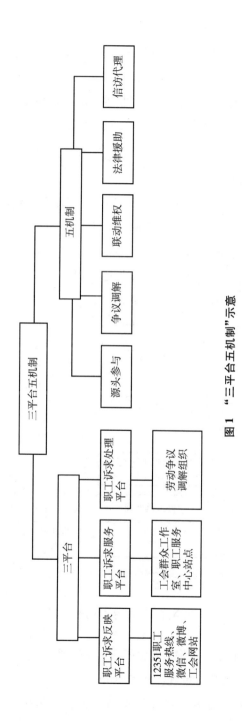

图1 "三平台五机制"示意

市总工会依托工业园区、乡镇（街道）、规模以上企业工会建立工会群众工作室（见图2），与工会组织实行两块牌子一套人马，由工会主席兼任工会群众工作室主任，并做到"三有、四上墙、四统一"。"三有"指的是：有办公场所，有电脑、桌椅等办公设施，有专职人员，各级工会至少要明确一名干部负责工会群众工作室的工作，并吸纳老纪委干部、老检察官、老法官、老司法干部、老律师、老公证员、老乡镇干部、老村干部、老工会干部和老劳动监察干部充实到工会群众工作室工作。"四上墙"指的是：职责任务上墙，明确工作内容；工作制度上墙，明确办理流程；领导机构设置上墙，明确人员职责；人员分工上墙，明确承办人员。"四统一"指的是：统一标牌标识、统一机构名称、统一机制、统一建立信息档案管理制度和群众工作预案，做到群众问题早预防、早发现、早处理、早解决，工会群众工作室成为密切党群干群关系的"连心桥"。

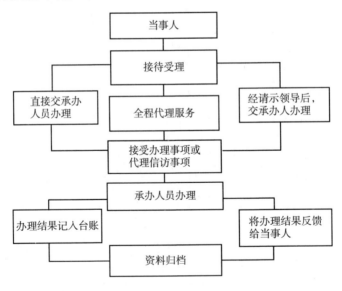

图2　工会群众工作室工作流程

3. 加强劳动争议调解组织建设，健全职工诉求处理平台

市总工会争取市委市政府重视，将劳动争议调解组织建设纳入市委、市政府年度专项目标考核，按照"已建抓规范，未建抓组建"的原则，明确

建设要求，统一建设规范，在中小型非公有制企业较集中的乡镇（街道）、社区，依托乡镇（街道）、社区劳动就业社会保障服务所（站）、司法所等部门推进建立区域劳动争议调解委员会，工业园区和企业按照工会组织与劳动争议调解组织同步建设的原则，在建立工会组织的同时同步建立劳动争议调解委员会，并做到"六有"，即有牌子、有印章、有制度、有人员、有调解室、有调解记录，健全多层次、广覆盖、高效率的劳动争议调解网络，有效发挥在协调劳动关系、调解劳动争议中"第一道防线"的作用，引导职工依法理性有序维权，将劳动争议处理在早期、化解在基层、消灭在萌芽状态。目前，全市已建工会的乡镇（街道）、工业园区、社区和企业建立劳动争议调解组织2373个，建成率达92.1%，配备专兼职劳动争议调解员7500余人，初步实现了企业调解和区域调解网络全覆盖[①]。

（二）健全"五项机制"，实现职工权益维护立体互动

1. 完善源头参与机制，依法表达职工利益诉求和工会主张

具体做法如下。一是建立工会向同级党组织汇报及与政府（行政）联系制度。市总工会牵头建立"政府与市级群团部门工作联席会议制度"，与市政府联席会议每年至少召开一次，推动形成了党政定期研究解决涉及职工合法权益问题工作机制。二是充分发挥党委、人大和政协中工会代表的参政议政作用，反映职工利益诉求，就职工群众关注的热点问题有针对性地提出主张与建议。三是进一步完善了与人社、企业联合会、工商联三方（四家）劳动关系协商机制，坚持每年召开1次以上三方协商会议，共同研究解决劳动关系中的热点难点问题。四是积极参加有关职工权益问题的政府协调会议与机构，参与了劳动就业、收入分配、社会保障、劳动安全卫生等涉及职工切身利益的政策、文件的制定、修改并监督落实。例如，在《内江市建筑施工领域农民工工伤保险缴费暂行办法》制定过程中，全面参与了起草、

---

① 数据来源：内江市总工会第六届委员会工作报告、内江市总工会历年"年度基层工会统计报表"。

论证、修改等工作，提出了 20 条修改意见，并在条文中予以体现。

2. 完善劳动争议调处机制，妥善化解矛盾纠纷

具体做法如下。一是加强矛盾纠纷排查。深入开展面对面、心贴心、实打实服务职工在基层，走基层、进企业、访职工、解难题、办实事和职工队伍稳定状况调查等活动，加强对重点行业、企业的排查和监控，及时掌握职工思想状况和企业劳动关系动态，及时发现矛盾纠纷。二是加强劳动争议纠纷预防。推行企业工资集体协商制度，建立了以"考评定级、分类管理、协调联动、规范运行、社会评价、结果运用"六大机制为基础的等级评价体系，创造了被全国总工会和省委领导肯定并推广的企业工资集体协商工作"内江经验"，促进了职工工资明显增长和劳动关系和谐发展。工资专项集体合同签订率达 93.26%，覆盖职工 27.52 万人①。牵头抓好《内江市创新企事业单位民主管理制度专项改革方案》的实施，确保各项改革措施落地落实。督促企业落实厂务公开民主管理、职工代表大会制度，保障职工民主权利。全市国有及国有控股企业、事业单位职代会和厂务公开实现全覆盖，已建会非公企业建制率达 92.68%②。三是加强劳动争议纠纷调处。主动融入"大调解"工作体系，加强与法院、人社、司法等部门的协作，健全诉前调解、诉调对接、仲调结合工作机制，建立信息互通、人员互动、案件共商的工作制度，形成调处劳动争议案件的合力，加大矛盾纠纷调解处置力度，努力把劳动纠纷化解在萌芽状态和初始阶段。五年来，共处理劳动争议纠纷 615 件，帮助职工讨薪（偿）5573.9 万元③。

3. 完善联动维权机制，形成共商共调

具体做法如下。一是积极参与人大、政协开展的执法检查与视察。市总工会多次配合市人大对《工会法》《劳动法》《劳动合同法》《四川省企业工资集体协商工作条例》贯彻落实情况进行专项执法检查和视察，推动了相关法律法规的贯彻落实；市政协连续三年与市总工会联合对全市企业工资

---

① 数据来源：内江市总工会第六届委员会工作报告。
② 数据来源：内江市总工会第六届委员会工作报告。
③ 数据来源：内江市总工会第六届委员会工作报告。

集体协商工作和维护职工合法权益政策落实情况进行视察和调研，推动职工权益维护工作落实和深化。二是建立城际联动维权机制。市总工会通过与省内20多个市（州）签订了城际联动维权协议，与36个内江籍农民工较集中的市（州）工会建立了维权工作联席制度等形式，基本建立遍布全市、辐射四川省、联系全国的维权网络。近五年全市各级工会联动协调处理省内外跨区域维权案件51件，涉及职工609人，涉及金额1330余万元①。三是建立部门联动维权机制。与法院、检察院、人社局、司法局等建立联动维权机制，先后下发了《关于建立劳动人事争议调解联动机制　进一步加强劳动人事争议调解工作的实施意见》《关于建立工会劳动法律监督与劳动保障监察协作机制的意见》，会同人社局建立"工会劳动法律监督意见书""工会劳动法律监督建议书"制度。大力开展联合执法检查。五年来，先后与人社、安监、住建等职能部门联合开展农民工工资清欠行动、劳动用工执法检查、执行社会保险法律法规专项检查等12次，共检查用人单位4091户（次），涉及职工26.34万人（次），督促80户用人单位缴纳社会保险278.54万元，补签劳动合同1391份，督促支付工资29027万元②。

4. 完善法律援助机制，解决职工维权难问题

具体做法如下。一是市县（区）总工会通过购买社会服务，引入法律服务专业团队，组建职工维权律师团和工会法律援助站。同时，按照分片包干负责的原则，将职工维权律师团受聘律师委派到所属企业和乡镇工会担任法律顾问，进一步健全工会法律援助服务网络体系，为基层工会提供法律咨询服务，协助基层工会开展法制宣传，指导基层工会开展劳动争议调解工作，推进工会法律援助工作向乡镇（街道）、村（社区）和企业延伸。全市共有6个职工维权律师团，6个工会法律援助工作站，职工维权律师46人，专兼职法律工作人员1.6万人，专兼职工会劳动法律监督员10479人。二是

---

① 数据来源：内江市工会各职工维权律师团和工会法律援助中心历年"职工维权案件经费补助项目结案统计表"。

② 数据来源：内江市总工会、内江市人力资源和社会保障局历年"农民工工资支付专项检查情况表"。

根据《工会法律援助办法》的有关规定和"应援尽援"原则，坚持以困难职工、农民工为重点援助对象，将解决拖欠职工工资、工伤事故赔偿、社会保险缴纳等作为重点援助事项，引导当事人通过调解、和解等非仲裁和诉讼方式化解劳动争议。三是为激励律师积极参与法律援助工作，把律师团律师年度法律服务和办案补助经费纳入年度预算，并联合司法局、律师协会每两年组织开展一次"维护职工权益十佳律师"推荐命名活动，推动形成维权律师队伍管理的规范化和常态化。内江市总工会法律援助中心、隆昌县法律援助中心被全国总工会评为职工法律援助示范单位。

5. 建立信访代理机制，化解上访职工抱怨问题

为保障职工合法权益，维护党委政府的良好形象，县（市、区）总工会依托工会法律援助中心、困难职工帮扶中心、工会群众工作室和工会信访接待工作室等搭建职工信访代理工作平台，按照代理自愿、方便快捷和属地管理的原则，通过见面登记、签订协议、代理反映、办理反馈、回访巩固等工作办法，把职工初访、职工最现实的"急难愁"事项和案情复杂、涉及部门众多特别是群访和越级上访的信访事项作为信访代理工作的重点，采取导访、代访、陪访等形式，引导职工有序合理表达诉求，着力解决职工"找不着门、说不明事、讲不清理"的问题。

二　存在的主要问题

内江市职工维权服务"三平台五机制"在维护职工合法权益、推动和谐劳动关系建设方面发挥了重要作用，但在制度化、经常化、规范化等方面，还有较大的改进和完善提升空间，需要进一步完善。

（一）平台建设需进一步规范

全市工会职工维权服务"三平台"已基本建成，但各级工会在运行中还缺乏规范和有效指导，造成部分场所建设不统一。虽然 2013 年市总工会制定下发了《关于加强职工维权服务"三平台五机制"建设的意见》和

《关于印发职工维权服务"三平台五机制"建设相关制度的通知》，对职工诉求反映平台、职工诉求处理平台和职工诉求服务平台的相关制度进行了规范，但各县（市、区）工作发展不平衡，部分乡镇和企业仅建有组织，没有相关的制度和台账。

（二）服务机制需进一步完善

职工维权服务的五项机制，整合了人社、建设、司法等部门的职能职责，以及工会广泛的社会组织功能和群众监督职能，相互配合，互相监督。但在实际工作，还没有形成制度性、常规性的工作机制，共建、共管、共享、共赢还需时日，尤其是城际联动维权机制还不完善，导致工会在跨区域维权中遇到的阻力较大。

（三）服务质量需进一步提高

2013年以来，职工维权服务"三平台五机制"在维护职工合法权益、构建和谐劳动关系，维护职工队伍稳定中发挥了重要作用，但与党委政府对工会组织的希望和职工群众的需求仍然存在较大差距，部分县（市、区）和用人单位还没有脱离原来工会维权的旧思路，局限于普法宣传、政策咨询、信访调解、参与政策制定、签订集体合同等内容，服务项目不丰富，服务方式简单。从对500名职工的调查情况看，职工到工会办理维权事务最多的是政策咨询和信访案件，有过维权经历，也知道工会有职工维权服务的工作内容，但没有向工会申请或反映的职工占81.6%；不知道工会有职工维权律师的达60%以上；在曾到工会办理过维权事务的职工中，有71.3%不知道工会职工维权服务的具体项目。

（四）保障水平需进一步加强

各县（市、区）在职工维权服务方面不同程度存在经费不足、人员不足的问题。县（市、区）、乡镇、社区和企业工会对场所建设和制度建设相对较为重视，但是对职工维权服务工作的长期性、经常性、规范性认识不够，投入不多甚至不愿投入。50% 以上的县（市、区）工会没有专项法律援助办案经费，预算经费仅能维持律师的工作经费，也没有与政策配套的工作经费。同时，工会法律人才短缺问题也比较严重，各县（市、区）受编制限制，均未设立专门的法律部门、没有专业的法律干部，兼职的法律干部也仅有 6 人，企业工会劳动争议调解委员会和工会法律监督委员会更是严重不足。

三　未来展望

党的十九大报告强调，要完善政府、工会、企业共同参与的协商协调机制，构建和谐劳动关系，赋予了工会组织新的使命和担当，对职工权益维护提出了新的更高要求。职工维权服务"三平台五机制"是为广大职工提供法律服务的重要载体，服务内容要符合职工需求是前提和基础。因此，加强职工维权服务"三平台五机制"建设，需要进一步完善服务项目设置，规范工作流程，提高服务质效。

（一）加强宣传，提高知晓度

加强职工维权服务"三平台五机制"建设的目的是最大限度地延伸工会维权的触角，服务需要帮助的职工群众。应当让广大职工知晓职工维权服务"三平台五机制"的服务内容和运作规则，让有需要的职工能得到及时有效的服务。因此，各级工会组织要加大职工维权服务"三平台五机制"宣传力度，充分利用现有的微博、微信、短信和报刊等媒体平台，大力宣传职工维权服务"三平台五机制"的覆盖范围、服务内容、维权模式、运作方式等，强化职工群众的认同度，提高职工的知晓率。要发动基层工会特别是农民工相对集中的乡镇（街道）、村（社区）和非公企业工会在醒目位置张贴工会的投诉电话、微博账号、微信二维码、主席信箱等问题反馈资料，为权益受到侵害的职工提供更多维权途径选择。要通过省、市工会开展的典型案例评选和"争当优秀劳动争议调解员、争做优秀工会法律工作者"竞赛活动，大力宣传通过职工维权服务"三平台五机制"办理的典型案件、开展职工权益维护工作的好做法和涌现出的先进典型，扩大职工维权服务"三平台五机制"的影响。

（二）准确定位，充实服务内容

随着经济社会的不断发展，劳动争议纠纷越来越多样化，职工需求越来越多元化，职工维权服务"三平台五机制"不仅要承载"多样化投诉渠道、多元化调解方式、多元化法律救助"等，还应突出工会群众监督和权益维护职能。工会劳动法律监督是工会开展群众监督工作的重要载体和抓手，应包括对用人单位制订的规章制度、员工手册、劳动合同、集体合同、职业病防治专项合同、女职工特殊权益保护专项合同等内容的合法性进行审查，对用人单位遵守劳动法律法规情况、劳动用工规范化管理、履行合同约定情况的监督，以及对工会组织履行权利义务情况的监督。职工权益维护是工会的基本职能，根据法律规定，应包含劳动者享有平等就业和选择职业的权利、取得劳动报酬的权利、休息休假的权利、获得劳动安全卫生保护的权利、接受职业技能培训的权利、享受社会保险和福利的权利等内容。当前工会在开展群众监督和履行维护职能中存在明显不足，尤其在队伍建设、制度保障、方法措施等方面十分薄弱。各级工会应加强调查研究，建立完善工会劳动法律监督和职工权益维护的相关制度，采取普遍监督与重点监督、争议调解与法律援助相结合的办法，着力推进以企业"规章制度、劳动合同、集体合同"审查为主要内容，以职工"休息休假、社会保障、劳动报酬、职业病防治"为重点监督事项的"三审四查"工会"法律体检"活动，开展以职工维权律师团律师为主干，覆盖全体会员职工（农民工）和工会干部的工会法律援助，扩大工会劳动法律监督工作的企业覆盖面和工会法律援助对象的覆盖面，推动工会劳动法律监督和职工权益维护工作的制度化和常规化。

（三）统一标准，规范化运作

要让职工维权服务"三平台五机制"在职工有需要时能看得见、找得到，并能享受到服务，规范运作是关键。各县（市、区）总工会制定本级职工法律援助工作管理办法，规范职工维权律师团律师的管理，明确工会法律援助律师的聘用标准、申请流程、受理范围、办理程序、办案要求、经费补贴、奖惩措施，建立规范的受理、登记、指派、办理、回访等工作流程，调动职工维权律师参与劳动争议调处工作的积极性和主动性，让更多权益受到侵害的职工享受到服务。按照"六本五挂"要求，在已建立劳动争议调解委员会乡镇（街道）、工业园区和用人单位建立规范表、本、册、栏，同时，各级工会特别是县（市、区）工会的法律援助中心、劳动争议调解委员会、群众工作室要有统一的标示标牌、规章制度、相对固定的工作人员和必要的办公条件，为职工提供有效服务。

（四）加大投入，提升服务质效

要进一步加大经费投入，确保工会职工维权服务"三平台五机制"的正常运行和持续有效开展。各县（市、区）总工会既要按照市政府与市级群团部门联席会议纪要的有关要求，推动落实工会法律援助办案补助经费和法律援助工作经费，也要通过认真办理职工维权案件和扎实推进工会法律工作，积极争取省总工会的办案补助和法律工作经费补助，不断加大对职工维权服务"三平台五机制"建设的投入。同时，市、县（市、区）工会还应按照一定的比例，从本级工会留存经费中列支职工维权服务"三平台五机制"的运行经费，包括职工维权律师团运行经费、基层劳动争议调解员和工会劳动法律监督员培训经费、开展联合执法检查和召开各类联席会议的保障经费等，并纳入本级工会年度预算，形成有稳定收入来源的保障机制，确保职工维权服务"三平台五机制"有效运行。

B.19
推行贫困村法律顾问制度的达州实践

四川省司法厅课题组*

摘　要： 以法治思维和方式推进脱贫攻坚工作是实施全面依法治国战略和实现全面建成小康社会目标的有机结合。达州市积极构建基层公共法律服务体系，充分发挥法律服务、法治宣传和法律保障作用，主动投入脱贫攻坚战，为四川省脱贫攻坚营造良好氛围、构建法治良序。其做法包括推行贫困村法律顾问制度，补齐脱贫攻坚法律短板，助力脱贫攻坚。

关键词： 司法行政　脱贫攻坚　法律顾问

一　达州实践背景

党的十八大以来，四川省深入学习贯彻习近平总书记扶贫开发战略思想和系列重要讲话精神，紧紧围绕"四个全面"战略布局，按照党中央、国务院决策部署，结合四川贫困实际，加大扶贫投入，创新扶贫方式，出台系列重大政策措施，取得扶贫开发巨大成就。

进入"十三五"时期，贫困问题仍然是四川省经济社会发展中的突出"短板"，致贫因素多元叠加，发展制约因素多、解决难，脱贫攻坚形势仍然严峻复杂。

---

* 课题组负责人：姚正奇，四川省司法厅党委委员、副厅长。课题组成员：李灿、蒋兴清、徐凯、蔡晓勇、黄波、唐渠北。执笔人：黄波，达州市司法局法制科科长。

党的十九大报告再次把脱贫工作提高到新的战略高度，提出了新思想、新目标和新征程；要求动员全党全国全社会力量，坚持精准扶贫、精准脱贫，坚持大扶贫格局，注重扶贫同扶志、扶智相结合，深入实施东西部扶贫协作，重点攻克深度贫困地区脱贫任务，确保到 2020 年以现行标准农村贫困人口实现脱贫，贫困县全部摘帽，解决区域性整体贫困，做到脱真贫、真脱贫。

法治扶贫是扶贫工作的重要内容之一。人民对美好生活需要的内容日益广泛，不仅对物质文化生活提出了更高要求，而且在民主、法治、公平、正义、安全、环境等方面的需求日益增长。"脱贫奔康"是一项重要的民生工程，涉及广大农村人民群众的切身利益，各项事务纷繁复杂、利益诉求不断多元化，迫切需要用法治思维和法治方式去推动脱贫工作有序开展。特别是全面依法治国战略的实施，治蜀兴川重在厉行法治理念的提出，如何打通法治下基层进农村"最后一公里"，为脱贫攻坚保驾护航，成为当前面临的一项紧迫任务。

二 开展贫困村法律顾问工作的必要性

（一）补齐精准脱贫法律短板的现实选择

四川是全国 6 个重点扶贫省份之一。其中达州又是四川省"四大扶贫攻坚片区"之一——秦巴山区连片扶贫开发的主战场，7 个县（市、区）就有省级贫困县 5 个、国家级贫困县 2 个，贫困村 828 个、贫困人口 49.85 万人，贫困人口总数在四川省排第一，脱贫攻坚任务十分艰巨。目前，脱贫攻坚已经到了啃硬骨头、攻坚拔寨的冲刺阶段，所面对的都是贫中之贫、困中之困，采用常规思路和办法、按部就班推进难以完成任务。广大困难群众既需要项目、产业等方面的经济支持，更需要持续稳妥的法律服务和法律保障。2016 年以来，四川省加大了贫困村帮扶力量的选派，派出了五个方面的帮扶力量（1 名责任领导、1 个帮扶单位、1 名"第一书记"、1 个驻村工作组、1 名驻村农技员），有力促进了精准脱贫方略落地落实。四川省司法厅出台了《关于充分发挥司法行政职能　助力脱贫攻坚工作的实施意见》，提出了健全贫困村法律顾问制度、大力培养贫困村法律明白人、畅通贫困地区法律服务绿色通道等 12 条具体措施，实现了帮扶力量的提档升级，补齐了精准脱贫法律需求的短板。

（二）打通法治下基层"最后一公里"的客观要求

习近平总书记在党的十九大报告中强调，坚定不移走中国特色社会主义法治道路，建设社会主义法治国家。实现全面依法治国战略，既需要中央的顶层设计，也需要基层的具体落实。在实践中，四川省以"治蜀兴川重在厉行法治"为总要求，积极推进基层依法治理。村和社区作为最基层的一级组织，在法治建设中的作用举足轻重。推行贫困村"一村一法律顾问"制度，目的就是要发挥法律服务工作者具有的三种独特优势，即对法律知识非常熟悉、处理问题相对中立、化解纠纷经验丰富。法律顾问通过参与贫困村法律事务，普及法律知识，化解矛盾纠纷，维护群众利益，从而解决基层干部处理突发事件和复杂问题难、群众寻求法律服务难的"两难"问题，有利于促进基层民主法治建设，有利于打通法治进村入户"最后一公里"。

（三）建立覆盖城乡公共法律服务体系的重要抓手

党的十八届四中全会提出，要推进覆盖城乡居民的公共法律服务体系建设。习总书记在十九大报告中指出，要完善公共服务体系，保障群众基本生活，不断满足人民群众日益增长的美好生活需要。2017 年 7 月 16 日，司法部召开全国司法厅（局）长座谈会，首次提出要以公共法律服务体系建设为总抓手，统筹推进司法行政工作改革发展，并提出到 2018 年底前全国要基本实现村（居）法律顾问全覆盖。公共法律服务体系建设提到了前所未有的高度。在脱贫攻坚任务艰巨、资源相对短缺的农村，如何让贫困村群众享受到优质、高效、便捷的法律服务，如何形成一种普惠型、低成本、可持续的工作机制，是建设覆盖城乡公共法律服务体系的关键所在。推行贫困村

"一村一法律顾问"制度,在贫困村建立公共法律服务站,是搭建公共法律服务实体平台、统筹整合优势法律服务资源的重要方式。贫困村法律服务工作的有效开展,能最大限度地满足人民群众对公平正义的追求。

三 推进贫困村法律顾问工作的措施

2016年以来,达州市组织开展了"助力精准脱贫·一村一法律顾问"工作,整合全市法律服务资源,建立配套工作机制,确保了贫困村法律顾问沉得下、待得住、干得好。

(一)全方位引导激励,动员村级法律顾问投身脱贫攻坚

(1)思想激励。思想是行动的先导。达州坚持"高、强、准"要求,做实做细思想发动工作,激发参与热情。思想认识"高",指的是先后以动员大会、誓师大会、立"军令状"等形式,隆重启动和推进"一村一法律顾问"工作,引导和激励全市法律服务工作者站在"实现四个全面""体现政治觉悟、强烈社会责任、党委政府关心、司法为民情怀"的高度,统一思想,融入其中。组织发动"强",指的是市、县、乡三级分别成立以党委副书记任组长的"5+1"帮扶力量协调小组,党委、政府亲自抓、亲自管,司法局具体负责,让广大法律服务工作者认识到贫困村法律顾问工作是党委、政府的中心工作。问题摸排"准",指的是通过问卷调查、座谈调研、书面征求意见等形式,摸清法律服务工作者开展"一村一法律顾问"工作的思想动态,及时调整完善工作方案,通过"老带新""一帮一"等方式,带动全市村级法律顾问投身脱贫攻坚的主战场。

(2)目标激励。目标是方向也是责任。只有明确了做好"一村一法律顾问"的目标,才能有效激发做好工作的动力。具体做法如下。一是上升为全市的目标,党委、政府重视支持,"一村一法律顾问"工作写入达州市第四次党代会报告、市四届人代会政府工作报告,成为市委、市政府五年战略目标。二是纳入党建工作和脱贫工作目标,市委组织部、市扶贫移民局将

"一村一法律顾问"工作纳入基层党建工作和脱贫攻坚任务,统一部署、统一考核,充分调动了组织系统、扶贫移民系统和司法行政系统的参与热情。三是细化为业务工作目标,司法行政部门出台了《开展"助力精准脱贫·一村一法律顾问"活动的方案》,明确了指导思想和工作目标,列出了时间表和任务书,让基层工作有方向和目标,工作更具针对性和主动性。

(3) 保障激励。具体做法如下。一是落实保障。贫困村法律顾问深入贫困村免费开展法律服务,更多的是体现律师作为新社会阶层高度的社会责任感。为让他们感受到党委、政府的关怀,达州把贫困村法律顾问作为志愿者,财政给予一定经费补贴,市、县两级财政将贫困村法律顾问工作经费纳入了预算。2016 年,全市共投入专项经费 134 万元,2017 年专项经费达149.3 万元。二是给予支持。解决了贫困村法律顾问办公室问题,配备了设施设备,向广大村民宣传贫困村法律顾问工作,为法律顾问营造了良好的工作氛围。贫困村选举村委监督员时,把村法律顾问全部纳入。司法行政部门在推荐人大代表、政协委员时,重点向村法律顾问倾斜。2017 年新推荐市县人大代表 5 名、市县政协委员 3 名,推荐了省级人民监督员 2 名,市级人民监督员 2 名。三是关怀到位。各级党委、政府非常关心法律服务工作者参与脱贫攻坚工作,把法律服务工作者纳入重要节点慰问对象。

(二)全覆盖综合服务,推动村级法律顾问下沉到基层服务

(1) 覆盖全部贫困村。达州市结合法律服务资源有限的实际,采取"1对 1""1 对 2"和"2 对 1"模式。具体做法如下。针对部分偏远县法律服务人员相对较少的实际情况,采取 1 个法律服务人员结对 1 个或 2 个贫困村方式;针对部分法律服务人员工作任务繁重、时间安排不过来的情况,采取2 个法律服务人员帮扶 1 个贫困村方式;对部分法律服务人员相对较少的县(市、区),市局及时调配市直属律师事务所人员进行充实①。

(2) 覆盖全部法律服务内容。司法行政机关所提供的法律服务在贫困

---

① 蒋兴清:《补齐法律服务短板,助力精准脱贫攻坚》,《四川政法》2016 年第 3 期。

村都能实现，主要包括"五项服务"内容：为村支委决策提供法律意见，接受村干部和群众的法律咨询，提供律师、公证、司法鉴定和司法救助等法律援助，开展法治宣传教育活动，协助村委开展人民调解活动。村法律顾问合同明确了服务的期限、内容、范围、方式，确保贫困村不脱贫法律服务不脱钩。

（3）覆盖全部法律服务机构和服务人员。达州市共有33家律师事务所和103家基层法律服务所，293名律师、183名基层法律服务工作者，全部参与到了脱贫攻坚工作中，贫困村"一村一法律顾问"工作覆盖所有法律服务机构和服务人员，人人有责、人人有份。

（4）覆盖全部非贫困村。为让普惠型法律服务覆盖非贫困村的贫困户，司法行政部门选派由律师、基层法律服务工作者和司法助理员组成的"巡回法律顾问团"，对超过20户贫困户的非贫困村开展法律顾问服务。

（三）全过程跟踪考核，督促村级法律顾问注重服务质量

（1）规范制度。规范工作台账。村法律顾问开展法律服务活动，必须认真填写统一的台账报表，准确反映服务对象、服务内容和服务结果，一次一记、一案一卷，确保法律服务过程留痕迹。规定服务次数。法律顾问至少每两个月到贫困村实地服务1次，至少每个月电话联系1次，贫困村村委、村民确有重要事务，确需法律顾问到现场提供法律服务的，法律顾问应及时到场。

（2）规范标识。统一制作了"一村一法律顾问"标识牌，悬挂在贫困村村委会显眼位置。建立了村法律顾问与法律明白人、法律明白人与村民的微信群，在每个公示牌下面印制村法律顾问的二维码，方便村民及时与法律顾问取得联系。同时，向每家贫困户发放了村级法律顾问联系卡，既起到了方便群众联系的作用，又接受群众监督。

（3）规范管理。实现了贫困村法律顾问工作"四级管理"：法律服务机构负责对所派出的法律顾问实行绩效管理；乡镇司法所负责村法律顾问到村开展工作情况日常管理，注重常态化；县级司法行政部门负责对辖区村法律

顾问的督查考核和推动落实；市级司法行政部门负责监督、指导和全面统筹协调。

（4）规范内容。司法行政部门精心编印了贫困村法律服务指导手册、宣传手册、案例手册"三个手册"，发放到村法律顾问和贫困户。指导手册主要是指导贫困村法律顾问如何开展调查摸底、提供服务、自我评价、建立台账等服务流程。宣传手册主要收集了与群众生产生活密切相关的法律法规。案例手册主要收集了村法律顾问主办的典型案例，以问题解析的方式进行汇编，浅显易懂。

（5）规范考核。具体做法如下。纳入党委政府脱贫工作考核指标，组织部与司法行政部门联合印发了对县（市、区）贫困村帮扶力量的考核办法和细则，考核对象是党委、政府，考核主体是市司法局，年底单项考核，市委、市政府进行通报。纳入司法行政部门业务考核指标，市司法局出台了对县（市、区）司法局的"一村一法律顾问"考评办法，实行单项考核。纳入法律服务机构和人员的考核指标，综合运用"查、听、访、测"多种方式，促进落地见效。"查"指的是各级司法行政机关定期检查村级法律顾问工作台账，记入律师和基层法律服务工作者年度考核档案。"听"指的是定期听取贫困村所在乡镇党委、政府意见，收集整理后及时反馈给村级法律顾问。"访"指的是市司法局纪委、监察室定期不定期组成明察暗访组，深入贫困村走访了解工作推进情况。"测"指的是组织贫困村支两委和群众开展专项服务工作测评，对法律顾问的服务态度、质量、成效等内容作出客观评价①。

（四）全领域典型示范，带动村级法律顾问勇于创新创优

（1）现场推进强力度。达州通过2个月召开一次现场推进会来强力推进，每次推进会参观2个以上标准化村级法律顾问工作室，工作力度大、作用发挥好的县（市、区）司法局和法律顾问代表在大会交流发言。各地司

---

① 蒋兴清：《补齐法律服务短板，助力精准脱贫攻坚》，《四川政法》2016年第3期。

法行政部门以此为契机，大胆探索创新，形成了一批有特色的做法，如通川区推行法律顾问"AB角"模式确保律师不缺位；达川区为村法律顾问建立了单独的标准化法律顾问室。

（2）创优评先硬指标。注重对"一村一法律顾问"工作考核结果的运用，推荐"全国、四川省优秀律师事务所、律师""劳动模范""法治人物"等先进集体和先进个人，必须是"一村一法律顾问"工作考核优秀的单位或个人。其目的就是要鲜明导向，只有在服务大局、服务中心中出成绩，才能在这个行业和系统出彩。

（3）强化宣传展形象。全市贫困村法律顾问既有围绕中心、服务大局的全局观，也有希望通过法律服务展示自身良好形象的迫切愿望。达州市因势利导，加大了对村级法律顾问工作成效和优秀顾问的宣传力度。在达州主流媒体开辟了"一村一法律顾问"宣传专栏，讲述法律顾问先进典型事迹，让优秀的村级法律顾问有更多的出彩机会。

四 贫困村法律顾问工作取得的成效

面对异常艰巨的脱贫攻坚任务，司法行政部门主动作为、围绕中心、服务大局，开展了"助力精准脱贫·一村一法律顾问"工作，得到了各级领导的肯定和媒体的关注。

总体来看，贫困村法律顾问充分发挥专业特长，积极为贫困村的发展献计出力，成为村支两委的法律"智囊团"，增强了村务工作的"免疫力"，同时成为贫困村法律知识"宣讲员"、矛盾纠纷"调解员"、法律援助"代办员"，培养了一大批法律明白人，细化了农村法律服务，推动了基层民主法治建设。

（一）遇事找法成为常态

贫困村法律顾问通过有针对性的法治讲座、典型案例讲法释法、法律案件办理、"12348"法律援助热线咨询等活动，进一步树立了"办事依法、遇事找法、解决问题用法、化解矛盾靠法"的法治意识。贫困村法律顾问制度的推行有效缓解了农村"信访不信法""案了事不了""官了民不了"的问题。

（二）维护权益门槛不再高

以前，打官司是贫困群众最不敢想也最犯难的事。现在，家门口的法律顾问为贫困村民提供了权益保护的有效途径，也为村庄解决了一批群众长期反映的突出问题。2017 年以来，村级法律顾问解答群众法律咨询 14000 余次，办理法律援助案件 316 件，提供其他法律援助事项 648 件，提供法律援助 1438 人次，代理各类民事刑事案件 89 件，挽回或避免经济损失 560 余万元。

（三）矛盾纠纷及时化解

村法律顾问积极参与贫困村矛盾纠纷化解，最大限度防止群众"因访致贫、因案返贫"问题。村法律顾问、当地司法所、人民调解组织三家建立了协作机制，法律顾问利用相对中立的职业优势，参与具体纠纷调解；帮助村支两委分析纠纷产生的主要根源和凸显领域，特别是在征地拆迁、环境保护、项目发展、合同纠纷等领域，坚持依法调解，帮助调解了一大批矛盾纠纷。2017 年以来，村法律顾问指导村级人民调解组织化解了基层矛盾纠纷 1500 余件。

（四）产业发展得到保障

开展经济发展项目的"法律体检"是村法律顾问的专业优势，他们推广企业法律顾问工作的经验，全程参与村庄的重要经济活动，积极为村庄引进项目、流转土地、专业合作组织建立和生产经营等方面提供法律支撑。2017 年以来，各贫困村法律顾问为村集体经济发展和基础设施建设等审查把关合同 800 余份，为贫困村发展农产品精加工、特色种植养殖业和乡村旅游产业提供法律意见 1600 余条。

（五）民主法治有序推进

村法律顾问有力推进了村级组织"四民主三公开"，为村支两委民主决策等重要管理活动提供了法律保障。2017 年以来，贫困村法律顾问参加村级会议 1460 余场次，为村支两委决策提供法律意见 1700 余条；协助起草、审核、修订村级自治组织章程、村规民约及其他管理规定 900 余条；协助加强农村法治宣传，培训法律明白人 6750 人，开展普法宣传活动 700 余场次，受众达 46200 余人。

五 开展"助力精准脱贫·一村一法律顾问"工作的意义

（一）符合时代要求是推进工作的根本

"不谋全局者，不足谋一域。"坚持以全局开阔的视野看问题、想办法，在大局下谋划、在大势下推进、在大事上作为，善于在把握大局中破难题、克难关，是推进各项工作的根本。贫困村法律顾问制度，是贯彻落实"全面建成小康社会""全面依法治国战略"的有机结合，契合了时代需要和基层实际。习近平总书记在党的十九大报告中指出，"要按照党的十六大、十七大、十八大提出的全面建成小康社会各项要求，紧扣中国社会主要矛盾变化，统筹推进经济建设、政治建设、文化建设、社会建设、生态文明建设，特别是要坚决打好防范化解重大风险、精准脱贫、污染防治的攻坚战"。面对发展改革之难、民生改善之重、社会治理之艰，司法行政挺身而出，开展"助力精准脱贫·一村一法律顾问"工作，体现了司法行政机关围绕中心、服务大局的政治担当和勇于突破、善做善成的创新精神，也体现了广大司法行政干部和法律服务工作者奋发有为、甘于奉献的干事创业激情。因此，贫困村法律顾问工作得到了上级认可和贫困群众的欢迎。

（二）结合职能发挥是推进工作的基础

法治扶贫是精准扶贫的一个重要方面。司法行政工作具有基础性、先导性、保障性、群众性等特点，每项工作都与人民群众的生产生活息息相关，司法执法、法治宣传、法律援助、人民调解、律师公证、特殊人群管理等等，点多面广，既服务群众，又依靠群众。推行贫困村法律顾问制度，有效解决了脱贫攻坚各类法律问题，让脱贫攻坚工作少走弯路，避免和减少贫困群众不必要的损失，回应了基层对法律服务、法律保障的迫切期盼。实践证明，司法行政部门在脱贫攻坚进程中能够有效发挥作用、能够大有作为。

（三）争取党政重视是推进工作的关键

积极争取党委、政府对贫困村法律顾问工作的重视和支持，把工作上升为市委、市政府的战略决策，纳入党委、政府中心工作的总盘子，形成了全市上下齐抓共管的局面。达州市脱贫攻坚领导小组、市委组织部、市司法局、市扶贫移民局多次下发有关文件通知，作出具体部署，有力地推动了工作的开展。文件要求每次推进会的举行，市委组织部、市司法局、市扶贫移民局的领导都要出席；每次对县（市、区）党委、政府的督查考核，市司法局都全程参与。

（四）彰显职业精神是推进工作的法宝

广大法律服务工作者是推行贫困村法律顾问制度的主体和核心，他们对脱贫攻坚工作的认识决定着此项工作的成败。除了严格考核、强化督查外，司法行政部门引导广大法律服务工作者积极履行政治责任、社会责任和职业责任，在脱贫攻坚工作中实现自身价值。通过深入细致的思想工作，广大法律服务工作者提高了政治站位，认识到担任贫困村法律顾问是忠实履行中国特色社会主义法律服务职能的神圣使命，甘于为实现全面建成小康社会贡献力量。

六 对精准脱贫工作的思考和建议

精准脱贫是党在新时期作出的重大战略决策，事关全面建成小康社会，

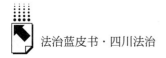

事关人民福祉，事关巩固党的执政基础，事关国家长治久安。树立法治意识，提升法治能力，引入法治元素，是确保精准脱贫工作取得最终胜利的保障。

（一）推广贫困村法律顾问制度的做法和经验

当前，四川省精准脱贫攻坚战已经到了决胜阶段，所面对的多数都是贫中之贫、困中之困，既需要通过精准脱贫措施帮助贫困家庭脱贫致富，更需要建立长效机制保障贫困人口脱贫后不返贫。具体存在以下问题：需要切实解决脱贫工作中存在的法律短板，个别干部法治意识不强，决策随意性强，导致部分脱贫项目规划失误、实施不力、监督不实；有关法律政策宣传不深入、不到位，部分基层干部和贫困群众法律知识匮乏、法治意识淡薄，影响了脱贫攻坚的成效。本文建议，在四川省范围内推广达州市实施的贫困村法律顾问制度的做法和经验，将法律服务资源引入精准脱贫攻坚第一线，从源头上、基础上、制度上为脱贫攻坚提供法治保障。与此同时，进一步将贫困村法律顾问工作做法推广到其他非贫困村和社区，促进基层依法治理，保障群众合法权益，做实全面依法治国的根基，到2018年底村（社区）法律顾问实现全覆盖。

（二）加强村级法律顾问经费保障

推行贫困村法律顾问制度是提高农村法治化水平的一项基础性工作，有利于加快脱贫攻坚进程，提升脱贫工作质量，属于社会公共服务产品。律师和基层法律服务工作者是自食其力的法律人，没有固定的薪金报酬，要完成贫困村法律顾问工作，必定加大其工作量，耽误平时办案时间。为确保村级法律顾问工作深入持续开展，本文建议，将村级法律顾问工作经费纳入政府购买公共服务项目，列入各级财政预算。

（三）建立法律服务人员参与公益服务机制

从中央到地方正在大力深化司法体制改革，推行法律顾问制度、加强律师队伍建设、建立公职律师和公司律师。参与公益法律服务是法律服务人员履行社会责任的一种体现，但仅靠工作动员、感化引导和监督考核并不能持续推进这项工作。出台法律服务人员参与公益法律服务的制度机制，培育一大批公益法律类社会组织和专职法律人才，是可持续开展村级法律顾问工作的制度基础。本文建议，在深化司法体制改革工作中，列入法律服务工作者参与公益服务活动，明确公益服务时限、内容和标准，为公益法律服务活动的持续开展提供依据。

（四）形成齐抓共管的良好工作局面

推行贫困村法律顾问制度，目的是发挥律师、基层法律服务工作者等的作用，全面推进基层民主法治建设，真心实意服务广大人民群众，最终实现"脱贫奔康"的目标。各级政府应高度重视"一村一法律顾问"工作，将其纳入当地经济社会发展总体规划，各级政府及相关部门应制定、落实相关工作政策，扶持推动"一村一法律顾问"制度的建立和发展。各地各部门应加强配合和协作，及时了解农村经济社会发展状况和法律服务需求情况，指导村级法律顾问有针对性地做好相关法律服务工作。

B.20
雅安市雨城区"阳光村（居）务"微权清单制度

雅安市雨城区依法治区领导小组办公室课题组[*]

摘　要： 农村（社区）"小微权力"运行直接面向群众、关系民生，是基层群众感受最深刻、关注最迫切、关系最紧密的一项权力。雅安市雨城区探索用制度管权、管事、管人，摸索出农村（社区）小微权力制度化、法治化、规范化、程序化治理模式，代表四川省基层治理的探索和努力方向。

关键词： 微权清单　基层治理　法治化　阳光村（居）务

广大农村基层组织处于国家公权力运行的最末端，对上承接大政方针，对下直接服务群众。村干部手中的权力虽"小"，但作用甚"大"，因办事不公、暗箱操作、监督薄弱等问题引发的信访和违纪违规案件屡有发生。这些发生在群众身边的微腐败，严重影响国家和政府的公信力。雅安市雨城区在189个村和18个社区推行"阳光村（居）务"微权清单五十条制度，用制度管权、管事、管人，给农村基层"微权"列清单、定程序，实现基层行权监督过程阳光化，有力铲除了"苍蝇"腐败滋生的土壤。

---

* 课题组负责人：林良军，中共雅安市雨城区委副书记；张胜利，中共雅安市雨城区委常委、纪委书记。课题组成员：夏鹏、赵翔、黄平、代登华、李红。执笔人：赵翔，雅安市雨城区依法治区领导小组办公室副主任；李红，区司法局工作人员。

一 微权清单的产生背景与发展历程

（一）微权清单的产生背景

2013 年，党的十八届三中全会首次提出，"推行地方各级政府及其工作部门权力清单制度，依法公开权力运行流程"。十八届四中全会再次明确提出，"推行政府权力清单制度，坚决消除权力设租寻租空间"。同年，浙江省宁波市宁海县率先探索农村小微权力规范化运行，界定农村基层组织和基层干部权力，从源头上把农村干部权力关进制度的"笼子"，切实预防农村村组干部的微腐败问题。近年来，雅安市雨城区委提出建设"五个雨城"，坚定不移推进依法治区和全面从严治党，着力深化体制机制改革，推动政务优化、简政放权、透明公开等各项工作，各级主管部门制定出台了一系列权利清单、责任清单和负面清单，包括涉及村级组织及村干部依法依规享有的村级重大决策、重大活动、重大项目以及资金、资产、资源管理等村务管理的农村"小微权力"，积累了一定的制度和实践经验。同时，基于区纪委近几年查办的微腐败案件和党风廉政建设情况，以及法治建设的新形势、新任务和新要求，区委研究决定，由区纪委和区治区办牵头负责，统筹协调民政、财政、审计和农业、林业、国土、发改、司法等近 20 个部门，集中安排人力物力梳理、归纳、汇总、编制村（社区）微权清单"百科全书"，实现农村小微权利的制度化运行，不断推动农村治理的规范化、法治化、现代化，打通农村党风廉政建设的"最后一公里"。

（二）微权清单的发展过程

"阳光村（居）务"微权清单制度旨在根据权力清单的特性，针对农村（社区）公共管理和治理过程中的公共权力、公共服务，以"菜单式、清单式、流程化"依法列举、明晰、公开，配套建立约束规范小微权力运行的相关制约和监督制度。自 2014 年探索建立微权清单制度以来，雨城区始终把农村小微权力规训作为法治范式的核心、本质追求和制度灵魂，坚持权责统一的基本原则，让村（居）务在阳光下运行，围绕"限权、明责、保利"法治村治基本要求，逐项逐条绘制"流程图"，突出"五公开""六项程序"，以"一套表、一张清单"形式，将基层事务管理服务"清单化"、基层组织行权"流程化"、群众议事办事"明白化"。三年间，雨城区先后梳理、归纳、汇总、修订等编制出"阳光村务微权清单制度五十条"、《雨城区农村基层干部违反廉洁履职责任追究办法（试行）》、"阳光居务微权清单制度三十三条"及系列配套漫画读本，动态更新微权清单制度 50 余条，大规模修订完善读本 3 次，同步建立保障微权清单运行"四项机制"，打造了一批"四好一规范""五个经得起看"示范点，基本实现了微权清单制的全覆盖、常态化。

（三）微权清单的内在逻辑

权力清单的实质是确权勘界，平衡权力与权利，按权力的主体和内容的差别，梳理形成 50 项村级事务、33 项社区居务，划分归类为集体管理决策事项、便民服务事项两个大类，逐一明确风险点和防控建议，同步列出越权或滥权的责任追究情形。在维权清单的运行过程中，"五议决策法"为该项制度实现法治村治的"制度之治、程序之治和规则之治"，将村干部手中的微权力和兑现惠民服务政策的产生、公开、监督全过程公开，为小微权力的制度化规制、程序化运作、规范化操作提供了保障。具体实施的"六项程序"则直接进一步明确、约束或制约干部小微权力和农民权利的法律边界，确保了微权清单运行的程序性、规范性、合法性和有效性。微权清单作为约束和限制干部微权力而生的法治工具，其基本目的在于保护农村共同体的权利，自始至终在权力的效能标准上强化"权为民所授"和"权为民所用"的目的和宗旨，有力促进了村级组织和党员干部用权更加规范，实现基层群众办事更加快捷，达到干群关系密切改善的初衷。

二 雨城区"阳光村（居）务"微权清单的具体实践路径

（一）抓牢"微权清单"关键环节

一是厘清权力边界，编织制度"笼子"。围绕村干部"能干什么"的问题，雨城区结合村"两委"干部工作职责、内容、对象等特点，组织专门力量深入全区各个乡镇、村庄开展专题调研，梳理总结出村级组织和村干部权力事项50项，其中，包括"三资"管理、招投标管理、公章管理等村级管理事项22项；低保申请、建房审批申请等便民服务事项28项。这"五十条微权清单"大到村级经济、社会发展规划、资产处置及集体资产资源的承包租赁，小到出具证明、印章管理、困难补助申请等事项，实现了对村级权力运行的全覆盖。

二是绘制办事流程，严格规范操作。围绕村干部"该怎么干"的问题，雨城区对照"微权清单五十条"，认真编制权力运行流程图，对每项村务的事项名称、实施责任主体、权力行使依据、权力运行流程、权力运行过程的公开公示以及违反规定的追究办法等一一予以明确，实现了"看图干事、照单操作"的权力规范化运行机制。例如，在申请灾后房屋重建贷款时，群众对照流程图便清晰地知道需要准备哪些申请材料，需要去哪些单位盖章证明等每一个具体事项，有效防范了村干部推诿扯皮、故意发难、吃拿卡要等现象的发生。

三是公开透明晒权，打造阳光村务。围绕村干部"在干什么"的问题，雨城区在村级活动室公开栏、乡镇便民服务中心电子屏等人口来往密集处，定期公示村财务状况、低保救助、惠民补贴、征地拆迁等群众关心关注的热点问题，切实把村级权力的"家底"晒出来，让群众看得清楚、看得明白。同时，结合"四议两公开一监督""五议决策法"和村级事务公开日等载体，探索建立村级事务办理备案制度，将涉及收支、债权债务、合同履约等逐项逐笔明细公开，实现微权清单内容、规章制度、运行程序、运行过程、

运行结果的"五公开"。

四是构建监管体系，铁规惩处追责。具体做法如下。围绕村干部"不能干什么"的问题，雨城区建立健全了村、乡镇、职能部门"三位一体"监督体系，由村纪检小组对村级事务办理过程实施全程监督，乡镇纪委定期考核，区财政等职能部门定期对"村财乡管"等关键环节进行检查指导。同时，积极探索"微权"监督清单制，全面公开村干部"微权"风险点和监控点，对易腐部位和关键环节实施重点预警监控。配套制定《雨城区农村基层干部违反廉洁履职责任追究办法（试行）》，对村干部违反党的组织工作纪律、村级事务民主决策、管理和监督等32项行为进行责任追究，保证"阳光村务"落地见效。

（二）开出"微权清单"四剂良方

一是明责权，套紧权力"紧箍咒"。对照"微权清单五十条"，每个村干部对自身"能干什么、不能干什么、该怎么干"有了更加清醒的认识，手中的"小微权力"得到了有效约束。特别是将每一项大小事务的办理过程，用"流程图"的方式固化下来，让阳光照到权力行使的每个角落，有效杜绝了"权力寻租"和"暗箱操作"等现象。

二是重民主，保障群众"当主人"。"微权清单五十条"涵盖了群众关心、关注的大小事项，制度的建立和执行有效激发了群众自主参与村级事务管理的积极性，实现了从"当家人"知道到"家里人"都明白的深刻转变，群众逐步养成了依法办事、主动监督的民主意识。同时，村干部熟悉政策、优化服务的自觉性明显增强，村务"事事有人管、事事有人问"，有效构建起"群众动嘴、干部跑腿"的良好氛围。

三是促透明，架起干群"连心桥"。"微权清单五十条"就像交通法规指明方向，村干部的权力被约束在固定的操作空间里，很难再走暗箱操作的老路、谋取私利的歪路。对于群众来说，村里的一支笔、一包烟、一笔账，用在哪里、谁使用的，都写得清清楚楚。机制倒逼服务。得益于基层民主的规范化，一批群众最关心、最直接、最现实的利益问题得到有效解决，一批棘手的矛盾纠纷得到及时化解，干群联系更加紧密，村干部的信任度、满意度不断提高。

四是亮法纪，开启廉政"探照灯"。"微权清单五十条"画出了法纪红线，全面明确了村级组织、村干部的权力职责，厘清了权力边界，确保了权力运行有程序、有依据、有监督，基本形成了一套科学、长远、管用、务实的制度体系。在列出权力清单的同时，雨城区还制定了相应的负面清单和责任清单，详细界定村干部责任追究行为，具体细化了组织和党纪处理标准，有效教育和警示农村干部规范用权。

（三）总结经验，推广"阳光居务"

随着"阳光村务"微权清单制度的实施，灾后重建、土地确权、环境治理、项目建设、产业发展、脱贫攻坚等一大批惠民富民举措阳光、高效、规范运行，持续有力地促进了村干部快作为、有作为和善作为。2016 年，雨城区进一步深化对街道（新区）18 个社区的微权监管，制定出台"阳光居务"微权清单制度三十三条，与"阳光村务"微权清单制度五十条同步实施。两个微权清单制度、"一个流程"让村（社区）干部明白了"什么该做、什么不该做"，权力运行更加规范；"一套图表"让群众按图索骥，知道了"找谁办、怎么办"，办事更加便捷；"一张清单"让党务、村（居）务、财务等公开更加精细化、常态化。这些初步构建了民主自治、权责明确、相互制衡、公开透明、操作规范、简便高效、监督有力的农村（社区）"小微权力"运行体制机制。

三 "阳光村（居）务" 微权清单的相关经验启示

（一）"五议决策法"是运行微权清单的关键

"五议决策法"突出了对微权运行的过程控制。阳光村（居）务微权清单制度规定，凡涉及村级（社区）重大事项决策、村（社区）"三资"处置及管理、"一事一议"等项目建设实施、兑现惠民政策、脱贫攻坚等决策事项，一律采取提议、商议、审议、决议、评议"五议决策法"，且规范制作"雨城区阳光村（居）务清单制度村（社区）议定事项运行情况记实表"，全程留痕村（社区）各类重大事项的提出、会商、审定、决定和执行等议事决策各环节，再现了村（社区）干部规范用权的全过程，切实将"微权力"关进了制度的"笼子"。实践证明，凡是坚持做到"五议决策法"的村（社区），群众的知情权、监督权等得到了充分保障，党风廉政建设社会评价反馈满意度高，村（社区）治理的民主化、法治化、科学化水平也相对较高。

（二）公开公示是运行微权清单的核心

公开公示就是将村社区权力在阳光下运行。在"四议两公开一监督"基础上，阳光村（居）务微权清单制度对微权实行清单内容、规章制度、运行程序、运行过程、运行结果"五公开"，对便民事项实行申请、受理、公示、办理、公开、回复"六项程序"，全程体现了公开公示。整个过程严格遵守党的有关政策和国家法律法规，特别是严格在《村民委员会组织法》《城市居民委员会组织法》等有关村民自治、居民自治的范围内有序开展工作，确保阳光微权清单制度运行中内容合法、程序合法、结果合法。实践证明，把"微权力"晒在阳光下，接受群众、社会、舆论等各方监督，村级事务管理服务"清单化"、村级组织行权"流程化"、群众议事办事"明白化"，阳光微权清单制度逐渐成为村级指南的"百科全书"，有力促进了农村基层治理和党风廉政建设。

（三）三级监督是推动微权清单的动力

群众的眼睛永远是雪亮的。三年多来，雨城区着力强化村组（社区）干部的用权监督，充分调动区、乡镇、村三级风气监督员、党员干部和群众代表等监督力量，搭建起既有机统一又相互衔接的群众监督、村务监督委员会和村纪检小组监督、上级纪委监督的"三级监督网络"。同时广泛宣传12388、"一键通"App等举报平台，深入查找工作中的薄弱环节和问题短板，着力发现和解决作风漂浮、擅离职守；吃拿卡要、优亲厚友、与民争利、欺压群众；村（居）务公开不及时、公开内容不全、公开时限不够、公开内容不清楚等突出问题。实践证明，阳光微权清单制度有效抑制了基层村（社区）干部的"微腐败"，为村（社区）干部的廉洁自律提供了"不能贪，不敢贪"的制度性保障，有力推动全面从严治党向基层延伸。

（四）四项机制是保障微权清单的根本

规范化方能行稳致远，制度化才能确保常态落实。阳光微权清单制度具体建立了"四项机制"。一是"两个责任"落实机制，即把贯彻落实微权清单制度纳入各乡镇（街道、新区）党风廉政建设和反腐败工作成效重要考核指标，各乡镇（街道、新区）将微权清单落实情况纳入村干部年度奖惩、报酬待遇和评先选优等考核内容。二是职能部门推进机制，即各职能部门建立微权清单内容的实时动态完善协商制度，对权力运行程序、各项配套制度、流程图制定对口指导和专项督导制度。三是微权运行防控机制，即健全以排查梳理、定岗定责、督导督查、责任追究等制度机制为主干的农村廉政风险防控机制。四是微权运行查处机制，即紧扣纪律审查工作，发现一起查处一起，严格实行"一案双查"。同时配套出台《雨城区农村基层干部违反廉洁履职责任追究办法（试行）》，推动了阳光微权清单制度的持续性、常态化、规范化落实。

（五）群众满意是检验微权清单的最高标尺

在微权清单的推进和实施过程中，雨城区始终把群众的满意作为工作的出发点和落脚点，坚持"以人为本"理念，牢固树立"宗旨"意识，从思想上尊重群众、感情上贴近群众、工作上依靠群众，时刻把群众利益放在首位。通过入户宣传、公开公示、村村响广播等，广泛宣传阳光微权的内容和实施过程，让老百姓听得明白、看得懂，实现家喻户晓。特别是在前期制度清单的编制过程中，雨城区先后十余次征求群众意见建议，尽量把涉及群众切身利益的条款列出来、写明白，把群众办事的流程画出来、画清楚，提前考虑，切实让群众能够参与进来，让群众受益。实践证明，阳光微权清单的出台得到了群众的好评，也证明只有把人民群众满意不满意作为检验工作成效的最高标准，才能得到群众的支持和拥护，才能让阳光微权得到持久的生命力和活力。

四　打造"基层民主"治理样本

推行"小微权力"清单，雨城区迈出了基层民主治理的坚实一步，但在实施过程中仍存在一些问题和短板，主要表现为：一是有的村干部仍习惯用传统方法解决问题，认为"权力清单"束缚了工作效率和灵活性，对制度实施不配合或暗中抵制；二是作为农村自治的主体，有的群众缺乏"主人翁"意识，除了关系切身利益的事情，对于集体事务不太关心，存在"多一事不如少一事"的心态；三是在"人情社会"背景下，村级纪检小组和群众代表贯彻监督权力的积极性不高，如果没有较大的矛盾也不愿意对村干部的行为进行监督，存在"小组监督太软、群众监督太难"现象。

下一步工作中，雨城区坚持问题导向，以改革创新精神务实推进基层治理法治化，通过制度性建设完善不断推进"阳光村（居）务"实践，让改革发展成果更多更好地惠及全区广大群众。

（一）加强教育培训，提升村干部依法办事能力

科学编制村（社区）干部培训学习计划，把微权清单作为必备内容，纳入村（社区）干部经常性教育培训计划，并组织相应考试，以此作为衡量村（社区）干部能否上岗的一个重要依据，从源头抓好村（社区）干部规范用权的自觉习惯，让"微权清单五十条（三十三条）"真正成为村（社区）干部手中的实用指南，而不是一本难念的经。

（二）积极宣传引导，唤醒群众民主自治意识

充分利用全媒体平台、"两微一端"、"村村通"等宣传载体，不断扩大

《雨城区阳光村（居）务》内容公开面，进一步增强群众知晓率。在全区191个村（社区）同步制定具体操作流程图并上墙公布，方便群众随时随地查看村（居）务工作进展情况，真正落实群众对村（居）务工作的知情权、参与权和监督权。

（三）完善制度体系，激发干部干事创业激情

广泛征求各个方面的意见建议，围绕群众反映强烈的事项精简改进操作规范流程，促进"微权清单"运行便民化、高效化。探索健全村（社区）干部目标考核管理制度体系，为小微权力规范体系建设提供必要的外部环境和制度保障；同时，加大典型宣传报道力度，让真干事者有舞台，牟私利者没机会。

（四）健全监督机制，形成规范用权高压态势

健全完善"三位一体"监督体系，通过任前培训、集中研学等方式，提高村（社区）纪检小组和群众代表的政治素质和监督能力。发挥乡镇、职能部门的督导作用，每季度开展一次村（居）务、党务、财务公开联合检查，对无视规定、明知故犯等行为，发现一起、查处一起、通报一起，着力形成基层规范用权的高压态势。

市 场 法 治

Market Legislation

B.21

绵阳市法治引领和保障创新
驱动军民融合

绵阳市依法治市领导小组办公室课题组*

摘　要：　近年来，绵阳市深入推进科技创新，大力实施军民融合发展
战略，始终将法治思维和发展理念贯穿科技创新和军民融合
产业发展各环节、各方面，在培育军民融合创新创业生态、
壮大军民融合产业集群、促进军民科技协同创新、保障国防
事业建设发展等方面取得了显著成效，军民深度融合发展步
入法治引领和保障的"快车道"。

* 课题组负责人：付康，中共绵阳市委副书记；夏凤俭，中共绵阳市委常委、政法委书记。课
题组成员：邹若力、张廷伟、胡精、朱先凯。执笔人：崔智勇，中国（绵阳）科技城管委会
军民融合办副主任；贾元兵，中共绵阳市委办公室法治指导处长；周军丞，中共绵阳市依
法治市办干部；袁治华，中共绵阳市依法治市办工作人员；李佶芯，中国（绵阳）科技城管
委会军民融合办工作人员。

关键词： 法治引领保障　创新驱动　军民融合

绵阳市地处四川盆地西北部，是四川省第二大城市，中国唯一的国家科技城，作为国家全面创新改革试验先行试点地区之一，肩负着为国家全面实施创新驱动军民融合发展战略探索经验做法、作出示范引领的重任。随着中央全面依法治国、省委全面依法治省战略部署的不断深入，法治对科技城建设的保障作用越发重要，依靠法治引领和保障创新驱动和军民融合发展尤为迫切。

近年来，绵阳落实中央"四个全面"战略布局，践行省委"五大发展理念"，积极深入贯彻习近平总书记在中央军民融合发展委员会第一次全体会议上关于"推进军民融合深度发展，要善于运用法治思维和法治方式推动工作，发挥好法律法规的规范、引导、保障作用"的重要指示，坚持以全面创新改革试验为抓手，大力实施创新驱动、军民融合国家战略，积极探索实践法治引领和保障军民科技创新、军民融合产业发展，深入推动建设创新驱动先行市和军民融合示范市，军民深度融合发展步入法治引领和保障的"快车道"。2017 年，绵阳军民融合企业实现军民融合产值预计达到 1500 亿元，占全市工业总产值的 50%，居全国前列。国务院审议通过向全国推广的 13 条全面创新改革经验中，绵阳贡献了"应收账款融资服务"和"在绵国防科研设施资源共享"两条军民融合类创新改革经验。

一　法治引领和保障创新驱动军民融合发展的绵阳探索历程

绵阳拥有一大批国防军工科研院所，是当之无愧的国防军工重镇，肩负服务国防和国家需求的政治责任。在中国国防建设、经济建设和法治建设的各个重要历史阶段，按照党中央总体战略部署，积极为国家实施军民融合和创新驱动发展战略探索路径、作出示范。

（一）萌芽自发阶段（1956～1978年）

在"一五"和"三线"建设时期，国家在绵阳布局了中国工程物理研究院、中国燃气涡轮研究院、中国空气动力研究与发展中心等一大批科研院所和长虹、九洲、东方绝缘、朝阳机器、长城特钢等一批国防科研生产和国民经济骨干企业，绵阳按照中央"军民两用"战略部署，依法依规保障各科研院所、骨干企业建设发展，奠定了绵阳国防科研和工业发展的坚实基础。

（二）探索发展阶段（1979～1990年）

随着国际形势走向和平与发展，国家下达的军品生产任务锐减，绵阳军工产业陷入困境。十一届三中全会以后，按照中央"军民结合、平战结合、军品优先、以民养军"十六字方针，绵阳市坚持科技创新，积极探索"军转民"发展路径，四川长虹率先迈出"军转民"步伐，九洲、灵通等军工企业也纷纷发挥优势，一批民品科研生产基地相继建成投产，进入军工企业与地方经济发展相结合的新阶段。

（三）积极推进阶段（1991～2000年8月）

世纪之交，中央提出"军民结合、寓军于民"和"两头兼顾、协调发展"的发展方针。1991年，绵阳被国家列为"军转民科技兴市"试点城市后，围绕军民融合深入开展体制机制创新，积极推进成果转化运用。以"3115科技工程"和"名牌工程"为主导，加快军转民和科技创新、高新技术产业化步伐，长虹、九洲等军工企业成为全国军转民的杰出代表。同时，在法治社会建设的保障下，"军转民科技兴市"试点打破了绵阳地区军工产业军民分割、自成体系的格局，破除了军民融合的壁垒，绵阳市域经济得到快速发展。1998年经济总量跃居四川省地市州第2位，军转民实现腾飞。

（四）加快发展阶段（2000年9月至今）

新世纪新阶段，中央提出"把国防和军队现代化建设深深融入经济社会发展体系之中，走出一条中国特色军民融合式发展路子"的伟大战略思想。特别是党的十八大以来，习近平提出了推动军民融合深度发展的重大战略思想，赋予了军民融合新的时代内涵。在法治绵阳建设大力推进的良好社会环境中，绵阳市依托国家科技城建设，按照经国务院审批的《绵阳科技城发展纲要》和三个"五年规划"，大力实施军民融合发展国家战略，积极开展全面创新改革试验，军民融合迈入新的历史发展阶段。

二 绵阳的做法与成效

绵阳作为中国唯一的科技城，受到党中央、国务院和四川省委、省政府的高度重视和大力支持，在创新驱动、军民融合发展方面具有独特优势，取得了一批重大实践成果。特别是党的十八大以来，绵阳以实施创新驱动、军民融合国家战略为引领，以法治建设为保障，强化法治理念和法治举措，在培育军民融合创新创业生态、壮大军民融合产业集群、促进军民科技协同创新、保障国防事业建设发展等方面取得了显著成效，军民深度融合发展步伐不断加快。

（一）坚持法治引领和保障推进国防事业建设发展

紧紧围绕党在新形势下的强军目标，绵阳以高度的政治责任感和历史使命感，坚持以法治思维和法治手段，全力以赴服务保障在绵国防军工科研生产，助推国防军工单位科研实验能力大幅提升。具体做法如下。

1. 全力保障国家重大科技专项实施

始终把法治保障贯穿于项目规划、用地保障、征地拆迁、环境营造等各方面、各环节，依法依规保障在绵国防重大科技专项顺利实施。仅"十二五"期间，绵阳就服务保障了十多个国家级项目，供地超过 2 万亩、征地拆迁安置群众 5000 余户。加快建成科学新城、航空新城、空气动力新城，着力打造世界一流的高端科技创新基地。

2. 全力推动军工单位改革改制

始终把法治保障贯穿于在绵国防军工单位体制改革的全过程，支持在绵军工单位改制重组,做好改制后职工社会保障、社会服务的承接工作,妥善安置改制职工万余人,有力促进了军工企业改革改制的顺利实施;全方位支持兵装自动化研究所成为全国唯一国防军工科研单位混改试点单位,正积极开展国家混合所有制改革和事业单位转制改企双试点;认真执行《合同法》《物权法》《公司法》《企业国有资产法》《企业破产法》等混合所有制经济相关法律法规,稳妥有序推进长虹、九洲综合改革试点及其下属二、三级公司混合所有制改革。支持中国工程物理研究院、西南科技大学等在绵院所和高校开展科技成果使用、处置、收益管理等开展改革试点,分别出台了《促进科技成果转移转化的指导意见》《科技成果转化实施办法》,积极为全面创新改革试验和军民深度融合发展提供借鉴和示范。

3. 全力促进双拥共建

始终把法治保障贯彻于军民共建、国防教育、优抚安置的方方面面,形成了"军地协作、拥军优属、军民团结"的良好局面,蝉联全国双拥模范城市。

(二)坚持法治引领和保障推进军民科技协同创新

绵阳市紧紧围绕军民科技协同创新体系建设,坚持法治思维和法治方式,着力构建科技成果转移转化全链条服务体系,在打通"军转民、民参军"双向互动通道上进行了积极探索,军民科技协同创新能力不断提升。具体做法如下。

1. 加快推动创新研发平台建设

坚持以法律法规为基本遵循,围绕服务企业创新主体,整合军地科技资源,组建了四川省首个军民两用技术再研发中心、全国首个电子信息军民融合创新实验室,建成国家及国际组织认证的实验室 24 个,空管交通、核应用等国省工程技术研究中心 19 个,国家"863"计划强激光技术、冲击波与爆轰物理等国省重点实验室 25 个,国省工业设计中心 8 个,国省市企业技术中心 154 个,空管系统、北斗卫星导航、信息安全等省级以上产业技术创新联盟 15 个。

2. 加快推动成果转化平台建设

法律服务融入军民两用技术征集、认定、评价、发布、撮合、交易、转化全过程。全国唯一的国家军民两用技术交易中心建成以来，已交易项目748项，金额达18.31亿元，实现与全军武器装备采购信息网连接，承接了民参军认证服务，建立了陆军重庆军代局工作站点。加大《科学技术进步法》《专利法》等法律执行力度，为全市科技城中小企业提供法律服务和法治保障，建成科技企业孵化器55个（国家级孵化器5个），孵化面积达到105万平方米，入孵企业和机构3400余家，年专利申请总数突破万件，其中科研院所、大学、企业专利申请年增长25%左右，占全市的87%。

3. 加快推动创新服务平台建设

用共建共享思维和法治理念组建了四川省第一家军民融合大型科学仪器共享平台，整合了四川省上百家单位，涵盖专家63位、重点实验室15个、大型科学仪器1300余套，现已有500余家企业从中获益。围绕推进国家知识产权示范城市建设，组建运营中国（绵阳）科技城军民融合知识产权运营平台，积极申建中国（四川）知识产权维权援助中国科技城（绵阳）军民融合分中心。开展法治示范和质量强市创建，组建了科技城军民融合质量发展联盟、军民融合磁性材料标准创新中心、中物技术等3家机构入选工信部"军民融合科技服务机构推进名录"，数量仅次于北京。

（三）坚持法治引领和保障推进军民融合产业集群壮大

绵阳紧紧围绕军民融合产业培育体系建设，始终把规划引领和制度建设贯穿于军民融合企业发展和军民融合产业平台建设的全链条，不断培育壮大军民融合企业群体，以军民融合为特色的现代高端产业体系初具规模。具体做法如下。

1. 规划建设科技城集中发展区

制定了《科技城集中发展区总体发展规划》，依法依规推进项目建设用地规划、土地预审、项目立项、财政评审、招标方案、建设组织等各项工作，坚决维护群众合法利益，避免因经济发展推进不力引发社会稳定问题。

2. 规划建设十大军民融合产业园

突出法治特色，编制出台《绵阳市十大军民融合产业园培育"梧桐计划"》，按照"产城一体"方式，聚焦航空与燃机、磁性材料、高端装备制造、核技术应用等领域，与中航发、中电科、中兵装、中物院等央企大院携手共建十大军民融合产业园。目前，已聚集企业 186 家，共实现投资 133.66 亿元。

3. 加快培育军民融合产业集群

实施大企业大集团培育"领航计划"和科技型中小企业"涌泉计划"，《绵阳市军民融合企业认定管理办法（试行）》和《〈绵阳市军民融合企业认定管理办法（试行）〉实施细则》均已相继制定出台，组建四川军民融合高技术产业联盟，创新制订军民融合统计体系，在全国率先开展军民融合企业认定工作。

（四）坚持法治引领和保障培育军民融合创新创业生态

绵阳紧紧围绕军民融合政策环境、政务环境和法治环境建设，始终把政府引导和市场化相结合，积极强化制度保障、人才支撑和金融服务等，科技城创新创业生态得到持续优化提升。具体做法如下。

1. 积极优化创新发展政策环境

依托绵阳科技城建设部际协调小组和四川省建设绵阳科技城领导小组"直通车"制度，协调争取国家和省制定出台支持科技城军民融合、创新驱动的政策措施。国务院先后批复绵阳科技城《绵阳科技城发展纲要》和 3 个五年发展规划，同意国家科技城执行中关村国家自主创新示范区先行先试政策，把绵阳市纳入了系统推进全面创新改革试验区域。四川省赋予绵阳 19 项省级经济管理权限，"量身制定"了 10 条支持政策。部省共同定期主办"中国（绵阳）科技城国际科技博览会"，连续三次获评"全国十佳品牌展会"。绵阳市成立军民融合发展推进领导小组，出台 40 余项支持创新创业政策，筹建军民融合专家咨询委员会并设立法律专家工作组，对军民融合战略性重大问题、重大决策和重大工程建设提供法律专家意见和建议。

2. 大力强化军民融合智力支撑

完善军民人才深度融合政策措施，研究制定《关于军民人才深度融合发展的实施意见》《关于激励科技人员创新企业的实施意见》，建立年度6000万元的人才发展专项资金，设立军民融合重大人才团队资助专项，资助人才项目团队179个、7100万元，带动各方资金投入156亿元。

3. 加快促进科技与金融紧密结合

认真贯彻国家关于金融监管与金融交易方面的法律法规，出台《实施财政金融互动和支持企业直接融资财政政策》《绵阳银行业支持军民融合发展的九条措施》等10项金融政策，率先争创金融支持绵阳科技城军民融合改革创新试验区。

三 绵阳实践的经验与成效

绵阳作为国家全面创新改革试验先行试点城市，以打造国家军民融合创新示范基地为契机，紧紧围绕军民融合重点突破、先行先试、大胆创新，积极探索法治引领和保障军民融合发展路径，努力形成一批可以在全国推广复制的经验做法。

（一）探索构建军民融合"四种机制"

强化顶层设计，推进机制创新，构建起军地互动、双向合作、互惠共赢的创新体制机制。一是构建军地互动交流机制。建立完善院地、军地联席会议制度，定期研究解决军民融合工作中的重大问题。二是构建国防重点保障机制。全力支持在绵国防科研单位承担和参与重大国防科研生产项目。三是构建军民资源共享机制。以在绵国防科研院所、高校、军民融合企业为依托，推进大型科学仪器、设备设施和科技文献信息等资源共享。四是构建多方联合促进机制。推动企业、在绵高校和科研院所开展各类产学研协同创新，联合共建研发平台、重点实验室、中试基地等。

（二）探索搭建军民科技资源开放共享平台

全面贯彻《促进科技成果转化法》等法律法规，把法治引领和服务保障贯穿技术征集、评估评价、发布公示、撮合交易、转化落地等技术交易全过程，深入推动国家军民两用技术交易中心加快建设，大力开展军民两用科技成果转移转化，构建了1个线上平台、七大核心数据库、七大军民融合服务平台，入驻军民融合创客团队、金融服务机构、知识产权服务机构70余家，已签订交易合同576个、金额11.3亿元，入选2016年四川十大改革转型发展案例、国家首个"军民融合科技服务机构推荐名录"。推动地方与科研单位合作构建大型国防科研资源跨军民、跨行业、跨地区的开放共享模式，建成四川军民融合大型科学仪器共享平台，企业可共享价值31.6亿元的仪器资源，已有近千家企业从中受益。29个基地在完成军需任务的同时，担负起高铁动车、C919客机等试验任务，获习近平总书记批示表扬，成为"攻坚克难融通军民的排头兵"。

（三）探索完善军民融合全链条金融服务体系

依托绵阳独特的军民融合产业发展优势，依据《商业银行法》《公司法》等法律法规，组建军民融合银行机构、担保公司、保险企业等多层次金融服务机构，设立军民融合发展专项基金，为企业提供资金、担保、保险、贷款等覆盖科技成果研发、转移转化、产业化及上市融资的全链条金融服务。目前在全国推广的"应收账款融资服务"经验，主要特点是核心企业带动，以长虹集团为试点突破口，通过长虹集团供应商管理系统、中征平台和金融机构信贷系统三方IT对接，为核心企业、供应链中小微企业和金融机构提供一体化线上融资对接服务，该经验得到国家领导人批示肯定。

（四）探索制订绵阳军民融合企业认定标准

强化政策支撑和制度保障，积极培育军民融合企业群体，率先制定实施

《绵阳市军民融合企业认定管理办法（试行）》和《〈绵阳市军民融合企业认定管理办法（试行）〉实施细则》，明确三类共 10 项认定标准。后续还将建立军民融合企业大数据库，开展军民融合统计工作，建立军民融合发展评价体系和产业分析监测体系，制定符合军民融合企业发展需求的配套支持政策。目前，军民融合企业认定工作经验已在四川省内推广。

四　存在的主要问题及对策建议

绵阳在法治引领和保障军民融合发展的探索实践中，虽然取得了明显成效，但对照中央推进军民融合深度发展的新形势和新要求，要完成好国家赋予科技城的历史使命，还面临一些突出问题急需解决。

（一）法律法规保障不足，军民融合体制机制束缚有待进一步突破

在顶层设计上，军民融合发展的具体法律支撑还较缺乏，军民融合产业的主体、范围、权利和责任等要素界定不够明确。绵阳国防科研院所受制于军地两种管理体制，由于缺乏法律保障而存在自成体系、自我封闭、军民分离的弊端。另外，军地所承担的目标任务、考核体系、管理方式不一致，在统筹协调关系、集成军地资源、实施重大项目等方面协同难度较大。

绵阳将推动健全相关法律法规，积极助推国家对"军民融合促进法"等相关综合性法律的立法进程，确保军民融合组织管理体系建设和重大改革决策有法可依。充分利用科技城部际协调小组机制，推动建立绵阳军民融合"部省军市"统筹推进的组织管理体系，充分调动各方力量，实现各种资源的共享和优化组合。支持在绵国防科研院所、军工企业体制改革和混合所有制改革试点工作，着力构建院地军地统一协调、分工协作、共同推进的军民融合发展工作新机制。

（二）政策制度制定缺乏统筹协调，军民双向互动通道有待进一步畅通

在制度设计上先天军民分离，主管部门职能重叠政策交叉，政策制度制

定缺乏统一规划，适用范围和影响力明显不足，如军品市场准入为军委装备发展部和国防科工局两家分头管理，民营企业进入军工市场面临双重准入问题。军工科研项目合作和退出机制、利益共享机制、投融资体制机制、军用技术解密降密制度等尚不健全，导致很多能够军民两用的技术成果长期被封闭在军工系统。相互分割的管理机制体制使得军用技术在研发阶段就很少考虑民用市场前景和开发成本，而民用技术开发又难以与军用挂钩，造成低水平重复。

绵阳将进一步发挥军民融合发展领导机构的统管统筹作用，在政策制度制定过程中加大统筹协调力度。依据顶层制度设计，进一步做好军民融合深度发展进程中有关政策法律的"立、改、废"工作，拆壁垒、去门槛、破坚冰、明标准，加快调整完善市场准入制度。开展军民两用技术调研，探索统筹利用军地创新资源研发军民两用技术机制，推动军地共建技术研发中心，大力发展由国防科研单位与企业、高校组成的产业技术创新联盟，合作突破重大技术瓶颈，探索建立军用与民用接口互通的技术标准体系，支持推动四川军民两用技术再研发平台、四川省军民融合高技术产业联盟、绵阳科技城军民融合磁性材料标准创新中心建设，支持在绵建立武器装备采购信息异地查询点。

（三）创新创业政策体系不完备，军民科技协同创新能力有待进一步提升

目前，虽然绵阳初步形成了支持军民科技协同创新的国家、省、市政策体系，但受相关政策法规约束，与调动科技人员积极性密切相关的技术入股、期权奖励、股权奖励、分红激励等特殊政策不够健全，军地科技资源配置市场化程度不高，金融服务科技创新力度不够大，中介服务、信息服务、技术服务、咨询服务等创新服务体系不够健全。

绵阳下一步将加快制定和完善相关政策法规，支持绵阳建设国家军民融合创新示范区、全国首批军民科技协同创新平台、金融支持军民融合改革创新试验区，开展军民融合政策先行先试和试点示范。支持军地共同参与推进

创新资源共建共享，建立政产学研用主体间资源共享有偿服务机制，推动在绵国防科研院所重大科技装置向民间开放，加快建设四川军民融合大型科学仪器共享平台、国家军民两用技术交易中心、科技城工业技术研究院等创新服务平台。遵循《促进科技成果转化法》等法律法规，地方政府加大财政资金引导力度，用好创业投资引导资金、军民融合成果转化等专项基金、军民融合人才专项资金，持续深化科学技术成果产权、收益分配和成果转化等相关制度改革，尽量提高科技研发人员成果转化收益比例，激发创新创业活力。

B.22
自贡法院服务和保障老工业城市转型升级

自贡市中级人民法院课题组*

摘 要: 作为全国首批产业转型升级示范区,保障和服务经济社会发展成为自贡两级法院的工作重心。自贡两级法院自觉把思想和行动统一到市委、市政府加快建设全国老工业城市转型升级示范区的总体部署上来,不断更新司法理念、破除思维定式、转变工作方式、发挥司法智慧,为老工业城市转型升级、"推动振兴发展、决胜全面小康"提供有力的司法服务和保障。

关键词: 转型升级 司法智慧 司法保障

1949 年以来,伴随着国家发展战略,自贡经历了三次产业转型升级:第一次是 1958 年"建设化工城",制盐业开始向化工领域延伸;第二次是 1965 年国家的"三线建设",成为具有化工、机械、冶金、建材、电子、纺织等多行业、多门类的工业城市;第三次是从 21 世纪初开始,推进传统产业改造提升,积极培育节能环保装备、新材料和盐化工等重点产业①。随着

---

    * 课题组负责人:张天智,四川省自贡市中级人民法院党组书记、院长。课题组成员:王剑波、余文、丁向东、杨阳。执笔人:丁向东,四川省自贡市中级人民法院研究室主任。

    ① 秦勇:《自贡市委书记李刚:先行先试建设老工业城市转型升级示范区》,《川报观察》2017 年 5 月 23 日。

国内、国际经济结构、产业结构调整，全球科技革命和产业变革日新月异，市场竞争持续加剧，自贡曾经一度辉煌的老工业、老产业，面临产业转型困难，企业历史包袱沉重，传统产业支撑力逐年减弱；新兴产业尚待培育壮大，规模效益尚未体现，新兴产业支撑力处于提升过程中。2015 年末，自贡市的经济总量在全国老工业城市中处于第 60 多位，从省内的 8 个全国老工业城市看，自贡的经济总量位居第 7 位，经济发展形势非常紧迫和严峻。

基于对自贡市情的重新审视、研判，自贡市委提出了紧扣"推动振兴发展、决胜全面小康"主题，突出转型突破、追赶跨越、加快发展工作基调，加快建设全国老工业城市转型升级示范区、加快建设西部内陆融入"一带一路"先行区、加快建设独具特色的国际文化旅游目的地的重大战略部署。自贡市委确定的"三个加快"发展目标，特别是"加快建设全国老工业城市转型升级示范区"，为新一轮产业转型升级、推动老工业城市向现代化城市跨越指明了前进方向。

一 自贡法院服务和保障老工业城市转型升级的探索

近年来，随着经济社会改革向纵深发展，大量矛盾纠纷涌入法院，无论是案件数量还是复杂程度均明显提升，若仍一味停留于就案办案，不顾及政治责任、区域经济社会发展现状，已明显不能适应新的改革形势和经济社会发展需求，也与党委、政府、人民群众的新期待不符。人民法院做了大量工作，付出了大量心血，但社会普遍评价不高，认同度也不高。面对变化的经济社会发展形势，自贡两级法院不断调整工作方向、转变司法理念，进行了卓有成效的探索和尝试，赢得了党委、政府的肯定，人民群众的满意度进一步提高。

（一）新形势对审判工作提出的新要求

2015 年 12 月 23 日至 24 日，第八次全国法院民事商事审判工作会议在北京召开。会议提出，"十三五"时期是全面建成小康社会决胜阶段。各级人民法院要深刻把握经济发展新常态下人民群众的司法需求新变化，充分发挥人民法院民事商事审判职能作用，为全面建成小康社会提供优质高效的司法服务和保障。要坚持加强产权保护、尊重契约自由、强化平等保护、维护诚实守信和权利义务责任统一、实现实体公正与程序公正统一等，全力做好民事商事审判工作，激发社会创新动力、创造潜力、创业活力，推动法治经济和法治社会建设。要坚持依法审判和多元化解相结合，发挥好司法对非诉纠纷解决机制的引导作用，深化多元化纠纷解决机制改革，让更多纠纷在诉讼渠道之外得到有效化解。要推进繁简分流，优化司法资源配置，努力以较小的司法成本取得最大的法律效果，实现公正与效率更高层次的平衡。

第八次全国法院民事商事审判工作会议强调，民事商事审判的公信力很大程度上反映一个国家的法治和文明程度，体现一个国家的投资和营商环境。各级法院要充分认识民事商事审判面临的新形势新任务，进一步增强做好工作的责任感、使命感和紧迫感，不断提高民事商事审判能力和水平。经济发展新常态为人民法院提出了新的课题，民事商事审判工作的积极作用更加凸显。适应新常态、把握新常态、引领新常态，要求民事商事审判工作必须紧紧围绕经济社会发展趋势和要求，妥善化解经济领域各类纠纷，更加注重对各类创新的司法保护，实行严格的知识产权保护制度，依法促进科技进步。必须应对新常态对环境保护提出的更高要求，处理好环境保护与经济发展、当前利益与长远利益、人与自然的关系，充分有效地发挥民事商事审判工作推进生态文明建设的积极作用。必须依法促进经济结构调整、城镇化建设和区域经济协调发展，切实保障民生。

2015 年 9 月，四川省委政法委出台《关于进一步发挥政法工作保障服务经济发展重要职能的指导意见》（川政法〔2015〕85 号），要求全省各级政法机关切实增强大局意识和忧患意识，自觉围绕中心、服务大局，充分发挥职能作用，运用法律手段和多元化纠纷解决机制，有效调解社会关系，平等保护各类市场主体的合法权益，积极促进"大众创业、万众创新"和经济转型升级，为推进"四个全面"战略布局四川实践和新常态下四川经济包容性增长、社会协调发展提供有力保障。

上级的要求、部署，为自贡市两级法院进一步更新司法理念、转变工作方式，指明了方向，也为法院大胆探索、改革增强了信心。

（二）新形势下自贡法院的新思考

为大局服务，是一个理念问题，更是一个实践问题。近年来，自贡两级法院始终从全局和战略的高度，自觉把思想和行动统一到市委决策部署上来，积极回应党委、政府对司法工作的关切和新期待新要求，充分发挥审判职能和审判智慧，切实转变就案办案、机械办案的狭隘司法观念，让司法在服务地方经济社会发展中发挥更大的正能量。

2015 年 5 月，自贡市中级人民法院（以下简称"市中院"）出台《四川省自贡市中级人民法院关于"探索司法新机制　服务经济新常态"的工作意见》，要求全市法院在服务经济新常态过程中，坚持法律底线、运用司法职权，适当拓展介入经济社会生活的广度和深度，积极运用法律手段有效调节经济社会关系。要善于从司法末端事务处理中发现经济社会发展前端存在的问题，为司法决策和党委、政府决策提供可靠的依据和有价值的参考，把经济发展变化可能反映在司法领域的各种情况和问题，预判在前、应对在先。要在适用法律的过程中自觉融入政策考量，确保中央和省、市委关于经济转型升级和确保经济稳定增长的各项方针政策措施落到实处。要突出处理好司法办案与促进经济发展、与维护社会稳定、与常识常情常理等经验法则的关系，在法律精神中找到依法办案与化解矛盾纠纷、服务经济建设的最佳结合点。通过利益衡平、定纷止争，最大限度地实现法律规范的精神价值，推动形成平等诚信的经济环境，引导和保障经济持续健康发展。

2016 年 11 月，市中院出台《关于充分发挥审判职能　为自贡市"推动振兴发展、决胜全面小康"提供优质司法服务和保障的意见》，要求全市法院在服务和保障"推动振兴发展、决胜全面小康"过程中，正确处理"三个关系"。一是要处理好依法办案与预判风险的关系。既要依法公正办案、定纷止争，维护改革稳定发展基本面，也要做好前瞻调研和风险预判，为党委、政府完善治理、防控风险提供可靠的依据和有价值的参考。二是处理好平等保护与利益平衡的关系。要把裁判执行放到服务经济建设、促进社会稳定的视角去审视和把握，最大限度兼顾各方利益、兼顾当前利益与长远利益，实现利益平衡。三是处理好坚守法律底线与运用法律智慧、解决实际问题的关系。要善于发挥审判智慧，在法律框架内找到切实解决问题的办法，实现法律效果、政治效果、社会效果的有机统一。

这些新司法理念的形成，对转变工作方式，指导司法实践，切实实现法律效果、政治效果、社会效果的统一，起到了积极作用。近年来，自贡两级法院的多项工作受到四川省委政法委、省法院、市四大班子领导的肯定，人民群众对法院工作的满意度逐年提升。

二 自贡法院服务和保障老工业城市转型升级的实践

人民法院作为国家审判机关，在经济社会发展进程中，既是服务者、保障者，也是建设者、参与者。全市两级法院自觉把思想和行动统一到市委的决策部署上来，不断更新司法理念、破除思维定式、转变工作方式，为老工业城市转型升级、"推动振兴发展、决胜全面小康"提供司法服务和保障。

（一）立足审判职能，积极提升老工业城市转型升级法治软环境

一是强化刑事审判职能，维护平安稳定的社会环境。充分发挥刑事审判预防和惩治犯罪的职能作用，依法严惩合同诈骗、串通投标、非法经营、强迫交易等破坏市场经济秩序犯罪，维护公平交易秩序；依法严惩阻碍、破坏重大项目建设等黑恶势力犯罪和涉及项目建设、招商引资等国家工作人员贪污、受贿、渎职等职务犯罪，为经济转型、开放发展创造平安稳定的环境。同时，严格划分非法吸收公众存款、集资诈骗等罪与非罪的界限，防止把经济纠纷当作犯罪处理，影响企业生产经营。

二是强化民商事审判职能，维护和谐有序的发展环境。妥善审理各

类民商事案件，有效调整和规范市场主体之间的财产、信用和契约关系，依法制裁欺诈经营、恶意拖欠、逃废债务等违法违约行为，鼓励公平竞争，保护诚信经营。坚持积极推进和稳妥处置相结合、分类处置和综合施策相结合、市场主体和政府支持相结合，综合运用破产清算、重整、和解等制度，分类推进去产能，长短结合去房地产库存，稳妥处置"僵尸企业"，有效服务供给侧改革。通过民商事审判，使各类企业、项目投资者和建设者能享受优质高效的诉讼服务、感受司法保障的力度，安心在自贡投资建设。

三是强化行政审判职能，维护公平正义的法治环境。加大对涉及重大项目推进引发的征地、拆迁等行政案件的审理力度，支持行政机关依法行政；依法审理和执行投资、项目建设中的重点行政案件和非诉行政执行案件，支持行政机关依法查处危害市场经济秩序的行为。自贡因盐设市，盐及盐化工一度成为自贡的支柱性产业，也造就了10万盐业工人和大量棚户区。2016年，自贡市委提出棚户区改造三年攻坚计划，仅2017年，全市城镇棚户区改造就实施29个项目，房屋征收项目22个，计划新开工41245户，货币化安置23580户，新开工项目直接投资规模概算为173.83亿元，全市两级法院于诉前和诉中做了大量协调沟通工作，为保障棚户区改造顺利实施作出了积极贡献。通过行政审判，监督支持依法行政，改善自贡市投资建设环境，增进投资建设者与党委、政府的亲和感，使其安心在自贡投资发展。

四是突出执行工作效用，保障合法权益尽快实现。加大对自贡市龙头骨干企业等为申请人的案件执行力度，促进和带动经济发展；对于经营无望、无帮扶价值的企业为被执行人的案件，完善强制执行与破产衔接机制，引导其规范有序退出市场；对恶意逃债、企业主外逃等负债企业，加大强制执行和惩戒力度，坚决维护债权人利益，维护经济秩序和金融安全。灵活运用强制执行措施，尽量运用债权转股权、以物抵债、资产抵债返租及托管等方式，缓解债权人、债务人双方的压力。通过快速、灵活、有力的执行，加快经济运转速度，保障和促进项目投资实施。

（二）延伸审判职能，为产业转型升级提供有力的司法保障

一是建立重大事项报告处置制度。对涉及自贡市重点产业、重点企业、重大项目等产生的群体诉讼和影响经济发展、社会稳定的重大案件，各基层法院要及时上报。在诉前、立案、审判、执行各环节都要在市中院的统一协调下，以不影响企业声誉、生产、经营作为衡量案件社会效果的标准，依法稳妥采取司法措施。对进入司法程序的重大敏感案件，及时向党委汇报、政府通报，主动争取党委领导、政府支持，会同相关职能部门，积极运用多元化纠纷解决机制，尽力引导当事人达成和解，有效化解矛盾纠纷。

二是建立案件办理"绿色通道"。对自贡市重大项目建设单位起诉、申请执行的案件，在符合法律规定的前提下，实行当天起诉、当天立案、当天交办。对诉至法院涉及重大项目建设的案件，在法律框架范围内，快审、快调、快判、快执，缩短审执期限，坚决防止案件久拖不决、久拖不执。将涉重大项目建设案件办理情况纳入院长督办事项，确保案件办理落实迅速、反馈及时。

三是依法审慎采用强制措施。在诉讼、执行过程中，对直接关系经济发展的案件，尤其是涉自贡市重点产业项目案件，慎用查封、扣押、冻结、拍卖等强制措施，尽量采取灵活的司法手段，防止因强制措施不当影响企业生产经营和项目建设。对自贡市重大项目建设企业作为被执行人的案件，原则上对企业的基本账户不查封、不扣押、不冻结，对企业负责人不拘留、不拘传、不纳入失信被执行人名单，依法确需采取强制措施的，必须慎之又慎，将影响降到最低。对于以自贡市重点企业、重大项目业主作为被告、被执行人的案件，对被执行企业正在使用的厂房、机器、设备等对生产经营有重大影响的财产，慎用扣押、拍卖和变卖等执行措施。

四是着力加强矛盾风险研判。每季度对涉及企业和经济发展的案件，尤其是涉及自贡市重大项目案件的立案情况、审判态势、判决结果进行统计分

析，把握新形势下矛盾纠纷的苗头性、趋势性、类型性特点，分析掌握矛盾纠纷的源起和前端问题，建立矛盾风险定期分析机制。对研判中发现的突出问题，形成专项调研报告，报送党委、政府参阅。

（三）创新审判机制，为强化创新驱动提供高效司法保护

一是开展知识产权专项审判。根据知识产权案件特点，市中院成立知识产权民事、行政和刑事案件"三合一"知识产权审判庭，探索建立知识产权审判新模式，不断加大对地方优秀文化资源、自主创新成果的保护力度。准确把握三大审判诉讼理念的不同与知识产权诉讼的共性特征，推动民事、行政、刑事审判思维的有机融合，实现知识产权审判法官精英化、专业化，努力提升知识产权案件的审判能力和水平。

二是健全完善专家证人、咨询、陪审制度。积极发挥专家陪审员、专家证人、专家咨询、技术鉴定等在知识产权审判专业技术事实认定中的作用，注重把具有专业技术特长和一定法律知识、业界公认的专家，通过所在基层法院推荐，提请任命为人民陪审员。支持当事人聘请具有专门知识的人员作为诉讼辅助人员出庭就案件的专业性问题进行说明，对疑难复杂的知识产权案件，主动向相关领域的技术和法律专家咨询。

三是以司法创新助推万众创新。以激励创新源泉、增强创新活力、发展创新文化为导向，高度重视与科技创新成果孕育、创造、转化、流转相关案件的审理，有效激励自主创新和技术跨越，切实规范和引导创新活动，积极推动创新与经济社会发展紧密结合，促进创新成果形成、运用和管理水平的提高。敢于并善于作出既符合法律原则和司法政策又契合发展趋势和创新精神的裁判，最大限度保护创新、激励创新和引领创新，彰显司法保护创新的引领导向作用。

四是强化司法与行政合力保护。围绕自贡创建国家创新型城市和高新技术产业开发区建设，在高技术产业、本地优势产业、文化娱乐业、新闻出版业等重点领域，在创新产业园区、产品集中制造地、商品集散地、侵犯知识产权高发地等重点区域，针对恶意、反复侵权、假冒他人知识产权等突出问

题,加强与公安、知识产权管理机关等行政执法部门的协调配合和良性互动,合力打击知识产权侵权行为。

(四)转变工作方式,为深化对外开放提供优质司法服务

一是建立定向沟通联络制度。加强与市招商工作主管部门、重大项目牵头部门、目督办、重点骨干企业等的联系对接,跟进了解招商引资需求,坚持适度提前介入、诉前协调为主要方式,为招商引资项目包装、招商引资洽谈、招商引资文件、协议订立等提供法律风险咨询,并结合司法实践提供招商引资线索。

二是深化司法审判白皮书制度。定期发布刑事审判、民商事审判、行政审判等类案审判白皮书,梳理、总结审判态势和突出矛盾纠纷,为党委、政府完善公共政策、管控社会风险、创新社会治理提供决策依据和法律支持,为企业依法经营、投资提供法律指引,增强司法透明度和诉讼风险可预测性。2017年初,市中院率先在全省发布《2016年度产权司法保护状况及典型案例》白皮书,受到各界广泛关注,社会反响良好。

三是建立便民惠企渠道。对经济特别困难、资金暂时短缺的涉诉投资企业,依法"缓、减、免"诉讼费、保全费、执行费,确保其所涉案件能及时进入诉讼、执行程序。申请保全银行账户资金或土地、房产等不动产的,提供担保的数额不超过被保全资金或房产等不动产同期市场交易价格的30%;商业银行、保险公司等金融机构申请财产保全的,可不提供担保。深化审判流程、裁判文书、执行信息"三大公开平台"建设,推行网上立案、网上查询、网上拍卖等便民举措,让企业以最低的成本进入诉讼,以最简易的程序打好官司,以最快的速度实现权利。

四是开展法律指导服务。通过培训讲座、问题解答、巡回审判、设立驻工业园区和工业集中区法律服务站等方式,组织资深法官、业务骨干主动深入有关企业和项目工地,为企业、公司、项目负责人送法上门,及时分析、研究、解答企业生产经营中的相关法律问题,帮助企业有效预测、防范、化解法律风险和诉讼风险,发挥好法治宣传指导"四两拨千斤"的作用。

（五）强化共治共建，为推进绿色发展提供法治合力

一是加强环境资源专项审判。市中院设立环境资源刑事、民事、行政"三合一"合议庭，集中审理环境资源刑事、民事、行政案件。荣县法院、富顺法院成立环境资源保护"三合一"合议庭，并确定自贡市范围内涉及沱江干流的环境保护类案件，集中由富顺法院环境资源"三合一"合议庭审理；小井沟、双溪水库等主城区饮用水源地范围内因饮用水资源污染引发的环境保护类案件，集中由荣县法院环境资源"三合一"合议庭审理。

二是建立协同化共治共建机制。按照《贯彻落实〈中共自贡市委关于推进绿色发展建设美丽自贡的决定〉责任分工方案》要求，加强与市级、区县相关部门的对接联动，突出环境资源保护整体规划引领，推动"多规合一"。加强与环境资源行政执法部门、司法鉴定主管部门的沟通，推动完善环境资源司法鉴定和损害结果评估机制。围绕审判执行中发现的突出问题，及时提出司法建议，推动生态环境的综合治理，实现协同化共治共建。

三是支持行政机关重拳防治污染。发挥好环境资源刑事审判惩治、教育功能，环境资源民事审判救济、修复功能，环境资源行政审判监督、预防功能，加大对行政机关重拳防治污染的支持力度。探索建立环境资源保护行政执法与环境资源刑事违法打击、环境资源民事侵权诉讼制度，在证据的采集与固定、案件的协调与和解、判决的监督与执行等方面做好衔接配合，实现依法保护环境资源的无缝对接，形成依法打击环境资源违法犯罪的高压态势。

三　结语

推进自贡老工业城市转型升级，推动振兴发展、全面决胜小康，既是自贡市委的重大决策部署，也是全市两级法院服务和保障的工作大局。全市法院将在上级法院的指导下，在市委的坚强领导和市政府的大力支持下，不断转变司法理念、工作方式，充分发挥审判职能和审判智慧，切实为推进自贡市经济社会发展做出更大的贡献。

B.23
遂宁市创新实践河道警长制调研报告

遂宁市公安局课题组*

摘　要：　按照党中央、国务院和四川省委、省政府全面推行河长制的
　　　　　决策部署，遂宁市委、市政府于2017年初制定了《遂宁市全
　　　　　面落实河长制工作方案》，创新提出"河道警长制"作为
　　　　　"河长制"工作的关键补充。经过近一年的实践，"河道警长
　　　　　制"成为遂宁加快水生态治理的"倍增器"和"稳定剂"，
　　　　　为护航生态优先绿色发展，提供了坚强的法治保障。

关键词：　河道警长　遂宁经验　绿色发展

2016年12月，经过多地10年河湖治理的实践探索，以中共中央办公厅、国务院办公厅印发《关于全面推行河长制的意见》为标志，一个具有鲜明特色的河湖管理模式——河长制，由"试水"逐渐成熟，正式上升为国家行动。战鼓催人，风生水起。遂宁作为川中重镇和全球绿色城市，再一次在水域治理方面走在了前列。市、县、乡各级各部门全面发动，声势力度之大前所未有。特别是公安机关以"河道警长制"的方式参与治水，在破解治水困局、搭建联动共治平台等机制体制创新方面取得了不小的突破，也积累了丰富的经验。"河长＋警长"模式为破解治水力量薄弱、执法效率低、震慑力不够等难题找到了"金钥匙"。遂宁以

＊　课题组负责人：徐承，遂宁市人民政府副市长、市公安局局长。课题组成员：银宏、王俊锋、向晓灵、陆辉、何宁。执笔人：田永恒，遂宁市公安局依法治市办公室民警。

"河道警长制"促进"河长制",推动河湖治理,河畅、水清、岸绿的美好图景正在变为现实。

一 "河道警长制" 的提出背景

（一）水域面积广泛，迫切需要"河道警长制"作为有力补充

遂宁市位于涪江中游，是成渝经济区和成都平原城镇群的重要组成部分，现辖船山、安居"两区"，射洪、蓬溪、大英"三县"和直属国家级经济技术开发区、河东新区两个独立核算园区。全市共有大小河流680条，其中境内流域面积在50平方千米以上的有48条，100平方千米以上的河流有涪江、琼江、郪江、梓江、青岗河、芝溪河等15条。特别是涪江流域，流经遂宁境内171公里，流域面积达5134平方千米，占全市面积的91.3%。广泛的流域面积与相对薄弱的治水力量存在现实冲突，迫切需要有效解决。对此，遂宁市积极探索"河长＋警长"模式，充分发挥公安机关，特别是基层派出所点多面广、情报信息灵通的职能优势，由公安部门协助河长，联手巡河治水，成为"河长制"的有力补充。

（二）治水工程量大，迫切需要"河道警长制"护航工程建设

遂宁市委、市政府高度重视生态文明建设，坚持走绿色发展之路，针对水资源相对匮乏的实际情况，坚持科学用水、铁腕治水。依托江河、湖泊、湿地等生态本底，修建过军渡水利工程，加快唐家渡电航工程，引入蓬船灌溉工程，全力推进海绵城市建设等，初步构建了"一核两带三片"水生态文明建设格局。大量治水工程建设在惠及群众的同时，由于不可避免地涉及土地征用、房屋拆迁、安置保障、经济补偿等问题，影响社会稳定。

（三）执法力度不够，迫切需要"河道警长制"保障执法权威

公安机关和水行政主管部门在采砂、破坏耕地等涉水案件中存在执法职

能交叉，虽然职责有明确划分，但容易因职能交叉导致监管打击缺位。同时，环保、水务、国土等相关行政执法部门由于没有限制人身的强制权力，在开展执法过程中查处打击力度不够，容易发生违法犯罪嫌疑人拒不执行行政处罚，甚至发生暴力抗法、打击报复等违法犯罪行为。"河道警长制"的建立，将公安机关从事后介入转向事中乃至事前介入，确保了各类涉水环境污染案件和暴力阻法事件在第一时间得到有效处理。

二 "河道警长制" 的运行情况

（一）主要领导首责首抓，夯实组织保障

（1）组织保障到位。遂宁市委、市政府主要领导高度重视河道警长制创新工作，多次召开专题会议，研究部署"河长＋警长"联合治水工作，并作出重要指示。按照《遂宁市全面落实河长制工作方案》，在市级成立全市公安机关推行河道警长制工作领导小组，统揽全市公安治水工作的组织指挥、统筹协调、督战检查。市公安局先后多次组织召开部署会、专题党委会议、协调推进会研究部署相关工作，并将全面推进河道警长制纳入全市公安工作重点，压紧压实责任，确保河道警长制工作超常推进。

（2）机构人员到位。市级在市公安局治安支队设立了"河道警长制"办公室，配齐专门力量4人，负责落实领导指示、统计行动战果、抓实抓细治水项目推进；同时，市公安局按照职责分工成立了综合协调、情报信息、风险巡查、矛盾调解、执法办案、督察指导、后勤保障、教育培训、科技扩容、宣传报道等10个小组，使"河道警长制"工作步入专业化、常态化轨道；各区县公安机关对应成立由主要领导任组长兼任总警长的领导小组和办公室，层层传压工作责任，促进护航治水工作顺利开展。

（3）机制保障到位。研究出台了《全市公安机关全面推行河道警长制实施方案》《全市公安机关推行河道警长制工作细则》《全市公安机关开展环境保护综合整治工作方案》等系列文件，并会同市人民检察院、市环境

保护局联合出台了《关于进一步加强环境保护行政执法与刑事司法衔接配合工作的通知》，为全面铺开"河道警长制"工作提供了制度保障。

（二）公安机关主导推进，建立制度体系

（1）建立三级警长体系。立足遂宁实际，对标各级河长，采取"一对一"挂钩联系方式，分别设置市、县、乡镇（街道）三级"河道警长"，为"治水"提供全面执法保障。目前已配备市级"河道警长"8名、县级"河道警长"48名、乡镇（街道）级"河道警长"89名、河道警员1288名，基本实现了每条河流都有河道警长。当地主流媒体对各级河道警长名单进行了公示，依托河长公示牌，完成了河道警长公示牌设立。

（2）分段实行属地管理。对市级"6+5"重要河流（6条重要市级河流——涪江、梓江、琼江、郪江、芝溪河、沈水河，市城区5河——联盟河、开善河、米家河、明月河、渠河）实行市局河道警长和区县局河道警长"双警长制"。市局河道警长由市公安局党委班子成员担任，区县局河道警长由区县局主要领导担任。同时，按照每条河流流经的行政区划，分级分段设立河道警长，实行属地管理。

（3）明晰五大主要职责。通过细化"河道警长"职责任务，把五个方面作为重点，使履职要求更加具体、更可操作、更加高效。一是协助"河长"履行指导、协调和监督功能，与相关部门协作开展经常性督查，发现问题及时报告"河长"或通报有关责任单位处理；二是开展治安巡查，做好涉水纠纷、隐患排查研判工作，及时向职能部门通报涉水矛盾纠纷，积极参与矛盾纠纷化解工作；三是依法严惩破坏水环境资源的违法犯罪活动，严厉打击查处向河流、水道非法排放、倾倒、处置污染物，以及盗窃破坏治污、排水、供水设备等城市公共设施的违法犯罪行为；四是依法打击在涉水执法过程中的暴力抗法、打击报复等违法犯罪行为，确保相关执法单位顺利开展工作；五是协助配合相关职能部门做好河道治理工作。

（三）部门联动汇聚合力，规范常态运行

遂宁市公安局相继制发了"联席会议、联动巡查、联合执法、联训强职、联合宣传、考核奖惩"等六个方面常态运作机制，确保河长和警长在"治水"工作中做到无缝隙对接。

（1）建立联席会议机制，河长警长"同桌办公"。通过每月河长制工作联席会议，各级河道警长切实加强与环保、水务、城管、国土、农业等相关职能部门及乡镇、街道、村居的沟通和协调，及时掌握工作进度，及时会商解决工作中遇到的问题和困难，做到"同桌办公"、协作紧密、步调一致。2017年以来，通过协商机制，全市环保部门共移交水环境污染案件20件，提供破案线索16条。

（2）建立联动巡查机制，河长警长"同步行动"。各级河道警长按照河道巡查制度，定期联合环保、水务等职能部门开展巡河护河工作，重点针对水质、排污口、涉污企业、乱挖滥采、非法捕鱼等十余项进行巡查，及时发现各类苗头性线索和预警性信息，并将巡河日志记录在警务综合平台。对排摸出的不安定因素、水污染隐患等问题及时进行会商评估，并积极参与"治水"中的矛盾纠纷化解，力争每起涉水纠纷都能得到化解。2017年以来，全市各级河道警长共排查水污染犯罪线索31条，化解涉水矛盾纠纷63起。

（3）建立联合执法机制，河长警长"同场协作"。针对执法难度大、涉及面广、危害严重、群众反映强烈的重大水环境污染案件，建立联合执法制度。公安机关整合优势警力资源和技术侦察手段，切实加强与属地环保部门的"行刑衔接"和联动执法工作，强化部门联动，形成打击整治工作合力，并全力支持行政执法，严厉打击阻挠、暴力抗法犯罪。2017年以来，各级河道警长共联合相关行政执法部门组织开展联合检查62次，整治重点区域5次，关停水污染单位58家，共受理阻碍行政执法类案件5件，打击查处了拒不执行行政机关裁决的违法嫌疑人员7人；通过专案经营，破获四川省公安厅督办环境污染犯罪案件1起，两名犯罪嫌疑人分别被判处1~2年有期徒刑，该例案件也是全市首例因环境污染被判处刑罚的案件。

（4）建立联训强职机制，河长警长"同堂受训"。针对环境污染案件侦办工作业务新、取证难、周期长的特点，先后6次联合相关职能部门，定期举办水环境综合治理专题培训班，邀请有关专家讲解环保法规、环保基础知识、水环境污染案件处置等相关知识，并抽调侦办能手开展个案现场侦办教学，进一步提升广大民警和相关职能部门工作人员"治水"的责任意识和业务能力。

（5）建立联合宣传机制，河长警长"同心协力"。一方面，通过印发宣传海报、倡议书，在公益广告牌张贴宣传标语，在电视台滚动播放广告，在《遂宁日报》、电视台以动态报道与专题报道相结合的方式，深度报道遂宁全面推行"河长＋警长"联手治水的方式方法，进一步发动全社会共同参与"治水"，实时接受群众举报或监督。另一方面，深入实施"微警务"，通过公安政务微博、官方微信、门户网站等自媒体，大力宣传"治水"的意义及涌现出的典型案事例。2017年以来，全市两级公安机关共开展50余次集中宣传，通过微信、微博发送相关宣传资讯60余条。

（6）建立考核奖惩机制，河长警长"同卷统考"。实行"河道警长"为第一责任人，治安部门、派出所所长、社区民警为直接责任人的联动问责制，严格倒查、刚性奖惩，将工作责任逐级落实到岗、逐项落实到人。规定对部门移送案件审查不及时、侦办不力的予以追责；对举报线索未在规定时间上报核查结果或者核查无情况但被上级查证属实的予以追责；同时，对工作有力、成绩突出的单位和个人进行奖励表彰。

（四）各级警长多点发力，创新治水策略

（1）对标治水蓝图，建立河道户口。针对水环境综合整治工作点多、面广、线长的特点，主动对标遂宁河长"1＋4"治水策略（"1"指一河一策，"4"指四张清单，即问题清单、目标清单、任务清单和责任清单），建立"河道户口"，将每条河流的砂石厂、养殖种植场、涉污排放工矿企业、排污口、水质情况逐一建档，结合公安机关"一标三实"信息采集维护，做好巡查记录。各级河道警长按照属地管理原则，针对水质变化和污染源变

化情况等及时对污染案事件作出预警，并通报河长和上级警长及时查处。截至 2017 年，共编制市级"河道户口"6 个、县级 21 个。

（2）靠前保驾护航，开展专项整治。全力配合遂宁市委、市政府打好抓治水促转型"组合拳"，围绕"饮用水源治理保护、畜禽养殖污染、城镇污水污染、工业污水污染、塘库堰肥水养殖污染、河道采砂及侵占河道"六大专项整治行动，部署开展了全市公安机关打击涉水环境污染犯罪专项行动，整合优势警力资源和技术侦察手段，开展主题研判、合成分析、集群打击，确保打到源头。2017 年来，会同有关部门先后关闭畜禽养殖场 46 家，砂石厂 29 家，查处涉水违法案件 58 件，杜绝了面上"低、小、散"污染企业废水直排、偷排、漏排和重金属超标等现象。

（3）坚持两手发力，倡导全民治水。将河道警长作为加强群众和政府部门联动的桥梁，努力形成"河长、警长、群众"共同治水的"最大合力"。在"三级河道警长制"的基础上，通过发动"河道警员""河道辅警"及其他社会力量组建治水指导队、水务巡逻队和应急救援队三支队伍，打造了一批像"水源保护巡逻队"等警务共同体。并设立专项奖励基金和举报电话，邀请广大群众巡河、治水、建言和监督，既发动群众举报涉水违法犯罪线索、参与河道巡查，又向群众宣传环保法律法规，倡导爱水护水的文明意识和良好习惯，在党委、政府统一领导下，打好治水人民战争。

（4）提升科技含量，推行智慧治水。充分利用互联网络，构建河湖治理平台。建立了河道警长制微信群，各级河道警长、河道警员、治水指导队队员、水务巡逻队队员和应急救援队队员等实名加入，并积极探索扩容遂宁"智慧民生"App 系统，建立河湖问题"巡查—发现—上传—处理—反馈"工作机制；依托雪亮工程和天网点位建设，推进视频巡河试点建设，通过科技创新逐步搭建智慧治水平台。

三 "河道警长制"的主要成效

通过建管结合依法治水的系列举措，遂宁市"河长制"和"河道警长制"工作得到了深度结合和创造性推进，实现了"优环境、促转型、惠民生"的目标，具有显著的生态、社会和经济效益。全社会参与河湖治理和法治建设更加积极主动，广大人民群众在"河长＋警长"联手治水的具体实践中感受到了真真切切的法治红利。

（一）协助河长履职尽责效果好

各级河道警长按照治水的总体蓝图规划，全力协助"河长"开展河湖治理，履行河道巡查、信息摸排、纠纷调解、政策宣传等职责，结合日常治安巡防、信息采集等基础工作，开展河道水库周边区域及村居日常治安巡防，及时发现制止违规排放倾倒污染物、破坏水设施等行为，防范重大污染案（事）件的发生。2017 年以来，市级、县级、乡镇级河道警长分别开展巡河 22 次、600 余次、6000 余次，共发现饮用水保护、侵占河道、非法排污、非法采砂等方面问题 1200 余个，处置 1100 余个，协助打捞河道漂浮物、垃圾和水葫芦等共计 10 余吨。2017 年 5 月全市进入汛期以来，遂宁境内持续暴雨，各地多条河流水位不断上涨。全市河道警长积极履职尽责，全面开展辖区防汛救灾工作，加大对所管河道及地质灾害易发区的巡逻排查，并密切注意水位变化。

（二）强化河道分级管理河情明

通过"1＋4"治水策略和建立一河一档"河道户口"，公安机关摸清整理了包括河道基本情况、水质情况、水环境与水生态情况的档案资料。公安机关梳理了案件办理、联合执法、联合整治等方面的四项会同职责，并通过落实"河长＋警长"治水模式，建立了"市、县、乡和双级交叉"的河道分级管理模式。每条河道按照"定人员、定目标、定区域、定责任"的"四定"原则，建立健全信息化、网格化监管体系，有效协调了行政体制"块块"管理与河道"条条"管理之间的关系，并将河道周边"十五小""新六小"涉污重点企业全部纳入管理视线。通过多管齐下的生态修复治理，全市水生态环境得到显著提升，遂宁市人与自然、经济与社会和谐发展不断进步。2017 年 11 月，遂宁观音湖水利风景区被水利部评为国家水利风景区；同月，遂宁市被中央精神文明建设指导委员会授予"全国文明城市"这项含金量最高的"城市品牌"。

（三）开展专项打击行动威慑强

河道警长在治水工作中，充分发挥职能优势，坚持常态打击和专项打击相结合，强化对污染环境、非法捕捞水生动物、非法开采矿产资源、盗窃、破坏治水设备和河道安全设施，黑恶势力插手干扰破坏涉水工程等违法犯罪的打击力度，破获了一批有影响的大案要案。2017 年来，先后配合行政部门开展联合检查 16 次，整治重点区域 5 次，关停查处水污染"黑作坊""黑工厂"58 家，协助办理涉水违法案件 58 件，主办案件 20 件，共处罚金190 万元，治安拘留 19 人，刑事拘留 3 人，逮捕 2 人，彰显了公安机关打击水环境污染犯罪的强大威慑力。

四 "河道警长制" 的经验启示

遂宁市河道警长制工作开展以来，一定程度上完善了河湖治理的法制举措、夯实了薄弱环节，对河长制工作起到了有力的助推作用，也对后期工作提供了诸多启示和经验。

（一）领导重视、压实责任是关键

遂宁市委、市政府主要领导对生态文明建设高度重视，坚持亲自部署、落实、协调解决河长制实施过程中的重大问题，对公安机关创新河道警长制工作给予充分肯定和大力支持，先后多次召开专题会议，研究河道警长制工作，明确由各级公安机关"一把手"担任总警长，总警长再将任务层层分解到河道警长。公安机关主要领导站到了河湖治理工作的最前沿，增强和加大了公安机关参与治水的统筹协调能力和责任担当，将协助河长履行指导、协调和监督功能，维护河湖生命健康、实现河湖功能永续利用的目标落到实处。

（二）专项整治、重点攻坚是动力

针对河湖治理的关键项目，遂宁市部署开展了六大专项整治。河道警长在全力保障专项整治工作的同时，结合四川省"碧水蓝天"专项行动和四川省公安厅打击长江流域"一条龙"环境污染犯罪行动的要求，部署开展了打击涉水环境污染犯罪专项行动。各级河道警长将专项整治工作作为考验公安机关执行力和战斗力的大会战，集中时间、警力开展整治攻坚，对"超标排污、侵占河道、非法采砂、畜禽和水产养殖污染、面源污染、电鱼毒鱼炸鱼"等突出问题形成了严打高压态势，为河长治河工作注入了强劲的内生动力。

（三）完善机制、规范运行是核心

"河道警长制"实现了公安机关参与治水工作困局突破、履责约束，体现了公安机关推进生态治理、服务经济社会发展的决心和魄力，使参与治水成为公安机关的重要工作。在实际运转过程中，公安机关根据实际情况出台了《全市公安机关推行河道警长制工作细则》，把打击整治水污染环境违法犯罪融入常态警务工作内容，抓好统筹协调，不断完善规范运行的机制体制，既明确职责、细化分工，又整合资源、强化协作，调动一切警务资源，打好护航治水工作大局整体战。

（四）考核督导、奖优罚劣是保障

"河道警长制"是应治水大局而新生的警务工作机制，在实际运行过程中，遂宁市公安局针对个别地方在落实工作机制中存在不深不细的问题，出台了详尽的考核问责方案，进一步明确各级公安机关"一把手"在落实河湖治理工作中的主体责任。按照警长抓、抓警长的思路，全面加强督导检查力度，定期对"河道警长制"实施情况开展专项督察、强化日常巡查。对"河道警长制"落实不力、渎职、失职、履职不到位的严格追究责任，通过严厉的追查问责增加压力、激发动力，倒逼了河道警长制工作的落地落实。

B.24
广元市青川县化解旅游矛盾纠纷的实践

青川县依法治县领导小组办公室课题组*

摘　要：　针对旅游产业发展中面临的各类矛盾纠纷，青川县把旅游纠纷化解作为创新社会治理，推进依法治县的重要抓手，创新建立了全覆盖的组织体系、高效率的工作体系、全方位的支撑体系和网格化的宣教体系，提升了旅游纠纷化解的实效性，促进了县域旅游产业的良性发展。

关键词：　全域旅游　旅游纠纷　依法化解

青川县充分发挥人民调解优势，围绕全县"生态旅游目的地"建设，建立完善旅游纠纷调解体系，有效提升行业协会自我服务、自我管理能力，及时将旅游矛盾纠纷化解在萌芽状态，有效避免了矛盾激化，推动旅游市场健康有序发展，实现了景区赢好口碑、游客得优服务、社员获真实惠的"三赢"成效。

一　加强旅游纠纷调解的必然趋势

（一）内在动因：建设生态旅游目的地的基础工程

党的十八届五中全会鲜明提出绿色发展理念，把生态文明建设放在前所

---

* 课题组负责人：李彦江，中共青川县委副书记。课题组成员：李静、袁小春、朱吉宝、杨小东、冯正伟。执笔人：李静，中共青川县委办公室副主任；冯正伟，青川县依法治县领导小组办公室工作人员。

未有的位置来抓。习近平总书记深刻指出，"绿水青山就是金山银山"，强调绿色富国、绿色惠民。全国各地正掀起绿色发展的蓬勃浪潮。近年来，青川县委、县政府高度重视生态文明建设，把生态作为立县之本，极力发挥全县生态潜能、后发优势，确立了"以人为本、生态立县、绿色崛起、富民强县"的发展思路，出台了《关于加快绿色崛起　建设中国生态康养旅游名县的决定》。坚持以全域旅游示范区创建为统领，以生态康养旅游为主导，全面推进生态旅游产业发展，打造生态康养全域旅游目的地，着力把青川的生态优势转化为经济优势，在保护绿水青山的同时赢得金山银山。2017年，全县共接待国内外游客 618.8 万人次，同比增长 23.2%，实现旅游综合收入 27.8 亿元，同比增长 26.9%[①]。旅游产业已成为推动县域经济快速发展的支柱性产业。随着旅游产业快速发展，游客人数大幅增加，如何更有效地化解旅游过程中产生的矛盾纠纷，进一步规范旅游市场，成为保障旅游产业健康发展的基础工程。

（二）现实倒逼：旅游危机管理的对策准备

从近年来地区旅游产业突发性危机来看，"天价宰客""虚假内容"等因旅游产品和服务质量引发的矛盾纠纷，如果没有得到及时有效解决，在互联网大环境下极易迅速放大扩散。不断发酵的事件将给旅游景区造成难以估量的负面影响，破坏旅游景区有关安全系数、吸引力和舒适程度的整体形象。即便事件在曝光后得到快速处理，后期投入的补偿成本仍然巨大，也会给广大潜在游客投下阴影，严重干扰他们的旅游认知和消费意愿，不利于旅游景区的长期可持续发展。青川县县域旅游产业发展中也存在一些失序失范的问题，如果不能及时妥善进行处理，将成为旅游业发展的一大隐忧。不仅要加强旅游产业发展预测预警能力，从源头上强化治理，更要提升矛盾纠纷应急处置能力，第一时间化解矛盾，及时消除潜在隐患。为此，青川县创新推行旅游纠纷调解服务体系，预防化解旅游矛盾纠纷，保障游客、旅游经营

---

① 数据来源：青川县旅游发展局月报表统计数据。

者、企业的合法权益，深化旅游纠纷源头治理、综合治理，维护青川旅游业良好形象，推动旅游市场健康有序发展。

（三）法治追求：加强社会治理的创新实践

化解旅游矛盾纠纷的传统方式主要有当事人双方自行协商、行政调解和向法院起诉等。由于利益的对立和信息严重失衡等，由当事人自行协商解决有时候难以实现双方的契合，难以形成一致的意见，反而容易因当事人双方激烈的言辞冲突进一步激化矛盾，让纠纷更加不易解决。出于对立场的担忧，由政府行政调解来化解矛盾很难赢得游客的满意和信任。向法院提起诉讼程序烦琐，费时费力，除非一些较突出、涉及标的额较大的矛盾，确实需要通过起诉才能解决，否则很难成为当事人的第一选项。相比较而言，人民调解的灵活性、自主性和第三方属性的优点就显现出来了。青川县牢牢把握旅游矛盾纠纷突发性、紧迫性的特点，建立了旅游纠纷调解体系，由行业协会第三方组织牵头调处矛盾纠纷，切实提升了旅游矛盾纠纷化解的效率和成功率。

二 旅游纠纷调解的设计原理

（一）景区点多面宽，必须发动群众、依靠群众开展调解

全县现有4个国家4A级旅游景区，1个国家级自然保护区，1个国家级风景名胜区，1个国家水利风景区，2个省级自然保护区。相对于丰富的旅游资源，仅依靠专业调解组织的力量来预防化解矛盾纠纷是远远不够的。青川县以行业协会组织为基础，广泛吸纳群众和社会力量参与，在信息收集、法治宣讲等方面充分发挥群众作用，把矛盾纠纷置于人民群众中调处，体现了情、理、法的有机融合，推动了旅游行业依法自治的实现。

（二）经营者与游客的矛盾是焦点，必须教育群众、引导群众遵法守纪

从前期旅游纠纷调处化解的情况来看，旅游矛盾纠纷主要体现在经营者

和游客之间，经营者之间、游客之间出现的矛盾相对较少。预防化解矛盾纠纷的出发点和落脚点要放在教育引导广大经营者上。要将旅游纠纷调解和法治宣传教育结合起来，大力弘扬行业诚信自律，帮助经营者树立诚实守信、依法经营的理念，明码标价公平竞争，为游客提供优质的旅游产品和服务，及时跟进售后服务，真正赢得消费者的信任，推动经营又好又快发展。

（三）游客不愿意打乱出行计划，必须坚持及时调解、快速调成

无论是对团体游客还是自由行游客来说，外出旅游一般都有一个整体性和连贯性的出行计划，环环相扣，在一个景点花费太多时间就可能耽误下一步的行程。旅游纠纷有突发性的特点，需要尽可能在短时间内解决。青川县充分发挥人民调解程序上的简易和"随手调"的便利性优势，依靠旅游纠纷调解组织依法快速进行调解，适应了游客的迫切需求，增加了旅游纠纷调处的成功率。

（四）行业协会力量有限，必须要政府全方位支持

旅游矛盾纠纷涉及的相关部门较多，涵盖内容也比较广泛，必须要发挥政府职能部门的统筹协调作用，给予行业协会调解组织人才、经费、政策等方面的支持，保障调解组织日常工作的开展。推动建立旅游纠纷联席会议和联调机制，充分发挥职能部门的专业优势，加强对调解工作的指导和培训，不断强化旅游纠纷调解效能，案件化解率、群众满意度、社会公信力快速提升。

三 构建旅游纠纷调解的工作机制

（一）建立全覆盖的组织体系，促进矛盾纠纷就地化解

青川县探索建立了三级旅游纠纷调解服务体系，在县旅游发展局设立旅游矛盾纠纷多元化解中心，牵头抓总全县旅游纠纷调解工作。在各景区设立旅游行业协会调解委员会，各具体景点设立旅游矛盾纠纷调解室，形成了有机构管事、有人员办事的组织体系，确保了哪里有景区、哪里就有调解组

织，哪里有旅游纠纷、调解服务就跟进到哪里。

1. 人才保障多元化

按照调解队伍职业化、专业化要求，以辖区旅游协会会员为主体，从当地文化程度较高、语言表达能力较强、德高望重的乡村"五老人员"（老党员、老干部、老教师、老人大代表、老政协委员）、党员志愿者中选聘热心调解工作的人员担任调解员，发挥矛盾纠纷信息员、矛盾纠纷调解员、法律法规宣传员的作用，常态化开展调解志愿服务，积极在旅游矛盾纠纷发生的第一线第一时间进行化解。组建县级旅游纠纷调解专家库，动员吸收县内法律工作者、旅游专家、食品监督员等相关方面的人才参与，通过免收景区门票、授予"荣誉市民"等方式聘请县外"候鸟"型法律专家加入，定期开展咨询服务。建立起一支多元力量参与、专兼职结合的矛盾纠纷调解队伍。

2. 组织运行秩序化

调解中心不断加强调委会组织、队伍、制度、业务建设，建立了纠纷受理、工作例会、学习培训、应急处置等工作制度，并按照人民调解委员会统一要求悬挂标识、公示岗位职责、规范人民调解协议书制作。建立坐班制与巡逻制相结合的主动服务机制，规范专职调解员队伍管理，坚持做到每天2名调解员值守调解室，每周1次矛盾纠纷排查走访，了解矛盾纠纷、排查情况和社情民意。在旅游旺季，对重要景点、车站、餐饮店等场所开展全天候巡逻。通过志愿者向调委会预约服务时间与景区群众向志愿服务队申报服务项目相结合的互动方式，实现志愿服务供给与需求的有效对接，避免服务错位。

3. 内部管理规范化

青川县不断强化旅游纠纷调解资金保障，利用收取会费、团体捐赠、专项基金等方式确保旅游纠纷调解工作必要经费。加强对调解员的监督管理，实行"一案一评"，建立调解员个人专项工作档案，记录工作业绩，作为业绩评定和评选表扬的重要依据。对调解员参与调解的矛盾纠纷，通过"以案定补"的方式，根据案件性质和难易程度对调解员实行工作补贴，确保调解工作日常开支。对调解工作不及时，造成工作被动的，年底扣发部分补贴。合作社、景区管委会、乡镇、县每年开展一次优秀调解员和优秀调委会评选，积极宣传先进典型，通过召开交流会进行经验宣传介绍，组织优秀调解员外出学习考察，最大限度调动了调解员的工作热情和积极性，营造了人人维护景区形象、人人争当义务调解员的浓厚氛围。建立调解案件公示制度，对于社员与游客间发生的矛盾纠纷，通过公示栏、社员大会等方式进行公示通报，增强社员自律意识。

（二）建立高效率的工作体系，促进矛盾纠纷及时化解

结合游客在景区停留时间短、行程安排紧的现实，青川县坚持依法调解、快速调解、和谐调解相结合，建立起从信息收集、过程管控、调后回访的全程服务体系，实现了调解效率化，服务优质化。

1. 及时的信息收集体系

建立以"十二户联动"机制为支撑，巡逻联防队、援助电话为补充的信息传递通道，构建起 10 分钟快速反应圈。在景区内以相邻的 12 户商户（住户）为一个联动单元，实行每户 1 月轮流值班，负责及时向调委会上报矛盾纠纷信息并开展初步调处。网格员、巡逻联防队与调解员间实现信息互通，在日常巡逻中发现属于调解范围内的事件第一时间告知辖区调解员。进一步畅通旅游矛盾纠纷化解渠道，通过公示牌、便民服务卡、手机短信等方式公布法律援助、旅游投诉、消费者申诉举报、调解员联系电话，方便游客申请调解和监督。实行"多头接入，快速分流，归口调处"，及时将纠纷转交当地旅游纠纷调解委员会，做到问题早发现、情况早报告、调处早开展。

2. 快速的纠纷调解体系

实行层级化调处，构建起调解员现场调解、部门横向联动调解、三级调委会纵向调解相结合的快速调解机制。对事实清楚、情节简单、争议较小的矛盾纠纷立即启动简易处理程序，由调解员进行现场调解，确保在第一时间化解。建立多部门共同参与的联调机制，由县旅游发展局牵头，公安、工商、司法行政、法院等单位定期交流信息，综合研判矛盾纠纷特点、动向和规律，每个部门落实一名责任人联系一个景区调委会，对涉及专业领域、事实辨认不清的，由调解员与相关部门共同开展联合调解。实行视频对接调解

系统与实时矛盾纠纷排查调处相结合，对情况复杂、现场不能达成和解的，启动纵向调解程序，邀请当事双方到调解室进行深度调解，同时启用视频对接系统，将现场情况同步传递给上一级调委会，实现同步工作、同步思考，最大限度节省调解时间，做到矛盾纠纷的快速高效汇集和化解。

3.高效的诚信担保体系

旅游纠纷调解委员会实行"三调终结制"，对经三次调解仍达不成一致意见的，暂时中止调解，并启动诚信担保程序。对涉及金额200元以下的，使用旅游合作社、景区、乡镇人民政府共同出资建立的诚信担保基金向受损方进行担保支付，合理合法地进行补偿性救助，切实保护当事人双方的合法权益。同时落实1名调解员跟踪调解，及时掌控调处进展情况，并在约定的时间向当事双方进行回访调解，确保在规定期限内化解。当事调解员要检查督促调解协议的执行，防止反复或留下后遗症；对达成调解协议未落实的，督促当事人尽快落实协议，巩固调解成果，防止出现反弹。诚信担保资金建立以来，成功调解纠纷80余件，资金归还率达98%。

（三）建立全方位的支撑体系，确保矛盾纠纷成功化解

青川县从基础设施建设、培训提能、诉调对接三方面着力，切实解决现场证据收集难、游客信任度不高、后续跟进不到位等问题，有效提升了化解成功率。

1.用好智慧旅游大平台

近年来，涉旅相关部门整合资金500余万元，对景区重要节点公共场所实现了全覆盖监控，300余户社员自建了内部监控系统，形成了以天网工程、雪亮工程为主体，合作社社员自建视频监控为补充的网络监控体系。全县4A级以上景区智慧旅游平台全部接入省级平台，实现了景区监控视频、门禁数据和停车场信息三大类信息的接入。重要节假日、节庆活动期间，能及时掌控景区所能承受的最大客流量，保证旅游服务质量。同时打破行业壁垒，实现渠道互通、信息共享，通过电子平台与大数据及时掌握各景点实时状况，如发生矛盾纠纷能够及时反映，确保了信息资源的及时准确获取，通

过实时图像资料的调取成功化解矛盾纠纷 50 余件。

2. 开展调解业务大培训

通过专家讲学与自己学相结合的方式，建立调解员常态化培训提能机制。调委会坚持每周组织 1 次集中学习，每月剖析 1 个典型案例，每季度开展 1 场专题讲座，每半年对学习情况进行 1 次积分公示。全县每年通过举办调解员培训班、组织调解员撰写心得体会、以会代训等方式定期组织调解员进行业务技能培训和法律知识培训，开展学习交流，分析旅游纠纷特点规律，有效提升了旅游矛盾纠纷综合调处业务水平，赢得了群众信任。全县旅游纠纷调解委员会共有专兼职调解员 120 余名，每年成功调处矛盾纠纷 200 余件次。

3. 深化诉调机制大对接

在多元化纠纷化解体系框架内，把法院基层法庭纳入进来，实现调解机制的无缝对接、优势互补。对经旅游纠纷调解委员会三次调解仍未达成一致的部分疑难案件引导进入司法程序。法官根据案件难易程度和双方当事人意愿对可调、能调、愿调的案件进行诉前调解、诉中调解、诉后调解，实现难易分流、速裁快审。

（四）建立网格化的宣教体系，促进矛盾纠纷提前化解

青川县以旅游纠纷调解为契机，进一步检视旅游产业发展中存在的突出问题，不断深化法治景区建设，引导制订行业示范标准，在安全生产、食品药品安全等方面加大法律法规宣传，强化旅游综合执法监管，消除潜在矛盾纠纷，打造安全、优质的旅游市场秩序。

1. 优化旅游法治氛围

强化传统阵地宣传与新媒体阵地宣传相结合，打造全方位宣传阵地，充分利用景区宣传栏、LED 显示屏、指示牌等载体图文并茂地宣传旅游相关法律法规，开展法律常识、以案说法等宣传展示，举办以法治宣传为主题的文艺活动，让经营者和游客随处可见法治元素。依托县电视台、政府官方网站、微博、微信等媒体广泛开展旅游安全、文明旅游宣传引导工作，积极推动旅游从业者诚信守法经营，倡导游客文明出游。

2. 强化旅游法治宣讲

县司法局积极组织开展"法律进景区"活动，编印了旅游法治宣传读本，免费发放到景区内所有商户，定期组织法律专家和调解员到景区宣传普及与旅游产业相关的法律法规，提高群众知法、守法、用法意识。相关执法单位结合"谁执法谁普法"工作机制开展以案说法活动，提醒旅游从业人员遵纪守法，以实际行动维护景区形象。旅游发展协会将法治课堂作为社员的必修课，根据社员不同的经营范围实行分类宣讲，让诚信经营、遵纪守法成为每名社员的自觉行动，从源头上避免旅游矛盾纠纷产生。

3. 深化旅游行业治理

健全完善旅游行业从业标准。各相关执法单位通过日常巡查、定期检查、适度抽查等方式常态化开展安全生产、食品药品安全大检查，加强旅游市场监管，规范旅游市场秩序。旅游纠纷调解委员会凭借行业优势和调解工作经验，及时反馈旅游行业内存在的问题，使相关问题解决关口不断前移，避免了矛盾的扩大化。相关职能部门根据旅游纠纷调解委员会反馈的意见，联合开展专项整治行动，健全长效工作机制，全力消除苗头因素和不稳定隐患，起到了"调处一件、教育一片、化解一起、解决一批"的良好效果，推动旅游行业健康有序和谐发展。

四　旅游纠纷调解的社会效应

1. 旅游行业管理更加规范

青川县旅游矛盾纠纷化解机制建立以来，各级旅游纠纷调解委员会及时化解矛盾纠纷，加强旅游法治宣传教育和旅游环境综合治理，旅游经营者和从业者深受教育，旅游企业经营管理、收费公示等制度纷纷建立起来，旅游法治意识和职业素养不断提升。广大旅游经营者坚持诚信经营，文明待客，积极解决游客的关切和诉求，经营者和游客的关系更加和谐。

2. 旅游矛盾纠纷逐渐减缓

旅游矛盾纠纷化解机制运行有效，2017 年共受理旅游矛盾纠纷 27 件，同比下降22%，经过县旅游、工商、司法行政等部门联合调解，化解成功率100%。调解坚持"友好、依法、及时"的原则，充分尊重了当事人自身的权利和意愿，确保了矛盾纠纷的妥善解决，做到了让游客满意，让经营者安心，让旅游产业受益。

3. 旅游产业实现良性发展

旅游矛盾纠纷化解机制使调解与治理相得益彰。针对调解中旅游矛盾纠纷反映的旅游产业深层次问题，旅游纠纷调解委员会提出了整改意见，形成了整改清单，并及时提交相关部门进行专项治理。全县旅游产业生态有了很大改观，旅游产业发展更加规范有序，从业人员总体保持稳定，丰富的旅游资源和旅游产品吸引了国内外游客到来，推动了旅游产业的可持续发展。

4. 实现了县域治理的破题

作为第三方机构的依法公平调解，促进了旅游矛盾纠纷的良好解决。也让旅游产业经营者、从业者和游客等市场主体意识到法治的权威，运用制度规定来明晰当事人双方的权利和义务，利用法律武器来维护自身的合法权益，实现了旅游产业的有效治理。在全社会进一步形成办事依法、遇事找法、解决问题用法、化解矛盾靠法的良好法治氛围。

5. 提升了青川生态旅游的美誉度

旅游纠纷调解工作的有效开展，让青川旅游矛盾纠纷呈现逐年下降的趋势。经营者从工作标识、硬件设施、软件提升等方面打造品牌外部形象，展现了青川"山青秀、水清美、人亲切"的美好一面，提升了"绿水青山、四川青川""绿野青川、全域风景"的深厚底蕴，潜移默化地打开了广大游客的心理防线，吸引了更多远方的游客到来，让青川成为绝佳的生态旅游目的地。

五　完善建议与发展方向

1. 进一步加强调解工作队伍建设

旅游纠纷调解的突发性、应景性对调解员的法律素养、调解技巧等素质提出了更高的要求。加强旅游纠纷调解工作，需要建设一支专群结合、素质过硬、作风优良的调解工作队伍。一是进一步加强县级旅游纠纷调解专家库建设，积极吸收离退休法官、检察官、律师等人才进入专家库，不断扩大县外专家、学者等人才有序参与，每年进行旅游矛盾纠纷化解工作探讨和经验交流，加强工作中的沟通与联系。二是在县级旅游、司法行政等部门指导下，大力抓好一线调解员队伍建设，把地方"五老人员"、志愿者、土专家等人员充分吸纳进来，定期组织开展集中学习、调解观摩、调解实例分析等培训活动，提升一线调解员依法熟练开展调解工作水平。

2. 进一步健全激励考评工作制度

结合旅游纠纷调解工作实际，加强对调解工作的过程评估，完善调解员值班坐班、考核考勤、调解案卷管理等制度，实现调解员工作全程痕迹管理。强化目标导向，注重对调解效果的评估，完善调解结案、跟踪回访、当事人满意度测评等制度，以办理成效来评定案卷等级。用考核的手段传递压力，推动调解工作品质的提升。进一步强化工作经费保障，落实好"以奖代补"措施，按政策给予适度的工作补贴，实行考核与评奖评优挂钩的制度机制，切实提高调解员工作的积极性和主动性。

3. 进一步强化化解机制衔接力度

健全完善旅游纠纷多元化解衔接机制，提升化解工作效能。坚持以旅游纠纷人民调解工作为基础，充分发挥行业协会组织的自治自律作用，实现依法及时快速调解，确保人民调解成为当事人双方的第一选择。完善旅游工商所、旅游警察、旅游法庭及巡回审判点设置，加强与基层庭所有机整合，实现资源的有效利用，进一步降低工作成本。健全人民调解、工商调解、诉前调解等衔接配套制度，及时告知当事人矛盾纠纷处理的办法、途径、程序及当事人的权利义务等相关内容，避免矛盾双方走弯路、多花钱，必要时多部门联合参与化解矛盾纠纷。

4. 进一步深化旅游环境综合治理

旅游矛盾纠纷的成功化解离不开旅游大环境的综合治理。要完善调解案卷评查工作，分析研判旅游纠纷问题存在的根源，形成工作报告。利用好旅游纠纷化解联席会议机制，定期召开工作会议，及时通报调解工作动态、工作经验和所涉及问题，畅通信息反馈渠道。旅游、工商、公安、交通等部门开展专项治理、联合治理，从制度构建入手长效治理旅游行业。完善旅游纠纷预测预警能力，健全应急应变工作体系，不断降低旅游纠纷的发生率，提高旅游纠纷化解的成功率。

民 族 法 治

Constructing the Rule of Law in the
Field of Ethnic Minority Affairs

B.25
凉山州外流人员犯罪治理调研报告

凉山州依法治州领导小组办公室课题组*

摘　要： 受特殊地理区位、深度贫困等多重因素影响，凉山州外出人员
中出现了带有区域性、职业化的外流犯罪现象，严重影响了凉
山的对外形象、阻碍了脱贫攻坚进程。为此，凉山州深度审视
整治外出人员犯罪的重要性和紧迫性，在前期工作实践基础
上，再添措施，再鼓干劲，彻底撕掉"外流犯罪"黑色标签。

关键词： 外出人员　外流犯罪　打击整治

---

* 课题组负责人：龙伟，中共凉山彝族自治州州委副书记、统战部部长；阿石拉比，中共凉山
彝族自治州州委常委、委政法委书记；周述，凉山彝族自治州人民政府副州长、州公安局局
长。课题组成员：朱辉、米色尔海、卢立武、石兴普、冯成、沙马伟古、刘行勇。执笔人：
徐兴伦，凉山彝族自治州公安局重案二大队大队长；安玉良，凉山彝族自治州公安局有组织
犯罪侦查大队副大队长。

一　凉山籍人员外流犯罪的基本现状和成因

（一）基本现状

近年来，在凉山州委、州政府的高度重视和大力支持下，全州司法部门加强配合、统筹联动，针对不同外流人员犯罪形态，持续加大打击力度，对外流人员犯罪总体情况以及规律特点进行分析研判和精准打击，全州外流人员犯罪呈现以下特点。一是在犯罪形态方面，凉山籍外流人员在外犯罪主要表现为高攀入室盗窃、贩卖毒品、贩卖婴幼儿三种形态。二是在群体特征方面，违法犯罪人员中，身份上以农村农业人口为主，普遍经济条件差、文化程度低，缺乏就业技能；艾滋病等特殊群体有 751 人，占 4.9%。三是在数量演变方面，近年来，通过打防控综合施策，全州外流人员犯罪总量逐年下降，其中 2013 年 4106 人、2014 年 4198 人、2015 年 3645 人、2016 年 3254 人；流入地基本持平，2013 年 30 个，其后各年度均为 31 个。

（二）主要成因

近年来，凉山州经济社会加快发展，但二元经济结构特征依然明显，大致可分为两类地区：第一类是安宁河谷流域 6 县（市），系四川省第二大平原地区、攀西经济带重要组成部分，经济社会发育程度相对较好；第二类是大小凉山地区（俗称老凉山），系国家集中连片贫困地区，加上木里藏区共 11 个县均为国家级贫困县，自然环境恶劣，经济发展滞后，受教育程度普遍偏低。凉山籍外流犯罪人员集中在大小凉山极度贫困的彝区腹心地带，外流人员犯罪突出有较为深厚的社会根源。一是生活贫穷落后。大小凉山属彝族聚居区，生产生活方式以半耕半牧或畜牧业为主，生存条件较差，在开展脱贫攻坚工作之前，一些群众生活困难甚至难以自给自足，从而使大量贫困人口流往经济富裕地区寻找生计。二是地理区位影响。凉山州共有 8 个县与云南接壤，是境外毒品经滇入川的重要通道，受毒品违法犯罪影响大、危害深，外流人员贩毒与盗抢骗等问题相交织，滋生了大量社会问题。三是劳动技能较低。因受教育程度低，外流人员文化水平低，普遍缺乏一技之长，多数从事低端劳务工种，有的因语言沟通障碍、体弱多病等因素，难以找到维持生计的工作，而外流人员基本上以同乡、宗族为联系纽带，由于缺乏法治意识，迫于生计者受同乡宗族中外流不法分子影响，从而主动或被动走上违法犯罪道路。四是负面因素诱导。一些嫌疑人被公安机关抓获后，为逃避打击只讲本民族语言，甚至故意装聋作哑，造成犯罪地公安机关核实身份难，审讯办案难，特别是怀孕、怀抱婴幼儿的"两怀"妇女、患有艾滋病或携带艾滋病毒及传染病人员、未成年人等特殊群体，公安机关打击处理难，导致犯罪成本低，由此形成了"负面诱导"。

二　主要做法和成效

凉山州政法部门与各级相关部门密切配合，坚持把整治外流人员犯罪作为保稳定、迎盛会、奔小康的关键任务，压实责任、精准施策、扎实推进，整治工作取得阶段性成效。

（一）党政统领，明晰工作思路

凉山州委召开常委会专题研究，审议出台《整治外流人员违法犯罪工作任务分工方案》，印发人员管控、外地清遣、管控系统应用三个配套方案，形成"1+3"总体框架，进一步明确全州相关职能部门的具体工作职责任务，既有时间表，也有路线图。同时，州整治外流人员犯罪工作领导小组与州禁毒委、整治办与禁毒办实行"两块牌子一套人马"，先后召开全州整治工作推进会和昭觉现场会，全面动员部署，明确工作思路，将整治外流人员犯罪与禁毒工作同调研谋划、同安排部署、同督促推进，实现多项重点工作有效融合。同时，把整治外流人员犯罪、禁毒攻坚等工作纳入州委、州政府综合目标考核重要内容，严格考核管理，严肃督查问责，共约谈6个重点县市领导干部 421 人次，对 10 个重点乡镇主要领导作出免职、撤职或不予提拔处理，推动主体责任全面落实。

（二）以打开路，强化清遣整治

一是立足本地，强势打击。在全州组织开展"雷霆行动"，破获"盗抢骗"案件 1037 件，同比上升 189.7%，破案率 40.7%，抓获犯罪嫌疑人 690 人，打掉作案团伙 20 个，挽回经济损失 346 万余元，抓获网上逃犯 303 名。二是延伸外地，追踪打击。州整治办印发《全州整治外流人员犯罪集中清遣工作方案》，切实加强摸排清遣工作。2017 年，凉山州先后派出 26 个工作小分队赴外流人员犯罪高发地开展摸排清遣，协助开展综合整治 80 余次，破获涉盗刑事案件 97 起，缴获毒品 327.6 千克，摸排清遣管控高危人员 357 人，处置凉山籍特殊人群 37 人。三是统筹资源，融合打击。将整治外流人员犯罪与整治贩毒工作统一部署、同步推进，大力实施外流整治、破案攻坚、戒治转化、预教管控、堵源截流"五大行动"。

（三）多管齐下，严密源头防控

一是整治办印发《凉山州毒品查缉专项行动方案》，切实加强堵源截流工作。凉山州在全省堵源截流实战拉练中单案缴获毒品海洛因 25.59 千克、冰毒 3.01 千克，分别刷新两项盲查单案纪录①。二是外流犯罪人员管控平台（又称"索玛花"工程）在喜德县及全州 21 个重点乡镇铺开，为打击整治奠定了坚实基础。三是不断完善外流犯罪高危人员数据、高危人员 DNA 数据和以州内重点流出地为主的家族 Y 染色体三个数据库，为打击整治工作提供了有力支撑。四是建立完善重点流出地外出务工人员、外出务工监管联络员、前科人员、外流高危犯罪人员"四本"台账，全面梳理掌握新增外流犯罪人员基本信息。五是加强宣传教育引导，充分利用公安微信、微博等媒介开展专题宣传 160 余次，深入村组、社区召开现场法治教育大会 40

---

① 数据来源于凉山州公安局禁毒局。

余次，重点整治昭觉县、美姑县，依托农民夜校集中开办劳动技能和法治宣传培训 70 余场次。

（四）全面保障，健全工作机制

一是强化组织领导保障。州委、州政府成立外流人员违法犯罪打击整治工作领导小组，全面统筹推进整治工作。各县市参照成立相应组织架构，特别是昭觉、美姑两县由党政主要领导任各级工作组组长，切实加强组织领导。二是细化工作经费保障。2017 年，州级财政划拨专项经费 500 万元，用于外流高危人员管控平台建设和赴外清遣整治工作。县级财政结合各地实际，共兑现专项经费 2135 万元，其中，昭觉县、美姑县分别兑现 200 万元、188 万元。三是优化工作运行机制。公检法 3 家共同研究印发打击外流人员犯罪会商纪要，时时通报工作信息，组成联合调研组深入喜德、普格、昭觉、布拖、美姑等县开展实地调研，完善"五心合一"联合作战平台（指挥中心、合成作战中心、反通信诈骗中心、毒品查缉中心、情报研判中心），持续推行"12345"工作方法，着力提升打击整治的总体性、系统性、针对性和实效性。四是硬化奖惩考核机制。制定奖惩考核办法，层层落实责任，配套建立选人用人机制，将外流犯罪整治工作作为发现干部、识别干部、锤炼干部的"练兵场"和"磨刀石"。五是固化警务协作机制。先后与北京、西安、福州等地签订合作协议，定期与高危人员重点流入地区公安机关会商情况、研究对策、共同整治。其中，北京市公安局在凉山州建立了常态工作站，每年驻站民警 50 余人次，两地在情报信息交流共享和联手打击整治等方面开展深度合作。

（五）综合治理，坚持标本兼治

一是始终保持专注发展、转型发展定力，深化产业强州、生态立州、开放兴州"三大战略"，决战贫困迈向全面小康，转型跨越推进富民强州，打造世界级清洁能源基地、稀土钒钛战略资源创新应用基地、国际阳光康养休闲度假旅游目的地、全国重要的特色优质农产品基地、长江上游重要生态屏障，创建全国同步全面小康示范州、民族团结进步示范州，用发展的办法解决外流犯罪问题。2016 年，全州实现地区生产总值 1403.9 亿元、地方一般公共预算收入 121 亿元，城乡居民人均可支配收入分别达 25963 元、10368元。二是始终坚持将政策向民生倾斜、财力向民生集中、服务向民生覆盖，集中力量加快发展民生社会事业，始终把脱贫攻坚列为"头等大事"，聚焦"两不愁、三保障""四个好"脱贫目标，坚持治穷、治愚、治病、治毒"四治并举"，扶贫、教育、禁毒、防艾、倡导现代文明生活方式"五管齐下"，突出抓好建房修路、产业富民、教育攻坚、卫生计生、禁毒防艾、"四个好"创建等重点工作，精准扶贫、精准脱贫，加快建设"1＋8"艾防中心，突出抓好 100 个重点示范乡镇艾滋病防治工作，艾滋病蔓延势头得到有效遏制，切实从源头上减少外流犯罪人员。

三 工作中存在的问题和困难

第一，凉山州外流人员犯罪整治工作与上级公安机关和党委、政府的部署要求还存在很大差距。一是工作开展还应抓紧动快。应当在前期工作基础上，进一步深入研究外流人员盗窃犯罪的规律特点，不断提升打击整治的实效性。二是工作站位还应更加高远。牢固树立全国一盘棋思想，更加深刻地认识作为原籍地和高危人员流入地的综治工作责任，不断加强打击整治工作的联动协同。三是工作重心还应导向精准。既要借鉴开展禁毒攻坚行之有效的机制办法，更要找准与外流人员犯罪不同的规律特点，不断提高打击整治的针对性。四是工作合力还应充分调动。既要强化内部多警种合成作战机制建设，也要拓展部门联动和跨区域协作配合，不断提高打击整治的工作合力。五是工作难点还应着力攻克。始终本着"咬定青山"的精神和韧劲，针对工作中的问题和短板，积极探索创新措施办法有效加以解决，不断强化对外流高危人员犯罪的进攻态势。

第二，凉山州外流人员犯罪整治工作还存诸多困难和问题。一是公安机关接手侦办域外案件的条件还不够成熟。公安机关侦办案件要及时、客观、全面收集固定证据，从凉山公安人员现有条件来说，还远不能适应这项工作。从全州检察机关审查起诉的案件情况来看，因警力严重不足，调查取证困难，补充侦查不力，全州不诉、撤诉、发回重审案件一直居高不下，并时常出现无罪案件。凉山公安人员对外域案件的侦办，会受到当地的城市环境、域外方言、社会人员熟悉度、当地单位协调配合等多因素制约，难以深入了解和查清案件事实。随着庭审实质化的推进，四类人员出庭将成为庭审常态，如何保障四类人员的出庭成本是公安机关面临的又一课题。二是警务资源投入较大。整治外流人员犯罪涉及点多、面广、线长，警务资源紧张，保障力度还需进一步加大。三是外派整治压力较重。凉山籍人员外流数量多，外地公安机关对审讯、取证的协作需求较大，而布拖、金阳等县局总警力仅百人左右，警力超负荷运转现象严重。四是综合治理成效不好。凉山劳务输出是扶贫攻坚的重要举措，外出务工经济收益明显，整体输出量较大的同时，无序外出务工人员也不断增多，综合治理和源头管控机制短期内难以奏效。五是动态管控难度大。部分高危人员外出不登记、谎报外出原因等情况导致基层组织难以及时准确掌握高危人员动态，管控十分困难；空挂户、盲迁户、异地搬迁等现象导致部分外流人员长期人户分离，部分外流犯罪人员长期人户分离，重点高危人群动态管控及涉毒人员跟踪帮教难度较大。六是人员甄别难度大。部分外流人员事先充分谋划、刻意制造务工假象，外出后伺机摆脱务工队伍，脱离监管；少数人员利用外出务工人员喜欢抱团生活的特点，混杂在务工人员中隐蔽进行零包贩毒以维持生计。七是原籍起诉难度大。流入地发生的犯罪案件多数未能及时收集完善固定证据，加之各地考核导向等因素，有的流入地公安机关打击处理了同案中正常的犯罪嫌疑人，而将涉嫌的特殊人群单独移送户籍地公安机关，移送后难以依法打击处理，导致公安部下达的外地逃犯归案率和原籍地起诉任务难以完成。八是案多人少的矛盾比较突出。随着司法责任制的改革，全州两级公诉部门现有办案员额检察官49人，较改革前减少了87.76%，人均办案量增加了20%，此现状难以满足对案多量大的外流犯罪的起诉审理需求。九是现有关押条件比较滞后。全州现有在押人员3000余人，均属于超负荷关押。

四 对深化外流人员犯罪打击整治工作的思考

当前，党中央、国务院和省委、省政府对凉山特殊的贫困问题高度重视，对凉山各族群众特别关心，为凉山解决外流人员犯罪等突出社会问题带来了重大历史机遇。凉山州委、州政府将把整治外流人员犯罪工作纳入全州改革发展大局，统筹安排，系统推进，聚焦聚力，强势攻坚，自觉服从服务凉山同步建成全面小康大局。凉山政法部门也将始终秉持依法有效打击各类刑事犯罪，维护凉山的社会稳定，维护民族团结，为凉山社会发展和经济建设服务，为凉山脱贫攻坚保驾护航。

（一）在"宣传动员"上多下功夫，内外结合同频共振

一是从政法部门看，认识还需再加强、思想还需再统一，既要对上级部门和领导对整治外流人员犯罪的指示要求进行层层传达学习，确保学有所成、行有所指，又要通过刚性督导问责和定性考核指标层层压紧压实责任，着力鞭策促使全州政法干警切实站在讲政治和服务全州经济社会发展的高度，清醒认识外流人员犯罪问题，统一思想、坚定目标。同时，加强与域外司法机关配合协调，同步宣传、同步管控、形成合力，为各项工作打好基础。二是从党政机关看，"党政主导、部门负责、齐抓共管、综合治理"的工作格局还需进一步构建，公安机关在履行主责、严打犯罪的同时，对上级党政部门要加强请示汇报和对接协调，最大化争取关心支持和投入保障，加强县市、乡镇（街道）、村组（社区）等党政部门指导帮扶和宣传动员，坚持深入一线，切实开展好宣传教育和培训指导工作，确保各级党政部门工作人员通力配合，共同为各项工作创造良好条件。三是从人员群体看，凉山籍外出务工人员体量庞大，对突出犯罪活动只打击不宣传、只整治不教育的工作格局难以达到标本兼治的效果，要充分发挥法治宣传教育的规范引领作用，深入开展形式多样的"法律七进"活动，进一步落实"谁执法、谁普法"责任制，各地联合整治办和各级乡镇（街道）、村组（社区）党政部门要针对重点人群集中开

展劳动技能和专项法治宣传教育培训，借力扶贫攻坚战略大局，切实做好留守人员帮扶慰问和走访教育等工作，切实培训好、教育好、感化好外出务工人员，培树起一支就业技能高、守法意识强的凉山外出务工队伍，从根本上减少外流犯罪人员增数，达到内外结合、同频共振的防控整治效果。

（二）在"打击整治"上多下功夫，区域联动捆绑作战

一是深入开展全国公安机关"三打击一整治"专项行动，向本地违法犯罪发起凌厉攻势，力争在行动期间再破一批案件、查处一批犯罪分子、追缴一批赃款赃物，打出声威、打出实效，切实形成本地严打高压态势，将部分有外流犯罪倾向的人员控制在本地。二是在当前经济社会发展新常态下，网络信息和交通环境迅猛发展，人流、物流、资金流、信息流等大流动、大融合，导致凉山籍外流犯罪高危人员源头管控十分困难，如何在重点流出地密切掌控高危人员动向至关重要。凉山将统筹流出地、流入地两个战场，在重点流入地试点推进犯罪高危人员集中防控工作，探索总结有效模式全面推广，真正实现双向挤压，彻底解决流入地防控不严密带来的外流犯罪隐患。同时，继续派出工作组与流入地公安机关联手打击，与流入地共商对策、强化协作，在情报信息、案件侦办、语言翻译等方面提供支持，共同经营侦办一批跨区域的贩毒、贩婴、盗窃等案件，力争把每一起外流人员犯罪案件都打深、打透、打彻底，惩前毖后，形成震慑。三是进一步健全完善公检法办理外流犯罪案件联席会议制度，在落实好国家、省相关法律法规的基础上，结合凉山实际制定执法办案工作规范，重点探索解决收押收治、打击处理病残及怀孕哺乳期妇女等特殊群体的法律支持问题，建立"绿色通道"，依法顶格处理外流犯罪分子，严格执行财产附加刑。加强大数据共享平台建设，时时掌握最新外流人员犯罪动态信息，必要时可派员异地办案，改变外流犯罪人员在原籍难以审理的现状。

（三）在"赴外清遣"上多下功夫，主动出击双向整治

一是对流入外地有违法犯罪前科但未发现现行违法犯罪行为且在当地有

固定住所和正当职业的人员，由驻外整治外流人员犯罪的驻点工作组采取近期走访、突击尿检等方式落实管控措施，并将信息通报当地，进一步健全完善区域警务合作机制，持续深化对外流犯罪高危人员的双向排查、挤压和打击、清遣。二是对流入外地无固定住所和正当职业的高危人员要按分散和集中原则进行清遣，以县市牵头、乡镇街道为主，依托法治学习班、农民夜校等平台，严格落实管控，严防再次外流，切实减少外地存量。三是要强力组织推进清理整治"拔钉子"专项行动，严格按时间表、路线图和任务清单，加强对口重点地区的派驻蹲办和清理整治，对清遣人员实行分流管制和依法打击，坚决避免外流遣返和本地高危人员弱管、漏管等问题发生。

（四）在"高压管控"上多下功夫，强基固本铁腕管控

一是全面梳理排查，依托吸毒人员动态管控、全国禁毒信息管理、跨区域协作办案和上网追逃等系统平台，全面掌握违法犯罪前科人员数据，按户籍所在地进行全面梳理排查，依据监管在押、社区管控、死亡待销、下落不明、其他在本地外地浮于社会面和漏管失控等不同状态进行分类，加强数据录入和运用，严格追究倒查责任，做到底数清、情况明。二是指导辖区做好外流犯罪高危人员摸排管控工作，明确工作对象，准确评估风险，及时推送预警情报信息，扎实开展好户籍地源头管控，真正做到底数清、情况明、知动向，切实做好动态掌控。三是加快凉山本地监管场所建设步伐，依托司法强制隔离戒毒所和"绿色家园"，进一步探索做好对特殊群体涉案人员的监督管理、管控救助、疾病医治、就业帮扶、帮教转化等相关工作，切实做好本地管控。

（五）在"主动落实"上多下功夫，强化奖惩压实责任

一是严格落实党政主责，紧紧抓住全州各级领导干部这个"关键少数"，健全完善州、县、乡、村四级教育管控"责任链条"，着力强化联合整治组织领导和保障推动，明确责任分工和具体目标，加强责任追究倒查，确保各项工作部署不折不扣落实到位。二是严格落实职能部门职责，各尽其职、各担其责，通

力配合、分工协作，充分发挥各职能部门的作用，有效聚合多方能量，形成一级抓一级、层层抓落实的工作合力，确保整治外流人员犯罪在各个层面均有所体现、有所成效。三是严格强化奖惩，将其纳入党政目标考核和综治考核范畴，通过目标考核和综治考核"双向引领"，充分调动各级各部门喊出一个声音、走出一个步调。同时，健全完善选人用人机制和责任追究机制，逐级逐一落实整治责任，强化执行奖惩考核办法，用铁的机制和纪律保障执行落实的力度和效率。

（六）在"统筹兼顾"上多下功夫，同步推进相得益彰

一是统筹禁毒攻坚同步推进，凉山禁毒攻坚与整治外流人员犯罪重叠交织，禁毒堵源截流是整治外流人员犯罪的有效手段和重要载体，整治外流人员犯罪则是将区域相对固定的堵源截流引向广域、开放和流动，要切实将两者统筹推进、整合实施，将两项工作作为一个战场一场战役来打，禁毒委、整治外流人员犯罪工作领导小组同研究谋划、同部署要求、同检查考核，切实达到相互促进、相互增益的效果。二是统筹脱贫攻坚同步推进，依托全州脱贫攻坚战略大局，同步提高群众生活水平和自身素质，以增产增收和法治宣讲缩小外流犯罪增数，借助"板凳工程"、"村村通"建设、新彝区村寨修建、第三产业技术支撑等党政工程，把多点、多线、多维的工作资源汇聚起来，从配置上更加注重打击整治的整体性、系统性、针对性、实效性。同时，加强对贫困地区、贫困人员的经济扶持，深入推进禁毒防艾工作，着力改善地区教育，实现脱贫奔康，有效减少贫困人员可能违法犯罪带来的社会隐患，达到集约用力、统筹兼顾的效果。三是统筹队伍建设同步推进，凉山整治外流人员犯罪工作形势严峻，队伍思想素质和业务能力必须同步跟进、相互匹配，要以深入学习践行习近平总书记系列重要讲话精神和省州各级领导重要指示精神为引领，不断筑牢忠诚警魂，提升队伍政治定力和政治素养，自觉履行责任，坚定目标和信心。同时，要围绕整治外流人员犯罪这一新兴业务，不断研究探索、加强理论培训，努力打造一支忠诚可靠、素质过硬、业务精细、能征善战的整治外流人员犯罪工作队伍，不断提升各项决策和工作的科学化、实战化、专业化水平，确保各项目标圆满完成。

B.26
阿坝州壤塘县依法规范民间调解调研报告

中共阿坝州委政法委课题组*

摘　要： 受民族传统文化影响，阿坝州民间调解源远流长，具有农牧民接受程度高和调解便捷等特点，是广大农牧民解决生产生活纠纷快捷有效的方式。民间调解的广泛存在为农牧民及时化解矛盾、消除纷争起到了积极作用，但也存在诸多的弊端，在牧区极易受家族部落势力、宗教势力等左右，有法不依或干涉司法、行政的情况时有发生。为从根本上解决民间调解乱象，切实维护群众的合法权益，阿坝州将壤塘县确定为依法规范民间调解工作的试点县，积极探索民间调解的引导、规范和管理等工作，取得了显著成效。

关键词： 依法规范　民间调解　管理机制

阿坝藏区属全民信教地区。广大农牧民对纠纷解决有自己的习惯沿革，双方一旦发生矛盾纠纷，往往会迎请家族部落中有威望、有权威的人士或当地寺庙的高僧作为中间人，解决双方的矛盾纠纷，并在中间人主持下达成调解协议，具有调解快捷、履行效果较好等特点，是广大农牧民解决生产生活纠纷快捷有效的方式。民间调解的广泛存在为农牧民及时化解矛盾、消除纷

* 课题组负责人：李维洪，中共阿坝藏族羌族自治州州委副秘书长、州依法治州领导办公室主任；罗尔伍，中共阿坝藏族羌族自治州州委政法委副书记、州综治办主任。课题组成员：黄毅、邓运娟。执笔人：邓运娟，阿坝藏族羌族自治州法学会办公室副主任。

争起到了积极作用，但也存在诸多弊端，在阿坝州牧区极易受家族部落势力、宗教势力等左右，有法不依或干涉司法、行政的情况时有发生。同时，其调解范围也逐渐从婚姻、家庭、邻里等传统型民间纠纷，拓展到"三山一界"、征地拆迁、交通事故损害赔偿等专业性、行业性领域。

为切实解决民间调解乱象，实现矛盾纠纷依法化解，阿坝州将壤塘县确定为依法规范民间调解工作的试点县，积极探索民间调解的引导、规范和管理等工作。自推进人民调解规范化建设以来，壤塘县通过"五个规范"（即规范调解组织、规范调解管理、规范调解资源、规范调解运行、规范调解行为）和"守两端把中间"等有效手段，在基层形成了以人民调解为主、多调联动的多元化解矛盾纠纷工作运行机制，卓有成效地化解了大量社会矛盾纠纷。

一 调解工作的成功做法

壤塘县根据自身工作需要，从 2012 年初就将治理民间调解作为创新社会治理工作的突破口，县委多次召开常委会听取相关工作进展情况，并在深入调研的基础上，提出了"整治乱象、引导吸收、规范秩序、稳定和谐"的工作思路，责成县委政法委负责相关工作。经过近几年的努力，全县刑事、治安、民事案件大幅下降，矛盾纠纷明显减少，呈现政治稳定、治安良好、民族团结、经济发展、群众和睦的良好局面，大调解的公信力有效提升。

（一）以全面治理为突破口，夯实规范民间调解工作基础

1. 引导群众正确认识民间调解活动中存在的诸多问题

为削弱民间非法调解在群众中的影响力，让群众真正认识到民间非法调解在解决纠纷中显失公平、违背法律和不合情理的问题，壤塘县全面整合各类社会力量，充分发挥政法部门法制宣传优势，组成专门工作队，走村入户、进寺入康，采取村民大会、座谈会、个别走访等形式，从群众思想、历

史根源入手，切实加大宣传教育力度，着力解决群众思想、顾虑问题，强化反制效果。

2. 把打击整治作为治理民间调解突出问题的重要举措

全面摸排民间调解的骨干人员和活跃分子，以及支持民间调解活动的部落和寺庙，掌握基本情况，做到底数清、情况明，并分类建立档案。同时，根据民间调解员的活跃程度和思想状况，落实以县、乡、村和政法系统、帮村部门、乡村调委会、基层派出所、寺庙、家庭为主的"三级六体教转控"责任制，加大对活跃分子、重点寺庙严管严查力度，适时跟踪活动动向，严防再度实施民间调解活动。由县委政法委牵头揽总，成立以政法部门为主导、相关部门参与的联合整治工作组，采取举办法制班、训诫谈话等多种形式，对多名民间调解活跃分子进行了训诫，对个别民间非法调解活动进行了打击，有效地遏制了民间调解行为，瓦解打击了一批民间调解组织和活跃分子，挤压了民间调解活动的空间。

3. 加强防范和遏制民间调解长效机制建设

对继续实施非法民间调解活动、经教育仍然执迷不悟的人员，采取取消或暂停行为当事人相关优惠政策，造成严重后果的，依法追究法律责任等相应措施，给有非法调解动机和行为的人员戴上了"紧箍咒"。加大对民间非法调解的约束力，以乡（镇）为单位，分别与寺庙、村寨、摸排掌握的民间调解人员以及农户签订了自觉抵制和不再开展民间非法调解活动的"保证承诺书"，并作为村民公约管理村民的一项制度。建立人民调解结果认定与运用机制，即人民调解组织在各级调委会的领导下开展的调解工作合法有效，并进行司法确认，其调解结果作为所涉案件从轻、减轻的酌定情节。其他任何人员或颁证调解员以个人名义私自开展的调解一律不予认可，以此削弱民间非法、无序调解的市场。截至目前，该县法院司法确认矛盾纠纷调解结果 14 起。

4. 注重对调解资源的挖掘和吸收

对民间调解人员严格从政治上、思想上、态度上、能力上进行审查，对调解经验丰富、有转化可能、条件基本成熟的，加强思想教育，强化法律和调解业务知识培训，对培训合格的人员，坚持自愿和引导相结合的原则，吸收了一批宗教界、民间人士等原民间调解人员，充实到基础人民调解组织中，优化了人民调解资源。按照"三上三心"的标准，即政治上靠得住、品德上能服众、工作上有办法和同心、公心、热心的要求，把好入口关，进一步选好、用好县级实战平台调解员队伍。同时，调解中心还从法院、检察院、公安局、司法局等相关部门特邀调解工作指导员 5 名，运用其专业特长，全面指导各类矛盾纠纷调处。

（二）以试点引路为手段，总结规范民间调解工作典型经验

2012 年以来，阿坝州壤塘县先后在上杜柯、宗科等乡（镇）、村开展基层人民调解规范化建设试点工作。随后于 2013 年 8 月，在南木达片区 5 乡召开现场推进会，分类梯次推进。截至 2017 年，全县进一步充实健全规范以乡（镇）党政主要领导为主任的乡（镇）调委会 12 个，以村居两委会主要负责人牵头的村居调委会 61 个、村级调解室和调解窗口 88 个，建立人民调解组织 76 个（432 人）、行政调解组织 28 个（130 人）、司法调解组织 3 个（10 人），建立专业性、行业性调解组织 10 个（70 人）、社会调解组织 3 个（15 人），设立县"大调解"办调解中心 1 个（9 人）。在全县构建起以乡村干部、机关退休干部、三老干部、人大代表、政协委员、宗教界和民间人士及大学生村官等相互兼容、优势互补、多元化的人民调解组织结构模式，统一制发乡村调委会印章、颁发调解员证书，并以藏汉双语形式规范了文书档案。

（三）以强化队伍建设为抓手，提供规范民间调解工作人员保障

一是根据《人民调解法》，制定《壤塘县人民调解员管理办法》，实行选任制，对符合条件的人员，颁发调解员证书，确认调解资格，签订《调解员承诺书》，在乡村两级调委会的统一组织协调下，开展调解工作。原则上其他人员不得参与调解。二是县乡村三级实行调解人员轮流值班制，主要负责纠纷受理，通报纠纷情况，告知当事人相关事宜。三是对履职尽责不到位、违反调解纪律的调解员，收回证书，取消其资格，并根据实际情况扣减

或取消个案补助。四是坚持岗前和年度培训、案件评查等多种方式，加强调解员业务培训和思想教育，努力提高调解员整体素质和调解能力。五是统一制发乡、村调委会印章，规范藏汉双语调解记录、协议等案底文书，做到有据可查，不断夯实调解基础。

为激发调解员的积极性，制定并实施《壤塘县矛盾纠纷化解个案补贴办法》和《壤塘县矛盾纠纷化解绩效定期表彰奖励机制》，采取对纠纷案件化解情况进行季度评查的方式，落实个案补贴，表彰先进调解组织、调解能手和纠纷排查积极分子，并纳入县委、县政府年度考核奖励。

（四）以建立"调解中心"为着力点，构建规范民间调解工作实战平台

一是为切实有效化解跨区、重大、疑难矛盾纠纷，在全县范围内筛选了懂政策法律、群众信任、经验丰富的 7 名调解员，成立了县"大调解"办调解中心，作为专门负责跨区、重大、疑难矛盾纠纷化解的实战平台。县、乡（镇）、村三级纠纷调解平台对当事人均实行免费调解，不收取任何费用，受到了广大群众的好评。一些农牧民还专门赶到县城找到"调解中心"主动要求调解纠纷，实现了将民间调解引导、规范到人民调解轨道上来的目的。二是工作中通过"守两端把中间"等有效手段，实现了社会效果和工作成效的统一。"进口关"，即进入"调解中心"平台的纠纷必须是符合阿坝州规定的"三个可调"范围（"三个可调"：可以调解家庭、邻里、经济等民商事纠纷，司法机关、行政机关委托调解组织调解的纠纷，法律允许调解的其他纠纷），属于"六个不可调"范畴的坚决不允许纳入"调解中心"平台进行调解（"六个不可调"：危害国家安全的案件，政法机关、行政机关认为不能适用调解的纠纷，法律法规明文规定由相关行政、司法部门管辖或处理的，公安机关已立案侦查、检察院已立案起诉、人民法院已受理或正在审判的刑事责任部分，一方当事人不同意调解的，具有复旧性质的案件）。"出口关"，即调解好的纠纷，需经法院审核把关后予以司法确认，使其调解结果可作为所涉案件从轻或减轻处理优先考虑的酌定情节，有效提高

"调解中心"平台在广大农牧民心中的认可度和权威地位。"把中间",就是在案情分析、适用法律上把好脉。司法调解、行政调解、人民调解等主管部门必须在"调解中心"平台接受调解任务时，帮助特邀调解员分析案情、探讨所适用的相关政策或法律法规，并全程参与、指导调解，确保矛盾纠纷调解合法、有序。人民调解与司法调解、行政调解、信访化解的相互对接，逐步形成了优势互补、运转高效的"四调"联动调处机制，增强了调处合力。该中心成立以来，累计受理各类矛盾纠纷338起，成功化解336起，成功化解率达99.6%以上，涉及利益主体达5680余人，涉案标的达3200余万元。其中，成功化解疑难"三山一界"矛盾纠纷7起、高危"民转刑"纠纷87起、涉案赔偿标的达15万元以上的23起。配合乡（镇）集中开展矛盾纠纷专项排查和社会治安群防共治活动8次，覆盖12个乡（镇）、60个村、2500余户、30000余人，排查纠纷456起、重大纠纷30起。

二 调解工作的经验

阿坝州是四川省第二大藏区和中国羌族的主要聚居区。近年来，随着社会急速转型，各种新型矛盾纠纷也随之产生，各种不安定因素、不稳定因素明显增多。只有通过依法规范民间调解这个有效载体，切实规范民间调解组织，壮大基层人民调解队伍，强化三调联动，形成衔接互补的多元化解决纠纷机制，才能更好地筑牢阿坝州维稳"第一道防线"。

（一）夯基固本，用源头防范的手段做实规范民间调解工作

只有夯实了基层基础才能做好源头防范治理工作。工作中要结合当前自身实际，做好"三抓"。

一抓组织规范是基础。人民调解作为维稳"第一道防线"，其作用的有效发挥，有利于及时发现问题、缓和冲突、化解矛盾、促进和谐。因此，在藏区要把取缔民间调解组织、规范民间调解行为、吸收积极因素作为加强基层人民调解组织规范化建设的有效手段，从而壮大基层人民调解组织力量，

确保工作触角能延伸到广大农牧民"家门口",实现源头防范,有力提升农牧民认可度,进而从根本上、源头上、组织上解决农牧区民间调解乱象。

二抓资源整合是关键。把好基层人民调解组织成员的入口,按照"同心、公心、热心"的"三心"标准,把拥护党、热爱国家、热心公益事业的基层各界人士优秀代表,通过法律法规和相关政策的教育培训后,将其吸收到基层人民调解组织中,充分发挥他们特殊的地缘、人缘、亲缘和习俗通的优势,形成优势互补、多元化的新型人民调解组织结构模式。

三抓联动调解是重点。基层人民调解组织是"大调解"体系中最基础、最前沿的阵地,也是多元化矛盾纠纷调解机制落地落实的重点区域。在矛盾纠纷源头地实现多调联动、合力化解,才能将矛盾纠纷化解在基层、消除在萌芽状态,切实维护广大农牧民的切身利益,让广大农牧民群众充分了解,主动选择高效、便捷、低成本的方式解决矛盾,化解纠纷,有力促进社会和谐稳定。

(二)坚守底线,用依法治理的思路推进规范民间调解工作

依法调解工作是阿坝州事前预防、前端治理的重要抓手。坚持依法治理,就是要坚持依法办事,把法治作为化解社会矛盾的根本途径,坚决依法打击复旧势力、宗教势力干扰干预正常的调解活动,努力把社会矛盾化解工作纳入法治轨道。在依法调解中,要符合法律法规的要求,遵循法律法规规定的程序,不能违背法治原则,不能突破法律底线,不能损害法律所保护的社会关系。要采取依法强化人民调解、转化民间调解、取缔打击非法调解等手段,将过去混乱无序、影响法治建设、削弱基层政权权威的民间调解进行规范整顿,吸收其积极因素,整合可整合的社会力量,通过规范调解组织、规范调解资源、规范调解行为、规范调解运行、规范调解管理等实现社会效果和工作成效的统一。

(三)纲举目张,用建章立制的手段巩固规范民间调解工作

依法规范民间调解要从历史、宗教、文化、传统习俗和现实因素等层面

进行深入分析研究，更要从机制上、法律上寻找解决藏区民间纠纷调解的根本之道。因此，认真总结、建章立制是确保依法规范民间调解的有效手段，是在藏区巩固工作成果的重要措施和保障。阿坝州立足自身实际，及时制定了《阿坝州依法规范藏区民间调解暂行办法》，对调解人员、调解范围、调解组织、调解程序、机制健全、法律责任等进行了明确规定，为藏区依法开展调解工作提供了依据，切实维护了广大农牧民群众的根本利益，促进社会公平正义与和谐稳定。同时，壤塘等县也结合相关政策和法律法规，相继出台依法规范民间调解的程序和办法，使之成为调解制度的有益补充，形成了高僧大德和民间人士"统"起来、规范成果"用"起来、守法用法规矩"树"起来的良好局面，"遇事找法、办事依法、化解矛盾用法、解决问题靠法"在广大藏区成为常态。

三 调解工作的困境

（一）个别党政领导对调解工作重视程度不够

部分领导对"大调解"工作的重要性认识不足，导致主体责任履行不到位，思想上不够重视、行动上不够关心，工作中出现应付、敷衍等现象，致使"大调解"作用逐渐弱化，变成看不见、摸不着的空气墙。

（二）基层调解队伍不稳定

近年来，随着经济社会的发展，各类社会矛盾纠纷发生率和激化率急剧上升，但长期以来，阿坝州基层调解队伍文化程度普遍偏低，处理突发事件和化解骨头案、钉子案的工作能力不强，在纠纷的调解中运用法律和政策的能力还有待提高。加之"5+2""白+黑"的工作状态使基层调解员长期超负荷运转，工作任务重、压力大、待遇低，部分基层"大调解"工作人员都先后离开工作岗位，造成工作断档情况突出。另外，阿坝州人民调解工作经费和个案补贴落实情况参差不齐，在一定程度上挫伤了调解员的工作积极性。个别县根本没有财政单独预算的人民调解工作经费，更谈不上兑现个案补贴；有的县个案补贴经费打捆在县司法局人民调解工作经费中没有单列，而有的县个案补贴经费又在政法委大调解经费中开支；个案补贴标准根据案件难易程度从 50 元到 300 元不等，有的落实的标准较低，仅有 30 ~ 100 元/案；还有少数村级组织人民调解员因为没有人民调解工作经费，案件补贴标准低，报领程序复杂，从而放弃领取补贴。

（三）基层"大调解"工作效率偏低

目前，正在实施的网格化管理工作与"大调解"工作任务存在重叠、浪费现象，导致工作效率不高。另外，因机制设置原因，"大调解"工作人员还担负了大量的网格化工作，加之"精准扶贫"工作抽派人员较多，"大调解"工作从"主业"变"副业"情况突出。加之阿坝州地处高原，地广人稀，牧民居住分散，且时常逐水草而居漂泊不定，导致办案成本较高，不能完全适应当前工作的需要。

四 调解工作的未来发展方向

（一）推动"大调解"向矛盾纠纷多元化解升级

认真贯彻省、州《关于完善矛盾纠纷多元化解机制的实施意见》，研究制定相关配套文件，分解落实矛盾纠纷多元化解的法定职责。

（二）加强基层基础网络建设，夯实基层基础

有效整合基层"大调解"、网格化管理资源，及时准确掌握动态，研究完善调解组织网络、联动机制和源头防范的对策措施，确保组织网络及其衔接联动机制建设明显进步。出台进一步加强"两所一庭"建设相关指导性文件，不断加强和充实基层工作人员、经费保障，充分发挥其在化解矛盾、维护稳定中的骨干作用。

（三）强化法制宣传，营造良好氛围

一是建立村组干部和党员学习长效机制，加强对村组干部和党员的政策、文化和法律知识培训，增强村组干部和党员遵纪守法的意识。二是深入开展法律"七进"活动，结合阿坝州实际，采取以案释法、法制讲座、法律咨询、法律援助和法律顾问到村寨等老百姓喜闻乐见的多样化送法方式，使每一次法律宣传收到良好效果，切实提高广大农牧民群众的法律意识和法制观念。三是结合文化科技卫生"三下乡"等活动的开展，充分利用"农家书屋"和"法律图书角"，运用"农村远程教育"平台，在农闲季节或群众返乡季节，集中组织群众学习政策、文化和法律知识，观看科普和法制教育节目。四是利用"巡回法庭"等，在庭审或调解过程中，把宣传党的政策与以事论理、说服教育相结合，把宣传法律法规与调解案件相结合，"在调解中宣传、在调解中运用"，做到定纷止争与法律宣传双行双赢。五是将村规民约的制定完善、宣传作为重点工作之一，进一步增强农牧民群众知法、懂法、用法的意识，从根本上预防矛盾纠纷产生。

（四）加强对调解队伍的业务培训和教育管理

进一步健全分级分类培训长效机制，切实加强对基层调解工作的"对口指导"和调解员法律政策业务培训，不断提高基层一线调解员法律政策素养和依法调解工作技巧方法，努力使全州调解队伍更加适应新时期化解矛盾纠纷的新要求，更好地发挥维护社会稳定的"第一道防线"作用。全面总结推广不同类型矛盾纠纷依法调解的"案例工作法"，组织开展"优秀调解案例"评选活动，完善典型调解案例资料库，指导推动基层依法开展调解工作。

B.27
甘孜州康定市深化土地乱象治理
调研报告

甘孜州依法治州领导小组办公室课题组*

摘　要： 在贯彻依法治市的具体实践中，康定以土地乱象依法整治为
主线，聚焦问题突出、矛盾丛生、严重影响康定城市和旅游
全域化发展的乡镇，科学谋篇布局、精准分类施策、因地制
宜统筹推进基层党建、社会治理、城乡提升等事项，形成了
一些"以点促面、执宣结合"的探索成果，增强了民族地区
依法管理制度供给能力，为民族地区进一步推进依法治国战
略提供了有益经验和可复制性方法。

关键词： 依法整治　土地乱象　法治康定　社会治理

康定作为四川省第一个藏区市，是甘孜藏族自治州州府所在地和政治经
济文化中心，在1.16万平方千米土地上，藏族、彝族、羌族、苗族、回族、
蒙古族、土家族、傈僳族、满族、瑶族、侗族、纳西族、布依族、白族、壮
族、傣族等多民族共生、多宗教并存。作为欠发达地区，土地管理是康定市
一大难题。因康定市各个乡镇占地面积大、地广人稀，明显区别于关内地
区，且地势地形复杂、交通不便，各民族风俗习惯差异较大，居住习惯不

---

* 课题组负责人：戴斯林，中共甘孜藏族自治州州委政法委副书记、州依法治州领导小组办公
室副主任。课题组成员：易西泽仁、吴东阳、冯俊、王宇、李吉志、王彦、杨馨、刘东。执
笔人：王宇，康定市人民政府副主任。

同，建筑风格迥异，群众文化程度较低、法律意识淡薄；加之康定有丰富的旅游资源，旅游市场潜力巨大。随着"全域旅游"发展战略的持续实施，康定迎来了经济社会发展的大好机遇，正是看到这一"契机"，部分群众顶风作案、铤而走险，私自抢占土地，修建住宅、商业、商住一体建筑，违法所得日渐积累，导致出现了非法买卖土地的情况，并愈演愈烈，违法占地、违法建筑越来越多、情节越来越恶劣，成为影响康定经济发展、民生改善、社会稳定的一大毒瘤。针对日益猖獗的"两违"现象，康定市委、市政府主动出拳，针对地区实际开展综合整治，按照"依法整治、综合整治、彻底整治"的原则和立案查处一批、依法拆除一批、整改规范一批"三个一批"的处理方式，全力以赴开展土地乱象治理，推动依法治市纵深发展。

一　依法推进土地整治的主要做法

（一）敢于亮剑，重拳出击形成高压态势

1. 用好宣传"先锋官"

违法违规行为屡禁不止，究其根本，是法律意识淡薄，不学习法律、不了解法律、不敬畏法律。为营造综合整治的良好氛围，形成政府主导、广泛参与的局面，从统战部、组织部、政法委、公安局、司法局、检察院、法院、民宗局、学校、新都桥塔公镇抽调人员成立土地整治专项工作组，采取送教上门、群众大会、重点访谈等方式进行广泛宣传，针对村干部、村带头人和贫困户，分门别类采取集体约谈、重点访谈、个别谈话等形式开展藏汉双语宣讲，让群众知晓、理解相关法律法规和土地整治的意义、目的、原则、方法及要求，进一步提升法律意识、提高法制观念，切实做到消除误解、疏导情绪、引导群众步入知法、懂法、守法的轨道，实现宣讲全覆盖，有力消除群众法不责众的错误思想，使绝大部分群众自觉配合、自愿配合、

支持整治工作，最大限度地化解整治工作风险。

2. 打好法律"组合拳"

坚持"稳中求进"总基调，始终高举法治旗帜，按照《城乡规划法》《治安管理处罚法》《刑法》《甘孜藏族自治州藏传佛教事务条例》等相关法律法规开展土地整治。依据前期调研和调查摸底情况，精心制定、完善土地整治实施总体方案及宣传、调查、执法等多个子方案和应急预案。加强法制保障，健全管理机制、检查机制和监督机制。构建严密的管理体系和监督网，聘请社会监督员，设立举报箱，公布投诉电话，打通联系服务群众"最后一公里"。强化法制跟踪服务，由执法部门全程跟踪督导，为土地整治提供法律咨询、合法性审查、法律服务，收集整理群众意见。确保整治程序依法依规，整治结果合法有效，经得起社会和历史检验。畅通信访渠道，在整治一线成立信访接待室，即时收集舆情信息，全面掌握群众思想动态，对可能出现的问题进行全面分析考量、开展社会稳定风险评估，自始至终做好维稳工作，确保整治工作万无一失。聘请专业律师团队实地全程参与、指导方案制订和执法工作，对每一份方案、每一个执法程序进行严格审查，确保每个方案依法依规制定、每个案件依法依规办理，保障整治工作依法、有效开展。

3. 啃下违建"硬骨头"

在整治活动中，以将国有土地、集体土地据为己有，擅自划块出售的违法行为作为切入点，职能部门掌握违法事实，收集违法证据，遵守法律程序，坚持依法行政。敢于动真碰硬，切实加大执法力度，对群众反映十分强烈、社会影响极其恶劣、具有代表性的违建，且对其修建者经多次宣传教育仍不整改的，严格按照法定程序，依法开展强制拆除工作，并对强拆情况进行公示，接受市民的监督。坚决严厉打击"有势力、有背景、有靠山"的人和事，并以此作为典型，推进拆违工作依法、公平、公正开展。在工作中注重有情操作，讲究工作方式方法，善于深入细致地做群众思想工作，有序推进，有情操作，把道理讲在前头，把工作做在前头，使更多的群众理解支持和参与整治工作，确保不因工作不到位而造成群众上访、酿成恶性事故，让"两违"户感到强拆不如自拆，迟拆不如早拆。市法院、检察院对国土、住建等部门移交、移送、申请强执的案件，不推不拖，从快接收，从快办理；市公安局对执法过程中公开威胁、谩骂执法人员，妨碍、阻挠、拒绝执法人员依法执行公务，甚至串联闹事、暴力抗法等情况，加大打击力度，对社会影响恶劣、违法情节严重的不法分子，绝不手软，通过强有力的执法，真正达到"拆除一处、震慑一片、教育一方"的作用，确保整治工作取得预期效果。

（二）依法规范，着力构建法治良序

抓好依法治市工作难在深入、贵在持久、重在落实。只有把握维护群众合法权益这一根本目标，充分发挥基层党组织领导核心和战斗堡垒作用，积极打造服务型法治政府，努力推动政府正确地做事、做正确的事。

1. 明确职责

乡（镇、街道）负责本辖区内耕地保有量、基本农田保护面积、土地利用总体规划和年度计划执行情况等土地管理工作；积极主动配合有关部门做好相关案件的调查核实、取证和处理工作。市国土局、市住建局、市税务局、市环林局、市农牧局落实部门职责，依法分工协作，避免交叉推诿。

2. 健全监管

村级土地巡查员作为一级巡查网格，乡（镇、街道）国土管理所作为二级巡查网格，市国土监察大队作为三级巡查网格，及时受理信访、举报，落实土地执法动态巡查责任制。各乡（镇、街道）和各监管部门明确和细化巡查责任，对重要区域、重点时段有针对性地巡查。各巡查责任人和联村干部、村（居）干部在发现违法行为的第一时间采取有效措施及时予以制止，把违法行为消除在萌芽状态。对违法违规用地尚处于建设初期的，由乡（镇、街道）组织力量及时依法处理，劝告违法当事人自行拆除或恢复原状。对因受到阻力干扰而难以制止或拆除、复原的，及时报告市级行政执法部门，由行政执法部门依法查处。

3. 疏堵结合

加快推进农村集体建设用地使用权和宅基地使用权确权登记发证工作。

进一步加强和完善村庄规划管理，依法审批宅基地，控制占用耕地新建住宅，严格执行"一户一宅"制度及使用标准。

4. 完善问责机制

对违反土地管理规定行为不作为致使国家利益遭受损失，对有关责任人的违纪违法行为进行查处，构成犯罪的，移送司法机关追究刑事责任。

（三）深化管理，常态推进依法治理

依法推进土地整治并非一项单独的工作，涉及方面广，为取得良好的社会效果，必须"多管齐下、多措并举"，形成一张联通的"网"，才能做到成果有效不反弹。

1. 狠抓治安整治，强化树立风气

以土地乱象为症结，全面开展积案化解、缉枪治爆、一标三实、巡逻防控等工作，按照"追根溯源、一查到底、坚决收缴、不留后患"的工作思路，采取特情导侦、以案查缉、群众走访、广泛宣传等方式，对涉枪涉爆重点地区、重点积案及网上在逃人员集中优势兵力快查快侦快破，最大限度消除潜在安全隐患。积极推进信息采集工作，加强常住、暂住、流动人口精准登记实现动态轨迹管理。加强对酒店、娱乐场所、加油站等公共场所的检查，形成严打、严查、严管、严控的强大阵势，为整治工作营造良好的法治环境。

2. 狠抓寺庙管控，强化治寺控权

突出教育引导，强化爱国感恩，邀请双语讲师深入寺庙开展各类宣讲，教育引导僧尼正确贯彻党的民族宗教政策，不断增进对伟大祖国、中华民族、中华文化、中国共产党、中国特色社会主义的认同，启动僧人核查工作，实行僧尼动态管理，突出场所管理。

3. 狠抓基层整顿，强化执政根基

根据不同问题逐一分析"短板"原因，针对村级组织缺乏凝聚力、战斗力，对党委、政府安排部署执行不严、落实不力，服务群众、引领发展意识不强等问题，举办培训班，聘请教师从法律法规、职能职责、队伍建设、

寺庙管理、脱贫攻坚、警示教育、队伍建设等方面进行授课。每期培训结束后围绕村级组织标准化建设、农业产业化发展、新型农村规划建设等方面安排1~2天学习考察。让每一位村干部亲身感受加快新农村建设的良好氛围，耳闻目睹当地经济发展所带来的巨大变化，让他们心灵上受到触动和鼓舞。对前期排查出的问题党员、村干部按照提醒教育限期整改一批、诫勉问责组织处理一批、撤职罢免清理一批的要求严肃处理，以此警示教育广大党员干部。针对村级组织制度不健全、岗位职责不明确等方面存在的问题，狠抓制度的"废、改、立"工作，健全完善"三会一课"制度、落实报告制度、规范议事决策制度、村干部轮流坐值班制度、八大组织工作制度、村规民约等各项制度，提升支部建设、综治维稳、经济发展、寺庙管理、财务财会等方面能力素质，实现党员思想认识有提高，"两委"班子面貌有改变，基层组织凝聚力有增强，村风有转变。

4.狠抓土地管控，强化新村建设

对依法收回的国有土地进行打桩定界，安装网围栏、喷刷标识等，明确权属，防止再次被非法占用，实现从"范围不明、管理混乱"到"权责清晰、管理到位"的转变，建立村、乡（镇）、业务主管部门"网格化"土地管理机制，强化事前监管，加强巡查、分片包干，把整治"两违"与城市管理、乡（镇）村管理有机结合起来，常态管理，长效管理，做到组织不松、工作力度不减，严防"整治—反弹—整治"怪圈。

二 土地整治取得的成效

自开展土地整治以来，康定市以新都桥片区和塔公镇为重点，按照"依法整治、综合整治、彻底整治"的原则和立案查处一批、依法拆除一批、整改规范一批"三个一批"的处理方式集中开展土地整治工作。通过开展新都桥土地整治，依法拆除违法建筑123处32588平方米，收回国有土地61块16219亩，规范土地（房屋）509处；通过塔公整治，拆除机塔路沿线64处违规建筑约2900平方米，清理杂物建筑垃圾1350方，清理规范砂石 33300 方，疏通清理河道 9200 方。有力震慑和遏制了"两违"现象，维护了法律尊严，树立了政府形象，实现了良好的政治效果、社会效果、法律效果和经济效果。

三 土地整治对依法治市的启示

依法治市是依法治国的基础性工作，是法治的具体化、地方化和基层化。落实依法治国战略部署，具体到康定就是全面推进依法治市，严格依法管理社会的政治、经济、文化和生活等各项公共事务，通过规范的程序达到科学合理的结果，通过原则的手段实现合理的目标，从而规范社会管理行为、提高社会管理效能、维持整个社会有机体的和谐生存与良性发展，实现社会的公平正义。目前，康定市正处在经济发展关键期、全面建成小康社会攻坚期，康定经济的发展、社会的稳定、人民的安康，离不开法治引领、离不开法治推动、离不开法治保障。通过开展土地整治，有四点启示以供参考。

（一）始终把维护稳定作为第一要求

藏区维稳工作涉及面广，情况复杂，只有讲究策略方法，因地施策、因时施策、因人施策，才能抓住症结，有的放矢，应势而为，牢牢掌控工作主动权，成功应对各种复杂局面。对事关群众切身利益的合理诉求和反映，应及时接访、限时办结、限时反馈，防止别有用心之人借机炒作。对涉黑涉恶、严重暴力、盗窃抢劫、涉枪涉爆等违法犯罪行为和涉寺涉僧违法犯罪活动始终保持严打态势，进一步促进全市和谐稳定、人民安居乐业、社会秩序良好。

（二）始终把法治建设作为第一目的

当前，解决康定所有问题的关键，就是要始终高举法治旗帜，从战略全局的高度全力推进依法治市，把各项工作和社会管理都纳入法治化轨道。应切实加强依法执政、依法行政、依法执法、公正司法机制建设，加强群众思想教育，全面构建"办事依法、遇事找法、解决问题用法、化解矛盾靠法"的法治环境。

（三）始终把夯实基层作为第一途径

基础不牢地动山摇。当前部分基层组织缺乏凝聚力、战斗力，甚至还有村组干部和党员群众头脑不清、立场不稳、方向不明，充当"墙头草、骑墙派"，虽经教育敲打，促其深刻认识到行为的错误性及问题的严重性，但也反映了基层组织建设仍有诸多薄弱环节。因此，应不断加强基层党建工作，切实建强基层堡垒，努力提升党员能力素质，才能更好地发挥基层党支部和党员先锋模范作用，为加快发展、维护稳定提供坚强保障。

（四）始终把治寺管僧作为第一要素

必须高度重视宗教寺庙工作，切实抓好寺庙僧尼的各项管控工作。尽快建立完善"市领导＋联系部门＋乡镇＋寺管会（所）＋寺庙民管会"的寺庙管理工作机制。突出抓好人员管理、场所管理、活动管理、财务管理，多角度、多层面、全方位抓牢寺庙管理。着力打造一支政治强、过得硬、素质好的宗教干部队伍。

附录
四川依法治省重要文件目录（2017）

1. 中共四川省委关于印发《四川省贯彻〈中国共产党问责条例〉实施办法》（川委发〔2017〕4 号）

2. 中共四川省委、四川省人民政府《关于深入推进城市执法体制改革改进城市管理工作的实施意见》（川委发〔2017〕5 号）

3. 《中共四川省委关于印发〈关于新形势下加强政法队伍建设的实施意见〉的通知》（川委发〔2017〕26 号）

4. 《中共四川省委办公厅关于印发〈四川省依法治省 2017 年工作要点〉的通知》（川委办〔2017〕12 号）

5. 《中共四川省委办公厅、四川省人民政府办公厅关于印发〈四川省党政主要负责人履行推进法治建设第一责任人职责实施办法〉的通知》（川委办〔2017〕15 号）

6. 《中共四川省委办公厅、四川省人民政府办公厅关于印发〈关于深入推进公益诉讼工作的实施意见〉的通知》（川委办〔2017〕48 号）

7. 《中共四川省委办公厅、四川省人民政府办公厅关于印发〈四川法律顾问团管理办法（试行）〉的通知》（川委办〔2017〕49 号）

8. 《四川省人民政府办公厅关于印发〈四川省建立完善守信联合激励和失信联合惩戒制度 加快推进社会诚信建设实施方案〉的通知》（川办发〔2017〕11 号）

9. 《四川省人民政府办公厅关于印发〈四川省简政放权 放管结合 优化服务 2017 年工作要点〉的通知》（川办发〔2017〕26 号）

10. 《四川省人民政府办公厅关于印发〈四川省人民政府 2017 年度法

治政府建设工作安排〉的通知》（川办发〔2017〕44 号）

11. 《四川省人民政府办公厅关于印发〈四川省加强和改进行政应诉工作实施办法〉的通知》（川办发〔2017〕46 号）

12. 中共四川省委机构编制委员会办公室、四川省依法治省领导小组办公室《关于加强市县乡依法治理机构建设和工作力量的通知》（川编办发〔2017〕101 号）

13. 四川省依法治省领导小组办公室、四川省人民政府安全生产委员会办公室、四川省人民检察院、四川省司法厅、四川省人民政府法制办公室《关于深入推进安全生产领域依法治理工作的通知》（川法组办〔2017〕16 号）

14. 《四川省依法治省领导小组办公室、中共四川省委组织部、中共四川省委宣传部、四川省司法厅、四川省人力资源和社会保障厅关于印发〈四川省完善国家工作人员学法用法制度的实施意见〉的通知》（川司法〔2017〕6 号）

15. 《四川省依法治省领导小组办公室、中共四川省委宣传部、四川省司法厅关于印发〈2017 年四川省"法律七进"工作要点〉的通知》（川司法〔2017〕37 号）

16. 四川省依法治省领导小组办公室《关于加强换届后法治工作队伍建设的意见》（川法组办〔2017〕1 号）

17. 《四川省依法治省领导小组办公室关于印发〈2017 年全省依法治省重点创新项目〉的通知》（川法组办〔2017〕23 号）

18. 《四川省依法治省领导小组办公室关于印发〈关于认真贯彻落实省第十一次党代会精神　坚定不移将全面依法治省引向深入的意见〉的通知》（川法组办〔2017〕25 号）

19. 四川省依法治省领导小组办公室关于转发《关于印发〈将依法治理纳入干部管理任用工作八项制度〉的通知》的通知（川法组办〔2017〕27 号）

20. 《四川省依法治省领导小组办公室关于转发〈遂宁市党政主要负责

人履行推进法治建设第一责任人职责八项措施〉的通知》（川法组办〔2017〕28 号）

21. 四川省依法治省领导小组办公室《关于全面深入营造法治浓厚氛围的通知》（川法组办〔2017〕43 号）

22. 四川省依法治省领导小组办公室《关于学习宣传贯彻党的十九大精神的通知》（川法组办〔2017〕48 号）

23. 四川省依法治省领导小组办公室、四川省司法厅、四川广播电视台《关于表扬 2017 年度四川十大法治人物的通知》（川法组办〔2017〕54 号）

Abstract

Since 2014, the Institute of Law of Chinese Academy of Social Sciences has been conducting follow-up investigations on the practice of governance by law in Sichuan Province for four consecutive years. *The Annual Report on Rule of Law in Sichuan No. 4 (2018)* (Blue Book of Rule of Law) summarizes the practices and reforms carried out in the field of the rule of law by government organs at various levels in Sichuan Province in the past year, analyzes the problems encountered in this process, and puts forward suggestions on their solutions. The rule of law practice of Sichuan Province, which is the first province to establish specialized organs on ruling the province by law, is of great significance to the development of the rule of law in the whole country.

The General Report reviews the practice of Sichuan Province of implementing the major arrangements made by the CPC Central Committee for ruling the country by law, firmly adhering to Xi Jinping's thought on socialism with Chinese characteristics as the guidance of various aspects of the work of ruling the province by law, steadily advancing "consolidation and enhancement in seven areas of ruling the province by law", endeavoring to have a profound understanding of the actual situation of "huge population, weak foundation, imbalance in development, and underdevelopment" in the province, attaching importance to the work of ruling the country by law as a strategic task and a key project, realizing the unity of the decision-and arrangement-making by the Central Committee, vigorous promotion by the Provincial Party Committee, and earnest implementation by grassroots organs, accelerating the creation of a rule of law environment in which people handle their affairs in accordance with law, resort to the law when they encounter problems, and use the law to solve their problem and resolve their disputes, and endeavoring to bring various undertakings of ruling and revitalizing Sichuan Province onto the track of the rule of law.

This volume of the Blue Book of Rule of Law features a series of special investigation reports containing in-depth analyses of various issues relating to the construction of the rule of law in Sichuan Province, such green legislation, management of commissions for disciplinary inspection, assessment of social stability risks, democratic consultation, regulation of the Internet by law, and construction of campus by law. Special columns on law-based government, judicial reform, grassroots social governance, and ethnic legal system continue the long-term follow-up of the rule of law practice in these areas in Sichuan Province and introduce new mechanisms for institutional innovation in the province. This volume of the Blue Book also features a new column entitled "Law-Based Market", which introduces the practice and experiences of Sichuan Province in the provision of court service, the transformation and upgrading of old industrial cities, the use of the rule of law to guide and safeguard the integration of military and civilian industries, the establishment of the river sheriff system, and the resolution of tourist disputes.

Contents

I   General Report

Abstract: At its Nineteenth National Congress, the Communist Party of China made major decisions on and important arrangements from a political and global perspective for comprehensively deepening the practice of ruling the country by law in an all-round way. In 2017, the Party Committee of Sichuan Province has steadfastly used Party Secretary General Xi Jinping's thought on socialism with Chinese characteristics in a new era to guide the work of ruling the province by law, adhered to the strategy of "governing and rejuvenating the province through the implementation of the rule of law" as well as to the principles of exercising the ruling power by law, scientific legislation, strict enforcement of law, fair administration of justice, and universal observance of the law, made solid progress in social governance, grasped the "key minority", strived to "strengthen and promote of work of ruling the province by law in seven main fields", and consistently laid emphasis on and made new efforts for the implementation of the basic state strategy of ruling the country by law in Sichuan Province.

Keywords: Ruling the Country by Law; Ruling the Province by Law; New era; Exercising the Ruling Power by Law

Ⅱ Special Reports

B. 2　Exploration by the People's Congress of Sichuan Province of
the Approaches to Promoting Green Development by Law

Project Team of the Committee on Urban and Rural Construction and

Environment and Natural Resources Protection of the People's

Congress of Sichuan Province / 043

Abstract: The people's congresses at various levels and their standing committees in Sichuan Province, as local organs of state power, are important carriers of the people's congress system, a fundamental political system in China, and shoulders the glorious mission of implementing the decisions and arrangements made by the Central Party Committee and the Provincial Party Committee, performing various functions provided for by the Constitution and laws, servicing the overall work in Sichuan Province, comprehensively deepening reform, and ruling the province by law. This report explains the major responsibilities incumbent upon people's congresses at various levels and their standing committees with respect to promoting green development and building a beautiful, prosperous, and harmonious Sichuan Province, summarizes the achievements they have made in the protection of ecological environment, analyzes the problems and challenges faced by them in the construction of ecological civilization and green development, and points out the direction of their implementation of the strategy of promotion of green development.

Keywords: Quality of Legislation; Supervision in Accordance with Law; Green Development

B. 3 The Role of Democratic Supervision by the Chinese People's Political Consultative Conference in the Construction of the Rule of Law: The Practice of Sichuan Province

Project Team of the General Office of Sichuan Provincial Committee
of the Chinese People's Political Consultative Conference / 060

Abstract: Democratic supervision by Chinese People's Political Consultative Conference (CPPCC), together with intra-Party supervision, supervision by people's congresses, administrative supervision, judicial supervision, social supervision and other forms of supervision, form the socialist supervision system in China. CPPCC committees at various levels in Sichuan Province have given full play to their unique role and advantages to carry out democratic supervision over the implementation of the Constitution, state laws and administrative regulations, and major decisions on and arrangements for the construction of the rule of law made by the CPC Central Committee and Provincial Party Committee, and over the work of administration by law of state organs and their staff members, thereby effectively promoting the work ruling the province by law.

Keywords: Ruling the Province by Law; Chinese People's Political Consultative Conference (CPPCC); Democratic Supervision

B. 4 Investigation Report on the Fight against "Micro-corruption" by the Disciplinary Inspection Commission of the Party Committee of Sichuan Province

Project Team of the Disciplinary Inspection Commission

of the Party Committee of Sichuan Province / 072

Abstract: This report proceeds from the necessity and urgency of fighting against grassroots "micro-corruption", carries out in-depth analysis of the main manifestations and root causes of grassroots "micro-corruption" in Sichuan Province, introduces the Sichuan practice of resolutely fighting against grassroots micro-corruption by adhering to the leadership of higher-level organs over lower-level organs, keeping channels of complaint by letters and visits open, investigating strictly, handling speedily, and punishing severely, focusing on priorities, correctly grasping policies and strategies, strengthening openness and disclosure, adhering to routine supervision, coordinating disciplinary inspections at different levels, implementing the strategy of active prevention, and further improving relevant laws, regulations and institutions, summarizes relevant experiences from concrete practice, looks into the future prospect of the fight against micro-corruption, and advocates education and guidance, consolidation and intensification, the implementation of responsibilities, and taking of comprehensive measures, so as to solve problem of micro-corruption and eliminate its root causes.

Keywords: Cracking Down; Grassroots; "Micro-corruption"; Sense of Gain

B. 5   Explorations of the Ways of Bringing Social Stability Risk
Assessment under the Rule of Law in Sichuan Province

Project Team of Office for Maintaining Social Stability of

the Party Committee of Sichuan Province / 087

Abstract: Since taking the lead in carrying out social stability risk assessment
in China, the Party Committee of Sichuan Province has been focusing on bringing
the assessment under the rule of law and adopted the first provincial regulations on
social stability risk assessment in 2010. This report analyzes the main problems
existing in the current social stability risk assessment in Sichuan Province and puts
forward corresponding countermeasures from the perspectives of strengthening the
understanding, constructing institutions, and creating favorable conditions.

Keywords: Social Stability; Risk Assessment; Bringing under the Rule of Law

B. 6   Exploration by the Public Security Bureau of Sichuan Province of
the Road to Regulating the Cyberspace by Law

Project Team of the Public Security Department of Sichuan Province / 103

Abstract: In recent years, Sichuan Province has implemented various tasks set
out in the Program on Ruling the Province by Law. Faced with the situation of a
huge body, high usage, and complicated security environment of the cyberspace,
the Provincial Public Security Department has strictly implemented the various
decisions and arrangements made by the Central Party Committee and the Provincial
Party Committee on strengthening the regulation of the cyberspace, adhered to the
rule of law thinking, proceeded from the actual situation in the province,
improved the regulation of cyberspace with respect to publicity, institution-
building, law-enforcement inspection, key enterprises, and punishment, further
adjusted regulatory responsibilities, clarified the targets of regulation, elaborated
the method of regulation, and strengthened the defense capacity and deterrence

capacity of the cybersecurity system, thereby creating a Sichuan road to regulating the cyberspace by law.

Keywords: Regulating the Cyberspace by Law; Internet; Web Safety

B. 7 Investigation Report on Administration of Campuses by Law
Project Team of the Education Department of Sichuan Province / 115

Abstract: "Promoting the law on campuses" is one of the important measures for implementing the arrangement for ruling the province by law made by the Provincial Party Committee as well as an important content of the Outline of the Program for Ruling Sichuan Province by Law. In recent years, Sichuan Province has actively implemented the plan for the construction of rule of law in campuses, paid special attention to opening up the main channel of the rule of law education, created a general situation of rule of law education in which "every textbook is a teaching material on the rule of law, every class a class on the rule of law, and everyone a teacher of the rule of law", given full play to the role campuses as the educational front to construct big platforms of rule of law education, to create rule of law culture in campuses, and to improve the rule of law quality of teachers and students, integrated various rule of law resources, optimized the forms of rule of law publicity and education, carried out various rule of law activities, and concentrated efforts on creating big safeguards for rule of law education.

Keywords: Promoting the Law on Campuses; Law-Based Campuses; Ruling the Province by Law

B. 8   Investigation Report on Constructing the System of Regulations
        on Urban Governance in Chengdu City

Project Team , Legislative Affairs Commission of the Standing

Committee of the People's Congress of Chengdu City / 126

Abstract: Strengthening the construction of the system of regulations on
urban governance is a legislative practice that transforms new development ideas
into urban governance. By taking the enhancement of the urban governance
capacity and the improvement of urban governance system as its objective, local
legislation can better service and safeguard the construction of national central
cities. The Government of Chengdu City has carried out review and assessment of
existing regulations on urban governance in accordance with the criteria of harmony,
adaptability and proactivity and put forward the legislative plan for the next five years
or longer period of time in the following five concrete aspects: the work of the
people's congresses, urban construction and governance, environmental protection,
protection of historical and cultural heritages, and others.

Keywords: Governance System; Governance Capacity; Urban Regulations;
Legislative Proposals

Ⅲ   Legal Government

B. 9   Exploration by Guang'an City of Procuratorial Supervision over
        Administrative Law Enforcement

Project Team of the People's Procuratorate of Guang'an City / 142

Abstract: Procuratorial supervision over administrative law enforcement plays
a special, irreplaceable role in the construction of a law-based government and in
the realization of administration by law. In recent years, the procuratorial organs in
Guang'an City has carried out active explorations on procuratorial supervision over
administrative law enforcement, adhered to the basic principles of focusing on the
supervision at the macro-level while paying attention to the boundaries of the

exercise of power at the micro-level, thereby developing a basic framework and a set of effective main practice of procuratorial supervision over administrative law enforcement.

Keywords: Administrative Power; Procuratorial Organs; Supervision over Law Enforcement

B. 10   The System of Autonomic Determination of Public Security
         Administrative Punishments: The Experience of Bazhong City
         Project Team of the Office of Ruling the City
         by Law of the Government of Bazhong City / 152

Abstract: "Different punishments for the same offence committed by different persons in the same case" and "different punishments for the same offence committed by different persons in the same city" are common problems that administrative law enforcement organs at various levels have been trying to solve, but without much success. In view of this fact, the Public Security Bureau of Bazhong City has developed a system of autonomic determination of public security administrative punishment. The system contains the definitions of various acts of violation of law, basic situations for the determination of punishment, bases of determination, rules of determination, and situations of selective punishment. The police officer handling a case needs only to select from a list of relevant situations for administrative punishment by following the instructions of the system. The system will automatically generate case report, apply relevant legal provisions, and determine appropriate punishment, thereby totally subverting the traditional mode of determination of administrative punishment, effectively reducing the public doubt about the fairness of administrative punishment, improving the quality and efficiency of the handling of administrative cases by public security organs, and enhancing public trust in law enforcement.

Keywords: Public Security; Administrative Punishment; Criterion for the Determination; Administrative Punishment; Public Trust

B. 11　Implementing the System Whereby the Person in Charge of an Administrative Agency Appears in Court as the Respondent in Administrative Litigation against the Agency: The Practice of Panzhihua City

Project Team of the Legislative Affairs Office of the

People's Government of Panzhihua City / 163

Abstract: Appearing in court as the respondent in an administrative litigation against the agency is a legal obligation of the person in charge of the agency. In recent years, the Government of Panzhihua City has attached high importance to this legal obligation, actively implemented the relevant new provisions in the revised Administrative Procedure Law, and adopted corresponding innovative new measures, continuously strengthened its capacity for responding to administrative litigation, and promoted the construction of law-based government and administration by law with respect to institution-building, staffing, construction of case-handling facilities, provision of office buildings, and guarantee of funding for relevant agencies.

Keywords: Administrative Organs; Person in Charge of an Administrative Organ; Appearing in Court as Respondent in Administrative Litigation

Ⅳ　Judicial Reform

B. 12　Judicial Protection of Environment and Natural Resources by People's Courts in Sichuan Province

Project Team of the Higher People's Court of Sichuan Province / 174

Abstract: The construction of the rule of law in the field of environment and natural resources is an important part of the work of ruling the province by law in Sichuan Province. In recent years, people's courts in Sichuan Province have implemented in a thorough way the spirit of the Nineteenth Party Congress and the major arrangements made by the Provincial Party Committee for green development and construction of beautiful Sichuan Province, practiced the modern judicial ideas relating to green development and the protection of the environment and natural resources, attached importance to giving full play to the function of criminal trial in the judicial protection of the environment and natural resources, accurately grasped state criminal justice policies, strictly implemented the criminal law provisions on, and explored and improved the mechanisms for the criminal trial work relating to, the protection of the environment and natural resources, given full play to the function of punishment, prevention and education of the criminal justice, severely punished criminal acts of damaging natural resources in accordance with law, promoted environmental protection and ecological restoration, advocated green and healthy way of life, and provided fair and efficient judicial protection for the construction of ecological civilization in the Province.

Keywords: Environment; Criminal Justice; Trial Functions; Ecological Civilization

B. 13　Exploration by Sichuan Province of the Solution of Difficult Problems in the Enforcement of Judgments through the Collaborative Interaction between Procuratorates and Courts

Project Team of the People's Procuratorate of Sichuan Province / 186

Abstract: Difficulties in the enforcement of judgments is a major problem current faced by people's courts in China. If this problem cannot be solved within reasonable time and the legitimate rights and interests of parties who have won the lawsuit cannot be realized in a timely way, the people will not be able to feel justice and fairness, and the credibility of judicial authorities will be severely damaged. To solve this problem, procuratorial organs in Sichuan Province have proceeded from their functions and responsibilities of legal supervision, strengthened the collaborative interaction with courts, carried out legal supervision over enforcement activities, and focused the supervision mainly on the enforcement of rulings, decisions and other enforcement documents issued by courts and other enforcement activities. In recent years, procuratorial organs in Sichuan Province have handled a large number of enforcement supervision cases and achieved good results, thereby playing a positive role in containing arbitrary enforcement and overcoming the difficulties in enforcement.

Keywords: Enforcement Supervision; Arbitrary Enforcement; Overcoming Difficulties in Enforcement; Collaborative Interaction between Procuratorates and Courts

B. 14　Investigation Report on the Diversification of State Judicial Aid by the Procuratorial Organs of Nanchong City

Project Team of the Office of the Leading Group on Ruling
the City by Law of the Government of Nanchong City / 197

Abstract: The procuratorial organs in Nanchong City have, in accordance with the demands on state judicial aid work raised by the central, provincial and municipal governments, made proactive plans for, given careful consideration to, and carried out experiments on the mode of judicial aid, devoted greater effort to judicial aid work, attached importance to the effect of judicial aid, actively complied with the new expectations of the broad masses of the people on judicial fairness and protection of rights and interests, took institution-building as the key link and organization-building as the safeguard, boldly experimented on and achieved certain positive results in the creation of a diversified mode of judicial aid, which includes the raising of fund for judicial aid from society, three-dimensional aid, joint aid, and charitable aid to special groups of people.

Keywords: Exploration and Innovation; Institution-building; Diversified Aid; National Judicial Aid

Abstract: The reform of the work mechanism for the trial of disputes over family affairs is an entry point by which people's courts implement the spirit of a series of important speeches on "family, family tradition and family precepts" given by Party Secretary-General Xi Jinping and meet the people's growing demands for judicial fairness and for participation in social governance. Since the implementation of the pilot reform on the work mechanism for the trial of disputes over family affairs, the Intermediate People's Court of Meishan City has adhered to the leadership of the Party and the government and advanced the reform in a planned way, adopted flexible judicial ideas, appointed investigators on family affairs, and established the system of "three letters of divorce", and, by relying on the diversified dispute resolution mechanism and integrating judicial, administrative and social forces, developed a new social governance pattern of diversified resolution of disputes over family matters which is led by the Party, supported by the government, taken charge of by relevant departments, coordinated by society, participated by the public, and safeguarded by the rule of law.

Keywords: Trial of Disputes Over Family Affairs; Diversified Dispute Resolution; Social Governance

V　Grass-Roots Social Governance

Abstract: With the increasing consolidation of grassroots foundation of consultative democracy, urban and rural community consultation, as an important form of consultative democracy, has become an important channel of resolving disputes, enhancing mutual understanding, creating synergy, and innovating on grassroots governance in China. The Government of Lezhi County, Ziyang City, in accordance with the principle of consultation by the people and for the people, has actively carried out multi-lateral community consultation, and explored and innovated on the ten-step work method of democratic consultation, thereby promoting the construction of grassroots governance system and raising the overall level of governance by law in the city.

Keywords: Democratic Consultation; Ten-Step Work Method; Grassroots Governance; Community Consultation

B. 17　Exploration by Dazhu County of Dazhou City on the Construction of a Harmonious Doctor-Patient Relationship

Project Team on Managing Hospitals by
Law of the Government of Dazhu County / 234

Abstract: The harmony of the doctor-patient relationship is crucial to people's livelihood and welfare. In recent years, the People's Hospital of Dazhu County has implemented the spirit of the Fourth Plenary Session of the Eighteenth CPC Central Committee, applied the rule of law thinking and method, and, through "joint construction and shared governance" by doctors, patients, the government and society, developed many new methods of and new approaches to the construction of harmonious doctor-patient relationship, including "strengthening the regulation through three institutions", "rectifying medical practices through three networks", and "promoting harmony through three channels". This report carries out an in-depth analysis and summarization of the background, motivation, main practice, results, and experience of the construction of harmonious doctor-patient relationship by the People's Hospital of Dazhu County.

Keywords: Dispute Resolution; Doctor-Patient Relationship; Grassroots Governance

B. 18   Constructing a Three-Dimensional System of Upholding the
Rights of Employees in Neijiang City
Project Team of the Federations of Trade Unions of Neijiang City / 247

Abstract: The complexity and diversity of labor relations requires trade unions to continuously expand the scope and innovate on the method of their work, and uphold employees' lawful rights and interests in a comprehensive and diversified way. Practice has shown that trade unions in Neijiang City, by establishing "three platforms and five mechanisms for the upholding of employees' rights" and creating three-dimensional rights protection system, have effectively overcome the problem of lack of diversity and strength of the means of rights protection, thereby playing a positive role in resolving labor disputes, development harmonious labor relations and promoting social stability.

Keywords: Labor Relations; Upholding the Rights of Employees; Safeguarding Rights by Labor Union

B. 19   Implementing the System of Legal Counsels for Poor
Villages: The Practice of Dazhou City
Project Team of the Department of Justice of Sichuan Province / 259

Abstract: The strategy of advancing poverty alleviation work through the application of the rule of law thinking and method embodies the organic combination of the strategy of ruling the country by law in an all-round way and the strategy of building China into a moderately prosperous society in all respects. In recent years, judicial administration organs in Sichuan Province have given full play to their role in the fields of legal service, publicity of law and legal safeguard, and actively engaged in the work of poverty alleviation, thereby creating a good environment for poverty alleviation and a good legal order in the Province. A typical example in this respect is Dazhou City, which has actively constructed a grassroots public legal service system and implemented the system of legal counsels for poor villages, which have filled in the legal gaps in the field of poverty alleviation.

Keywords: Judicial Administration; Poverty Alleviation; Legal Counsel

B. 20   The "Village (Community) Affairs in Sunshine" Micro-power List System of Yucheng District, Ya'an City

Project Team of the Office of Ruling the District by Law,

the Government Yucheng District, Ya'an City / 272

Abstract: "Micro-powers" in rural villages and urban communities are in direct contact with the masses of the people and have direct bearing on the people's livelihood and, therefore, are the powers that are closest to the people and for which the people have the deepest feelings and concerns. In recent years, the Government of Yucheng District, Ya'an City has explored the ways of regulating powers and managing public and personnel affairs through the establishment of relevant institutions, and created an institutionalized, legalized, and standardized mode of regulation of micro-powers in villages (communities), which includes a system of fifty-article list of micro-powers. This system is an epitome of the efforts already made as well as the direction of future efforts to be made by Sichuan Province in the field of grassroots governance.

Keywords: List of Micro-powers; Grassroots Governance; Bringing under the Rule of Law; Village (Community) Affairs in Sunshine

VI Market Legislation

B. 21 Integrated Development of Military and Civilian Industries
Driven by Innovation and Led and Safeguarded by
the Rule of Law in Mianyang City

Project Team of the Office of Leading Group on Ruling
the City by Law, the Government of Mianyang City / 282

Abstract: Mianyang City, as the only science and technology city in China, shoulders the important mission of carrying out experimentations and gaining experiences on and setting a leading example of comprehensive implementation of the national strategies of propelling development through innovation and integrating military and civilian industries. In recent years, the Government of Mianyang City has advanced in a deep-going way scientific and technological innovations, vigorously implemented the strategy of integrated development of military and civilian industries, and embodied the rule of law thinking and development idea in various links and aspects of scientific innovation and integrated development of military and civilian industries, thereby making marked achievements in cultivating entrepreneurial ecology for the integrated innovative development of military and civilian industries, expanding the industrial cluster, promoting the collaborative scientific and technological innovation by military and civilian industries, safeguarding the development of the national defense industry, and bringing the integrated development of military and civilian industries onto a fast track guided and safeguarded by the rule of law.

Keywords: Guidance and Safeguarding by the Rule of Law; Innovation-Driven; Integration of Military and Civilian Industries

B. 22　Court Service and the Safeguarding of the Transition and

　　　　Upgrading of the Old Industrial City of Zigong

Project Team of the Intermediate People's Court of Zigong City / 294

Abstract: Since it became one of the first batch of cities selected as demonstration zones for industrial transition and upgrading in 2017, Zigong City has accelerated the construction of the demonstration zone for the transition and upgrading of old industrial city. The Municipal Party Committee and the Municipal Government of Zigong City have made major arrangements and established the central task for this work. One of the important functions of the two-levels of courts in Zigong City is to safeguard and service the economic and social development in the city. People's courts at two levels in Zigong City have been conscientiously adapting their thinking and action to the overall arrangement made by the Municipal Party Committee and Municipal Government for accelerating the construction of the demonstration zone, continuously updating their judicial ideas, breaking the outdated mindset, changing their mode of work, and creating judicial wisdom, and in doing so, have provided forceful judicial service and safeguard for the transition and upgrading of the old industrial city and for the construction of an all-round well-off society.

Keywords: Transition and Upgrading; Judicial Wisdom; Judicial Safeguard

B. 23　The Innovative Practice of the River Sheriff System in

　　　　Suining City

Project Team of the Public Security Bureau of Suining City / 304

Abstract: In 2017, the Municipal Party Committee and the Municipal Government of Suining City, in accordance with the decisions and arrangements made by the CPC Central Committee, the State Council, the Provincial Party Committee and the Provincial Government, adopted the Work Plan for the

Comprehensive Implementation of the River Chief System in Suining City, which points out that the "river sheriff system" is an important supplement to the river chief system. After near a year of practice, "the Suining Experience" of control and treatment of river pollution through the joint effort of river chief and river sheriff has taken shape. The river sheriff system has become the "accelerator" and the "stabilizer" of the management of water ecology and provides a sound rule of law safeguard for the green development in Suining City.

Keywords: River Sheriff; Suining Experience; Green Development

B. 24　Resolution of Tourist Disputes: The Practice of Qingchuan County, Guangyuan City

Project Team of the Office of Leading Group on Ruling the County by Law, the Government of Qingchuan County / 314

Abstract: Faced with various kinds of conflicts and disputes emerged in the development of the tourist industry, the Government of Qingchuan County has taken the resolution of tourist disputes as an important link in the work of innovative social governance and ruling the county by law, innovatively created a full-coverage organizational system, a highly efficient work system, an omnibearing supporting system, and a grid publicity and education system and, through the operation of these systems, greatly increased the effectiveness of the resolution of tourist disputes and promoted the benign development of the tourist industry in the county.

Keywords: Region-Based Tourism; Tourist Disputes; Law-Based Dispute Resolution

VII Constructing the Rule of Law in the Field of Ethnic Minority Affairs

B. 25 Investigation Report on the Control of the Outflow of Crimes from Liangshan Prefecture

Project Team of the Office of the Leading Group on Ruling the Prefecture by Law, the Government of Liangshan Prefecture / 326

Abstract: Liangshan Yi Autonomous Prefecture, located in southwestern part of Sichuan Province, is the biggest area in which ethnic Yi people live in concentrated communities. Since 1949, the social system in this prefecture has undergone a dramatic transition—directly from that of slavery or feudal serfdom to that of socialism. Today, it is one of the concentrated destitute areas in China with a large poverty population. Affected by such factors as geographic location and severe poverty, Liangshan Prefecture has a very high rate of outflow of such crimes as burglary, drug trafficking, and child-trafficking, which has serious damaged the image of the prefecture and impeded the poverty alleviation work in the prefecture. To change this situation, the Prefectural Government has examined in a deep-going way the necessity and urgency of controlling the outflow of crimes from the prefecture and, on the basis of previous work, adopted new measures and made new efforts to remove from itself the black label of "the origin of outflown crimes".

Keywords: Migrant Workers; Outflow of Crime; Crack Down on and Control of Crimes

B. 26 Law-Based Regulation of Civil Mediation in Rangtang County of Aba Prefecture

Project Team of the Political and Legal Affairs Commission
of the Party Committee of Aba Prefecture / 337

Abstract: Influenced by traditional ethnic culture, civil mediation in Aba Prefecture has a very long history. It has the characteristics of being highly acceptable to farmers and herdsmen, speedy and convenient and, as such, has become an important means of resolution of disputes among the broad masses of farmers and herdsmen in the prefecture. Civil mediation has played a positive role in the timely resolution of disputes among farmers and herdsmen. Meanwhile, it has also many problems and defects. For example, in pasturing areas it could be easily manipulated by clans or religious forces and leads to disobedience of law and interference in judicial and administrative work. In order to solve these problems and truly uphold the people's lawful rights and interests, the Government of Aba Prefecture has selected Rangtang County as the pilot county for the implementation of law-based regulation of civil mediation, actively explored ways of guiding, regulating and managing civil mediation, and achieved marked results in this process.

Keywords: Law-Based Regulation; Civil Mediation; Management Mechanism

B. 27 Rectifying Chaotic Land Administration in Kangding City, Ganzi Prefecture

Project Team of the Office of the Leading Group on Ruling
the Prefecture by Law, the Government of Ganzi Prefecture / 347

Abstract: In recent years, the Government of Kangding City has attached high importance to the construction of the rule of law, taken the rule of law as the primary orientation of economic, social and cultural development and ruling the county by law as one of the important strategies of propelling economic, social and cultural development, brought all aspects of social governance under the rule of law, and promoted various kinds of practical work through the rule of law. In the concrete practice of ruling the city by law, it took the rectification of the chaotic land administration as the mainline of law-based governance, focused on villages and towns where prominent problems and numerous conflicts have seriously affected the overall urban development and the development of tourism in the City, carried out scientific planning and arrangement, adopted precise and targeted measures, advanced the work of grassroots Party-building, social governance, and rural and urban upgrading in accordance with the overall plan and in light of local conditions, and achieved certain results in "promoting work in all areas by drawing upon the experience gained on key points and combining enforcement with publicity", thereby strengthening the capacity of ethnic minority areas for governance by law and gaining some replicable experience in implementing the strategy of ruling the country by law in ethnic minority areas.

Keywords: Law-Based Rectification; Chaos in Land Administration; Construction of the Rule of Law in Kangding City; Social Governance

❧ 皮书起源 ❧

"皮书"起源于十七、十八世纪的英国，主要指官方或社会组织正式发表的重要文件或报告，多以"白皮书"命名。在中国，"皮书"这一概念被社会广泛接受，并被成功运作、发展成为一种全新的出版形态，则源于中国社会科学院社会科学文献出版社。

❧ 皮书定义 ❧

皮书是对中国与世界发展状况和热点问题进行年度监测，以专业的角度、专家的视野和实证研究方法，针对某一领域或区域现状与发展态势展开分析和预测，具备原创性、实证性、专业性、连续性、前沿性、时效性等特点的公开出版物，由一系列权威研究报告组成。

❧ 皮书作者 ❧

皮书系列的作者以中国社会科学院、著名高校、地方社会科学院的研究人员为主，多为国内一流研究机构的权威专家学者，他们的看法和观点代表了学界对中国与世界的现实和未来最高水平的解读与分析。

❧ 皮书荣誉 ❧

皮书系列已成为社会科学文献出版社的著名图书品牌和中国社会科学院的知名学术品牌。2016年，皮书系列正式列入"十三五"国家重点出版规划项目；2013~2018年，重点皮书列入中国社会科学院承担的国家哲学社会科学创新工程项目；2018年，59种院外皮书使用"中国社会科学院创新工程学术出版项目"标识。

权威报告·一手数据·特色资源

皮书数据库
ANNUAL REPORT(YEARBOOK)
DATABASE

当代中国经济与社会发展高端智库平台

所获荣誉

- 2016年，入选"'十三五'国家重点电子出版物出版规划骨干工程"
- 2015年，荣获"搜索中国正能量 点赞2015""创新中国科技创新奖"
- 2013年，荣获"中国出版政府奖·网络出版物奖"提名奖
- 连续多年荣获中国数字出版博览会"数字出版·优秀品牌"奖

成为会员

通过网址www.pishu.com.cn或使用手机扫描二维码进入皮书数据库网站，进行手机号码验证或邮箱验证即可成为皮书数据库会员（建议通过手机号码快速验证注册）。

会员福利

- 使用手机号码首次注册的会员，账号自动充值100元体验金，可直接购买和查看数据库内容（仅限使用手机号码快速注册）。
- 已注册用户购书后可免费获赠100元皮书数据库充值卡。刮开充值卡涂层获取充值密码，登录并进入"会员中心"—"在线充值"—"充值卡充值"，充值成功后即可购买和查看数据库内容。

社会科学文献出版社 皮书系列
SOCIAL SCIENCES ACADEMIC PRESS (CHINA)

卡号：471264374696
密码：

数据库服务热线：400-008-6695
数据库服务QQ：2475522410
数据库服务邮箱：database@ssap.cn
图书销售热线：010-59367070/7028
图书服务QQ：1265056568
图书服务邮箱：duzhe@ssap.cn

S 基本子库
UB DATABASE

中国社会发展数据库（下设 12 个子库）

全面整合国内外中国社会发展研究成果，汇聚独家统计数据、深度分析报告，涉及社会、人口、政治、教育、法律等 12 个领域，为了解中国社会发展动态、跟踪社会核心热点、分析社会发展趋势提供一站式资源搜索和数据分析与挖掘服务。

中国经济发展数据库（下设 12 个子库）

基于"皮书系列"中涉及中国经济发展的研究资料构建，内容涵盖宏观经济、农业经济、工业经济、产业经济等 12 个重点经济领域，为实时掌控经济运行态势、把握经济发展规律、洞察经济形势、进行经济决策提供参考和依据。

中国行业发展数据库（下设 17 个子库）

以中国国民经济行业分类为依据，覆盖金融业、旅游、医疗卫生、交通运输、能源矿产等 100 多个行业，跟踪分析国民经济相关行业市场运行状况和政策导向，汇集行业发展前沿资讯，为投资、从业及各种经济决策提供理论基础和实践指导。

中国区域发展数据库（下设 6 个子库）

对中国特定区域内的经济、社会、文化等领域现状与发展情况进行深度分析和预测，研究层级至县及县以下行政区，涉及地区、区域经济体、城市、农村等不同维度。为地方经济社会宏观态势研究、发展经验研究、案例分析提供数据服务。

中国文化传媒数据库（下设 18 个子库）

汇聚文化传媒领域专家观点、热点资讯，梳理国内外中国文化发展相关学术研究成果、一手统计数据，涵盖文化产业、新闻传播、电影娱乐、文学艺术、群众文化等 18 个重点研究领域。为文化传媒研究提供相关数据、研究报告和综合分析服务。

世界经济与国际关系数据库（下设 6 个子库）

立足"皮书系列"世界经济、国际关系相关学术资源，整合世界经济、国际政治、世界文化与科技、全球性问题、国际组织与国际法、区域研究 6 大领域研究成果，为世界经济与国际关系研究提供全方位数据分析，为决策和形势研判提供参考。

法律声明

"皮书系列"（含蓝皮书、绿皮书、黄皮书）之品牌由社会科学文献出版社最早使用并持续至今，现已被中国图书市场所熟知。"皮书系列"的相关商标已在中华人民共和国国家工商行政管理总局商标局注册，如LOGO（ ）、皮书、Pishu、经济蓝皮书、社会蓝皮书等。"皮书系列"图书的注册商标专用权及封面设计、版式设计的著作权均为社会科学文献出版社所有。未经社会科学文献出版社书面授权许可，任何使用与"皮书系列"图书注册商标、封面设计、版式设计相同或者近似的文字、图形或其组合的行为均系侵权行为。

经作者授权，本书的专有出版权及信息网络传播权等为社会科学文献出版社享有。未经社会科学文献出版社书面授权许可，任何就本书内容的复制、发行或以数字形式进行网络传播的行为均系侵权行为。

社会科学文献出版社将通过法律途径追究上述侵权行为的法律责任，维护自身合法权益。

欢迎社会各界人士对侵犯社会科学文献出版社上述权利的侵权行为进行举报。电话：010-59367121，电子邮箱：fawubu@ssap.cn。

社会科学文献出版社